BASTEI
LÜBBE

JENNY JONES
im BASTEI-LÜBBE-Programm:

20188 Der Vogel der Zeit

JENNY JONES

Die Rache des Sonnengottes

Fantasy-Roman

Ins Deutsche übertragen
von Hubert Straßl

BASTEI
LÜBBE

BASTEI-LÜBBE-TASCHENBUCH
Band 20197

Erste Auflage:
Januar 1993

Deutsche Lizenzausgabe 1993
Bastei-Verlag
Gustav H. Lübbe GmbH & Co.,
Bergisch Gladbach
Originaltitel:
The Edge of Vengeance
Lektorat: Reinhard Rohn
Titelillustration:
Steve Crsip
Umschlaggestaltung:
Quadro Grafik, Bensberg
Satz: Fotosatz Schell, Bad Iburg
Druck und Verarbeitung:
Brodard & Taupin,
La Flèche, Frankreich
Printed in France

ISBN 3-404-20197-3

Der Preis dieses Bandes
versteht sich einschließlich der
gesetzlichen Mehrwertsteuer.

Orte und Figuren der Handlung

Eleanor Knight

Chorolon – eine Welt, deren Lauf vom Flug des Benuvogels bestimmt wird.
Der Benuvogel – der ursprüngliche Phönix. Ein blinder Falke, dessen Lebenszyklus von Geburt, Tod und Wiedergeburt den Rahmen für den Ablauf der Zeit bildet. Die Periode seiner Gefangenschaft in den Händen Lucian Lefevres wird die Stasis genannt.
Die Stasis – eine unbestimmte Zeitspanne, in der Lycias über Peraldon herrschte. Während der Stasis alterte oder starb niemand eines natürlichen Todes. Alle schöpferischen Kräfte versiegten. In Stromsall, dem Land, über das Astret herrschte, war die Auswirkung der Stasis tagtägliche nicht endende Unwetter. Die Bewohner alterten und starben jedoch auf natürlich Weise.
Die Mauer – eine Barriere von erstarrter Zeit, die Peraldon von Stromsall trennte.
Lycias – der Sonnengott, um dessen großer Liebe zu Mariana willen die Stasis bestand.
Astret – die Mondgöttin, für die die Stasis und ihre ewige Sterilität ein Fluch war.

Peraldonien

Mariana – eine sterbliche Frau, in die sich Lycias verliebte. Mariana zog ihren Geliebten Idas dem Sonnengott vor, weil Idas Alter und Tod mit ihr teilen würde. Sie starb, als die Gefangenschaft des Benu endete und die Stasis brach.
Lucian Lefevre – Hoherpriester des Sonnengottes, Weiser, Magier, Bruder Marianas. Mit Magie hatte er den Benuvogel in eine Meeresmuschel eingeschlossen. Auf diese Weise wurde das peraldonische Volk unsterblich, und Lycias und Mariana konnten einander in alle Ewigkeit lieben.

Kaiser Xanthon – der erst vor kurzem gewählte Sonnenkaiser von Peraldon.
Phinian Blythe – ein peraldonischer Hauptmann der Generalswache, dessen schwangere Frau Karis ermordet worden war, um das Gleichgewicht der Unsterblichkeit in Peraldon zu erhalten. Er begleitete Eleanor Knight und Lukas Marling auf der Suche nach dem Benu, um die Stasis zu brechen.
Elfitt de Mowbray – peraldonischer Kommandant von Cliokest.
Imbert Cupere – Magier aus der Schule Lefevres.
Edine Malreaux – Imberts Gefährte.

Die Höhler

Höhler – die Anhänger Astrets, die während der Stasis auf der peraldonischen Seite der Mauer gestrandet waren und von den Peraldoniern verachtet und als Ausgestoßene behandelt wurden.
Matthias Marling – ein Weiser und Magier der Höhler. Sein Wissen brachte Eleanor Knight aus ihrer Welt auf die Insel der Höhler.
Lukas Marling – Matthias' Bruder. Er wurde Eleanors Begleiter nach ihrer Ankunft auf Chorolon. Sie verliebten sich ineinander. Er bezahlte die Vernichtung der Stasis mit dem Tod.
Nerissa – Hohepriesterin Astrets, die sich aus einem Fenster stürzte, als ihr der Blick in die Zukunft gewährt wurde.
Stefan Pryse – Befehlshaber der Höhlerwache.
Thibaud Lye und Aylmer Alard – Höhlerweise.
Haddon Derray – Höhlerkrieger, der Matthias durch die Mauer nach Stromsall begleitete. Dort verliebte er sich in Coronis, die von einem unbekannten Vater ein Kind erwartete. Er entschloß sich, bei Coronis und ihrem Vater Ingram Lapith in der Stadt Bilith zu bleiben.
Coron – Coronis' kleiner Junge.

Jereniten

Jerentigen – weder Anhänger Lycias' noch Astrets. Sie haßten die Stasis wegen des Versiegens aller Kreativität. Sie waren Verbündete der Höhler.
Thurstan Merauld – Anführer der Jereniten.
Powel Hewlin – ein jerenitischer Soldat.
Martitia Merauld – Thurstans Mutter. Sie wurde während der Stasis von den Foska getötet.
Jocasta Garraint – eine Jereniterin, Lukas Marlings Liebste. Sie verbrannte zu Asche nach einem Kampf zwischen Jereniten und Foska.

Shelt

Torold Westray – Graf von Shelt.
Esmond Crinnion – Torolds Geliebter.
Javon Westray – Herzog von Eldin, Torolds Bruder.
Felicia – Javons Tochter.
Annis – Felicias Zofe.
Kester Robard – Annis' Geliebter, Hauptmann der Shelter Schloßwache.
Feltham – Befehlshaber der Leibwache Torolds.
Gawne von Aquile – Erster Seelord (ein Magier, der ursprünglich in Peraldon ausgebildet worden war).
Dederic – Seelord und Magier.
Fessil – ein Arzt.
Brice Lammon – Magierlehrling.
Olwyn Mittelson – ein abtrünniger Magier.
Ferant und Alex Aldrich – Brüder, Mittelsons Schüler.
Jolin Rosco – ein Rebell auf der Seite der Fischer.
Philp Cammish – Fischer und Rebell.
Jarry Lindel – ein Rebell.
Vere Holtby – ein Musikant.
Ladon – ein Seedrache.
Sharrak – eine Parid.

Die Eloier

Jerr Morrelow – ein Reisender.
Irian Maryn – eine Schamanin.
Serethrun Maryn – Irians Bruder.
Renferell Maryn – ihr Vater.
Brianne Querille und Enthor Farine – Serethruns Freunde.
Mereth – ein eloischer Ausdruck für nichtnomadische Leute, Städter (verächtlich).

Smintha

Weard – der Schüler des Foskakönigs.
Comyn Shreeve – ein Höhler.
Timon Lesterell – ein Höhler.
Hilde Nemen – eine Jereniterin.
Lily Herrys – eine Schauspielerin.
Läufer – Diener Lefevres und seiner Anhänger.
Die Foska – lebendige Kampfmaschinen aus den Hexenküchen Lefevres. Sie reiten auf fliegenden Reptilien, den Todesengeln.
Der Foskakönig – die Inkarnation Lucian Lefevres.

Die Arrarate

Arrarete – weise Falken.
Astrella – erwählte Lukas Marling.
Amery – erwählte Matthias Marling.
Stern – erwählte Eleanor Knight. Er wurde am Ende der Stasis getötet.
Adila

PROLOG

Gras unter ihren Fingern, naß, kurzgeschnitten.

Nicht noch einmal, dachte sie. Nicht ein erneutes bitteres Erwachen.

Sie setzte sich auf und sah im Halbdunkel der Dämmerung die Eichen und Kastanien und die vertrauten Hügel.

Sie war zu Hause. Noch nie hatte dieses Wort so bedeutungslos geklungen.

Sie stand auf. Sie war steif und fror. Sie mußte schon eine Weile hier liegen.

Sie trug wieder das grüne Seidenkleid. Es war naß und schmutzig. Sie starrte blind an sich hinab und versuchte zu begreifen.

Oh, warum gerade hierher? Warum verdammt ihr mich *dazu*?

Ihre Hände zitterten. Sie sah die Hecke des Gartens und begann, darauf zuzugehen. Nach zwei Schritten hielt sie schluchzend und mit Tränen in den Augen inne.

Lukas. Lukas. Lukas. Lukas.

Ein Klagelied ohne Hoffnung, das ihr das Herz zerriß. Sie ballte die Fäuste so fest, daß sich die Nägel schmerzhaft in die Haut gruben.

Sie sah noch immer seine Leiche auf dem Deck liegen, sah sein Blut den Schnee um ihn röten.

Sie hatte ihn zum Sterben verdammt. Sie hatte die Wahl gehabt, sie allein, und sie hatte ihn dort im Schnee zum Sterben verdammt.

Alles Glück war mit ihm erloschen.

Es war nicht mehr zu ändern, nichts mehr zu tun, als heimzugehen.

Als die Sonne aufging, kehrte Eleanor schließlich auf dem Weg durch den Rosengarten zum Haus zurück.

Die Asche des Feuers war noch warm. Sie starrte eine

Weile auf die letzten roten Funken und die farbigen Glasscherben, die grün, gold und braun im ersten Sonnenlicht aufleuchteten.

Erst dann wurde ihr bewußt, wie wenig Zeit vergangen war. Nur ein paar Stunden. All diese außerordentlichen Erlebnisse und Erfahrungen füllten eine einzige kurze Juninacht!

Dann erinnerte sie sich. In Peraldon war die Zeit nicht vergangen, nicht auf gewohnte Weise.

Das Haus lag still und dunkel, aber die Hintertür war nicht verschlossen. Sie öffnete sie und stieg vorsichtig über die Schlafenden und Kissen auf dem Wohnzimmerboden.

Ihre Handtasche war unter dem Tisch in der Diele, wo sie sie vor langer Zeit abgestellt hatte. Sie erschien ihr so fremd. Ihre Wagenschlüssel. Würde sie überhaupt noch fahren können? Wie sehr hatte sie sich verändert?

Jemand regte sich im Eßzimmer. Eine Tür öffnete sich, und ein Mann trat heraus und blinzelte im Morgenlicht.

Es war Lewis. Er starrte sie an und lachte, nicht allzu freundlich.

»Lief es nicht ganz so, wie du dachtest, Nell? Hast du geglaubt, ich würde den ganzen Abend Versteck mit dir spielen? Mit wem hast du dich getröstet? Mit dem armen alten Rob, oder hast du dir den Nächstbesten geschnappt?«

Sie brachte kein Wort hervor. Sie kramte in ihrer Tasche nach den Schlüsseln und war dankbar, daß das Haar ihr Gesicht vor ihm verbarg.

Als er die Tür für sie öffnete, lief sie rasch an ihm vorbei in die Einfahrt hinaus.

Sie hörte ihn erneut lachen, als die Tür ins Schloß fiel.

Nordland
Bilith
Traywald
STROMSALL
Lallonsee
Caraldgebirge
MALITHKANAL
Der Felsen
Sarant
Insel der Arrarate
Jeren
Marantinseln
DIE MAUER
Peraldon
Solkest
Oktalinseln
Perald
Ebene von Peraldon
Halbinsel Oktal
CHALLET
DAS PERALDONISCHE REICH
Hand von Philus
Golf von Philus
Philus
Carse
Klau
ALBE
Fadorre
Wald von Brenet
Die rote Wüste
Brenet
MAVRUD
Cliokest
Weißstab
Smintha
HESIADISCHES MEER
AVERRY
Rassaltgebirge
N
BESCH

ERSTER TEIL

Lammon

Die Mauer war niedergerissen. Der Benuvogel war wieder frei.

Sobald das Unwetter endete, wurde es in Stromsall, dem nördlichen Kontinent von Chorolon, offensichtlich, daß es die Stasis nicht mehr gab. Nachdenklich rief ein Magier nach seinem Lehrling. Es war dringlich, herauszufinden, was geschehen war.

Sie befanden sich in dem hohen Turm einer Burg am Meer und sahen durch einen Fensterschlitz den Mond auf das gekräuselte Wasser scheinen.

Ein niedriges Feuer im Kamin schenkte ein bißchen Wärme. Das andere Feuer in der Mitte des kreisrunden Steinbodens schwelte nur noch.

Scherben farbigen Glases lagen ringsum.

Gawne blickte hinaus aufs Meer, während Lammon die Scherben wegräumte und das restliche kugel- und halbmondförmige Glas ehrfurchtsvoll in die Samtbeuteln zurücklegte. Gawnes große, buckelige Gestalt hob sich im Mondschein dunkel ab. Er stand schweigend und reglos.

Weitere Geheimnisse, weitere Geschehnisse unbekannter Bedeutung. Die Haltung der hohen Schultern drückte eine große Verantwortungsbürde und eine feste Entschlossenheit aus. Doch es hatte nicht den Anschein, als wolle er seinen Lehrling einweihen.

Lammon ärgerte sich, weil er wußte, daß man ihn im dunkeln tappen lassen, daß ihm wieder niemand sagen würde, was sich tat.

Die Temperatur fiel plötzlich, als Gawne sich vom Fenster entfernte und die kalte Seeluft durchs Turmgemach strich. Lammon spürte die leidenschaftslosen Augen auf sich ruhen.

Er beugte sich ihrer Eindringlichkeit und blickte zum Ersten Seelord auf.

»Sharrak wird kommen«, sagte Gawne leise. Seine Stimme mit der gedehnten, hier unüblichen südlichen Aussprache war ausdruckslos, sein von Runen gezeichnetes Gesicht unlesbar. Er war alt, älter als irgend jemand, den Lammon sonst kannte. Die trockene, hohe Greisenstimme fuhr fort: »Der Ruf wurde gehört. Meine gütige Lady wird zu uns nach Shelt kommen.«

Lammon hätte sich gern erkundigt, wer Sharrak war, aber der Erste Seelord ging bereits zur Tür.

Er räusperte sich.

Lautlos drehte sich die große bucklige Gestalt um. »Lammon«, sagte Gawne ausdruckslos, »hab Geduld. Männer der Tat stehen Männern der Macht immer nach. Ein Magier wird stets die Oberhand haben.« Die Tür öffnete sich, und er verließ in wallender Seide den Turm.

Lammons Hände zitterten. Ungeduldig wandte er sich wieder den gläsernen Formen zu. Sie lagen in einem Spiralenmuster der Macht, und das Feuer schwelte noch.

Sollte er es wagen? Konnte er es riskieren? Ohne länger zu überlegen, lehnte er sich über die Glut und hauchte ihr neues Leben ein. Er hielt eine Kugel in einer, einen Halbmond in der anderen Hand.

Ein Murmeln geheimnisvoller Worte, ein nur halb vorbereiteter Geist, ein Ritual wagemutig, aber oberflächlich durchgeführt …

Lammon warf die Formen hoch durch die Luft. Das wie Diamanten glitzernde Glas wirbelte durch dunkle, kalte Luft und klirrte gegeneinander.

Scherben flogen, und in dem Augenblick leuchtenden Chaos sah Lammon ein Bild das Dunkel durchzucken.

Einen Blick ins Morgen, eine Szene, die sich blitzschnell dem Gedächtnis einprägte.

Eine Hochzeit. Ein Mittelpunkt, eine Verbindung von Vergangenheit und Zukunft. Ein Vereinigung von Mann und Frau, der Höhepunkt einer langen Kette von Ereignissen, unabwendbar und schrecklich. Und in der Zukunft sah Lammon aus dieser Vermählung eine Dynastie entstehen, ein Geschlecht, das einen großen Einfluß auf kommende Zeiten haben würde.

Und Brice Lammon, der Letzte seiner von Fremden entmachteten Familie, wandte sich zornig und niedergeschlagen zugleich vom Feuer und den Glasscherben ab.

Die Krone von Shelt würde in den Händen der Familie des Usurpators bleiben! Das war es, was er gesehen hatte. Das Geschlecht von Torold und Javon Westray würde über Shelt, seine geliebte Stadt, herrschen.

Lammon, ein kleiner Mann, war es gewohnt, übersehen zu werden. Er hatte die Augen gesenkt, als die Eroberer kamen. Er hatte zugesehen, wie die Seelords die beiden Brüder Torold und Javon als die säkulare Macht in Shelt begrüßten. Sie waren von den militärischen Leistungen der Brüder beeindruckt gewesen. Auf pathetische Weise beeindruckt. Nichts war zu gut für die zwei.

Torold wurde zum Herzog von Shelt ernannt. Lammons eigene Familie, der eigentlich ein Amt in der Regierung von Shelt zugestanden hätte, wurde übergangen. Die Seelords waren von der militärischen Macht Torolds und Javons geblendet und ignorierten Lammons Anrecht. Sie hörten stets auf den Rat des buckligen Gawne.

Sie erhofften sich, mit Torolds gut ausgebildeten Truppen ihre Position zu sichern.

Lammon wußte, wie töricht ihre Zuversicht war. Javon und Torold Westray waren machthungrige Halunken. Bereits jetzt überzog Javons Reich fast ganz Südstromsall. Lammon war die Vorstellung zuwider, daß Shelt lediglich eine Provinz in jemandes Gebiet sein sollte. Ihm war klar, daß die Seelords sich der Gnade eines gierigen Barbaren aussetzten.

Er blieb scheinbar kühl, obwohl Haß und Groll in ihm tobten. Er arbeitete schwer, und es gelang ihm, durch unerschütterliche Hartnäckigkeit, vom Ersten Seelord Gawne als Lehrling aufgenommen zu werden.

Gawne war seine einzige Hoffnung. Ein in Peraldon ausgebildeter Zauberer mußte etwas Besonderes sein, mußte über größeres Wissen verfügen als die übrigen Seelords. Lammon wußte, daß Gawne Torold in Schach halten würde.

Aber der Erste Seelord vertraute Lammon nichts an, denn er war nur ein Lehrling. Er erfuhr auch von sonst niemandem etwas.

Lammon unterdrückte seinen Ärger. Rasch und geschickt führte er aus, was ihm die Seelords auftrugen, und während er abwartete, hielt er die Augen offen und studierte ihre Fähigkeiten. Er wartete auf eine Chance, Shelt von den Usurpatoren zu befreien.

Brice Lammon war kein weiser Mann und auch nicht erfahren in der Ausübung des Rituals. Er hatte unbedacht und hastig gehandelt, war von Ehrgeiz und Groll abgelenkt gewesen, deshalb hatte er die letzte Bilderfolge übersehen, die rasch über dem Feuer schwand.

Sharrak hält in ihrer überstürzten Flucht nach Norden inne. Die Parid, eine eigenartige Verbindung von Gedanken und Willen, wandelbarer Materie und unsicherer Stabilität, pausiert am Rand von Cliokest, der zerstörten Zitadelle, und betrachtet die Verwüstung, welche die letzte Schlacht hinterlassen hat.

Sharrak wartet, etwas Bekanntes lenkt ihre Aufmerksamkeit auf sich. Eine Gestalt – leblos zurückgelassen auf dem beschneiten Deck eines Fischerboots – treibt langsam aufs Meer hinaus. Ein Arraratfalke hält Wache über ihr.

Die Parid zögert, spürt die Kälte im Wind, den eisigen Ruf aus dem Norden, und blickt auf den Mann, der seltsam verrenkt auf dem Deck liegt.

Einst war er von Bedeutung. Und der Falke harrt immer noch bei ihm aus, dicht neben ihm.

Ein Hauch von Lächeln huscht über das Gesicht, das zwischen Schönheit und ihrem Zerrbild schwankt. Sharrak mischt sich gern in Dinge ein, liebt es, Ereignisse zu beeinflussen. Mehr denn alles andere möchte sie eine echte Gottheit sein, Macht über das Leben von Sterblichen besitzen. Sie weiß, daß die Erschaffung von Abbildern ein wesentliches Attribut göttlicher Macht ist. Und im Norden lebt ein mächtiger Magier, er hat nach ihr gerufen.

So eilt Sharrak durch den kalten Wind, hebt die reglose, blutige Gestalt auf den Rücken des Arraratfalken, verflicht die eisigen Hände mit den Lederstreifen um die Schultern des Vogels.

Sogleich fliegt der Falke los, folgt unbeirrbar demselben eisigen Wind, der Sharrak ruft.

Sharrak lacht, es ist ein erschreckender Laut in der dunklen Nacht über Cliokest, und dann folgt sie ihm.

Der Kaiser

Später wurde eine andere Überquerung zum nördlichen, windigen Kontinent Stromsall geplant. Der neugewählte Kaiser Xanthon von Peraldon war ein intelligenter, feinsinniger Mann. Ihm war sehr wohl bewußt, daß der Kanal zwischen Stromsall und Peraldon nicht breit war. Er wollte wissen, was sich im Norden zugetragen, wie es während der Stasis im benachbarten Kontinent ausgesehen hatte.

Ratgeber, Magier, Priester – sie alle konsultierte er der Reihe nach. Unwetter und Gewalttätigkeiten während der gesamten Stasis, sagten sie. Lady Astret, die Mondgöttin, hatte das Licht der Sonne mit der wilden Kraft des gewaltigen Unwetters verdunkelt.

Xanthon hörte allen höflich zu und traf seine eigenen Entscheidungen. Hellseherei und Mystizismus waren ja schön und gut, aber er wollte Information, die auf Tatsachen beruhten. Er wollte wissen, wie sich die Stasis auf die Bewohner von Stromsall, auf ihr tägliches Leben ausgewirkt hatte, auf die einfachen Bauern ebenso wie auf die großen Barone.

In Solkest, seinem Palast in der Hauptstadt seines Reiches Peraldon, machte er sich bereit, Schiffe mit Gesandten, in unauffälliger Begleitung von Soldaten, nach Stromsall zu schicken.

Vorrangig war, die militärische Macht von Stromsall zu erkunden. In Peraldon verbreiteten sich bereits Gerüchte über die gewaltigen Streitkräfte von Eldin. Der Herzog von Eldin, Javron Westray, herrschte über riesige Gebiete. Der weise und umsichtige Xanthon beschloß, Javrons Absichten zu erkunden.

Es gab noch einen anderen Grund für Xanthons Entschluß. Er fragte sich, ob die alte Tradition, das Brauchtum von Sonnenkaiser und Mondkaiserin, wieder eingeführt werden könnte.

Und nach alter Tradition war die Mondkaiserin aus den windgepeitschten Mooren des Nordens gekommen.

Es sollte nicht sein. Noch ehe die Schiffe von Peraldon in See stachen, stieg die Temperatur. Im Osten fielen gewaltige Wälder Bränden zum Opfer.

Die Schiffe wurden zurückgerufen, den Gesandten andere, dringlichere Missionen übertragen: Bewässerung, Rationierung, Feuerbekämpfung, Schutzmaßnahmen.

Peraldon wurde von der Hitze der sengenden Sonne erfaßt, da blieben weder Zeit noch Energie, sich darüber Gedanken zu machen, was sich nördlich des Malithkanals tat.

Der Kaiser erlaubte sich eine letzte Geste gegenüber Stromsall. Er erlaubte sich, rein intuitiv vorzugehen. Er sandte den Weisen Matthias dorthin, damit er sich ein Bild der Lage mache. Seine Ratgeber, Priester und Magier, waren empört. Ein Höhler! Ein Weiser, dessen Gottheit Astret war! Der Magier, der die Stasis beendet hatte!

Eben aus diesen Gründen, entgegnete der vernünftige Xanthon. Niemand sonst wäre dafür geeignet. Er wußte, daß Matthias sein Bestes tun würde, um für den Frieden zwischen den zwei Kontinenten zu sorgen.

Dann wandte der Kaiser sich von den nördlichen Gebieten ab und statt dessen den Bränden und der Sonne zu, die sein Reich versengte.

Der Kaiser träumte.

Er träumte von einem großen Haus mit Teppichen aus Wäldern und Wüsten, einer Einrichtung aus Städten und Dörfern, beleuchtet von Sternenscheinlampen. Er schritt durch das Haus; weite, leere Korridore entlang mit offenen Türen zu beiden Seiten. Er sah die Umrisse Tausender Welten.

Keine davon war seine. Jede Welt war von goldenem Feuer beflügelt, durch silberne Klarheit erleuchtet. Das Gleichgewicht schwankte. Überall gab es dunkle Winkel. Doch der Kaiser erkannte, daß alles, was er sah, wundersam und wundervoll war. Er atmete tief, während er den Gängen folgte, Treppen hinauf und hinunter stieg, die Eingangshalle durchquerte. Durch die geöffnete Flügeltür sah er Wasserfälle, die langsame Bewegung von Gletschern, das Himmelsgewölbe mit seinen Planeten und Fixsternen.

Er wanderte dahin und dorthin, durch zahllose Galerien, und öffnete unzählige Türen. Hinter manchen sah er nur Gase, Wolken blauen, violetten oder goldenen Staubes, die durch die Leere wirbelten. Doch wie die Bilder auch waren, es gab immer etwas, das sie zusammenhielt. Eine Polarität goldenen Feuers und silbrigen Wassers.

Schließlich witterte er etwas in der Luft, etwas Schlechtes, Falsches. Er sah in einem Gemach, weit entfernt in einem der Korridore, ein tosendes Feuer, das die Vorhänge verschlang und sich durch die grünen Teppiche aus Wald und Wiese fraß. Im Traum stockte sein Atem vor Furcht und Entsetzen. Er kannte jenen Ort, wußte, welcher es war.

Dichte Rauchschwaden raubten ihm die Sicht. Er begann zu laufen, denn er erkannte, daß das Feuer das Gemach schon bald ganz verwüsten würde, selbst die noch unberührte dunkle Stille seiner hinteren Winkel. Ihm wurde bewußt, daß alles in einer weißglühenden Esse der Vernichtung vergehen würde, daß die einzige Zukunft dieser Welt in verkohltem Schutt und Asche bestünde. Das Feuer leckte bereits durch die Tür, züngelte in den Korridor, suchte nach jemandem ...

Er blieb an der Schwelle stehen, vermochte kaum durch den Rauch zu sehen. Seine Augen tränten und brannten, sein Körper wich vor der wilden, heftigen Glut zurück. Er hatte entsetzliche Angst, das Feuer suche nach *ihm*, daß er der Preis sein könnte. Er war der Kaiser, und dies war sein Reich. War er schuld an diesem Feuer? Die Flammen loderten und tosten, dann schrumpften sie und flackerten zu seinen Füßen. Er spürte nichts. Sie wogten durch die Luft um ihn und hinter ihm.

Sie suchten ihr Opfer anderswo. Er drehte sich um, spähte in die dunklen Korridore hinter ihm. Die Flammen griffen um ihn herum und rahmten ihn, den Kaiser, ein.

In der Ferne sah er eine Frauengestalt. Sie wartete auf die Flammen, obgleich sie es nicht wußte. Sie befand sich weit entfernt in einem Gemach im Korridor, einem dunklen, kalten, einsamen Raum. Ihr leuchtendes Haar spiegelte den Feuerschein wider. Vom Verlangen der Flammen wußte sie nichts.

Der Kaiser wandte sich seinem brennenden Reich zu und verstand, was die Flammen forderten. Er würde die Frau nach Chorolon holen müssen, damit das Feuer sich beruhigte und nachließ. Und als diese Erkenntnis sich ihm klar einprägte, schwangen die Türen am Korridor eine nach der anderen zu und schlossen die Unendlichkeit der Universen aus. Er blieb in der Dunkelheit zurück.

Als Xanthon erwachte, rief er nach dem Magier, dem er am meisten vertraute und der sein engster Ratgeber war. Imbert Cupere, ein Mann mit hellen weichen Locken und einem feingeschnittenen gefühlvollen Gesicht, hörte aufmerksam zu, als der Kaiser ihm seinen Traum erzählte. Und schließlich gab er ihm seinen Rat.

Der Kaiser bemerkte sein Lächeln nicht.

Bilith

Kaiser Xanthon sandte Matthias Marling als Botschafter seines guten Willens nach Stromsall. Matthias ritt auf Alta, einer Arraratfalkin, deren Reiter auf Cliokest gefallen war. Dadurch brauchte niemand zu seiner Begleitung abgezogen und kein Schiff bereitgestellt werden. Matthias, der Magier mit den ungewöhnlichen Kräften, reiste wie immer allein.

Er war aus vielerlei Gründen ausgewählt worden: Er konnte auf einem Arraratfalken reiten, und er war im Gegensatz zu sonst irgend jemandem in Peraldon erst vor kurzem noch in Stromsall gewesen. Er hatte in den letzten Tagen der Stasis die Mauer überwunden. Sein Freund, Haddon Derray, lebte noch in Stromsall. Matthias war als getreuer Anhänger Astrets bekannt, deshalb würden die Bewohner des nördlichen Kontinents ihn akzeptieren.

Das Wichtigste für Kaiser Xanthon war jedoch, daß er in Matthias ein ehrliches Bedürfnis nach Frieden fühlte. Er spürte, er konnte sich darauf verlassen, daß Matthias nichts tun würde, was das hauchdünne Band in Gefahr brächte, das nunmehr die Anhänger des Sonnenkönigs und jene der Mondkönigin verband.

So geschah es, daß Matthias vier Monate nach dem Ende der Stasis wieder Bilith besuchte, Stromsalls südlichste Stadt mit ihren Häusern aus unregelmäßigen Steinquadern. Mit sich nahm er einen Stab, dessen Holz zu einer sich verjüngenden Spirale geschnitzt war, und ein Schreiben des Kaisers von Peraldon.

Bilith trug Trauer. Weiße Tücher blendeten im Sonnenschein. Als Matthias das letzte Mal hiergewesen war, hatte Regen die düsteren Gebäude gewaschen, über denen schwere Gewitterwolken hingen. Eine Hochzeit hatte stattgefunden. Damals hatte er eine unerklärliche Angst empfunden, wie eine Vorahnung, daß etwas Schreckliches geschehen würde. Nun, da er sich an einem kalten, klaren Morgen der gedrungenen Ansammlung wuchtiger Häuser näherte, kam er zu einem Ort tiefer Trauer.

Weiße Tücher flatterten entlang der Wehrgänge. Die Stadt war verlassen. Türen und Fenster waren geschlossen, die Straßen leer. Alta setzte ihn auf dem Marktplatz ab, wo es üblicherweise von Käufern und Händlern wimmelte, von Tieren und Kindern und Bettlern. Üblicherweise würde auch das plötzliche Eintreffen eines Arraratfalken gewaltige Aufregung, wenn nicht gar Panik erregt haben. Aber es war niemand da. Der große gepflasterte Platz war leer. Sogar die Bettler waren verschwunden.

Matthias wanderte durch die Straßen, auf der Suche nach Ingram Lapiths Haus. Aber als er es fand, wagte er nicht, es zu betreten.

Weiße Tücher hingen vor jedem Fenster und jeder Tür. Die Stille der Stadt hatte hier ihren Mittelpunkt. Wie Matthias befürchtet hatte, war der Preis für Coronis' Rettung aus dem Lallonsee wahrhaftig hoch.

In der kalten, hellen Luft hing Brandgeruch von würzigem Holz und von Kräutern – der Rauch eines Scheiterhaufens. Er zog ihn an Lapiths weißverhangenem Haus vorbei zum Nordtor der Stadt.

Ein Mann stand dort Posten, aber er starrte ins Leere, achtete nicht auf Matthias. Auf der Ebene vor der Stadt sah der Weise den Scheiterhaufen, der hoch über die Köpfe der Anwesenden ragte. Die Flammen hatten die oberste Holzschicht schon beinahe erreicht, und Rauch verbarg, was darauf lag.

Es hatte den Anschein, als hätte sich die gesamte Bevölkerung hier versammelt. Die Menge bedeckte die Ebene, aber es war totenstill. Die Menschen standen stumm in kleinen Gruppen. Als Matthias näher kam, sah er auf vielen Gesichtern Tränen, und eine große Zahl der Anwesenden trug Weiß und Grau, die Farben der Trauer. Ganz in der Nähe weinte ein Kind.

Der Weise sprach einen jungen Mann unweit des Tors an, doch der drehte sich um, ohne zu antworten. Alle hier schienen wie betäubt, wie in tiefem Schock zu sein. Niemand antwortete auf seine Fragen.

Er folgte der Außenwand der Mauer, um vielleicht mehr sehen zu können, dabei bahnte er sich einen Weg durch die leidbewegte Menge, ohne auf mißbilligendes Gemurmel zu achten. Dies war das Schweigen der Trauer, um den Toten die letzte Ehre zu erweisen. Ein Fremder, der sich in ihre Mitte drängte, war unwillkommen.

Das Schweigen hielt noch lange an, nachdem er einen Platz gefunden hatte, wo er über die Menge blicken konnte. Der Rauch stieg nun in dichten Schwaden auf. Ein übelkeiterregender Geruch hing in der Luft.

Alta, die Falkin, die ihn hierhergebracht hatte, kreiste hoch über die Stadt. Niemand blickte auf. Matthias sandte seine Gedanken in besorgter Frage zu ihr.

Ein Aufwallen entsetzlicher Angst. Dann plötzlich löschte etwas die Verbindung mit der Wucht eines Axthiebs aus. Eine weißglühende Klinge schien durch Matthias' Kopf zu schneiden. Er taumelte, riß die Hände wie zur Abwehr hoch. Er keuchte vor Schrecken und Schmerz, und ihm war, als wäre die Hälfte seines Geistes ausgelöscht.

Mit weichen Knien sackte er gegen die Mauer, und Übelkeit erfaßte ihn. Etwas zwängte sich in seine Seele, das Feuer mit sich brachte ... Flammen waren überall.

Mühsam drehte er dem Scheiterhaufen den Rücken, drückte das Gesicht gegen den kühlen Stein und verbarg sein lautloses Schreien. Die Hände preßte er an die Schläfen, als könne er so verhindern, daß das Feuer seinen Kopf bersten ließ. Er hatte seinen Stab fallen lassen, und die Welt war wie die Flammen in tosender Bewegung.

Mit geschlossenen Augen sah er Bilder, die sich in sein Gedächtnis brannten. Er sah, was innerhalb des Scheiterhaufens geschah. Sah eine blutige Geburt inmitten des Feuers. Sah, wie ein Kind aus dem brennenden Schoß seiner Mutter gerissen, von mächtigen Armen erfaßt und durch die Flammen zur Sonne getragen wurde.

Lycias? Matthias brachte keinen Ton hervor und sein Verstand schien sich in einer anderen Dimension zu befinden, dem Wahnsinn näher als jeder Wirklichkeit. Lycias, Herr der Sonne, was tust du?

Das Baby glänzte vom Blut, seine Händchen fuchtelteln, wie um sich vor der blendenden Helligkeit zu schützen. Es hatte das Mündchen offen und atmete keuchend im Rauch. Und Matthias dachte, es würde in den Flammen verloren sein. Er konnte es nicht ertragen, daß dieses kostbare, neue, unschuldige Leben starb.

Er streckte flehend die Arme aus, wollte es um jeden Preis aus den Flammen reißen. Doch die Helligkeit verbarg alles, und er vermochte das Baby nicht mehr zu sehen. Die ungeheure Hitze trieb ihn zurück, trieb ihn fort.

Er fing zu weinen an, wehklagte über das Verschwinden des Kindes, wankte in tragischem, verzweifeltem Leid ...

In diesem unendlichen Elend bemerkte er zunächst die

ungewöhnliche Aufregung nicht, die den Feuerschein durchdrang. Die atemlose, triumphierende Gegenwart eines anderen Geistes, der durch die Dimension glitt, in der Matthias' Geist in den Flammen zappelte.

Seltsame Augen blitzten ihn an, dunkle Mandeln voller Bosheit.

Sie holten ihn zurück in die Wirklichkeit. Der Rauch verwehte vor seinen Augen, die Flammen schwanden aus seinem Geist. Wo war das Baby? Sein Blick wurde wieder klar. Abrupt stieß er sich von der Mauer ab und griff unwillkürlich nach seinem Stab.

Jemand beobachtete ihn, ein unauffälliger junger Mann in unauffälliger Kleidung. Er trug einen Hut mit breiter Krempe. Die Krempe warf Schatten auf sein Gesicht. Matthias vermochte ihn nicht deutlich zu sehen.

»Geht es Euch nicht gut?« Die Stimme war hell und angenehm, hatte jedoch einen merkwürdigen Akzent, der die Kadenz am Ende des Satzes stärker betonte, als es die Frage erforderte. »Eine ungewöhnliche Menge Rauch, findet Ihr nicht ...? Seid fremd hier, habe ich recht? Kommt Ihr von weit her?«

»Ja ...« Das Reden kostete Matthias Mühe. »Könnt Ihr mir sagen, wo ich Ingram Lapith, den Archon, finden kann?«

Nach kurzer Pause. »Er brennt in diesem Augenblick. Zusammen mit seiner schwangeren Tochter Coronis ...«

Die Menge begann sich aufzulösen. Endlich hatte Matthias einen unbehinderten Blick auf den Scheiterhaufen. Die Flammen brannten nieder. Noch glühende Asche lag unter dem verkohlten Holz.

Matthias versuchte, seine Gedanken zu ordnen. »Das wußte ich nicht. Ich bin eben erst hier angekommen.«

Der junge Mann legte den Kopf schief und musterte Matthias auf eine Weise, die ihn schier aus der Fassung brachte. »Nun, ich finde da so einige Widersprüche. Ihr seid gerade erst in Bilith angekommen, und doch wißt Ihr, daß Lapith Archon war. Ihr tragt den Spiralstab eines Magiers, aber Ihr wißt nicht, wessen Scheiterhaufen das ist.«

Matthias lehnte sich wieder an die Mauer. Er brauchte

nähere Auskunft. »Wie sind sie gestorben? Was ist mit Coronis' Gatten, Haddon? Dem Baby?« Doch während er die Worte hervorbrachte, kannte er bereits einen Teil der Antwort. Der junge Mann musterte ihn immer noch argwöhnisch.

»Ist Haddon ebenfalls tot?« fragte Matthias schließlich.

Der Mann nickte. »Das Baby angeblich auch. Wie könnte es den Tod der Mutter überleben?«

Matthias glaubte es nicht. Das Baby war nicht tot, davon war er überzeugt. Es war von starken Händen aus dem Feuer gehoben worden ...

Er faßte einen Entschluß. »Wie ich bereits sagte, ich bin fremd hier in Bilith – zwar war ich bereits einmal hier, doch nur kurze Zeit. Hättet Ihr die Güte, mir zu sagen, was hier geschehen ist? Vielleicht könnten wir irgendwo eine kleine Erfrischung bekommen ...?«

»Ich bezweifle, daß heute irgendwo geöffnet ist.« Der Mann öffnete seinen Mantel, und Matthias sah die Wölbung einer Tasche im Futter und den Hals einer herausragenden Flasche. »Aber ich habe meinen eigenen Vorrat. Kommt mit.« Er drehte sich um und stapfte durch die sich nun zusehends schneller auflösende Menge. Matthias folgte ihm.

Sie setzten sich außerhalb der Stadtmauer auf einen windigen Hang, der über die Ebene schaute. Der junge Mann hieß Jerr Morrelow. »Auch ich bin ein Fremder in Bilith«, sagte er mit entschuldigendem Lächeln. »Aber ich halte mich bereits fast eine Woche hier auf und weiß ein wenig von dem, was geschehen ist.« Er reichte Matthias die Flasche, und Matthias nahm einen kleinen Schluck des feurigen Inhalts.

»Es begann, kurz nachdem ich hier eintraf. Coronis, die Tochter des Archons, starb. Ihr habt sie gekannt?« Wieder diese seltsame, aufsteigende Kadenz.

»Nur flüchtig. Sie war damals schwanger ...«

»Es geschah ganz plötzlich. Ein Gewitter. Sie wurde, so hörte ich, vom Blitz getroffen ... Das Baby hatte keine Chance.«

Matthias starrte blicklos auf die Spirale seines Stabes. »Sie war verheiratet ...«

»Ja. Ihr Gatte verlor den Verstand, wie man erzählte. Als man ihm die Neuigkeit schonend mitteilte, rannte er Hals über Kopf aus der Stadt. Seither wurde er nicht mehr gesehen, aber man nimmt allgemein an, daß er tot ist. Das sagen auch die Priesterinnen.« Morrelow runzelte die Stirn. »Es war kein natürliches Gewitter. Es ist nicht aus den normalen klimatischen Bedingungen entstanden.« Ein Hauch von Bedauern schwang aus Morrelows Stimme.

Matthias blickte ihn scharf an. »Was ist Lapith, dem Archon, zugestoßen?«

»Er verließ die Stadt, um nach Haddon Derray zu suchen, wie man hier meinte. Er war besessen. Seine Augen loderten. Ich traf ihn auf der Straße von Bilith, und ebensowenig wie ich hatte er die Absicht, seinen Eidam zu suchen. Er war in persönlicher Vendetta unterwegs, so sah es aus. Ingram Lapith gegen die Götter! Er wollte Rache für den Tod seiner Tochter nehmen.«

»Dann wußte er, daß es kein Zufall gewesen war?«

»Es gab keine *zufälligen* Blitze mehr in Stromsall, seit die Stasisgewitter begannen ...«

»Aber die Stasis ist vorüber, seit geraumer Zeit ...«

Der Mann zuckte mit den Schultern. »Wer weiß? Lapith hielt es jedoch für Absicht. Er wollte Rache nehmen.«

»An wem?«

Morrelow antwortete nicht, sondern nahm einen tiefen Schluck aus der Flasche. Matthias versuchte es noch einmal. »Was ist ihm zugestoßen?«

»Er starb. Niemand weiß, wie. Sein Pferd kehrte mit seinem Leichnam zurück. Lapiths Augen – waren ausgebrannt. Er wollte zum Lallonsee, wißt Ihr. Er dachte, er würde dort etwas erfahren. Aber wir wissen nicht, ob er überhaupt so weit kam. Soll ich Euch sagen, was ich denke, Magier? Die unvoreingenommene Meinung eines Außenstehenden – ich glaube, Ingram Lapith hielt den Sonnengott für den Tod seiner Tochter verantwortlich.«

Morrelow lehnte sich gegen die kalte Steinmauer, und einen Moment lang konnte Matthias seine Augen unter dem breitkrempigen Hut sehen. Sie waren dunkel, mandelförmig und erweckten nicht gerade Vertrauen.

»Wer seid Ihr?« hauchte er. »Woher wißt Ihr all das? Was für ein Mensch seid Ihr?« Denn in die Gedanken eines anderen einzudringen, dessen Träume und Visionen mitzuerleben, das erforderte mehr als normale Fähigkeiten.

Morrelow zog den Hut wieder ins Gesicht und lachte. Er stand auf, drückte den Stöpsel in die Flasche zurück und verbeugte sich ironisch.

»Gar kein Mensch. Lediglich *eloisch*. Ich wandere mit den Nomaden der bewaldeten Prärie. Zu Euren Diensten.« Während Matthias ihn beobachtete, schienen seine Umrissen zu verschwimmen und er seine Festigkeit zu verlieren. Er hob ruhig die Hand und deutete anmutig zur Ebene. Matthias sah ein Kräuseln in den graugrünen Gräsern dort. Noch einmal verneigte Morrelow sich. Er zog seinen Umhang enger um sich und schob die Hutkrempe zurück. Nach einem Schritt hangabwärts drehte er sich noch einmal um.

Er lächelte Matthias an. »Ihr habt völlig recht. Auch ich denke, daß das Baby überlebt hat. Doch was aus ihm geworden ist, weiß ich nicht. Versucht Euch als Hellseher, Magier. Ich glaube, das Kind könnte wichtig sein.«

Nach diesen Worten stieg er rasch den Hang hinunter zur Ebene, und Matthias sah, wie das Gras eine Gasse bildete, bis Morrelow weit von der Stadt entfernt war. Dann schloß die graugrüne See sich wieder, und der *eloische* Fremde war verschwunden.

Matthias kehrte ohne beruhigende Versicherungen zum Kaiser zurück. Er hatte Bilith besucht und dem neuen Archon das Schreiben ausgehändigt.

Er sprach wenig über das, was dort geschehen war. Seine Freunde waren tot. Der neue Archon hegte keine freundlichen Gefühle für Peraldon. Es gab keine gute Nachricht von Bilith, keine Hoffnung auf Frieden und Versöhnung.

In seinen Augen sah Xanthon die Erinnerung an Flammen und Blut.

In seinen Armen trug Matthias ein Baby.

Kaiser und Weiser unterhielten sich bis spät in die Nacht

hinein. Dann brach Matthias auf, um südwärts zu reisen, zur Zitadelle von Cliokest, wo die Hitzewelle am verheerendsten war.

Es gab noch jemanden, dessen Rat Matthias brauchte. Er hatte das Gefühl, daß der Alptraum mehr und mehr nach ihm griff, daß die Flammen und das Blut wie Ungeheuer in der Nacht nach ihm langten.

Er flog zu Phinian Blythe.

Schatten

Auch um Phinian Blythe drängten sich Ungeheuer. Sie waren ihm inzwischen schon fast vertraute Begleiter geworden.

Er war allein in einer überfüllten Zitadelle voll alter Freunde und neuer Feinde. Tag für Tag stapfte er in seinem Turmgemach umher und betete um Erlösung.

Er bemerkte kaum, wie die Sonne draußen aufs Meer brannte. Er achtete nicht auf die oft lautstarken Querelen zwischen Höhlern und Peraldoniern. Es wollte ohnehin niemand seine Hilfe. Niemand ertrug seine Gegenwart. Was konnte er tun, heimgesucht wie er war?

Gebrochene Eide ziehen ihre eigene Strafe nach sich, hatte Sharrak gesagt. Zu dem Zeitpunkt hatte Blythe nicht verstanden, was das bedeutete; aber er hatte tatsächlich sein Versprechen nicht gehalten, Marial für Sharrak zu töten. Damals, unter der Last so vieler anderer Verbrechen, war es ihm unbedeutend erschienen. Und später, nachdem der Benuvogel befreit war, als er krank in Cliokest lag, hatte er gedacht, daß die lähmende Verwundung seiner Linken Strafe genug wäre. Schließlich hatte Marial seine Linke verloren.

Aber Marial war gestorben.

Würden ihn die Schatten in den Tod treiben? War das sein Schicksal? Sie waren zu schwer für ihn, sie beugten seine Schultern, erstickten seine Gedanken.

Manche Leute nannten sie Kinder der Nacht, doch Blythe sah sie nur als Schatten; Schatten, die ihn vom Rest der Welt trennten.

Alle seine Sinne waren durch ihre Gegenwart verzerrt, jeder Gedanke durch ihr Getuschel gestört. Gewöhnlich drapierten sie sich um seine Schultern und den Kopf, streiften über sein Gesicht, verdunkelten und umwölkten seine Augen. Manchmal hatte er das Gefühl, daß er erstickte, daß der Gestank ihres Atems seine Lunge zerfraß, dann kämpfte er gegen ihren Druck. Doch sobald er die Hand bewegte, schwach versuchte, sie abzuwehren, flossen sie seinen Arm entlang und raubten seinen Fingern die Kraft.

Er versuchte sich zu töten, als ihm klar wurde, daß er sie nicht vertreiben konnte. Er war nach Wochen der Bettlägerigkeit aufgestanden und hatte erkennen müssen, daß die Quälgeister seines Fieberwahns immer noch um ihn waren. Die Schatten huschten über sein Gesicht, hefteten sich an Arme und Beine und verhinderten jede Handlung, machten jegliche Bequemlichkeit unmöglich.

Wochen waren vergangen, Monate glühender, zehrender Hitze, und jeden Morgen hatte er gehofft, das gleißende Sonnenlicht würde durch diese Schatten der Vergangenheit hindurchbrennen, die schwer wie Eisengewichte an ihm hingen. Schließlich schärfte er ein Messer. Er stellte sich ans Fenster und dachte an Karis.

Schnatternd hatten die Schatten an seinen Fingern gezerrt, bis die Hand sich öffnete und das Messer auf den Boden fiel.

Er hörte nicht, daß die Tür geöffnet wurde. Durch seine Schwäche und Verzweiflung sah er Matthias nicht eintreten.

Niemand besuchte ihn mehr. Die anderen ertrugen sie nicht, die Gegenwart der bewegten Schatten um Blythes Schultern, vor seinen Augen, nicht einmal Thurstan.

»Phin ...« Die ruhige Stimme hinter ihm ließ ihn herumwirbeln, und die Schatten bewegten sich wie ein Umhang, der durch die Luft schwingt.

Blythe sah Matthias' Augen überall hinblicken, nur nicht zu den Kindern der Nacht. Und sie sahen das Messer, das stumpf schimmernd auf dem Boden lag.

Matthias bückte sich danach und drehte es in den Händen.

Blythe fragte sich, ob er etwas dazu bemerken würde. Doch als Matthias ihn anblickte, erkannte er, daß die Gedanken des Weisen eine völlig andere Richtung eingeschlagen hatten.

»Phin, sie wollen, daß ich Eleanor zurückbringe.«

»Warum?« Blythes Stimme klang kühl, doch seine Gedanken waren es nicht.

»Warum wohl?« Matthias schritt an ihm vorbei zum Fenster und wandte den Schatten den Rücken. Blythe bewunderte seinen Mut. »Sieh dir doch die Sonne an! Fühle die Hitze! Riech den Gestank!«

Sie befanden sich hier in einem der hohen Türme von Cliokest, direkt an der Bucht. Doch wo bisher blaugrünes Wasser das Auge erfreut hatte, befand sich nun nur trockene Wüste. Das Meer hatte sich zu einem schmalen Silberstreifen in der Ferne zurückgezogen. Verwesende Kadaver von Fischen und anderen Tieren lagen verstreut auf dem von der Hitze rissigen Boden. Gelbgraues Hitzeflirren hing wie ein übelriechendes Leichentuch über allem.

Blythe hatte von all dem kaum etwas bemerkt, so sehr beschäftigten ihn die Schatten. Er hatte Weinen gehört, und sein Verstand hatte ihm gesagt, daß großes Leid herrschte. Doch er hatte keine Kraft übrig, sich nach dem Warum zu fragen.

»Rache«, erklärte Matthias. »Wie Lycias gedroht hatte. Und da Eleanor nicht hier ist, hält er sich an uns.«

»Das darfst du nicht!« Blythe runzelte die Stirn. »Sie hat schon genug durchgemacht. Sie hat die Stasis gebrochen!«

»Das hat niemand vergessen. Sie denken, es sei ihre Schuld. Daß sie die Dinge wieder ins richtige Lot bringen müsse.«

»Wessen Idee ist das?«

»Die Idee unseres geschätzten Kaisers. Er hatte einen Traum. Alle seine Magier und Priester und Höflinge sind höchst erfreut. Vor allem Imbert Cupere, und das steht wieder auf einem anderen Blatt ... Sie sind sich allesamt einig.

Es muß ein Sündenbock her! Sie wollen, daß ich den Siebenten Ritus wiederhole.«

»Wieso *du*?«

»Magier mit Erfahrung in der Synchronizität sind rar. Niemand weiß, was aus Lefevre geworden ist. Imbert beherrscht zwar viele Fähigkeiten, doch von Synchronizität versteht er nichts.«

»Aber du wirst dich doch nicht darauf einlassen!«

Nach längerem Schweigen sagte Matthias leise: »Die Belohnung ist Land für die Höhler; ein Tempel für Astret auf Peraldon; Wiederherstellung aller alten Rechte und Gebräuche ...«

»Es muß doch noch andere Möglichkeiten geben! Der Kaiser kann nicht *wollen*, daß die Lage zwischen Peraldon und den Höhlern so weiterbesteht!«

»Nein, aber er ist verzweifelt. In der vergangenen Woche kam es in Albe zu Waldbränden. Gewaltige Gebiete sind verwüstet, und das Feuer tobt weiter. Aus dem Süden breitet sich die Pest aus. Bald wird die Stadt Peraldon in Gefahr sein.«

»Das hat nichts mit Eleanor zu tun! Sie hat bereits einen furchtbaren Preis bezahlt!«

Wieder schwieg Matthias. Er beobachtete die Schatten, als versuche er, sich an ihre unentwegt wechselnden, amorphen Formen zu gewöhnen.

»Rache«, sagte er schließlich, »oder Vergeltung? Womit lebst du hier in diesem Turm, Phinian Blythe? Du hast mir einmal gesagt, sie seien die Schatten eines gebrochenen Eides ... Aber das ist doch gewiß zuviel! Kein Eid könnte das wert sein! Nein. Die Kinder der Nacht sind vielleicht Teil des gleichen Musters, Lycias' Rache. Eleanor könnte möglicherweise auch dich befreien ...«

»Das könnte ich nie von ihr verlangen!« Da drängten die Schatten sich vor seine Augen und sein Gesicht. Sie fühlten sich auf seiner Haut schleimig an und verpesteten die Luft mit ihrem Atem. Ungeduldig schüttelte Blythe den Kopf, doch sie kreischten und schnatterten in seine Ohren, raubten ihm die Fähigkeit, klar zu denken.

Matthias blickte ihn voll Mitleid an. »Sie muß zurückkommen«, stellte er fest. »Das ist kein Zustand!« Er legte das Messer behutsam auf den Tisch und ging zur Tür.

»Matthias!« Die Anstrengung war fast zu groß, die Schatten lagen so schwer auf ihm. »Du darfst sie nicht zurückholen! Es wäre ruchlos, eine selbstsüchtige Grausamkeit!«

»Ich weiß – ich weiß.«

Die Tür schloß sich hinter ihm.

Eleanor

Mitte Dezember. Kalte, sonnige Tage, dampfender Atem in schneidender Luft. Die Stadt im vorweihnachtlichen Lichterglanz, bis spät geöffnete Läden, überfüllte Straßen.

Eleanor hatte vor, das Fest in diesem Jahr mit Freunden zu verbringen; mit alten Freunden, die sie seit ihrer Kindheit kannte. Ihre Eltern planten eine gemeinsame Reise nach Westindien. Geschäftlich, wie ihr Vater behauptete. Die Art von Geschäften, die am Golfplatz oder im Club ausgehandelt wurden. Vorsichtig hatten sie angedeutet, daß sie mitkommen könnte.

Sie waren erleichtert gewesen, als sie ablehnte, denn es war nicht nur eine Geschäftsreise. Sie sprachen von ihren zweiten Flitterwochen. Es war ein neuer Versuch, eine stürmische und unberechenbare Ehe wieder in Schwung zu bringen. Sie hatte immer versucht, sich aus ihren Problemen herauszuhalten, und war auch jetzt auf Abstand bedacht.

»Bist du sicher, Kleines? Du wirkst ein wenig abgespannt in letzter Zeit, vielleicht würde dir ein Tapetenwechsel gut tun.«

»Ich hatte einen Tepetenwechsel. Man kann nicht ständig auf irgendeinem Strand hocken. Außerdem vertrage ich die Sonne schlecht.«

Ihre Mutter nickte mitfühlend. Rotes Haar und helle Haut waren eine tödliche Kombination in den Tropen. Zufrieden strich sie über ihr dunkleres blondes Haar und lächelte.

»Ich nehme an, du wirst genug mit deiner Arbeit beschäftigt sein«, sagte sie. »Und wirst dich bei all den Parties und Einladungen nicht langweilen …«

»Sie treibt sich schon auf zu vielen Parties herum.« Ihr Vater blickte von seiner Zeitung auf. »Schau sie dir doch an, eine Nacht im Bett könnte ihr nicht schaden. Wie spät war es denn gestern wieder? Zwei? Drei?«

»Halb vier.« Eleanor blickte ihm herausfordernd entgegen. Einen Moment lang trafen sich ihre Blicke, doch dann zuckte ihr Vater mit den Schultern und wandte sich wieder dem Wirtschaftsteil seiner Zeitung zu.

Sie lebte nicht mehr in ihrem Haus, sie war erwachsen; ihre Eltern hatten kein Recht, sie zur Rede zu stellen. Sie hatte den festen Vorsatz, sich zu amüsieren, auf jeder Party, jeder Einladung, jeder Veranstaltung, in jedem Film, jedem Theaterstück und jedem Konzert der Saison.

Zu viele Stunden am Tag blieben leer. Zu ruhelos waren die Nächte. Träume verfolgten sie in der Nacht. Erinnerungen verfolgten sie am Tag.

Ich werde Rache nehmen, hatte Lycias gesagt. Und jeden Tag war dieses gleißende Auge am Himmel, stach in jeden Gedanken, in jedes Gefühl, ließ keine schützende Dunkelheit mehr irgendwo. Die Natur selbst schien das Feuer dieses Fluches zu schüren. Der Sommer hatte sich mit einer außerordentlichen Hitzewelle verabschiedet. Ernten wurden vernichtet, Flüsse trockneten aus, Wasser wurde knapp. Baden mit einem Freund …

»Was hältst du nach der Arbeit von Schwimmen bei Nick?« Ihre Freunde versuchten sie aufzumuntern, aus ihrer tiefen Niedergeschlagenheit zu reißen.

»Nicht besonders viel. Vermutlich wird auch Rob da sein?«

»Ich schätze, ja. Was hast du noch immer gegen ihn? Er trägt dir doch auch nichts mehr nach.«

»Schon, aber …« Das letzte, was sie brauchte, war ein Wiedersehen mit einem Verflossenen.

»Dann gehen wir essen. Da ist ein neues Restaurant in Epping Green.«

»Chinesisch, japanisch, italienisch, indisch, Nouvelle, vegetarisch?«

»Joe hat es empfohlen ...«

»Ich habe keinen Hunger.«

Ihr erschöpfter Verstand versank nur noch tiefer ins Grübeln.

Rache. War dies bereits Teil der Rache? Ein Dasein voll Gedanken und Erinnerungen, die sie quälten, voll Trauer, die keinen Trost fand? Die Sonne loderte vom Himmel während der langen Sommertage und eines nicht enden wollenden goldenen Herbstes. Sie fuhr auf staubigen Straßen, führte Kunden durch schwüle Räume muffiger alter Häuser, redete über Hypotheken, Verträge, Stempelgebühren, Zinssätze und Feuchtigkeitsschutz.

Und wohin immer sie auch blickte, brannte die Sonne grell aus dem wolkenlosen Himmel herab. Ihre Hände schwitzten vor Beklemmung, ihre Kleider ließen sie kaum atmen. Sie war reizbar und übellaunig und brach beim geringsten Widerspruch, beim kleinsten Problem in unerklärliche Tränen aus.

Sie fühlte sich so verlassen. Mit jedem anderen Kummer hätte sie bei Freunden oder in der Familie Verständnis und Trost finden können. Doch so waren sie verwundert, verärgert. Und als sich der Sommer seinem alles verdorrenden Ende näherte, hatten sie auch genug von ihr.

Wer sollte schon für einen Traum Verständnis haben?

Als die Hitzewelle endete, hatte sie sich einen Plan zurechtgelegt. Sie brauchte ihre Freunde. Während des Herbstes versuchte sie sich selbst zu überzeugen, daß nichts wirklich geschehen war. Alles war nur ein Alptraum gewesen. Aber jeden Morgen schwand die mühsam errungene Überzeugung wieder dahin, wenn sie im verräterischen Spiegel an ihrer Schläfe das mondförmige Mal sah. Jeden Tag mußte sie erneut akzeptieren, daß für sie ganz allein der Traum kein Traum gewesen war.

Und dann verbrachte sie die meiste Zeit damit, jemanden zu finden, mit dem sie darüber reden konnte.

Ihre Telefonrechnung erreichte absurde Höhen.

»Debs, Darling, ich weiß, es ist noch früh, aber ... Was unternehmt ihr heute abend?«

»Um Himmels willen, Nell! Es ist noch nicht mal acht. Ich hab' noch geschlafen ...«

Oh, tut mir leid! Dann sag mir schnell, was heute abend los ist?«

Ein Seufzen am anderen Ende der Leitung. »Wir hatten vor, ins Kino zu gehen, in diesen neuen Film über den Schizophrenen ... Möchtest du auch mitkommen?«

»Sehr gern, ja. Treffen wir uns vorher auf einen Drink? Im *Goat and Compasses*? Ich komm' direkt nach der Arbeit hin ...«

»Oh, also gut.« Debs klang wenig begeistert. Kurz darauf legte sie auf.

Eleanor würde Debs und Joe eine Weile in Ruhe lassen müssen. Mitte Dezember war ihr klar, daß sie nicht so weitermachen konnte.

Aber das Alleinsein war noch unerträglicher.

Glücklicherweise war das *Goat and Compasses* bereits ziemlich voll, als Eleanor dort eintraf, obgleich sie früh dran war. Sie bestellte einen Drink und setzte sich an einen der kleinen Tische in der Ecke, von dem aus sie den Eingang und den ganzen Raum überblicken konnte. Es war ein geschmackvolles Lokal.

Die Gäste waren geschmackvolle Leute. Gute Lederschuhe und modische Jacketts, neuester Haarschnitt – sehr kurz oder sehr lang, gelegentlicher männlicher Pferdeschwanz – dezente Parfüms, Mineralwasser in den meisten Gläsern ...

Eleanor hatte Gin in ihrem Glas. Der Gin sah aus wie Mineralwasser. Aber vielleicht tranken sie alle Gin, nach einem anstrengenden Tag in der City, in der Firma, der Bank, im Geschäft ...

Lautes Lachen erklang von der Tür her. Ein eleganter schlanker Mann mit langen blonden Locken verbarg etwas hinter seinem Rücken vor seiner Begleiterin. Von ihr kam das Lachen, ihre Wangen waren vor Aufregung gerötet, ihr kastanienbraunes Haar flog um ihr zartes, lebhaftes Gesicht. Der Mann entwand sich ihr und wich an die Wand zurück. Sie griff unter sein offenes, helles Jackett und begann ihn zu kitzeln.

Er brach in schallendes Lachen aus und versuchte sie mit einer Hand abzuwehren, während er mit der anderen etwas hoch in die Luft warf.

»Fang!« rief er.

Es landete in Eleanors Händen.

Eine kleine Muschel, spiralförmig, goldschimmernd.

Sie starrte auf das Ding in ihrer Hand.

»Nein«, sagte sie. »Nein, nein, nein!« Sie sprang auf und warf die Muschel auf den Boden. Sie trat mit dem Absatz darauf und zerstampfte sie auf dem polierten Holz knirschend zu Staub.

»Warum haben Sie das getan?« Das Mädchen war plötzlich neben ihr. Sie war hübsch und schlank. Sie beobachtete Eleanor verwundert. Nicht im geringsten verärgert.

Eleanor starrte sie verständnislos an. »Was? Ich – es tut mir leid ...« Sie holte tief Atem und begann ihre Fassung zurückzugewinnen. »Warum – ausgerechnet eine Muschel? Warum haben Sie sie geworfen?« Sie blickte dem langhaarigen Mann entgegen.

Die beiden musterten sie neugierig. Sie war verwirrt und wütend. Hatte sie irgendeinen dummen Fehler gemacht?

Die Tür ging auf. Sie sah Joe und Debs hereinkommen. Rasch nahm sie ihre Tasche und ihren Mantel und murmelte: »Es tut mir leid, ich wollte sie nicht zerbrechen ...«

»O doch, das wolltest du.« Der Mann stellte sich ihr in den Weg. Seine Augen waren hart wie Stein. Er hob die Hand, und einen Augenblick lang dachte sie, er würde sie schlagen.

Sie stand wie erstarrt im Bann dieser Augen ...

Er strich ihr Haar über ihre Schläfe zurück.

Sie würde jeden Augenblick schreien, befürchtete sie. Sie würde durchdrehen, um sich schlagen, um sich werfen, in Ohnmacht fallen, oder einfach versinken ...

Sie stieß seine Hand beiseite, schob sich an den beiden vorbei und lief zur Tür.

»Debs!« rief sie und ergriff sie am Arm. »Hört zu, laßt uns woanders hingehen. Ich sag euch draußen alles. Ich möchte nicht hierbleiben ...«

Bevor sie etwas erwidern konnten, hatte sie sie nach draußen in die kalte dunkle Straße geschoben.

»Nell! Was ist denn los?« Joe war verärgert. »Ich mag das Goat, und ich möchte was trinken.«

»Da drinnen ist ein Mann ...«

»Und? Was hat er getan, ist er dir zu nahe getreten? Komm schon, Eleanor, damit hast du doch sonst keine Probleme.«

»Er war schrecklich!« Noch immer zitternd stand sie zwischen den beiden und umklammerte Debs' Arm und ließ nicht ab, bis sie zustimmten, sie zurück in die Stadt zu begleiteten.

Hastig sah sie sich um, aber niemand folgte ihnen. Die Straße war still, erhellt von den Lichtern des Lokals. Sie übersah die wogenden Schatten, die die Wände entlang hinter ihr herglitten. Sie wußte nur eines.

Das konnte kein Zufall gewesen sein. Unmöglich.

Es war nicht zu Ende.

Entführung

Am nächsten Abend führte Lewis sie zum Dinner aus. Es war der Tag vor dem Heiligen Abend.

Sie ignorierte Lewis' fragende Blicke, aber es fing an, schwierig zu werden. Sie war einsam, und sie wußte, daß sie Gesellschaft brauchte, um der Pein ihrer Erinnerungen zu entfliehen. Und sie hatte Lewis immer gemocht. Das Problem war, daß er allmählich mehr von ihr erwartete. Sie würde sich bald jemand anderen suchen müssen, jemanden, der sich mit weniger zufriedengab.

Die Gastgeber waren Freunde von Lewis, junge, erfolgreiche Innenausstatter. Ihr Haus war in zartem Eau de Nil gehalten; ihre Teppiche in blassestem Gold schimmerten in gedämpftem Licht. Weiße Lilien, die einzigen Blumen, standen in einfachen Glasvasen auf leeren Regalen.

Sie waren farblose, korrekte Leute, Lorraine Charles und Steven Finlay – auf eine distanzierte Art freundlich, und sie interessierten sich für Tanzen, Kino ... Was wußten sie schon, dachte Eleanor heftig, was konnte in ihren Köpfen schon Aufregendes vorgehen?

Bestimmt war das Essen rein vegetarisch.

Lewis zwinkerte ihr über den Tisch zu, als die *Gougère* serviert wurde.

»Keine Zugeständnisse an die Weihnachtszeit, wie ich sehe.«

»Was denn, Crackers, Truthahn ... nein, tut mir leid! Enttäuscht?« Lorraine lächelte. »Fährst du nicht ohnehin nach Hause über Weihnachten, Lewis? Stopft Mammi dich nicht mit all deinen Lieblingsleckereien voll, wenn du kommst?«

»Nur allzu wahr. Und einmal im Jahr reicht.« Er lehnte sich zurück und hob sein Glas trockenen Weißweines. Nachdenklich betrachtete er den hübschen Raum durch den goldenen Filter. »Aber läufst du nicht Gefahr, das Kind mit dem Bad auszuschütten?«

»Ich habe das immer für einen besonders abscheulichen Vergleich gehalten.« Lorraine lächelte noch immer.

»Nein, im Ernst.« Wenn Lewis »im Ernst« sagt, dachte Eleanor, ist er nicht mehr zu halten. Sie legte seufzend ihre Gabel nieder. Sie wünschte sich, daß ihr all diese Dinge nicht so gleichgültig wären. Aber ihr Interesse war verschwindend gering.

»Habt ihr nie das Gefühl, daß ihr die gute alte Wirklichkeit aus den Augen verliert? Daß alles Echte wegverbessert wird? Daß vor lauter exquisitem Geschmack für die Zähne nichts mehr zu beißen bleibt?«

»Welch bestialischer Vergleich!« Lorraine starrte ihn an. »Und was schlägst du vor? Zurück zur Natur?«

»Nicht gerade die neueste Philosophie«, bemerkte Steven, während er Salat in eine Schüssel füllte.

»Sollen wir euch unser Geheimnis offenbaren?« Lorraine blickte ihn an. »Unser Skelett im Schrank?«

»Später, nach dem Essen.«

»Nein, jetzt gleich!« Eleanor schob ihren Stuhl zurück. Lewis würde bald unerträglich werden, und die Langeweile war es bereits. »Was für ein Skelett? Eine nackte Holztür? Erzählt uns nicht, daß eure Flugenten zum Brüten heimgekehrt sind.«

»Nein, nichts dergleichen ...«

»Schlimmeres?« fragte Eleanor hoffnungsvoll.

»Kommt mit.«

Die *Gougère* war zusammengefallen, der Salat welk geworden. Sie standen auf und folgten ihrer adretten Gastgeberin hinaus in die Diele und ins obere Stockwerk des spätviktorianischen Hauses.

Eleanor konnte ihn riechen, bevor sie ihn sah.

Ein Weihnachtsbaum, eine echte Tanne, stand in der Fensternische des Schlafzimmers, aufgeputzt mit Girlanden, Kugeln, Krimskrams, Lametta und bunten Lichtern. Glitzernd, überladen, prächtig.

Er war wunderschön. Eleanor trat zu ihm und bewunderte die kleinen Engel, den Schneemann, das Rebhuhn in seinem niedlichen Nest.

»Oh, ein Schachtelmännchen!« Sie war hingerissen.

»Das ist mein Lieblingsstück ...« Lorraine deutete auf ein kleines silbernes Waldhorn, das seinen Glanz über die Jahre verloren hatte.

»Und echte Kerzen! Ach, zünden Sie sie doch an.«

Aus zahlreichen kleinen silbernen Kerzenhaltern ragten die weißen Wachsstummel.

Steven seufzte resignierend. »Ich hole den Eimer.«

»Ich sehe, ich muß mich entschuldigen, Lorraine.« Lewis legte den Arm um Eleanors Schultern. Seine Hand war schwer und fremd. Sie versuchte sich zu entspannen. »Euer Geschmack ist nicht vollkommen. Das läßt hoffen. Müssen wir jetzt auch singen?« spöttelte Lewis.

»Natürlich. Strafe muß sein.« Lorraine grinste, und ihre Augen leuchteten. Sie schaltete die bunten Lichter ab und nahm ein Streichholz heraus, um die Kerzen anzuzünden.

Steven, der umsichtig einen Eimer Wasser bereitstellte, drehte die Zimmerbeleuchtung ab.

In der Dunkelheit leuchtete und schimmerte der Baum, die Kugeln und Figuren drehten sich in der heißen Luft über den Kerzen vor dem gleißenden Lametta.

»Wunderschön«, sagte Eleanor leise. Ein Augenblick des Friedens, der Stille. Dann wurden ihre Augen weit. Eine Glaskugel, die sich funkelnd über einer Kerzenflamme drehte.

Glas über Feuer.

Lorraines klarer Sopran – »*Josef, lieber Josef mein* ...«

Eleanor erstarrte. Sie wußte, was geschehen würde.

Sie entwand sich Lewis' Arm, stolperte aus dem Zimmer, die Treppe hinab und aus dem Haus.

Die kalte Luft war wie eine Wand aus Eis. Sie begann, den glatten, gefrorenen Gehsteig entlangzulaufen. Dunkle Vorstadthäuser, bunte Lichter in vielen Fenstern. Sie hörte Schritte hinter sich auf der kalten nächtlichen Straße. Lewis holte sie ein und ergriff sie am Arm.

»Laß mich los, laß mich los, rühr mich nicht an ...« Sie wehrte sich verzweifelt.

»Was ist los? Nell, was hast du?« Er versuchte, sie in die Arme zu nehmen, aber sie schlug nach ihm, und ein Ring an einem Finger grub sich in seine Wange.

Schluchzend riß sie sich los und begann wieder zu laufen, weg von der Gefahr, was immer sie war, wo immer sie war. Er sprang hinterher, packte sie an den Armen und drehte sie herum.

Sein Gesicht war kalkweiß, eine dünne Blutspur zeichnete seine Wange. Er starrte sie an, als sähe er sie zum ersten Mal.

»Laß mich in Ruhe, Lewis!« Ihre Stimme war verändert. »Verschwinde aus meinem Leben. Von mir hast du nichts zu erwarten. Laß mich zufrieden!«

Er wollte es nicht akzeptieren, begann alles mögliche einzuwenden, zu bitten, wollte sie nach Hause bringen, zu einem Arzt, zu ihrer Mutter, zu einem Therapeuten, zu Freunden ...

Sie sah Steven und Lorraine an der Haustür stehen und erwog, zu ihnen zurückzugehen.

Ein Wagen erschien weiter unten an der Straße und kam auf sie zu. Ein Taxi, altmodisch, schwarz, vertraut. Sie winkte es heran, ohne auf Lewis' Proteste zu achten, stieg ein und schlug die Tür hinter sich zu.

Der Fahrer fuhr sofort an. Der Wagen streifte Lewis, als er losfuhr.

Sie sah, wie er auf den Gehsteig stürzte und liegenblieb.

»Halt!«

Der Fahrer ignorierte sie.

»Halten Sie an, Sie haben ihn verletzt!«

Der Fahrer wandte sich zu ihr um. Er hatte lange blonde Locken.

»Wohin, Lady?« Er lachte unterdrückt. »Nicht, daß es eine Rolle spielt. Diesmal gibt es keine schwierigen, weltbewegenden Entscheidungen mehr. Wenigstens nicht für dich.« Er sprach ruhig, während er sie beobachtete, wie sie verzweifelt Tür oder Fenster zu öffnen versuchte.

Die Glaswand war zwischen ihnen hochgeglitten. Auch die konnte sie nicht öffnen.

»Wer sind Sie?« rief sie über den Motorlärm.

Er gab keine Antwort. Er blickte auf seine goldene Armbanduhr. Sie sah, wie er die Stirn runzelte, dann sank sie in den Sitz zurück, als er Gas gab. Das Taxi schoß vorwärts und raste über eine rote Kreuzung.

»Himmel!« Sie blickte auf das Verkehrschaos nach hinten, die zuckenden Lichter, die kreischenden Reifen.

Sie verschwanden aus ihrem Blickfeld, als der Wagen schleudernd abbog und durch Nebenstraßen raste, vorbei an Häuserreihen und Christbäumen und bunten Lichtern in den Fenstern.

Sie trommelte schreiend gegen das Glas, bis die Fäuste schmerzten, obgleich sie wußte, daß es sinnlos war.

Der Wagen erreichte eine Hauptstraße und kam abrupt in einem Stau zum Halten.

»Verdammt.« Sie las das Wort an seinen Lippen ab und sah seine weißen Finger auf das Lenkrad trommeln, während sie im Schrittempo weiterrollten.

Sie wandte sich um und versuchte die Aufmerksamkeit

der Fahrerin des Wagens hinter ihnen auf sich zu lenken. Sie war gewichtig, aufgedunsen, mit aufwendiger Dauerwelle. Sie blickte unbeirrt nach vorn, ohne auf den Wagen vor ihr zu achten.

Eleanor winkte heftig: Hilfe! Bitte, helfen Sie mir!

Sie versuchte es auf der linken Seite. Da war ein älterer Mann mit einem Filzhut. Er wandte sich verlegen ab und hantierte an seinem Radio.

Auf der anderen Seite versuchte eine Gruppe junger Männer durch Pfeifen und Winken ihre Aufmerksamkeit auf sich zu lenken. Einer warf ihr eine Kußhand zu.

Der blonde Mann beobachtete sie unbeeindruckt im Spiegel.

»Hör auf damit«, sagte er nur, und als sie fortfuhr, zu rufen und zu winken, sagte er ein weiteres Wort.

»*Rilyni'*.«

Der Sitz neben ihr bewegte sich, veränderte seine Form, verwandelte sich in Kreaturen, die über sie krochen, ihre Hände in feuchten Hautfalten festhielten, ihr Gesicht nach vorn drehten und jede Bewegung unmöglich machten.

Sie schauderte unter dieser Berührung, unter den Erinnerungen, die wach wurden.

Läufer.

Großer Gott.

Überfahrt

Sie fuhren durch die Nacht, hinaus aus London, durch Epping Forest nach Essex und auf die Autostraße.

Vor Ekel schaudernd konnte sie gar nicht an Schlaf denken. Läufer waren überall an ihr, imitierten ihr Fleisch und ihre Kleider. Doch schließlich überwältigte die Erschöpfung sie.

Und sie träumte.

Zwei Männer blickten sie an.

Einer war von Schatten umwogt, und seine linke Hand war dick verbunden.

Den anderen sah sie deutlicher. Er hatte gütige, vertraute Augen und hielt einen in einer Spirale auslaufenden Stab.

»Es tut mir leid, Eleanor«, sagte er, und aus seiner Stimme klang echtes Bedauern. »So leid ...«

»Er holt dich zurück«, sagte der umschattete Mann. Als er ein Schritt vortrat, erkannte sie Phin, obgleich er noch immer von wogenden Schatten umgeben war. Sie hoben sein Haar, schlangen sich um seine Schultern, krochen über seine Kleider.

Sie suchte nach Freundlichkeit bei ihm, nach Willkommen und Kraft, aber er gab nichts.

Es hatte etwas mit den Schatten zu tun. Unwillkürlich wandte sie den Blick ab. Es war schwer zu ertragen. Sie bewegten sich über ihn, verbargen und lähmten ihn, entzogen ihm alle Energie. Er konnte ihr nichts geben.

»Phin! Was ist los? Was geschieht mit dir?«

»Es hat nichts mit dir zu tun.« Seine Stimme war kaum verständlich vor Erschöpfung.

»Aber du mußt zurückkehren«, sagte Matthias. »Ich kann es nicht ändern. Ein Unwetter kommt auf. Es tut mir leid ...«

»Hast du ihn geschickt?« fragte sie hastig. »Der Blonde, kommt er von dir?«

»Ich kann das jetzt nicht erklären ...«

»Sei vorsichtig, Eleanor.« Endlich hatte Phins Stimme Kraft, und er sprach direkt zu ihr. Aber es schien ihn große Mühe zu kosten und er kämpfte offensichtlich gegen die Schatten.

»Sei sehr vorsichtig. Es ist gefährlicher, als du ahnst ...«

Dann war sie wieder wach, der Wagen raste immer noch über die Autostraße, und ihre Hände waren noch immer in einem kalten, fremdartigen Griff.

Phin, was ist mit dir geschehen? Was geschieht mit mir? Was für ein Unwetter?

Der Fahrer blickte ständig auf die Uhr, stemmte den Fuß aufs Gaspedal, verschaffte sich mit Blinken und Hupen freie Bahn, verringerte nicht einmal in Kurven und an Kreuzungen die Geschwindigkeit.

M11, A1 – sie kannte die Strecke, die Namen der Ortschaften.

»Warum die Eile?« brüllte sie.

Diesmal ließ der Fahrer sich sogar zu einer Antwort herab.

»Wir dürfen nicht zu spät kommen.«

»Wozu?«

»Für die Überquerung!«

»Welche Überquerung?«

»Nach Chorolon. Was hast du gedacht?«

Wirklich, wohin sonst?

»Warum? Wer sind Sie?«

Keine Antwort.

»Wozu brauchen Sie mich? Warum wieder mich?«

Er ignorierte sie.

Sie saß starr vor Angst. Während die Meilen vorüberrasten, während sie immer weiter von ihrem Zuhause gebracht wurde, von ihrem sorgfältig rekonstruierten Leben, versuchte sie nachzudenken.

Wie schafften sie es, zwischen den Welten zu reisen? Das letzte Mal hatte es des Benus bedurft, sie aus ihrem normalen Leben zu reißen und in Chorolon auszusetzen, damit sie für seine Befreiung in jener seltsamen, gewalttätigen Welt sorgte. Es war auch der Benuvogel gewesen, der sie unerwartet in ihre Normalität zurückversetzt hatte, wo sie sich sicher gewähnt hatte …

Wie konnten *Menschen* so etwas tun?

Irgendwo in den Midlands bogen sie von der A1 ab, folgten kurvenreichen Landstraßen, während die Gegend zusehends hügeliger wurde.

Die Fahrbahn war immer noch eisig, doch der Blonde nahm darauf keine Rücksicht, er verlangte dem Wagen alles ab.

Furcht lähmte Eleanor. »Ich werde schreckliche Rache dafür nehmen«, hatte Lycias gedroht. »Was auch passiert, wohin du auch gehst, ich werde dich finden. Es gibt kein Entkommen. Jede Flucht wird vergeblich sein ...«

Vor allem auf Chorolon, der Welt, auf der er wirklich war und die Macht besaß, den Tod zu beenden ...

Eine Welt, auf der sie Lukas verlor.

Sie hatte versucht, ihr Leben mit Abwechslung und Menschen zu füllen, und eine Zeitlang war es ihr gelungen zu vergessen, was geschehen war; nicht an sein Lächeln und seine lebhaften Augen zu denken, an das Gefühl, wenn seine langen Finger durch ihr Haar strichen – und an sein Blut, das im Schnee verrann.

Aber in Chorolon würde seine Abwesenheit allgegenwärtig sein, würde jeden Atemzug, jeden Schritt, jeden Gedanken zur Qual machen.

Sie würde wieder zu trauern anfangen.

Die Scheinwerfer erfaßten einen breiten Kamm, der jäh über ein bewaldetes Tal ragte. Die Straße wand sich durch Bäume auf den Hang zu.

An seinem Fuß hielt der Wagen mit quietschenden Bremsen an. An der Straßenseite schien ein Licht. Die Tür neben ihr wurde aufgerissen, ein eisiger Luftzug machte sie hellwach.

Die Frau mit dem kastanienbraunen Haar stand mit einer Fackel in der Hand da. Sie sah zu, wie die Läufer aus dem Taxi glitten und Eleanors Arme und Beine freigaben. Der Mann stieg aus. Sie wollte ihm folgen, um aus diesem schwarzen Gefängnis herauszukommen, doch die Frau schob sie zurück, setzte sich neben sie und schmetterte die Tür zu.

Eine lange Zeit saßen sie schweigend da. Die Frau weigerte sich, auf Eleanors Fragen zu antworten, sie blickte sie nicht einmal an. Im Scheinwerferlicht konnte Eleanor sehen, daß der Mann mit dem langen Haar etwas mit den Läufern tat und sie in den Wald schickte. Und undeutlicher sah sie in den Schatten an der Straßenseite, einen hohen Haufen Reisig und Zweige.

»Für ein Feuer?« fragte Eleanor die Frau mit hoher, dünner Stimme.

Die Frau ignorierte sie. Der Mann stand mit dem Rücken zu ihnen vor dem Haufen, aber Eleanor ahnte, daß er etwas beschwor.

Während sie ihn beobachtete, rauschte es plötzlich. Die dunklen Zweige und das Reisig fingen Feuer, und die Läufer, die nun wie längliche Rindenstücke und Farne aussahen, glitten zu ihm zurück. Sie sammelten weiteres Holz, um das Feuer zur tosenden Gewalt zu schüren.

Der Mann rannte zum Wagen, riß die Tür auf und ließ die Läufer aufs neue ins Innere. Mit vagem Wispern schlossen sie sich um Eleanors Hand- und Fußgelenke. Der Langhaarige startete den Motor und trat so fest aufs Gas, daß die Räder im Schlamm durchdrehten.

Als die Reifen griffen, ruckte der Wagen vorwärts und rollte den Hügel hinauf.

Die Straße verlief im Zickzack steil empor. Der Mann fuhr wieder zu schnell, der Wagen schlitterte und schlingerte um die Kurven.

Sie würden einen Unfall bauen, davon war Eleanor überzeugt. Aber es war ihr beinahe gleichgültig.

Auf dem Kamm verlief die Straße fast gerade. Die Ebene unter ihnen lag im Dunkeln. Aber das Feuer brannte nun mit explosiver Gewalt, und Blitze schienen davon in den Himmel zu zucken. Sie erhellten die kahlen Äste ringsum.

Der Mann blickte erneut auf die Uhr.

»Bereit«, sagte er, und es war keine Frage. Er holte tief Atem, und Eleanor sah den Schweiß auf seiner Stirn. Dann rammte er den Fuß auf das Gaspedal, und der Wagen schoß vorwärts.

Die Frau neben ihr lächelte – die Lippen aus Angst unbewußt festgefroren.

Die Straße vor ihnen verlor sich, sie bog scharf ab, und der Wagen fuhr viel zu schnell. Der Wind brauste an ihnen vorbei und übertönte das Dröhnen des Motors.

Das Feuer war tief unter ihnen, Blitze zuckten hoch in die Dunkelheit, schienen nach ihnen greifen zu wollen.

Und als das Taxi die Straße verließ, hinaus in die Leere über dem Feuer schoß, war Eleanors letzte Erinnerung der Anblick der Sonne, die glühend und unversöhnlich im Osten aufging.

Über das Feuer hinweg flogen sie mitten in die Sonne hinein.

Chorolon

Diese Hitze! Die Luft war trocken und rauh im Hals, das Seidenkleid unerträglich beengend. Eleanor rührte sich unsicher, ohne die Augen zu öffnen, nicht bereit, die Wirklichkeit zu akzeptieren.

Lycias' Welt. Mußte es sein; sie konnte das Feuer der Sonne durch die geschlossenen Lider spüren.

Nicht weit von hier unterhielt sich jemand. Sie konnte die Worte nicht hören, doch eine der Stimmen war ihr bekannt. Sie öffnete die Augen und setzte sich auf. Sand in jeder Richtung, so weit sie sehen konnte, Dünenkämme und -täler in Orange und Gold. Ein leerer, heißer, sonnenlodernder Himmel darüber.

Sie saß im Schatten des Taxis, das nicht hierher paßte. Die Stimmen kamen von der anderen Seite.

Sie stand auf, und als sie sich bewegte, löste sich ein Läufer von der Wagentür und huschte zur anderen Seite des Taxis. Ihre Augen folgten ihm, widerwillig fasziniert. Der Läufer flimmerte neben Metall, nahm dessen glänzende Oberfläche an, und Sandkörner schienen an seiner unteren Seite zu kleben.

»Gut«, sagte der Langhaarige. »Wieso hast du so lange gebraucht?«

Sie hätte ihm nicht antworten können, denn sie erkannte den Mann, mit dem er sich unterhalten hatte, einen Mann in hellen Jeans und weißem Hemd. Er trug einen hölzernen Stab und wich hartnäckig ihrem Blick aus.

Matthias!

Er redete heftig auf die Frau ein. Dann trat er stirnrunzelnd nach etwas im Sand.

Eine farbige Glasscherbe. Die Überreste eines gewaltigen Feuers waren nicht zu übersehen: schwelende Holzreste, dahinstiebende Asche.

»Du hast den Ritus durchgeführt?« Ihre Stimme klang angespannt. »Matthias! Hast du mich hierhergeholt?«

Da blickte er sie an. Seine Haut war dunkler, als sie sie in Erinnerung hatte, seine Augen von dem tiefen Blau, das so sehr wie … Nein, nicht jetzt daran denken! Neue Sorgenfalten zeichneten sein Gesicht, aber seine Miene war unbewegt, als wäre ihm Eleanor völlig fremd.

»Matthias! Was soll das?« Sie ertrug seinen Gesichtsausdruck nicht. Sie wollte um den Wagen herum auf ihn zugehen, doch er wich abwehrend zurück.

Während sie ihn ungläubig beobachtete, stieß er das Trillern hervor, das sie so oft gehört hatte.

Arrarate! Natürlich! Er rief Arrarate für sie beide!

Flügelschlag kam näher, während der Punkt am Himmel zur vertrauten Kombination von Anmut und Stärke wurde und zu ihnen herabsank.

Ein dunkelgrauer Falke, den sie nicht kannte, landete im Sand neben Matthias und blickte ihn mit schräggelegtem Kopf an.

Rasch schwang der Mann sich auf den Arraratrücken.

»Matthias! Warte!« Sie rannte, wollte nicht glauben, was sein Blick sagte.

Endlich sprach er zu ihr mit vagem Bedauern.

»Es tut mir leid, Eleanor. Unendlich leid. Aber es geht nicht anders. Kümmere dich um das Baby …«

Schon spreizte der Falke die Schwingen, hob sich in die heiße, blaue Luft und ließ Eleanor allein mit zwei Fremden und ihren abscheulichen Läufern im Sand zurück.

»Matthias!« Sie brüllte, schleuderte ihm wütend die Worte nach. »Verlaß mich nicht! Matthias! Komm zurück!«

Ein heftiger Schlag über den Mund warf sie auf die Kühlerhaube.

»Sei still!« Die Stimme des Mannes war tonlos. »Du weckst das Baby auf!«

Eleanors Unterlippe war aufgerissen, ihr Mund schmerzte. Matthias war fort! Er hatte sie im Stich gelassen!

»Baby? Was für ein Baby?«

»Das da!« erwiderte die Frau. Sie langte zum Beifahrersitz und zog ein großes, in Decken gewickeltes Bündel heraus. Sie legte es behutsam in den Sand vor Eleanors Füße, und dann, ehe das Mädchen reagieren konnte, stieg sie in den Wagen und startete ihn.

Rasch setzte sich der Mann neben sie, und in einem Aufwirbeln von Sand und Staub fuhr das Taxi los und verschwand alsbald zwischen den Dünen. Die Läufer strömten ihm nach.

Eleanor konnte es nicht glauben. Sie kniete unter der heißen Sonne im Sand!

Ein Wimmern drang aus dem Deckenbündel.

Das Baby weinte.

Sie starrte es an, wollte es nicht berühren. Wie konnten sie ihr das nur antun! Sie mitten in der Wüste, ohne Wasser, ohne Proviant aussetzen?

Mit einem Baby! Wessen Kind war es? Woher kam es? Was sollte sie mit ihm? Sie hatte keine Erfahrung mit Babys, kannte sich überhaupt nicht mit ihnen aus. Wieso sollte sie sich darum kümmern?

Warum hatte Matthias sie einfach hiergelassen? Wie konnte er so was nur tun?

Ein Windhauch streifte sie. Sie blickte auf und sah, daß sich der Himmel am Horizont bewölkte.

Der Sand war heiß und endlos um sie, das wimmernde Baby fiel ihr auf die Nerven, die Luft war drückend und bedrohlich.

Ein Sturm kündigte sich an.

Schiffbruch

Einige Monate, nachdem Matthias mit dem Baby Stromsall verlassen hatte, machte sich ein anderer *eloischer* Nomade Gedanken über den Ursprung des Unwetters.

Der Wind peitschte ihm ins Gesicht, während er unmittelbar südlich der Stadt Shelt auf einem Klippenpfad ritt. Das Tosen der Wellen unter dem Pfad verlor sich im Brausen des Sturms, des Regens, des Donners. Serethrun Maryn lenkte sein Pferd den Pfad entlang und dachte über das Unwetter nach.

Drei Alternativen. Es könnte völlig normal sein, ein natürliches Zusammenspiel von Luftdruck und Temperatur, aber das glaubte er nicht. Bosheit und Böswilligkeit hingen in der Luft, gepaart mit Unfähigkeit.

Es könnte auch eine Rückkehr der Stasis sein, in der Astrets Gewitter die Sonne von Stromsall ferngehalten hatten. Aber das glaubte er ebensowenig. Selbst im Zorn handelte die Lady subtiler.

Blieben die Seelords. Ein magisches Unwetter von unberechenbarer, stümperhaft beherrschter Wildheit. Normalerweise war es die Aufgabe der Seelords, die Gewitter zu vertreiben, aber Serethrun wußte natürlich, daß das Wetter sich so und so kontrollieren ließ. Jeder, der ein Unwetter zu beruhigen vermochte, konnte auch eines auslösen.

Wenn es so weiterging, konnten Schiffe an der Küste in Gefahr geraten.

Fast lachte er über die Ironie. Er stand im Dienst der Seelords, trug ihre auffallende Uniform, ritt auf einem ihrer in der Stadt ausgebildeten Pferde und hielt Ausschau nach Schiffen in Seenot, während höchstwahrscheinlich einer der hohen Herren für dieses Unwetter verantwortlich war. Wieder einmal beschlich Serethrun Maryn Verachtung für die Männer, die ihn bezahlten. So unheimlich wirkten sie in ihren grauen Seidengewändern, mit ihren düsteren Gesichtern und ihren Spiralstäben ... Wollten sie, daß ein Schiff an den Klippen zerschellte?

Von solchen und ähnlichen Gedanken abgelenkt, blickte Serethrun Maryn, *eloischer* Exnomade, nicht zu den sturmbewegten Wolken auf und sah so auch den großen Falken nicht, der von Wind und Regen zerzaust durch die Lüfte flog.

Obgleich er nicht mehr einer der *Eloier* war, die den Jahreszeiten und dem Wind folgten, verlangte es doch sein Stolz, den Ursprung dieses Unwetters zu ergründen.

Den ganzen Nachmittag tobte es bereits. Schwarze Wolken waren über die Stadt gerast und hatten sowohl Regen wie Hagel abgeladen, während der Sturm durch die Türritzen pfiff, an den Fenstern ratterte und den Unrat hochwirbelte. Die Bürger hatten schon nach dem Mittagsmahl Lampen angezündet, ihre Kinder heimgeholt und die Türen verriegelt.

Serethrun hatte in der Kaserne den Kameraden beim Kartenspiel zugeschaut, als der Himmel sich verdüsterte. Ein Schild vor der Tür baumelte und knarrte monoton. Lambard hatte den Flötenspieler Vere Holtby – der sich manchmal mit einem Krug Bier überreden ließ, ein paar Weisen zum besten zu geben – zu einem Wettstreit aufgefordert.

»Spiel das nach«, hatte Lambard gesagt, und Holtby hatte es versucht. Es war eine schrille, mißtönende Melodie, die in den Ohren schmerzte. Schließlich flehten sie ihn an, aufzuhören.

Serethrun überraschte es nicht, als sie gerufen wurden. Mit Strohhalmen losten sie die verschiedenen Routen aus, doch das brachte nichts. Schließlich entschieden sie, daß Serethrun den mittleren Pfad an der Stadt vorbei nehmen sollte; Lambard den Weg hinter der südlichen Landzunge; Alwick den Klippenpfad an der Landzunge entlang. Serethrun hatte den unangenehmsten, die ungeschützten drei mittleren Meilen. Dort war die Klippe am steilsten. Der Pfad wand sich eine von Geröllawinen und Erdrutschen manchmal schwer passierbare Strecke entlang.

In der Dunkelheit vermochte Serethrun, während ihm Wind und Regen ins Gesicht peitschten, kaum den Klippenrand zu erkennen, geschweige denn ein Schiff auf See.

Er war auf Streife mit dem Auftrag, die launenhafte See und die schiffsfeindlichen Felsen im Auge zu behalten. Er ritt während seiner gesamten Wache diesen Klippenpfad die ganzen drei Meilen immer wieder hin und her. Er beschwerte sich nicht: Dieser beschwerliche Ritt erinnerte ihn an andere Zeiten. Fast konnte er sich vorstellen, er wäre wieder bei den *Eloiern* und ritte durch einen Sturm ... Aber jetzt war er Wachmann der Stadt und hielt Ausschau nach Schiffen, die möglicherweise in gefährliche Nähe der Landspitze kamen.

An diesem Küstenstreifen gab es keine sicheren Häfen, keine, die sich außer Reichweite hoher, stürmischer Wellen und unbezwingbarer Strömungen befanden. Bei ruhigem Wetter mußten Schiffe mit Ware aus dem Süden weit vor der Landspitze ankern, und flache Boote aus Shelts seichter Bucht holten ihre Ladung.

Es war die Aufgabe der Küstenwache, die Schiffe zu warnen, sich um die Laternen zu kümmern, die ihnen die gefährlichen Felsen an beiden Buchtenden zeigten. Und Rettungsboote auszuschicken, wenn die Warnungen nichts genutzt hatten. Auf offener See war die Chance für ein Schiff größer als bei einer Flucht in die trügerische Sicherheit der Bucht von Shelt.

Die Seelords von Shelt hatten die moralische Verpflichtung zu helfen. Schließlich verdankte Shelt seine Existenz der See, schon aus der Zeit, da alle seine Bewohner auf die eine oder andere Weise etwas mit der Fischerei zu tun gehabt hatten. Die Seelords waren während der Stasis in arger Bedrängnis gewesen, als die tagtäglichen Stürme die Fischerflotte fast vernichtet hatten. Aber an manchen Tagen war es den Seelords gelungen, die Stasisunwetter zu verhindern. Sie wurden darin sogar recht gut, nachdem Gawne von Aquile, der Magier aus dem Süden, angekommen war.

Aber inzwischen hatten sich die Dinge verändert. Die Stasis war vorüber. Und mit der Fischerei war es auch so gut wie aus. Die Seelords hatten jetzt dringlichere Dinge zu tun: die Heilung der Kranken von Stromsall. Sie führten für jene, die es sich leisten konnten, obskure Riten durch und sahen erfreut, wie ihre Schatztruhen sich füllten ... Serethrun gefiel das Ganze nicht. Sie schienen ihm in Fesseln der Habgier an die Erde gekettet. Er hielt es für unwahrscheinlich, daß sie sich jetzt die Mühe machten, sich um das Wetter zu kümmern. Sie hatten wahrscheinlich nichts mit dem Gewitter zu tun, das die Luft über Shelt verdunkelte.

Aber *wer* steckte dann dahinter?

Einst, vor langer Zeit in seinem anderen Leben, hätte Serethrun sich vielleicht an der Macht eines solchen Sturms erfreut. Heute nacht jedoch irritierte er ihn. Es hing etwas in der Luft, etwas Widernatürliches ...

Ein Blitz brachte sein Pferd zum Stolpern. Serethrun murmelte ihm beruhigend zu. Seine Hände lagen leicht um die Zügel.

»Wer da?«

Eine vertraute Gestalt galoppierte kurz neben ihm her. Blondes Haar hing glatt und tropfend ins Gesicht, der scharlachrote Umhang bauschte sich im Wind. Morast spritzte zwischen ihnen auf.

Die gebrüllten Worte waren im Gewitter schwer zu verstehen.

»Schiff! Halb über der Bucht auf geradem Kurs zur Landspitze. Reit schnell hinunter, sieh zu, ob du helfen kannst. Ich werde Alarm schlagen ...« Lambard spornte sein Pferd und verschwand im Dunkeln in Richtung Stadt.

Serethrun riß sein Pferd scharf herum, daß es im Schlamm schlitterte, dann lenkte er es den Weg zurück. Etwa eine Meile entfernt führte ein Pfad hinunter zur Küste südlich der Landspitze.

Sein Pferd zauderte, doch Serethrun drückte ihm die Absätze in die Weichen. Er hatte an diesen Felsen schon mehrmals Schiffe zerschellen sehen, Schiffe aus dem Osten und dem Süden, einmal sogar einen Klipper von Eldin. Er wußte, wie gering die Chancen hier waren. Denn obwohl die Küstenwache Laternen von der Burg aus aufreihten und die Klippenreiter regelmäßig patrouillierten, wurde in Shelt das Problem mit den Strandräubern immer schlimmer.

Serethrun wußte, warum es so weitergehen würde. Wenn

die Fischer nicht mehr fischen durften, was dachten die Seelords, wovon sie dann leben sollten?

Räuberbanden brachten die gesamte Fischergemeinde in Verruf. Die großen Schiffe aus dem Süden, die siechende Fürsten und greise Grafen hierherbrachten – Shelts neue, lohnende Einnahmequelle –, waren so leichte Opfer. Sie an die Klippen zu locken, daß sie zerschellten, machte sich bezahlt und war das Risiko der schweren Strafen wert, die der Graf und die Seelords verhängten. Shelt wurde skrupellos von der Burggarde überwacht. Serethrun war Teil der Unterdrückungsmaschinerie. Seine Arbeit fiel ihm wahrhaftig nicht immer leicht, aber er verabscheute die Strandräuber. Die fast gleichgültige Vergeudung von Leben durch sie war ihm zuwider.

Serethrun sah das unterspülte Wegstück zum Strand. Es war steil und nachgiebig. Sein Pferd würde es nie schaffen. Er stieg ab, fing zu rennen an, rutschte im Schlamm und hielt sich an dem rauhen Gras fest. Das Brüllen der Brandung füllte seine Ohren.

Die Flut hatte noch nicht eingesetzt, so erstreckte sich ein schmaler, gebogener Sandstreifen unter den Klippen bis zu den Felsen, wo die Landspitze begann. Serethrun raste über die Bucht. Noch immer konnte er nichts über das Donnern der Brandung hören, keine Schreie, kein Bersten von Riemen oder Spanten.

Keinen Alarm.

Gewiß müßte sie doch inzwischen die große Glocke von Shelt läuten? Über die Stadt schallen, von der Burg zum Hafen, und alle Männer auffordern, dem Schiff zu Hilfe zu kommen? Die Seelords an ihre Posten rufen? Hatte Lambard denn nicht innerhalb von Minuten an den Glockensträngen gezogen?

Da sah er das Schiff, das gefährlich krängte und sich außer Kontrolle den Felsen näherte. Dem vielen aufgeblähten Weiß nach war das Schiff ein Schoner.

So nahe der Landspitze gab es nichts, was die Seeleute tun könnten. Außer Serethrun eine Leine zuzuwerfen, falls er nahe genug herankommen konnte.

Der Sandstrand ging in ein Gewirr von Felsbrocken und Tümpeln über. Die Landspitze war gefährlich in der Dunkelheit, rutschig von Seetang, uneben und unberechenbar vor jedem Schritt. Das hielt Serethrun ein wenig auf.

Wo waren denn alle? Die Seelords? Die Küstenwache, die Rettungsboote? Die Fischer, die Strandräuber, die Neugierigen? Dieses Schiff brauchte *Hilfe*. Er wartete immer noch auf das Glockenläuten. Aber es war nicht zu hören, auch keine Stimmen brüllten, kein Licht baumelnder Laternen war zu sehen.

Er blickte zur Burg hinauf, erwartete das vertraute goldene Licht.

Die Burg stand im Dunkeln. Nicht eine Laterne brannte in dieser Nacht. Was war schiefgelaufen? War es Verrat? Heimtücke? Was brüteten die Seelords aus?

Und jetzt vernahm er das ohrenbetäubende Bersten von Holz auf Felsen und Brüllen an Bord des Schiffes. Er hatte fast das Ende der Landspitze erreicht. Grimmig verdrängte er den Gedanken an die dunkle Burg.

Er sah, daß das Schiff auf dem Markholm aufgespießt war und unter der Wucht erbebte. Eine Welle spülte über seine Füße. Er wandte den Blick vom sterbenden Schiff ab und konzentrierte sich auf seinen Weg. Er fiel und schlug mit dem Knie auf einen Stein auf. Mit einer gemurmelten Verwünschung kämpfte er sich weiter, rutschte auf Tang aus ...

Das Schiff krängte schwer über der spitzen Zacke des Holms vor dem Ende der Landspitze. Es war im Begriff zu kentern, und die Küstenwache würde zu spät kommen ... Er ertrug es nicht.

Serethrun sah Menschen in das schwarze Wasser stürzen und wie alte Lumpen aufschlagen. Andere klammerten sich an die Takelung, versuchten so hoch wie möglich über die aufgewühlten Wellen zu gelangen. Er rannte wieder.

Endlich kam er am Ende der Landspitze an und stemmte sich gegen den Wind. Das Schiff befand sich nur etwa zehn Meter entfernt, aber das Wasser zwischen Landspitze und Markholm war wie ein brodelnder Hexenkessel, die Wellen klatschten mit ungeheurer Wucht in alle Richtungen, und die Gischt schäumte haushoch in die Nacht.

Er konnte das Schiff jetzt ganz deutlich sehen. Die Masten ragten schief über das Wasser. Die Takelung hing wirr herab. Dunkle Gestalten klammerten sich vor Angst schreiend daran.

Sie waren *Mereth*, hilflos wie Kinder. Er war jetzt einer von ihnen und wußte, wie das war. An die Erde gefesselt waren die Menschen, an ihre Städte, ihre Habe und Pflichten, und hier waren sie dem Wetter und dem Meer ausgeliefert. Die Schiffbrüchigen schrien in den Sturm, riefen nach ihrem Gott, ihrer Mutter, ihren Lieben.

Doch hier hörte es niemand, außer Serethrun Maryn – ein Fremder, einer von ihnen und doch nicht von ihnen.

Eine brandende Welle überspülte ihn. Er stand bis zu den Knien im Wasser, legte die Hände zum Trichter vor den Mund und brüllte zum Schiff hinüber: »Eine Leine! Werft eine Leine!«

Sie konnten ihn nicht hören, aber er sah, daß ein Mann seine Absicht begriff, aus der Takelage auf das zersplitternde Deck sprang und taumelte, als das aufgespießte Schiff auf dem Felsen ruckte, während er eine schwere Leine lösen wollte.

Serethrun sah ihm fröstelnd zu. Die Chance war nicht groß. Eine neue, brandende Welle warf ihn fast um. Er blickte hinunter und hielt Ausschau nach einem festeren Stand.

Er sieht etwas.

Trotz der heftig brandenden Wellen kniet Serethrun sich nieder und beugt sich vor. Wieder späht er ins Wasser. In diesem Moment entdeckt er etwas Weißes, das in der Flut treibt.

Ein Gesicht hebt sich kurz ab, ehe es zurück unter schwarzes Wasser gezogen wird.

Er streckt die Arme aus, stolpert, fällt fast ...

Der Seemann plagt sich immer noch mit der Leine ab. Endlich hat er ein Ende frei. Er blickt mit angespanntem Gesicht zu Serethrun.

»He! Ihr da! Fangt!« brüllt er.

Serethrun kniet auf dem Stein, beugt sich über die dunklen Wellen. Er versucht die treibende Gestalt zu erlangen, doch der Ruf des Seemanns läßt ihn aufschauen. Er muß den Blick vom schimmernden Weiß ihres Gesichts lösen. Es ist eine Frau, die von der Flut mitgespült wird ...

Die Leine fällt dicht neben seiner Hand. Er greift danach, doch schon ist sie davongetrieben.

Das Gesicht schimmert aufs neue.

Er sieht nicht, wie die Leine wieder eingeholt wird. Sieht nicht die verständnislose Angst und Verwirrung im Gesicht des Seemanns, als der es noch mal versucht.

Das Schiff bebt nun unaufhörlich.

Wieder im Wasser zieht Serethrun an Stoff, spürt, wie der Stoff nachgibt und reißt. Er wirft sich vorwärts, um besser zufassen zu können.

Der Seemann wirft die Leine wieder, gerade als Serethrun die Frau herauszieht.

Einen Moment lang eine seltsame, ungewohnte Unentschlossenheit. Er blickte auf das Gesicht zwischen seinen Händen und erkennt etwas, das er für immer für verloren gehalten hatte ...

Das beschwerte Ende der Leine streift seinen Arm, und wieder verfehlt er es. Als es zurück ins Wasser sinkt, blickt er zu dem Mann auf dem Schiff. Das Gesicht des Seemanns ist vor Angst verzerrt.

Das Schiff erbebt noch heftiger, die Spanten ächzen, und langsam löst sich das Schiff vom Holm, rutscht ins schwarze Wasser zurück und bäumt sich auf, als die Wellen über ihm zusammenschlagen.

Der Trupp Freiwilliger der Küstenwache traf kurz danach ein, doch da war es bereits zu spät. Es gab nur zwei Überlebende: die Frau und ein Seemann namens Berwick. Er war in dem Augenblick von der Takelung gesprungen, als das Schiff kenterte, und eine Welle hatte ihn aufgefangen und hoch auf die Felsen des Holms geworfen.

Der Aufprall hatte ihm ein Bein und mehrere Rippen

gebrochen und die Haut aufgeschürft. Er blieb reglos und halb bewußtlos liegen, bis der Sturm am frühen Morgen nachließ und man ihn mit einem Boot holen konnte.

Er redete im Fieberwahn, und niemand achtete weiter darauf, bis ein Helfer auf einen Satz aufmerksam machte:

»Das Leuchtfeuer – wir folgten dem Leuchtfeuer ...«

Strandräuber. Das Gerücht breitete sich in der Stadt aus.

Innerhalb weniger Stunden hämmerten Soldaten an Serethrun Maryns Tür.

Vor Gericht

»Lambard sagte, er würde Alarm geben, daß ein Schiff auf die Landspitze zutrieb.«

»Ruft Lambard Bowen!«

Stimmen schwanden auf fernen Korridoren. Während der Atempause spürte Serethrun, wie seine Hände zu schwitzen begannen, obwohl es kalt in dem Saal war.

Sein unmittelbarer Vorgesetzter, Hauptmann Niall, befand sich auf der Galerie mit Kester Robart, einem Kameraden. Nicht ein einziges Mal hatte einer von ihnen Serethrun in die Augen geblickt. Beide hatten sich geweigert, als Zeugen für ihn aufzutreten; das allein verurteilte ihn schon. Serethrun konnte es immer noch nicht so recht glauben, er blickte beschwörend zu ihnen hinauf. Doch sie taten, als kannten sie ihn nicht.

Der prunkvolle Gerichtssaal mit seiner geschnitzten Eichenvertäfelung und den schweren Messingarmleuchtern war überfüllt. Aber Serethrun schien es, als hallten seine Worte hohl in dem kalten Schweigen wider.

Niemand glaubte ihm. Nichts, was er sagte, würde etwas an seiner Lage ändern. Er war *eloisch*. Er wußte, wie sie ihn sahen: als einen undurchsichtigen, unheimlichen Fremden.

Einen dunkelhaarigen Ausländer aus der Prärie des Nordens, andersartig, klein und mandeläugig ... Man kann diesen Nomaden nicht trauen. Das war die allgemeine Ansicht. Und eine Spur Wahrheit steckte darin. Räuberische Wilde, regiert von schwarzen Hexen, die so mächtig wie die Seelords waren. Das stimmte nicht ganz, Irian war mächtiger als alle Seelords zusammen, doch das hatte Serethrun nie jemandem gesagt. Er hatte den Harmlosen gespielt, hatte sich in den Stallungen herumgebalgt, seine Späße in den Gemeinschaftsräumen und den Kneipen gemacht. Es hatte lange gedauert, durch harte Fäuste und harte Arbeit zumindest einigermaßen Anerkennung zu finden. Er war einer von ihnen geworden und war es doch nicht.

Heute würde ihm niemand glauben. Vor der Tür drängte sich der Mob, der nach ihm schrie.

Aber Lambard würde es ihnen sagen. Sie waren gemeinsam von Niall ausgebildet worden, hatten bis tief in die Nacht hinein miteinander die Würfel rollen lassen und gezecht, hatten einander beigestanden. Es hatte ihm offenbar nie etwas ausgemacht, daß Serethrun anders war.

Er würde ihn nicht im Stich lassen.

Endlich traf Lambard ein und trat mit ernstem Gesicht in den Zeugenstand. Wie Niall und Robart blickte er Serethrun nicht an.

»Lambard Bowen, Leutnant in Hauptmann Nialls Kompanie, Küstenwachenreiter ...

Ja, ich hatte in dieser Nacht Dienst ...

Ich hörte nichts, bis der Alarm schrillte ...«

»Du hast den Alarm selbst gegeben!« Serethrun war aufgesprungen, seine Stimme war leise und zornig. »Du hast als erster das Schiff gesehen, Lambard! Du hast mir gesagt ...«

»Setzt Euch, Maryn! Sofort!« wies ihn der Archon zurecht. »Fahrt fort, Herr Garwood.«

Der Ankläger Garwood warf einen flüchtigen Blick auf Serethrun und setzte seine Befragung fort. Er war ein kleiner Mann mit trockener, präziser Stimme.

»Mit Euren eigenen Worten, wenn Ihr die Güte hättet,

Leutnant Bowen. Erzählt dem Gericht genau, was an jenem Abend geschehen ist.«

Lambard berichtete von dem Abend in der Kaserne, dem kleinen Flötenspieler, dem Auslosen mit Strohhalmen.

»Alwick übernahm die Streife nördlich der Stadt, Serethrun Maryn die mittlere. Ich die südliche. Nichts erschien ungewöhnlich. Nein, nichts an der Aufteilung war ungewöhnlich gewesen ...« Aber hier zögerte Bowen, und Garwood hakte sofort ein.

»Ihr habt Strohhalme gezogen, sagtet Ihr. Ist das üblich?«

»Ja. Die drei Routen unterscheiden sich sehr voneinander. Die mittlere ist gewöhnlich die schwierigste ...«

»Und Maryn hat sie gezogen?«

»Nun, nein. Ich zog sie, aber Serethrun – Leutnant Maryn – fragte, ob ich mit ihm tauschen wolle ...«

Jetzt erst blickte Lambard ihn an. »Er sagte, er wollte nach der Schicht so schnell wie möglich in die Stadt zurück. Jemand würde auf ihn warten ...«

»Komplizen, nehme ich an«, warf Niall ein. Seine Stimme war rauh vor Verachtung.

Lambard sah Serethrun immer noch an, schwieg jedoch, während der Archon die Unterbrechung mit einem strafenden Blick quittierte.

Nein, Serethrun hatte keine Komplizen, keine Freunde, keine Liebste in Shelt. Nur sein Vater wartete jede Nacht vor Bronchitis keuchend auf ihn. Noch ein einsamer, dunkelhaariger Fremder in der Stadt, ein Krüppel in mehr als einer Hinsicht. Niemand würde Suppe bringen oder Feuer machen, wenn Serethrun es nicht tat.

Er hatte ihnen nicht von seinem Vater erzählt. Er hatte den bettlägerigen Alten vor ihnen verborgen gehalten. Wenn er in der Kaserne war, verbannte er Renferell Maryn aus seinem Leben ...

Es hatte Lambard nichts ausgemacht zu tauschen; schließlich hätte Serethrun das gleiche für ihn getan.

»Also ritt Serethrun Maryn die mittlere Streife. Was dann?«

»Dann – nichts. Bis ich den Alarm hörte.« Lambard zuckte mit den Schultern.

»Ihr habt das Schiff nicht gesehen?«

»Nein. Es war zu dunkel, und es regnete zu stark.«

»Ihr habt nichts gehört? Keine Schreie, kein Krachen, als das Schiff gegen die Felsen prallte?«

»In diesem Wind?«

Natürlich nicht! Nicht einmal Serethrun hatte etwas gehört, ehe er weit genug draußen auf der Landspitze gewesen war. Unmöglich hätte man auf den Klippen etwas hören können.

Aber Lambard hatte ihm gesagt, daß sich ein Schiff näherte. Er war mit fliegendem scharlachroten Umhang an ihm vorbeigeritten, um Alarm zu geben.

Der Alarm, der erst viel später ausgelöst worden war.

Warum sollte Lambard lügen? Was ging vor? Wer hatte das Unwetter herbeigeführt?

Serethrun schwitzte nicht mehr. Ihm wurde kalt vor Wut. Was machte er hier bei diesen Leuten? Was bedeuteten sie ihm?

Er erzählte seine Geschichte immer wieder, ruhig und scheinbar unbewegt. Weshalb sollte er ihnen zeigen, was er empfand? Sein Wort stand gegen Lambards.

Niemand würde ihm glauben, dem dunkelhaarigen Eloier in einer Merethstadt.

Die Beweise häuften sich. Der Wächter auf dem Glockenturm war von einem Maurer, der nachgesehen hatte, ob sein Gerüst dem Unwetter standhielt, aufgefordert worden, Alarm zu geben. Nein, natürlich hatte er Leutnant Bowen nicht mit einem Arbeiter verwechselt. In dieser Uniform?

Ein Zeuge von der Küstenwache, ein dünner, drahtiger Bursche mit unsteten Augen.

»Ja, ich war der erste auf der Landspitze.

Ja, ich hab' Maryn dort vorgefunden, er war dabei, einer Frau zu helfen – ja, zweifellos war er schon länger dort.

Das Schiff war schon untergegangen, als wir ankamen. Ein paar Fässer schwammen herum, zersplittertes Holz – da war nicht viel mehr ...«

»Der Schiffbruch gelang ein bißchen zu gut, eh, Maryn?« Der Archon blickte Serethrun über die Brille durchdringend an.

»Wer waren Eure Freunde, Maryn? Ihr wart doch ganz bestimmt nicht allein.«

»Ich bin kein Strandräuber.« Serethrun entspannte bedacht die Hände auf der Schranke. Auch jetzt war seine Stimme ruhig. »Wenn ich mir die Fracht hätte aneignen wollen, dann wäre ich nicht allein gekommen. Ich hätte noch andere mitgebracht ...«

»Es ist anzunehmen, daß Eure Komplizen unterwegs waren, als Alarm gegeben wurde, womit sie nicht so bald gerechnet hatten. Daß der Maurer das Schiff bemerkte, war reiner Zufall. Da machten sie sich aus dem Staub, und Ihr wurdet allein ertappt. Wer waren sie, Maryn? Oder steckt Ihr unter einer Decke mit Fischern? Nennt uns ihre Namen! Ihr verschlimmert Eure Lage, wenn Ihr es nicht tut!«

»Nein! Ihr verdächtigt mich zu unrecht. Ich habe keine ›Komplizen‹.« Er hielt inne, bemühte sich, logisch zu denken. »Warum hätte ich überhaupt hinuntergehen sollen?«

Als Antwort langte der Archon unter den Richtertisch und brachte eine ramponierte Laterne zum Vorschein.

»Wißt Ihr, was das ist, Maryn?«

»Natürlich.« Es gab Tausende davon in der Stadt. »Jeder hat solche Laternen.«

»Diese wurde mitten auf der Landspitze gefunden. Sie war noch warm.«

Er schwieg, weigerte sich, an die Folgerung zu denken.

»Ihr müßt Euch wirklich eine glaubhaftere Geschichte ausdenken, Maryn.« Die Worte des Archons waren mild, aber Verachtung troff aus seiner Stimme.

»Strandräuber! Eloier! Hängt ihn auf!« Der Mob draußen wurde lauter, und die Tür krachte unter der Wucht der Leiber.

»Ich schwöre Euch, daß ich nichts damit zu tun habe!« Er spürte, wie seine Augen sich zusammenzogen, wie sein Zorn wuchs.

Er wollte hier nicht die Beherrschung verlieren. Sie waren Mereth, unbeholfene Kinder, an ihre Heimat gebundene Städter. Sie warteten nur darauf, daß er sich verriet. Diese Genugtuung würde er ihnen nicht geben. »Ich habe meine

Pflicht getan. Ihr wärt besser beraten zu untersuchen, wie es zu diesem Unwetter kam und weshalb in der Burg keine Lichter brannten ...«

Der Archon hörte gar nicht zu. Ein Bote hatte den Saal betreten und flüsterte ihm etwas ins Ohr.

Einen Moment blickte der Archon mit unlesbarer Miene auf Serethrun, dann schürzte er die Lippen. Seine Hände spielten mit einem Brieföffner auf dem Tisch vor ihm, er drehte ihn unentwegt in den knotigen Fingern. Nach einer langen, drückenden Pause stand er auf.

»Es gibt keine Beweise«, sagte er schließlich. »Die Anklage wird zurückgezogen.«

Unglaubliche Stille. Der Lärm des Mobs außerhalb war plötzlich hohl und bedeutungslos.

Das Gericht erhob sich mit Geraschel und verwirrtem Geflüster. Wieder blickte der Archon lange und kühl auf Serethrun. Dann raffte er seine Papiere zusammen und verließ den Saal, gefolgt von Richtern und Beisitzern.

»Ihr dürft gehen. Verschwindet!« sagte einer der Wachen verächtlich.

Serethrun blieb reglos stehen. Er war frei. Einen Moment lang stand er da, die Hände auf die hölzerne Schranke gestützt. Dann hob er den Kopf, als erwache er aus einem Traum, und stieg von der Anklagebank hinunter, um durch die sich rasch auflösende Menge quer durch den Gerichtssaal zur Flügeltür zu gehen.

Lambard unterhielt sich an der Seite mit Niall und Robart.

Würde er sie je verstehen? Sie hatten sich einen Spaß mit ihm gemacht. Das war es! Ein ausgeklügelter, gemeiner Streich.

Ihre Gesichter waren für ihn Karikaturen: grob und verschwitzt. Ihr Wesen war ihm fremd, er kannte und verstand sie nicht. Aber trotzdem hatte er mit diesen Männern zusammengearbeitet und würde es wieder tun. Er ging zu ihnen.

»Lambard ... Warum hast du das getan? Was hast du damit bezweckt?«

Er forschte in dem breiten, von gepflegtem blondem Haar umrahmtem Gesicht, und in den grauen Augen.

»Ich weiß nicht, was du meinst.« Lambard blickte ihn abweisend an, dann spuckte er zielsicher vor Serethruns Füße, ehe er ihm den Rücken zuwandte und wegging.

»Hol deine Sachen aus der Kaserne, Eloier! Ich will dich nach vier Uhr nicht mehr dort sehen.« Auch Niall drehte sich bereits um, als Serethrun ihn am Arm faßte.

»Habt Ihr nicht gehört? Die Anklage wurde fallengelassen. Ich bin unschuldig ...«

»Es gibt nur keine Beweise, Maryn. Von unschuldig war keine Rede. Du hast hier keine Zukunft mehr!«

Die Flügeltür schwang auf, und die klamme Kälte des Morgens drang ein.

Die Neuigkeit hatte sich rasch verbreitet, und die Menge löste sich bereits auf. Nur ein paar Nachzügler standen noch mit hochgeschlagenen Kragen unter ihren Regenschirmen.

Serethruns Gesicht brannte, als er zwischen ihnen davonschritt, und obwohl man sie nicht mehr brüllte, verfolgten ihn die Worte wie Hammerschläge in der stillen Luft:

»Strandräuber. Eloier. Strandräuber.«

Eloier.

Eloier

Die Kaserne war so gut wie verlassen. Alle taten Dienst, patrouillierten oder exerzierten. Im Wachraum waren die leeren Stühle und Tische ordentlich aufgereiht. Ein Putzer lehnte sich auf seinen Mop und sah Serethrun stumm zu, wie er seinen Spind ausräumte. Da war nicht viel, ein Reservehemd, Socken, Unterwäsche. Keine Bücher, keine Briefe von der Familie, keine Kartenpäckchen oder Würfel. Er war noch immer zu sehr der eloische Nomade, als daß er sein Leben mit überflüssigem Kram belasten wollte. Und wer sollte ihm schon schreiben?

Der Putzer war weitergezogen. Es eilte nicht. Sein Vater würde ihn noch nicht erwarten, so setzte Serethrun sich an einen Tisch und starrte blicklos in den Regen, der an den Fensterscheiben herabrann.

Er erinnerte sich. Oder war es ein Traum? Mehr eine Stimmung denn ein Gedanken. Vor langer Zeit, während der Stasis, war. ganz Stromsall ständig von Schneestürmen und Unwettern heimgesucht worden, doch diese Nacht war ruhig gewesen.

Der Kreis war komplett. Serethrun Maryn, dem seine Freunde Mir und Enthor beistanden, wartete unter dem geknickten Baum auf die Entscheidung.

Ihre Augen begegneten sich in wilder Freude. Wie die Entscheidung auch immer ausfiel, sie würden durch die nördliche Öde streifen und sich von den Stürmen der Stasis nicht aufhalten lassen. Sie würden alles riskieren, Sturm, Blitz und Donner trotzen, und sich nehmen, was sie brauchten.

Doch jetzt war es ruhig, ruhig und still. Sie bildeten ein Dreieck der Macht, Serethrun, Mir und Enthor, warteten und beobachteten den Kreis. Das Licht, das bei jedem Blick in den Augen blitzte, zeigte eine mondbeschienene, frostschimmernde Nacht, Bäume, die mit glitzerndem Schnee beladen waren. In der Stille der Mitternacht grüßte Mir die rufende Eule. Enthor lachte stumm mit der fernen Hyäne. Der Schrei eines sterbenden Hasen gellte durch den Frost.

Serethrun wartete. Auch die anderen Eloier schauten zu. Sie saßen auf Astgabeln oder standen zwischen den jungen schlanken Erlen und Buchen. Der Mondschein wanderte über sie hinweg, als der Kreis der Frauen sich bewegte, einmal silbern, dann blau schimmernd. Die geduckte Gestalt in der Mitte des Kreises rührte sich nicht.

Blau, silbrig. Serethruns Blick schweifte von seinen Freunden zum Wald und zurück zum Kreis. Es konnte jetzt nicht mehr lange dauern, oder? Er spürte ein Rauschen in der Luft um ihn. Die anderen kamen näher, und die Bäume und Zweige fächelten im kalten Licht, als die Eloier vorbeizogen.

Mirs Linke ruhte weich auf Serethruns Schulter. Enthors Rechte hatte sich sanft um Serethruns Handgelenk geschlossen. Eine Freundschaftsbezeugung.

Silbrig, blau. Stille ringsum. Der Wald stand ruhig. Sie waren jetzt alle bei ihm, warteten.

Silbrig, blau, schwarz.

Der Kreis brach, die Frauen drehten sich um. Schwarze Gesichter und schwarze Leiber entfernten sich nun von der verkrümmten Gestalt auf dem Boden. Irian kam mit bedächtiger Anmut auf ihn zu. Sie ließ sich Zeit, als sie den silbernen und blauen Umhang über die heilige Bemalung zog.

Er blickte ihr entgegen, erhoffte sich Beruhigung und Trost von ihr.

Sie lächelte. »Serethrun. Frohlocke. Du bist jetzt frei!«

Erschrocken starrte er sie an. »Renferell ist *tot*?«

Allein schon das Wort war ungewohnt. Er hatte nicht gedacht, daß ihr Vater so schwer verletzt worden war. Seine Schwester Irian, die Schamanin, blickte ihn an, und immer noch lag dieses Lächeln auf ihren schmalen Lippen.

Wie konnte sie lächeln, wenn ihr Vater dort lag?

Der Griff um sein Handgelenk wurde einen Moment fester, ehe er sich löste. Mirs Hand hob sich von seiner Schulter. Er stand jetzt getrennt von ihnen, aber kein Wort wollte über seine Lippen kommen.

Irian schüttelte den Kopf. »Nicht tot, nein. Aber auf dem Weg zum Tod. Er wird nie wieder gehen können ...«

»Du bist Heilerin, Irian, tu was!« Er blickte an ihr vorbei zur reglosen Gestalt ihres Vaters. Er sah Schweiß auf seiner hohen Stirn glitzern, sah die von ihm abgewandten Augen vor Schmerz zusammengekniffen. »Du hast doch schon oft gebrochene Knochen zusammengeflickt!«

»Aber keine gebrochene Wirbelsäule. Wir haben keine Pferde, um einen Gelähmten zu transportieren – Serethrun, hör doch, was ich sage: Du bist jetzt frei!«

Er schüttelte den Kopf, wie um einen klaren Gedanken zu fassen, tatsächlich aber ertrug er es nur nicht mehr, wie seine Schwester ihn ansah. In ihrem Blick lag Triumph, eine Herausforderung, der er sich nicht stellen wollte. Aus den Augenwinkeln sah er eine Bewegung und wandte sich von Irian ab.

»Serethrun, komm mit mir!«

Es war Brianne. Die traumschöne, strahlende Brianne. Sie hatte ihr Haar mit Silber durchflochten, streckte die Hände nach ihm aus, bereit, sich ihm zu schenken.

Er hatte sich Brianne ersehnt ...

»Feiere deine Freiheit.«

Er kämpfte dagegen an. »Mein Vater ...«

Sie zuckte mit den Schultern. »Die Pferde sind weg. Wir können nichts anderes tun. Du bist jetzt frei.«

Er folgte ihr aus dem Lager. Sie führte ihn über frostklirrende Pfade tief in den Wald. Es war, als zöge sie Silber hinter sich her, das auf ihn zuschwebte, ihn vorwärtszog. Ein Netz der Betörung, das die Welt um ihn neu erschuf. Brianne war wie Quecksilber und so unberechenbar. Er wollte sie an sich pressen, in dieses silberne Leben dringen, es verzückt unter sich erschauern fühlen.

Er wußte, daß die anderen auf sie warten würden. Sie würden die Feuer anzünden, die Zelte aufstellen. Irian und die Töchter würden die heilige Bemalung abwaschen, ihre normale Kleidung anziehen, und dann würden alle essen und den Branntwein rundum gehen lassen. Alle würden fröhlich sein, denn Serethrun war jetzt frei.

Der Übergang der Seelen zur vollen Macht war ein Anlaß, der gefeiert werden mußte. Ein solcher Übergang erfolgte bei einem Mädchen, wenn die Mutter starb, und bei einem Jungen, wenn der Vater dahinschied. Ihre Mutter war schon vor vielen Jahren gestorben, noch als sie mit Irian im Kindbett lag. Seine Schwester war noch zu klein gewesen für die Bürde, die dieses Vermächtnis ihr auferlegte, und so war es Serethrun zugefallen, sie zu beschützen und ihr den richtigen Weg zu weisen.

Er hatte sie mit Freude und Besorgnis gleichermaßen aufwachsen sehen. Er liebte ihre zierlichen Hände, ihre großen ernsten Augen. Allmählich wurde es unmöglich, das Ausmaß ihrer Kräfte zu ignorieren. Er wußte, daß sie eine Schamanin mit außergewöhnlichen Fähigkeiten werden würde. Aber mehr hatte er sich darum gesorgt, daß sie genug zu essen bekam und es warm hatte. Er erkannte, daß ihm ein starkes Bedürfnis innewohnte, für andere zu sorgen.

Dieses Bedürfnis bewegte ihn auch jetzt.

Sein Vater lag immer noch neben der geknickten Eiche, die ihm die Wirbelsäule gebrochen hatte. Das eloische Lager würde ein Stück von hier entfernt aufgeschlagen werden. Man würde seinem Vater nichts zu essen bringen, keinen Branntwein, keine Decken, nichts, was ihm das Sterben erleichtern könnte. Er gehörte nicht mehr zu den Eloiern. Er war auf dem Todesweg.

Serethruns Schritt stockte. Er erinnerte sich an die abgewandten Augen, an die Hand, die sich um das froststarre Gras verkrampft hatte. Er wußte nicht einmal, wie lange es dauern würde. Tagelang vielleicht ...

Er blieb stehen, sah, wie auch Brianne innehielt und nach ihm schaute. Als er sich umdrehte, um zu dem gebrochenen Baum zurückzukehren, hörte er sie einmal seinen Namen rufen. Ihre Stimme klang ruhig und entspannt. Er konnte seine Entscheidung frei treffen.

Er mied das Lager, machte einen Bogen um die hellen Feuer und die Stimmen seiner Freunde. Am Ende des Pfades, dort, wo er auf die Lichtung mit der geknickten Eiche führte, sah er Irian. Auch sie hatte das Lager verlassen. Sie wartete auf ihn. Sie hatte gewußt, daß er zurückkehren würde.

Sie brauchte ihn nicht zu berühren. Das hatte sie nie nötig gehabt. Sie beobachtete ihn aufmerksam, während er auf die verkrümmte Gestalt zuging. Sie wartete.

Serethrun hob die Hand zu Renferells Gesicht. Bei der Berührung öffneten sich die klaren Augen und blickten ihn wach und voll Intelligenz an.

»Geh ...« Seine Stimme war unendlich schwach.

Serethrun legte die Hand auf die seines Vaters. »Ich bringe dich nach Shelt«, sagte er. »Sie haben dort *richtige* Heiler.«

Er blickte zu Irian auf. Unbewegt erwiderte sie seinen Blick. Aus ihren Augen sprach kein Verständnis und kein Mitleid. »*Mereth*«, sagte sie unmißverständlich und ging zum Lager zurück.

Da stand er schwerfällig auf. Er wand sich innerlich unter dem Wort. Sie hatte ihn ausgestoßen, jede Verbindung abgebrochen. Er war wie gelähmt. Träumte er das nicht nur?

Seine Schwester hatte das Band zwischen ihm und ihr und den Eloiern durchtrennt. Für den Stamm würde er von nun an ein Außenstehender sein, denn Irians Wort war Gesetz, und sie würden alle gehorchen.

Er sah sie durch die Bäume, die Leute, die um die Lagerfeuer saßen und jetzt Fremde für ihn waren. Wilde, eloische Nomaden, vertrauensunwürdige Räuber und Diebe. Sie waren nicht länger seine Freunde und Familie. Der Wald bot ihm keinen Trost mehr.

Die nächtliche Kälte war schneidend. Er nahm seinen Umhang ab und wickelte ihn um seinen Vater. Seine Hände zitterten, aber das spielte keine Rolle. Seine Gedanken waren in Aufruhr. Doch während er durch die reifüberzogenen Bäume auf die flackernden Feuer blickte, war ihm etwas klar. Er bedauerte seinen Entschluß nicht. Sein Vater sollte nicht so sterben, allein und ohne Linderung. Er würde ihn nach Shelt bringen, einen Heiler für ihn finden und dafür sorgen, daß er wieder zu Kräften kam. Auf keinen Fall würde er ihn hier liegenlassen.

Das Leben war wertvoll. Es durfte nicht gleichmütig weggeworfen werden!

Es war inzwischen bitterkalt. Er sollte vielleicht ein Feuer machen, aber ihm fehlte der Wille dazu. So verbrachte er den Rest der Nacht damit, eine Bahre anzufertigen, die er ziehen konnte. Doch das Wort *Mereth* hallte unaufhörlich in seinem Kopf wider.

Am Morgen manövrierte er seinen Vater auf die aus Zweigen geflochtene Bahre, ignorierte den Zorn in den Augen des Verwundeten und begann zu ziehen.

Serethrun schob den Tisch weg und verließ die Wachstube.

Es hatte zu regnen aufgehört. Er wanderte durch die langweiligen Straßen von Shelt, durch die verschlungenen Straßen und krummen Gassen, die er so gut kannte. Im Schaufenster einer Bäckerei spiegelte sich sein Gesicht unfreundlich wider.

Dunkles Haar, schräge Augen. *Eloier!*

Außenseiter in jeder Hinsicht.

Verstoßen

»Wo warst du?«

Schlitzaugen folgten Serethrun durch das Zimmer.

»Warum bist du schon so früh zu Haus? Wie siehst du aus?«

Serethrun wollte nicht reden, wollte den krummen, verkrüppelten Mann auf dem Bett nicht ansehen. Er hängte den Umhang hinter die Tür und schnallte den Gürtel mit dem Schwert ab.

Das Zimmer war ungewohnt aufgeräumt, die kahlen Dielen gefegt, die dünnen Vorhänge gerafft. Die Tassen waren abgespült und hingen von Haken. Aber der Geruch war der gleiche geblieben, eine Mischung aus Rauch, altem Schweiß, Krankheit und stümperhafter Kocherei. Säuerliche Gerüche, die eine oberflächliche Reinigung nicht vertrieben hatte.

Das Feuer mußte geschürt werden. Serethrun bückte sich nach dem Schürhaken und drehte ihn achtlos in den Händen, während er blind in die rote Glut starrte.

»Nun, mein *Mereth*sohn? Muß ich es selbst herausfinden?« Ein Krachen und Klirren, als der alte Mann im Bett am Tisch daneben zog, daß Tasse, Wasser, Arznei und Bücher auf den Boden flogen.

Er war säuberlich in Decken gewickelt, das graue Bettuch glatt gestreift und eingeschlagen.

»Wer hat es dir gesagt?« fragte Serethrun leise, aber heftig. »Wer war mit dem Klatsch hier? Mutter Paskell und ihre gräßliche Meute?«

»Strandräuberei, eh? War dir dein Sold zu gering? Konntest dir wohl keine feinen Sachen leisten, weil du deinen Vater aushalten mußt? Hattest nicht genug Geld, Mädchen einzuladen und die Kameraden zu beeindrucken ...«

»Das also denkst du? Daß ich so etwas tun würde?«

»Und? Hast du es nicht getan?« Der alte Mann lehnte sich erschöpft in seine Kissen zurück. Serethrun verkniff sich eine bittere Entgegnung. Er sah, daß Schweiß auf der Stirn seines Vaters glänzte und die alten Hände sich um die Bettdecke verkrampft hatten.

»Natürlich nicht«, sagte er etwas ruhiger. »Lambard hat gelogen. Oder jemand wollte mich hereinlegen.«

»Eloier!« Der Alte nickte. »Serethrun. Laß uns von hier weggehen. Zurück in die Prärie, irgendwohin, nur nicht hierbleiben. Du hättest es nicht tun sollen, es hat nie funktioniert, alles war sinnlos, seit dem Unfall ...«

»Man hat mich in Shelt akzeptiert, ich wurde in der Garde aufgenommen. Das vergangene Jahr war nicht schlecht.« Das stimmte.

»Aber was willst du jetzt tun? In Shelt gibt es nur für Soldaten und Dienerschaft Arbeit, wie du sehr wohl weißt. Und du bist anders. *Wir* sind anders. Du fällst auf der Straße auf, schwarzes Haar ... Du wirst immer ein Sündenbock sein. Sie werden *dir* alles Elend aufladen. Wir müssen von hier weg!«

Ans Bett gefesselt, von den Nachbarn so gut wie ignoriert, ohne Freunde, ohne Macht, kannte sich Renferell Maryn doch mit den *Mereth*, den Stadtbewohnern, aus. Mehr war von seiner Fähigkeit nicht geblieben, mit der er den Stamm über die weite Prärie und durch die tiefen Wälder geführt hatte. Er hatte die Eloier mit kühler Intelligenz und großer Geschicklichkeit geleitet, war den Unwettern ausgewichen oder hatte sich ihnen angepaßt. Immer hatte er auf seine große Erfahrung gebaut. Er hatte seinen leidenschaftlichen Willen auch bei den Menschen in seiner Umgebung in Shelt eingesetzt, jedoch feststellen müssen, daß sie Mereth waren: erdgebunden, unzulänglich, durchschaubar und uninteressant.

Serethrun wußte, wie sehr Renferell sein hilfloses Dasein in Shelt verabscheute. Aber wäre ihm der Tod lieber gewesen? Da war er sich nicht so sicher. Renferell hatte Energie, einen wachen Verstand, und da war immer die Hoffnung gewesen, daß Serethrun eines Tages das Geld beisammenhaben würde, um sich die Heilung leisten zu können ...

»Wir sollten wirklich von hier verschwinden.« Die Augen seines Vaters glänzten vor Erregung. »Es hat jetzt keinen

Sinn mehr zu bleiben, wir werden uns nun nie die Behandlung durch einen Seelord leisten können. Kehren wir in die Prärie zurück! Alles wäre besser als das hier!«

Dies war eine neue Variation eines alten Kehrreims. Während Serethrun den Tisch aufrichtete und den Boden wischte, fragte er sich, ob sein Vater recht hatte.

Sie hatten Wochen gebraucht, Shelt zu erreichen, waren durch die kalten Wälder gezogen, hatten, wann immer es möglich war, Zuflucht vor dem Unwetter gesucht. Eine andere Wahl hatten sie nicht gehabt, sollte Renferell am Leben bleiben, denn die Eloier ruhten nie, blieben nie an einem Ort.

Serethrun kam während dieser langen Reise nicht viel zur Ruhe. Ihre einzige Hoffnung war, daß die Burggarde in Shelt Wachen brauchte. Sie hatten Glück, denn die Stadt befand sich am Rand eines Aufruhrs. Zu viel Arbeitslosigkeit, Armut, schlechte Wohnverhältnisse.

Serethrun wurde eingestellt – ironischerweiser hatte er das seiner eloischen Abstammung zu verdanken. Bevor man ihnen die Pferde gestohlen hatte (requiriert nannte es Torold, der Graf von Shelt), waren die Eloier auf eine Weise geritten – ohne Sättel, Sporen oder Peitsche –, die den Städtern fremd war. Serethrun verließ sich ausschließlich auf die intuitive Vertrautheit, die immer zwischen den Eloiern und ihren Pferden bestanden hatte. Er war ein großartiger Reiter und konnte mit jedem Pferd umgehen, und zwar auf eine Weise, die seinen Kameraden manchmal geradezu unheimlich war. Und in Shelt wurden die Pferde nicht nur für Ritte entlang der Klippen benutzt, sondern auch im Streifendienst sowie um rasch von einem Bezirk der Stadt in den anderen zu gelangen. Die Burggarde wurde auch als Ordnungshüter eingesetzt, und dazu mußte sie schier allgegenwärtig sein. Sie brauchte Pferde. All das lag nun schon eine Zeitlang zurück. Es hatte gut zwei dieser Jahre gebraucht, bis die Männer in der Kaserne ihn als Kameraden akzeptierten. Aber das vergangene Jahr war wirklich gut gewesen, und er hatte sich endlich anerkannt gefühlt. Er hatte sich einen Platz im Gesellschaftsgefüge der Stadt errungen und den Respekt, wenn nicht die Freundschaft der Gardisten. Mit seinem Sold hatte er nicht nur seinen Vater unterhalten, sondern auch etwas für seine Heilung zur Seite legen können.

Und nun hatte ein Wort das alles verdorben. Strandräuber! Er konnte es immer noch nicht so recht glauben. Er hatte angefangen zu vergessen, daß er anders, daß er ein Eloier war.

Ein heftiges Klopfen an der Tür.

Serethrun wischte den Tisch ab, stellte die Bücher und das Pillenfläschchen darauf zurück und ließ sich Zeit mit dem Herein. Es war zweifellos kein Höflichkeitsbesuch.

Ein kleiner Mann mit sich lichtendem mausgrauem Haar und schmalem Fuchsgesicht stand vor der Tür. Der Hauswirt.

»Wo habt Ihr Euch so lange herumgetrieben?« fragte er scharf. »Die Beweismittel versteckt?«

»Wovon redet Ihr?«

»Das wißt Ihr genau.« Die durchdringenden Augen schauten sich um. »Ich brauche dieses Zimmer. Eure Mietzeit ist abgelaufen.«

»Im Gegenteil. Eine Kündigung kann erst in sechs Monaten erfolgen!«

»Ich brauche das Zimmer heute!« Er zog einen kleinen Beutel aus einer Tasche. »Hier habt Ihr den Mietbetrag für eine Woche anstatt der üblichen Kündigung.«

Serethrun griff nicht danach. »Was ist mit dem Vertrag?«

»Was für ein Vertrag?« Der kleine Mann schob das Kinn vor und blickte Serethrun in die Augen. »*Ich* habe keinen Vertrag. Und Ihr werdet in dieser Stadt keinen Anwalt finden, der auf eine Fälschung eingeht, die *Ihr* ihm vielleicht vorweist.«

»Die Anklage wurde fallengelassen.« Serethruns Stimme klang beherrscht. »Ich habe nichts getan.«

»Ihr werdet auch keinen Anwalt finden, der Euch das glaubt!« sagte der Mann nun ruhig. »Kehrt in die Prärie zurück, Eloier. Dort gehört ihr hin!«

Zwei Wochen später saß Serethrun Maryn in einer Kneipe und sah zu, wie sich alle anderen vollaufen ließen. Er hatte sein letztes Geld für einen Weinbrand ausgegeben. Für den Preis hätte er auch einen Laib Brot für seinen Vater kaufen können. Von morgen an würden sie hungern müssen.

Serethrun sah das Ganze mittlerweile philosophisch. Er konnte stehlen, in Abfalltonnen herumstöbern – das war nicht schlimmer als zuzusehen, wie die Kupferstücke immer weniger wurden und wie die Vorräte schrumpften. Er haßte es, jede Münze dreimal umdrehen zu müssen, ebenso wie er das Sparen haßte. Das kostete zu viel geistige Kraft. Und er brauchte einen klaren Verstand, denn er wollte herausfinden, was geschehen war. Es war keineswegs ein natürliches Gewitter gewesen, jemand wollte ihn fertigmachen. Dafür mußte es irgendwo eine Erklärung geben.

Der Kneipenlärm störte seine Überlegungen. Die Gaststube war überfüllt, die niedrige Decke durch den Rauch nicht zu sehen. Auf den Schragentischen standen noch die Überbleibsel des Eintopfgerichts, doch jetzt aß niemand mehr, dazu waren alle viel zu sehr mit dem Trinken beschäftigt.

Der Durchgang mit dem dunklen Vorhang rechts der Theke war im Moment unbeaufsichtigt. Die Mädchen hatten jetzt genug zu tun und brauchten sich nicht feilzubieten.

Ein Streit flammte auf. Zwei Männer am Schanktisch, ein Stück von Serethrun entfernt, brüllten einander an. Ihre Stimmen hoben sich über den Lärm. Serethrun schaute gleichgültig zu, als der ältere der zwei die Faust auf die Theke hieb und aufsprang.

»Quatsch! Was meinst du mit ›auf andere Art‹? Hast du etwa Schiß?« Der Mann hatte kurzes, ergrauendes Haar, hitzige schwarze Äuglein und eine unförmige Knollennase und einen Stiernacken. Er schwang die Arme und fegte ein Glas auf den Boden.

Der andere Mann sprach zu leise, als daß Serethrun es hätte hören können, aber was er sagte, versetzte den Bulligen in noch größere Wut.

»Idiot! Das ist unmöglich, das weißt du genau!«

»Vielleicht bist du es, der Angst hat.« Der zweite Mann stand nun ebenfalls. Neben dem stämmigen Riesen sah er klein und zerbrechlich aus. Er trug schäbige, flickenbesetzte Kleidung, Trikot und Jeans, wie die meisten anderen hier, aber seine Augen waren wachsam und schlau.

Serethrun wandte den Blick ab und trank seinen letzten Schluck. Der Streit ging ihn nichts an. Als Burggardist hätte er sich eingemischt, um die Ordnung wiederherzustellen – wenn er hiergewesen wäre. Aber das wäre er natürlich nicht. Solche Kneipen hatte er nie besucht, nicht einmal auf Streife.

Der Bullige brüllte immer noch. Wie vorherzusehen gewesen war, schwang er die Faust, doch der Kleinere wich ihr mühelos aus und schlug zurück. Sein Schlag traf, erzielte jedoch wenig Wirkung. Der Grauhaarige ging jetzt wie ein Rammbock auf ihn los, und sie rangen miteinander. Die Gäste hatten Platz um sie gemacht und schauten interessiert zu. Auch Serethrun blickte wieder auf, er war neugierig, wie schnell der Bullige den Kleinen in die Knie zwingen würde.

Doch es sollte nicht so kommen. Mit einer blitzschnellen Drehung hatte der Kleine seinem Gegner die Füße vom Boden getreten. Der Grauhaarige verlor das Gleichgewicht, krachte gegen einen Stuhl und blieb einen Moment lang betäubt liegen. Blut sickerte aus einem Mundwinkel.

Der Kleinere wandte sich wieder dem Schanktisch zu und bestellte ungerührt noch ein Bier. Der Wirt verlangte mürrisch, doch keinesweg hitzig Geld für den Schaden. Es war keine ernsthafte Prügelei gewesen. Nur ein Stuhl war geknickt und zwei Gläser zerbrochen. Die Zuschauer wandten sich wieder ab.

Doch da sah Serethrun, daß der Bullige sich rührte und etwas in seiner Faust glänzte. Ohne zu überlegen, stieß Serethrun den dünnen Mann zur Seite, und das Messer bohrte sich in den Schanktisch zwischen ihnen.

Nur einen flüchtigen Moment blickte der Kleine auf die im Holz zitternde Klinge. Dann sagte er fast unhörbar ein Wort, und ein leises Zischen erklang. Die Metallklinge des Messers rauchte und schmolz vor Serethruns Augen und zerfiel zu nichts. Der Schaft landete klappernd auf dem Fußboden.

Niemand sonst hatte es offenbar bemerkt, nur der Bullige, der noch auf dem Boden kauerte, und Serethrun.

Serethruns Blick wanderte zum Gesicht des Schmächtigen, der gleichmütig seinen Blick erwiderte.

»Einen Drink?« fragte er, ohne auf den Stämmigen zu achten, der sich auf die Füße plagte.

»Laßt Euch nicht mit diesem Hundesohn ein«, sagte der Bullige zu Serethrun. »Er ist ein Gauner, ein Schwindler ...« Seine Großspurigkeit schwand, als er Serethrun ansah. Nachdenklich wischte er sich Blut vom Kinn. Etwas flackerte in der Tiefe der schwarzen Knopfaugen. »He, ich kenne Euer Gesicht, Eloier, habe es schon irgendwo gesehen ...«

Er kramte in einer Tasche und zog ein zerknülltes Stück Papier hervor. Er zwängte sich zwischen Serethrun und den dünnen Mann und strich es auf dem Schanktisch glatt. »Da«, sagte er. »Gleich und gleich gesellt sich gern. Verräter alle zwei!« Der Bullige spuckte auf das schlecht kopierte Bild, drehte sich hämisch lachend um und verließ die Kneipe.

Serethrun blickte auf das Papier. Es war ein Handzettel, wie sie gern von verbotenen politischen Parteien in den Umlauf gebracht wurden. Sein eigenes Gesicht starrte ihm unter dem Schmutz und der Spucke entgegen.

STRANDRÄUBER IM SOLD DER BURG, stand da als Schlagzeile. *Die Burggarde, das edle Werkzeug der Unterdrükkung, hat kürzlich unwillkommene Aufmerksamkeit durch die Gerichtsverhandlung von Serethrun Maryn erhalten, einem vielversprechenden jungen Nachwuchsgardisten ...*

In diesem ironischen Ton wurde über die Verhandlung und den Freispruch berichtet und am Ende beißend ausgeführt: *Dreißig Seeleute starben auf der MIRABELLE. Maryn, über den die Burggarde schützend ihre Hand hält, ist frei. Müssen wir diese Ungerechtigkeit hinnehmen? Maryn ist ein eloischer Nomade – Arbeit, Schutz, Freiheit für die Eloier, während man den Fischern von Shelt die Arbeit verwehrt, ihnen Freiheit und Leben nimmt, sie unterdrückt und mißachtet! Jetzt ist der Augenblick gekommen, diese Zustände zu ändern! Wir müssen uns zusammenschließen!*

Serethrun griff nach dem Blatt, um es zu zerknüllen, aber der dünne Mann hielt ihn zurück. »Wozu die Eile?« fragte er leise. »Möchtet Ihr nicht wissen, wer dahintersteckt?«

»Was erwartet Ihr Euch davon?«

Der Mann zuckte mit den Schultern. »Chads Messer hätte sein Ziel finden können.«

Serethrun schüttelte seine Hand ab. Er spürte kalte Wut, und seine Stimme war beißend. »Natürlich, ein Magier, der Zauberworte kennt, braucht diese Art von Hilfe ...«

»Noch etwas zu trinken, Freund?« Der Kleine ignorierte Serethruns Sarkasmus. »Kommt.« Er führte Serethrun quer durch die Stube zu einer der dämmrigen Nischen, irgendwie gelang es ihm dabei, eine volle Flasche Weinbrand mitzunehmen und den Zettel einzustecken.

»Ich bin Olwyn, Olwyn Mittelson.« Er lehnte sich über den schmalen, fleckigen Tisch und schenkte Serethrun ein Glas bis zum Rand voll. Seine Augen waren blaß, fast farblos, sein Blick noch entrückt, doch seine Worte und sein Benehmen waren freundlich.

Serethrun beobachtete ihn neugierig. Er war über den Zettel stärker betroffen, als er zugeben wollte. Das einzige, was die vergangenen zwei Wochen erträglich gemacht hatte, war seine Anonymität gewesen. Er hatte die Kapuze seines Umhangs tief in die Stirn gezogen, daß sein Haar nicht zu sehen war, und niemand hatte ihn in den Geschäften, auf dem Markt oder in den Schenken angestarrt. Er hatte keine neue Stellung gefunden, aber das lag an der allgemeinen Arbeitslosigkeit in Shelt.

Doch solche Handzettel neigten dazu, überall wieder aufzutauchen. Die Leute würden die Augen offenhalten. Er war ein Ausgestoßener. Nun gab es gar keine Hoffnung mehr, hier irgendeine Art von Arbeit zu bekommen, gleichgültig, was er versuchen würde. Seine Lage sah verzweifelt aus.

Er würde Shelt verlassen und in die Prärie zurückkehren müssen ...«

Aber mit seinem Vater war das nicht zu schaffen. Er

konnte nichts tun, nirgendwo hingehen. Er leerte sein Glas, ohne sich bewußt zu sein, daß ihn die blassen Augen studierten.

»Verkleidet Euch«, sagte Mittelson leise über den Tisch. »Färbt Euer Haar, laßt Euch einen Bart wachsen, ändert Euren Namen. Niemand wird es wissen.«

Serethrun blickte ihn mit schmalen Lippen an. »Nein«, erwiderte er bedächtig. »Ich bin unschuldig. Ich habe es nicht getan. Es ist eine Lüge.« Er öffnete die verkrampfte Faust. »Ich werde nicht schwindeln und nicht lügen, um eine Arbeit zu bekommen. Ich muß erst einmal den Grund herausfinden. Die Arbeitssuche kann warten.«

»Ihr überschätzt Eure Möglichkeiten, Serethrun Maryn. Ihr werdet verhungern, ehe Ihr in Shelt irgend etwas herausfindet.« Olwyn Mittelson lehnte sich zurück, ohne sein Gegenüber aus den Augen zu lassen.

»Was wollt Ihr?« Serethrun schenkte sich Weinbrand nach und wich diesem durchdringenden Blick aus. »Was kümmert es Euch?«

Eine kurze Stille folgte. Das Haar des Dünnen war fettig und ungekämmt; das spitze, schmale Kinn bildete mit der Stirn ein Dreieck, die Augen verrieten nichts.

»Ich werde nächste Woche wieder hier sein«, sagte er schließlich. »Wenn Ihr mich braucht ...« Er erhob sich, schob seinen Stuhl zurück, und plötzlich erschien er Serethrun hochgewachsen wie ein Baum, dazu dünn und fremd. Er lächelte Serethrun noch einmal zu, dann drehte er sich um und verließ die überfüllte Kneipe.

Die fast volle Flasche blieb zurück.

Serethrun machte sich daran, sie zu leeren.

Smintha

Das Baby hatte schwarze Augen. Sobald Eleanor es auf den Arm nahm, hatte es zu weinen aufgehört, obgleich sie es unbeholfen und nur widerwillig tat.

Matthias war fort, hatte sie allein gelassen. Er hatte den Siebenten Ritus durchgeführt, um sie zu holen, und war dann einfach verschwunden.

Sie verstand es nicht. Weshalb machte er sich diese Umstände, wenn er sie dann ohne Wasser in dieser Hitze dem sicheren Tod überließ?

Unwillkürlich streckte sie dem Baby einen Finger entgegen, den es sofort ergriff. Sie wußte, daß Babys das immer taten. Aber das half auch nicht viel.

Seine kleine Hand war heiß und feucht. Es verschmachtet unter all den Decken, dachte sie. Sie kniete in dem heißen Sand nieder. Schweiß rann ihr in die Augen, als sie das Kind auswickelte.

Erst zwei wollene Decken und dann ein dünnes Baumwollnachthemdchen über dicken, feuchten Windeln. Das Baby, ein Junge, krähte vor Begeisterung und strampelte, als sie es davon befreite.

Es hatte schwarze Haare, schwarze Augen, bronzebraune Haut. Es war gegen die Sonne wesentlich besser gerüstet als sie. Sie lieh sich eine der Decken und drapierte sie um ihren Kopf. Das Kind lachte und strampelte vergnügt.

Sie beobachtete es eine Weile nachdenklich.

Matthias war Lukas' Bruder. Er hätte sie nicht zum Sterben hierhergebracht. Es mußte einen Grund geben, eine vernünftige Antwort.

Vielleicht lag gleich hinter den Dünen eine Stadt. Vielleicht war ihre Furcht ganz unbegründet.

Am Horizont verdichteten sich die Wolken. Ein leichter Wind strich über den Sand. Sie hob das Kind auf, entfernte die schmutzige Windel und breitete die Decke über ihre Schulter, daß das Gesicht des Kleinen im Schatten lag.

Dann folgte sie den Spuren des Taxis im Sand und blickte nicht mehr auf die Feuerstelle zurück.

Von den vier Wesenheiten, die Eleanor Knight auf ihrem Marsch beobachteten, war ihr nur eine wohlgesinnt.

Aber da diese eine keinen Körper besaß, hatte sie kaum Möglichkeiten, helfend einzugreifen. So versuchte sie einen Weg in Eleanors Gedanken zu finden, um ein wenig Hoffnung und Zuversicht zu wecken.

Das Kind brauchte davon nichts. Es lag still und zufrieden im Arm und beobachtete das schwitzende Gesicht über ihm, das sich mehr und mehr von der Anstrengung unter dem Feuer der Sonne rötete.

Mit Eleanor war es schwieriger. Das Wesen zögerte unsicher an der Schwelle von Eleanors Verstand. Es war so schwer zu erkennen, was Eleanor brauchen würde.

Denn wie es ihm einst versprochen worden war, kannte es die Zukunft, die sich dem Träumer offenbart, doch dem Erwachenden wieder verschließt. Da es nun nur in Träumen existierte, blieb ihm der Trost des Erwachens versagt.

Der Gott Lycias beobachtete sie mit tiefer Befriedigung. Auch er kannte die Zukunft, klarer als der Traum, der von Nerissas Leben übrig war.

Die vollen Lippen formten ein Lächeln. Freude und Grausamkeit zuckten in flackerndem Feuerschein über das makellose Gesicht.

Natürlich war es möglich, daß sie dem Schicksal entging, das er in der Zukunft sah. Alles war möglich, nun da der Benu göttlicher Macht wieder entglitten war und frei durch die Himmel flog.

Aber Lycias bezweifelte es. Es war über alle Maßen unwahrscheinlich. Zudem rückte ein Unwetter näher. So oder so würde es interessant werden.

Vielleicht würde er sogar selbst eingreifen. Das war ein verlockender Gedanke. Er würde sie durch die glühende Wüste und die verlassene Stadt begleiten. Warum sollte er seine Rache nicht genießen?

Er freute sich darauf.

Der Foskakönig saß auf seinem Blätterthron im Palast des Blutes und beobachtete Eleanor und das Baby mit hellseherischen Kräften. Er war begierig darauf, sich diese interessante Situation zunutze zu machen. Durch Eleanors Anwesenheit auf Chorolon hoffte er auf irgendeine Weise die Gunst seines einstigen Herrn, des Sonnengottes, wiederzuerlangen.

Er lächelte, und sein Blütengesicht zuckte. Günstiges Zusammentreffen zufälliger Geschehnisse. Wieviel davon war wirklich Zufall? Des Kaisers Traum, ja, das war eine Eingebung, eine plötzliche Erleuchtung durch den Willen Gottes. Doch Imberts Anwesenheit am Kaiserhof war Teil einer ausgefeilten Strategie, einer Strategie, die vor langer Zeit geplant worden war, lange bevor der Foskakönig Peraldon verlassen hatte. In seiner einstigen Existenz als Lucian Lefevre hatte der Foskakönig die wertvollen Eigenschaften des gut aussehenden jungen Studenten der peraldonischen Hochschule erkannt. Imbert Cupere besaß Intelligenz, Hingabe, Anpassungsfähigkeit, Klugheit – und, was am ungewöhnlichsten für eine Schüler der Magie war, eine Geliebte, Edine. Und Lefevre war auch der verzehrende Ehrgeiz nicht entgangen. Solch ein Mann mochte dereinst ein brauchbares Werkzeug für den Hohenpriester der Sonne sein ...

Er hatte Imbert (und indirekt auch Edine) in den Künsten des Maskierens und Verschleierns unterrichtet. Er wußte, daß Edine eine ungewöhnlich kluge Frau war, die dem Mann um kaum etwas nachstand. Ja, an Listigkeit und Einfallsreichtum übertraf sie ihn sogar in mancherlei Hinsicht. Er lehrte sie beide, in fremde Lebensweisen zu schlüpfen, geduldig zu beobachten und auf die kleinen Dinge zu achten, die verrieten, wie andere lebten, sie zu imitieren und zu nutzen.

Er hatte Imbert dem neu gewählten Kaiser Xanthon als hochgeschätzten Ratgeber empfohlen. Und dann hatte er die Stadt Peraldon verlassen und sich auf die Suche nach dem Benuvogel gemacht. Er hatte gehofft, daß sich der Kaiser mehr und mehr auf Imberts Ratschläge verlassen würde. Und so war es geschehen. Der erste, dem der Kaiser seinen

Traum erzählte, war Imbert. Und Imberts Deutung bestimmte das Handeln des Kaisers.

Der Kaiser und Imbert hatten gemeinsam beschlossen, sich Matthias' Hilfe zu versichern, um Eleanor Knight nach Chorolon zurückzuholen.

Keiner von beiden wußte etwas von den Plänen des Foskakönigs.

Es war ein unwahrscheinliches, störrisches Gespann gewesen. Imbert, Edine und Matthias. Wer hätte gedacht, daß der Kaiser die Zügel so gut in der Hand behalten würde?

Aber was sollte der Foskakönig nun unternehmen, um diese interessante Situation zu seinem Vorteil zu nutzen? Wie sich dieser unterschiedlichen, unberechenbaren Elemente am besten bedienen?

Er beschloß einen Geist zu senden, ein Wesen der Einbildung, ein unwirkliches Geschöpf, das den Sinnen vorgegaukelt wurde. Es würde wie ein Mensch zu sehen, zu hören und zu riechen sein. Aber es handelte sichu dabei nur um eine Geistprojektion des Foskakönigs, ein Zauber des Großen Magiers. So würde der Foskakönig jederzeit unauffällig aus dem Verborgenen das Geschehen beeinflussen können.

Der Foskakönig wollte Zerstreuung.

Er war allein. Er hatte nur die um sich, die ihm dienten. Er brauchte Gesellschaft, jemanden, der seine Einsamkeit mit ihm teilte. Es war sehr lange her, daß er ein kultiviertes Gespräch mit jemandem führen konnte.

Verdrossen blickte er in die Marmorhalle, auf die reich verzierten goldenen Schalen für Glut und Räucherwerk, die schattenhaften Gestalten, die zwischen den Bäumen und blühenden Pflanzen seinen Anordnungen harrten.

Es war nicht genug. Er wollte jetzt mehr. Letztendlich die Liebe seines Gottes. Deshalb war er von Eleanors Rückkehr sehr angetan. Wie der Kaiser suchte auch der Foskakönig ein Opfer. Für eine Weile aber würde er sich mit dem Geist amüsieren.

Wenn nur Matthias hier wäre.

Dann ließe sich darüber reden.

Weit weg, in den verlassenen Gängen von Cliokest, stapfte Phinian Blythe ungeduldig auf und ab.

Kaiser Xanthon saß auf dem Thron in der großen Halle, umgeben von seinen Priestern und Weisen. An den Wänden standen unsicher abwartend die Gruppen der Höhler und ihrer Verbündeten, unter ihnen Stefan Pryse, Thurstan Merauld und die beiden Weisen, Aylmer und Thibaud. Auch Sigrid, die frisch gewählte Priesterin des Mondes, war anwesend.

Er würde sich ihnen noch nicht anschließen. Phinian Blythe war nicht mehr gesellschaftsfähig. Er zog es vor, allein zu bleiben. Aber Warten war niemals angenehm, vor allem wenn es um schlechte Nachrichten ging.

Er hörte die Glocke vom Wachtturm. Das war das vereinbarte Signal. Matthias war zurück. Jetzt erst ging Phinian zu den anderen in die Halle und hielt sich in den dunkelsten Schatten, so daß keiner ihn ansehen mußte.

Er sah, wie die mächtigen Türflügel am anderen Ende der Halle aufschwangen und die schmächtige Gestalt Matthias' eintrat.

Stille. Der Kaiser lehnte sich angespannt nach vorn. Er hob eine Hand, und Matthias schritt mit grimmiger Miene zum Thron.

»Nun, Matthias? Ist alles gutgegangen? Habt Ihr sie gefunden?«

»Ich fand sie«, antwortete Matthias ruhig, aber seine Stimme war schwer von Bitterkeit. »Ich brachte sie zurück. Alles ist so geschehen, wie es besprochen wurde.«

»Und Imbert? Wo ist er jetzt?«

»Er bittet seinen Kaiser um Vergebung. Er und Edine wollen die Ruinen unter Smintha erkunden. Er sagt, es gibt dort viel zu erforschen ...«

»Und natürlich wird er beobachten wollen, was geschieht. Er wird uns über alles berichten ...« Der Kaiser lehnte sich erleichtert in seinen Thron zurück.

Jemand anderer trat nach vorn und berührte Matthias' Ärmel. »Und das Baby?« Sigrid, die erst vor kurzem erwählte Priesterin des Mondes, blickte ihn eindringlich an.

»Sie hat es«, sagte er, ohne sich umzuwenden, »wie geplant.«

Ein Murren der Verbitterung lief nach diesen Worten durch die Reihen der Anwesenden.

Da schwang Matthias mit blitzenden Augen herum, und sein Stab deutete auf sie alle: Priester, Höhler, Krieger, Weise.

»Was ist los? Ihr habt euren Sündenbock, was wollt ihr noch?«

Hilflos starrten sie ihn an, und keinem fiel auf, daß einer der Höhler aus der hintersten Reihe durch eine Seitentür verschwand und nach seinem Arraratfalken rief. Niemand sah Vogel und Reiter sich in den lodernden blauen Himmel schwingen. Niemand ahnte, daß Eleanor bald einen Höhler als Gefährten haben würde, einen Freund, der in bester Absicht handeln würde.

Matthias blickte über die Halle hinweg zu dem Mann, der im Dunkeln stand. Es gab keine Worte, um den Abgrund zu überbrücken, der nun zwischen ihnen lag.

Phinian Blythe, schattenumhüllt, wandte sich um und verließ die Halle.

Die menschliche Gesellschaft ertrug ihn nicht mehr. Erinnerungen quälten ihn.

Er war unbeschreiblich einsam.

Das vierte Wesen, das Eleanors Marsch durch die Wüste verfolgte, brachte das Unwetter.

Der Wind heulte um seinen Körper, Blitze zuckten aus seinem Haar, und Donner grollte aus seiner Kehle.

Es war für immer im Zentrum des Unwetters, ohne Schlaf und mit Wahnsinn in den Augen. Es gab keine Rast und keinen Frieden, kein Licht und keine Erlösung. Ziellos zog es seit Monaten über die weiten Ebenen und hinterließ eine Spur der Verwüstung.

Aber nun hatte es ein Ziel: Es hatte das Baby und seine widerstrebende Beschützerin in der endlosen Wüste ausgemacht. Es jagte über den glühenden Sand, und jeder Schritt war grimmiger Sturm.

Da war eine Stadt, wie Eleanor gehofft hatte.

Von einer höheren Düne aus konnte sie das regelmäßige Muster der Straßen und die flachen Dächer sehen, die in der Sonne leuchteten. Verlassen. Still.

Die Wüste nagte an ihren Rändern, der Sand schob sich zwischen die niedrigen hellen Ziegelhäuser. Es schien nichts Lebendes zu geben, kein Tier, keinen Vogel, keine Bäume oder andere Pflanzen.

Und Wasser? Rührte das Glitzern des Sonnenlichts von einem Fluß oder See her?

Das Baby in ihren müden Armen begann wieder zu weinen, und ihre eigene Kehle war rauh und trocken. Die Hitze drückte sie wie eine schwere Last nieder. Die Decke rutschte immer wieder von Kopf und Schultern. Ihre Haut war trokken und spröde und brannte wie Feuer. Irgendwo in dieser Stadt mußte Wasser sein. Ein Brunnen, ein Tümpel ...

Zumindest konnte sie das Kind in den Schatten legen, während sie danach suchte. Eleanor taumelte die Düne hinab. Unentwegt rieselte Sand in ihre Schuhe. Sie hatte ohne Schuhe zu gehen versucht, doch der Sand war zu heiß gewesen. Nun war sie froh, daß sie sie anbehalten hatte, denn der Sand machte glühendem Fels Platz.

Sie ging ein Stück in die Stadt hinein, aber die Leere und Stille der breiten Straßen und schattigen Häuser machte ihr Angst. Sie schrak davor zurück, eines der Häuser zu betreten, obwohl die Sonne fast im Zenit stand und die Hitze unerträglich war.

Das Baby begann zu brüllen. Sie mußte etwas dagegen tun, mußte etwas zu essen oder zu trinken finden. Sie würde es in einem der Häuser versuchen müssen.

Sie nahm das nächste, ein blaßgelbes Ziegelhaus, das von einer weißen Steinmauer umgeben war. Es sah aus wie alle anderen ringsum.

Die Tür war unverschlossen. Sie stieß sie mit dem Fuß ein Stück auf. Sand war zwischen die Ritzen und Spalten gedrungen. Sie stemmte sich mit der Schulter dagegen und öffnete sie scharrend.

»Hallo?« rief sie, obgleich sie wußte, daß ihr niemand antworten würde. Sie trat in einen langgestreckten, niedrigen, dunklen Raum, der himmlisch kühl war. Steinboden, weiße Wände. Spärlich möbliert, aber bequem. An einer Wand stand eine Couch mit bunten Decken und Kissen.

Mit einem Seufzer der Erleichterung setzte sie das Kind darauf ab. Sie wußte nicht, ob es schon beweglich genug war, herunterzufallen, so sicherte sie es mit mehreren Kissen. Sofort hörte es zu schreien auf. Es war wirklich ein erstaunlich braves Baby, dachte sie und erinnerte sich an leidvolle Geschichten von Bekannten über ihren unleidlichen Nachwuchs. Solange man das tut, was es will, schreit es nicht. Vielleicht waren alle Babys so, und die meisten Eltern begriffen nur nicht, was es brauchte. Vielleicht war Eleanor besonders empfänglich für die Wünsche eines Babys und konnte besonders gut mit Kindern umgehen ...

Angetan von diesen neuen ungewohnten Einsichten machte sie sich auf die Suche nach etwas zu essen. Sie öffnete jede Tür, jeden Schrank.

Ein Raum war eine Küche. Ein paar schmutzige Töpfe und Pfannen standen auf den Schränken. Staub und Sand bedeckte alles. Ein Stapel staubiger Teller ragte aus einem Becken unter einer Pumpe. Plötzliche Hoffnung beschleunigte ihren Schritt.

Die Pumpe gab nicht mehr als eine Staubwolke von sich.

Sie hatte auch nicht wirklich etwas anderes erwartet. Die Schränke enthielten nichts Brauchbares. Stufen führten hinab in eine Art Vorratskeller, aber auch der sah leer aus.

Die Bewohner mußten in großer Eile verschwunden sein, daß sie alles in solcher Unordnung zurückgelassen hatten. Vielleicht war mehr in einem der anderen Häuser zu finden.

Sie trat durch eine weitere Tür und entdeckte, daß das Haus einen Innenhof umschloß, in dem ein rundes Wasserbecken funkelte, blau und hell. Ein künstlicher Teich? In *dieser* Hitze? Sie konnte es kaum glauben. Sie lief auf die gleißende Fläche zu. Kein Wasser. Glas. Sie beschirmte ihre Augen und erkannte, daß eine dicke Glasschicht ein Zierbecken bildete. Es war zu hell, zu unangenehm für die Augen, um es lange anzusehen. Steine waren strahlenförmig ringsum angeordnet, doch der Sand hatte sie da und dort zu bedecken begonnen. Sie hatte keine Vorstellung, wozu das Becken diente. Ein unlösbares Rätsel.

Schließlich zuckte sie mit den Schultern und kletterte über die niedrige Mauer in das nächste Haus. Auch hier waren die Türen nicht verschlossen. Es sah nicht viel anders aus, als das vorhergehende, selbst das rätselhafte Zierbecken war vorhanden. Hier lag allerdings kein schmutziges Geschirr unter der Pumpe, die allerdings auch nicht funktionierte. Sie fand keinerlei Vorräte.

Als sie sich daranmachte, in das nächste Haus zu steigen, erinnerte sie sich an das Baby. Wenn sie zu weit fortging, mochte es sein, daß sie es nicht wiederfand.

Sie stieg über die Mauern zurück in das erste Haus.

Kein Laut. Das Kind mußte eingeschlafen sein.

Der langgestreckte, niedrige Raum, die Couch, die Kissen.

Aber kein Baby.

Nur ein kleiner feuchter Fleck, dort wo es gelegen hatte, und eine zurückgelassene Decke.

Vater und Sohn spielten miteinander, in einer Welt aus Licht und Freude. Das Baby lachte und quietschte und griff mit warmen Händchen nach dem liebevoll herablächelndem Gesicht.

Der Vater sang dem Kind ein Lied, und Blumen blühten überall, und die Luft war erfüllt von ihrem Duft. Musik erklang überall, Musik zum Tanzen, und der Vater hielt das Kind in den Armen und drehte sich mit ihm durch die schimmernde Luft.

Ihre Liebe war gegenseitig und außergewöhnlich.

Wonne und Seligkeit.

Hilde

Da war jemand. Eleanor hatte plötzlich das unangenehme Gefühl, daß sie beobachtet wurde. Sie blickte sich um und sah die Umrisse einer Gestalt in der Tür.

Einen Moment war Stille. Dann sagte eine Stimme: »Ist dir heiß? Hast du Durst?«

»Was glauben Sie?«

Der Durst war nicht ihr größtes Problem, aber ihr dringendstes.

»Ich weiß, wo Wasser ist. Komm mit.«

Eleanor folgte der alten Frau aus dem Haus. Hier bleiben konnte sie ohnehin nicht. Und sie wußte nicht, wohin das Baby verschwunden war.

Die Frau war in ein dunkles Leinengewand gekleidet, dessen Saum staubig war. Von ihrem Gürtel um die dünne Taille hing ein silberbesticktes Retikül. Ihr graues Haar war sorgfältig zu einem Knoten hochgesteckt. Ihre Hände waren blauädrig und vom Alter braungefleckt.

Sie ging langsam und stützte sich schwer auf einen Stock mit silbernem Griff. Sie blickte Eleanor nur einmal kurz an. Ihr Blick war ruhig, abschätzend, wenn auch ein wenig kraftlos.

»Ich habe ein Baby hierher gelegt ...« rief Eleanor aufgebracht. »Ich hatte ein Baby, auf das ich aufpassen sollte, und jetzt ist es verschwunden.«

»Hast aber nicht besonders gut aufgepaßt.« Die Frau musterte sie ungerührt mit blassen, grauen Augen. »Ich nehme an, es ist nicht deins, sonst wärst du viel aufgeregter. Wem gehört es?«

»Das weiß ich nicht. Man hat mich auch nicht gefragt, ob ich es will. Ich habe hier ohnehin nichts verloren, ich gehöre nicht hierher.«

»Wer tut das schon.« Die Frau hielt inne und blickte die heiße staubige Straße auf und ab. »Niemand gehört jetzt noch hierher. Es ist eine Geisterstadt.«

»Warum sind Sie dann noch hier?« Sie waren auf die

Straße getreten und gingen stadteinwärts. Die Frau schleppte sich mühsam dahin. Sie schien Schmerzen in den Füßen zu haben. Der Stock war eine unentbehrliche Stütze.

»Dieser Ort ist von besonderer Bedeutung.«

»Was meinen Sie damit?«

Die Frau blickte über die Dünen hinaus. »Das ist schwer zu erklären ...«

»Versuchen Sie es. Wer sind Sie?«

»Du bist ziemlich neugierig.« Die Stimme der Frau klang plötzlich barsch.

»Ich bin Eleanor Knight«, erklärte sie beschwichtigend.

Die Frau lächelte. »Das weiß ich. Mein Name ist Hilde Nemen. Ich bin deinetwegen hier.«

»Hat Matthias Sie geschickt?« Eine plötzliche Hoffnung erfüllte sie.

»Ah, Matthias ... Ich kenne ihn gut, aber er hat mich nicht geschickt. Das ist nicht seine Art. Komm, wir sind gleich da.«

Die Straße verengte sich, die Häuser zu beiden Seiten wurden höher. Glas glänzte auf vielen Dächern und gleißte im Sonnenlicht.

Sie folgten den Windungen der Straße ein Weile, vorbei an leeren Geschäften, verschlossenen Cafés, verlassenen Tempeln und Hallen. Dunkle Fensteröffnungen schienen sie anzustarren.

»Hier muß irgendwo ein Brunnen sein ... Ah, ja, hier ...« Die Stimme der Frau klang krächzend in der heißen Luft. »Müßte noch in Ordnung sein ...«

Die schmale Gasse mündete in einen weiten, kreisrunden Platz, der von Kolonnaden umgeben war. Da und dort leuchteten mosaikartige Farbtupfer, wo das Pflaster unter dem Sand zum Vorschein kam. Auf einer Seite stand ein imposanter Tempel. Marmorsäulen trugen ein himmelstrebendes Dach aus gläsernen Ziegeln.

Davor stand eine Statue von Lycias, dem Sonnengott, den Blick weit über die glasfunkelnde Stadt gerichtet.

Eleanor blinzelte im Sonnenlicht, als sie in das Gesicht hochblickte, das so lebendig in ihren Erinnerungen war, und die lockenden Lippen und unerbittlichen Augen ließen einen Moment lang ihren Herzschlag stocken und ihre Hände feucht werden.

»Was ist das für ein Ort?« fragte sie die Frau. »Wo sind wir?«

»In Smintha, der Wüstenstadt von Peraldon. Sie hat einen gewissen Ruf ...«

Aber Eleanor interessierte sich nicht für Sminthas Ruf. Sie hatte auf einer Seite des Platzes unter der Kolonnade einen Zierbrunnen entdeckt. Sand umgab den steinernen Rand, so daß er aus dem Boden zu wachsen schien. Er hatte die Form einer Seerose, deren steinerne Blüten sich unter einer prächtigen, schmiedeeisernen Überdachung öffneten. Ein Eimer hing dort. Ein geschnitzter Holzdeckel lag über der Öffnung, um Staub abzuhalten.

Eleanor lief hin und wäre in ihrer Hast beinah gestürzt. Sie riß den Deckel so ungestüm herunter, daß er ihr entglitt und über den Boden rollte. Sie schob den Eimer über den Rand und ließ ihn in die Tiefe fallen. Der Griff der Winde setzte sich heftig in Bewegung.

Erst da dachte sie daran, nachzusehen, ob der Strick sicher daran befestigt war. Er lief so rasch ab, daß das Auge kaum zu folgen vermochte. Ohne zu überlegen, griff sie danach, und der Strick fuhr durch ihre Hand und verbrannte sie.

Sie stöhnte auf, zuckte zurück und preßte die Hand an die Brust.

Es war zuviel. Der Schmerz raubte ihr den Atem, und ihre Kehle brannte. Matthias hatte sie alleingelassen, und Lewis war überfahren worden, und das Baby war verschwunden.

Und Lukas war tot.

Sie stand schluchzend am Brunnenrand, als der Eimer auf Wasser traf. Salzige Tränen brannten auf ihren Händen. Sie vergaß Hilde, die sie neugierig beobachtete.

»So unvorsichtig ...« Schließlich hatte die Frau eingegriffen und hielt ihr nun einen vollen Eimer Wasser entgegen. »Vom Weinen wird es nicht besser. Hier, versuch es damit.«

Eleanor hielt die wunde Hand in das Wasser und schöpfte ein wenig, um zu trinken.

Da war eine rasche Bewegung neben ihr. Jemand schlug ihr den Eimer so heftig aus den Händen, daß er in den Sand rollte und das ganze Wasser verschüttet wurde.

Entgeistert starrte sie in das grimmige Gesicht eines Mannes mit ungebändigter roter Mähne und blitzenden grünen Augen.

»Warum haben Sie das getan?« schrie sie. Tränen liefen über ihre Wangen.

»Warum, glaubst du, lebt hier niemand mehr? Wo, glaubst du, sind sie alle hin?« Auch er hatte die Stimme erhoben. »Das Wasser ist giftig!«

»Unsinn«, widersprach die Frau ruhig. Sie nahm den Eimer und ließ ihn wieder in den Schacht hinab. »Die Brunnen vertrockneten, als die Hitzewelle kam. Aber die tiefen Brunnen sind noch in Ordnung ...«

»Steck den Finger in den Hals. Du mußt erbrechen. Oder soll ich dir helfen?« Er machte einen Schritt auf sie zu, und sie blickte erschrocken von ihm zu der Frau.

»Ein Schluck schadet nicht. Laß sie zufrieden.« Ein zweiter Mann stand zwischen den Säulen und blickte zu ihnen herüber.

Er sprach ruhig, aber es war eine Bestimmtheit in seiner Stimme, die keinen Widerspruch duldete.

»Sie wird krank werden!« Der Rothaarige hatte ihre Hand gepackt und machte Anstalten, nach ihrem Hals zu greifen. Sie wehrte sich und schlug nach ihm.

Der andere Mann sah einen Augenblick zu, seufzte und lief zu ihr hinüber. Er warf sich auf den Rothaarigen und brachte ihn zu Fall.

Der stille, leere Platz erwachte plötzlich zu lautem, wildem Leben. Fluchend rollten die beiden Männer über den sandigen Boden.

»Hier.« Hilde stand neben ihr und hielt ihr einen vollen Eimer Wasser entgegen.

Eleanor starrte sie an, dann begriff sie. Sie nahm den Eimer, löste den Strick. Zwei Schritte, und sie leerte ihn über die beiden Männer.

Das trübe Wasser wurde zu einer sandigen Brühe. Sie

konnte in dem Schmutz kaum erkennen, wie der zweite Mann aussah. Er war dunkelhaarig, schlank und schien älter zu sein als der andere.

Die beiden saßen im nassen Sand und sahen sie an. Unter anderen Umständen hätte Eleanor wahrscheinlich gelacht. Aber da war ein flaues Gefühl, das ihr zu schaffen machte. Sie wich zurück und sank gegen den Brunnenrand. Ihr Magen begann sich umzudrehen, und Speichel füllte ihren Mund.

Sie kämpfte gegen den Brechreiz an.

Die alte Frau beobachtete sie. »Laß dich von ihnen nicht verrückt machen«, bemerkte sie. »Sind nur Männer.«

Ihre Stimme war ruhig, vernünftig. Eleanor hatte nur einen einzigen Schluck getrunken. Sie war gesund und kräftig und hatte sich auf ihren Reisen nie exotische Krankheiten geholt. Sie holte tief Luft und fühlte sich gleich besser. Sie lehnte sich an den Windenpfosten zurück und beobachtete die beiden Fremden.

Der Rothaarige war wütend und zugleich verwirrt. Er stand auf, ohne einen Blick auf seinen Gegner zu werfen. Seine grünen Augen musterten immer wieder Eleanors Gesicht. Er wartete darauf, daß ich zusammenbreche, dachte sie gereizt.

Darauf würde er vergeblich warten. Und um es zu beweisen, hob sie den Eimer auf, befestigte ihn wieder am Strick und ließ ihn in den Schacht hinab.

Der andere Mann war ebenfalls auf den Beinen und klopfte den Schmutz aus seinen Kleidern. Ein Pyjama, dachte Eleanor verwundert. Er trägt einen Pyjama. Einen pastellfarbigen weiten Baumwollpyjama. Er stand hochaufgerichtet vor der Sonne, und sie konnte sein dunkles Gesicht nicht sehen.

Seine Zähne blitzten auf.

»Hallo, Eleanor«, sagte er, »haben wir dich wieder hier.«

»Wer sind Sie?« Es klang unhöflich, aber sie begann die Geduld zu verlieren.

»Ich heiße Comyn Shreeve. Matthias hat mich geschickt.«

Erleichterung überflutete sie. Endlich ein Freund!

»Das hat er nicht! Ich weiß nichts von dir! Mich hat er geschickt!« schrie der Rothaarige, doch Comyn beachtete ihn gar nicht. Er trat zu Eleanor, griff nach ihrer verletzten Hand und hielt sie einen Augenblick.

Hilde stand hinter dem Brunnen zwischen den Säulen und beobachtete sie alle. Sie stützte sich schwer auf ihren Stock. Ihre Miene war ausdruckslos. Ihre Hände zitterten …

»Wie geht es deiner Hand jetzt?« Der dunkle Mann lächelte, während der andere vor Wut zu zerplatzen drohte. »Spürst du noch etwas?«

Seine Stimme war tief und sanft. Sie drehte die Handfläche nach oben und starrte auf die Haut.

Sie war makellos, keine Verbrennung, keine Wunde oder Narbe. Nur die vertrauten Linien.

Sie sah zu ihm auf, und er lächelte erneut.

»Dieses Wasser birgt keine Gefahren.« Er hatte einen Lederbeutel aus einem Rucksack geholt, der am Fuß einer der Säulen lag. Er hielt ihn ihr entgegen.

Sie hatte diesem Mann mit dem selbstsicheren Lächeln schon einmal gesehen, aber sie konnte sich nicht erinnern, wo oder wann. Aber er war kein Fremder.

Das war der Augenblick, als der Sturm über sie hereinbrach.

Felicia

Das Mädchen, das neben dem geschlossenen Fenster saß, fühlte sich noch immer schwach. Sie erholte sich so schrecklich langsam. Zwar hatte sie früher keinen Schiffsuntergang mitgemacht, aber für Felicia war es der Normalzustand, krank zu sein. Schwächeanfälle, Übelkeit, Krämpfe, Migräne, Fieber. Die Tage, an denen sie sich wirklich wohl gefühlt hatte, konnte sie an den Fingern einer Hand abzählen.

Deshalb hatte sie ihr Vater, Javon, der Herzog von Eldin, nach Shelt geschickt.

»Die Seelords von Shelt werden dem Unsinn ein Ende bereiten.« Er hatte kaum von seinen Karten aufgeblickt, die er gerade studierte. Er hatte ihre krankheiten nie ernst genommen. Daß sie willensschwach und verzogen war, warf er ihr vor, und daß sie nur Aufmerksamkeit auf sich lenken wollte.

Eine Mutter hätte mehr Verständnis gehabt. Aber ihre Mutter starb ein halbes Jahr nach ihrer Geburt, und die Kindermädchen und Erzieherinnen, in deren Obhut sie aufgewachsen war, fürchteten ihren Vater zu sehr, um ihr die Zuneigung und Geborgenheit zu geben, die sie gebraucht hätte.

Javon war wie üblich mit den Grenzen beschäftigt. »Das vernünftigste wäre«, murmelte er, »sich mit Hoel zusammenzutun. Dann könnten wir die Nomaden in die Zange nehmen, und die ständigen Überfälle im Norden würden endlich aufhören ...«

Dann erinnerte er sich, daß sie im Zimmer war. Er ließ selten eine Gelegenheit aus.

»Sieh her«, sagte er und deutete auf die Karte, die vor ihm auf dem Tisch lag. »Sieh es dir an.« Er zeigte auf die nördliche Grenze. »Hoel hat einen Sohn. Der ist erst neun. Wir hätten also Zeit genug, dich für ihn in Form zu bringen ... Schau mich nicht so an!«

Sie versuchte, nicht zusammenzuzucken, als er heftiger wurde, aber es mißlang. Seine Miene änderte sich.

Instinktiv wich sie zurück und hob die Hände vor ihr Gesicht, um sich vor dem Schlag zu schützen, den sie erwartete.

Seine Lippen hatten sich vor Ärger zusammengepreßt, seine Hand war zur Faust geworden. Aber heute beherrschte sich Javon.

»Warum du?« sagte er grimmig, und nicht zum erstenmal. »Warum nicht ein Sohn, ein Junge, mit dem ich reiten und lachen und reden könnte? Es ist nicht deine Schuld, ich weiß. Ich höre es jeden Tag. Aber es ist verdammt schwer mit einem ewig kranken, bleichen, kraftlosen Ding wie dir ... Es ist nicht nur, daß du ein Mädchen bist, es gibt viele Mädchen, die jagen und reiten, die die Nacht durchtanzen, die einen ordentlichen Busen haben. Aber du – du bist nur Haut und Knochen.« Er seufzte. »Was soll ich bloß mit dir machen? Ich muß dich verheiraten, muß ein Bündnis zustande bringen, die Grenzen festigen, für die Erbfolge sorgen. Die Lady weiß, es ist unsicher genug. Aber wie kriege ich dich an den Mann? Jeder sieht doch, daß dich das leiseste Lüftchen umbläst.«

Er starrte in ihr blasses, von bleichem Haar umrahmtes Gesicht und seufzte. »Geh und leg dich wieder hin. Aber laß das Fenster offen, daß die frische Luft ein wenig Farbe in deine Wangen bringt ... Geh schon, laß mich allein.«

Noch einmal gerettet. Felicia floh zitternd in die Geborgenheit ihrer Gemächer.

Javon Westray, der Herzog von Eldin, war ein schmächtiger, schmalschultriger Mann, aber er strotzte vor Energie. Zusammen mit seinem jüngeren Bruder Torold war er nach dem Tod seines Vorgängers gegen seinen eigenen Lehnsherrn ins Feld gezogen, um Eldin zu erobern.

Die heftigen Kämpfe hatten fast die ganze Stasis hindurch angehalten. Es war ein nicht enden wollender Krieg in einer Zeit ununterbrochener Unwetter gewesen. Weite Gebiete im Norden wurden verwüstet, Tausende hatten ihr Leben verloren. Javon hatte viel Zeit darauf verwendet, jede Opposition aufzuspüren und zu zerschlagen.

Danach sandte er Armeen zur Unterstützung Torolds in den Norden, aber sie wurden nicht gebraucht. Javon entdeckte überrascht die ungewöhnlichen Fähigkeiten der Seelords von Shelt.

Shelt. Die Stadt kauerte an der schroffen Küste eines gewaltigen Meeres. Ihre Burg stand auf den höchsten Felsen einer zerklüfteten Landspitze, die sich weit ins Meer hinaus erstreckte und bei Flut zu einem guten Teil überspült wurde. Es war gefährliches und trügerisches Gewässer für ankommende Schiffe. Der Rest der Stadt erstreckte sich von den Klippen zum Shelletfluß hin über ein weites, träges, immer wieder von Überschwemmungen heimgesuchtes Mündungsgebiet.

Jenseits des Flusses waren die Felsen der südlichen Landzunge, die ähnlich wie jene unterhalb der Burg weit ins Meer hinausgriff. Zwischen den Felsen, dem Fluß und dem Meer war Shelt ganz und gar den Gewalten von Ebbe und Flut ausgeliefert. Die Stürme der Stasis hatten die Bewohner der Stadt, die hauptsächlich von der Fischerei lebten, an den Rand der Armut gebracht. Sie hatten sich ganz und gar den Seelords und ihrer großen alten Magie verkauft.

Die Seelords beherrschten das Wetter. Sie griffen nach den Kräften des Gewitters und lenkten sie nach ihrem Willen. Das gelang nicht immer, denn die Unwetter waren wild und unberechenbar, doch oftmals hatten sie beachtlichen Erfolg. Die eindrucksvolle Magie der Seelords hatte nichts gemein mit den Kräften der Schamanen der Nomadenstämme der Eloier im fernen Norden. Die Seelords bedienten sich ihrer eigenen Magie und lehnten die alten Rituale ab.

Gawne war es, der ihnen andere Wege wies. Gawne, der fremde Weise aus dem Süden, hatte sie gedrängt, die Künste des Heilens zu versuchen. Er wußte so viel. Die Seelords erkannten, daß ihnen weite Wissensbereiche noch verschlossen waren. Gawne besaß auf Grund seiner peraldonischen Ausbildung Kenntnisse über Synchronizität, über die Erschaffung von Kreaturen, über die Läufer. Vor der Stasis hatte er eng mit dem Hohenpriester und Magier Lucian Lefevre zusammengearbeitet.

Es lag am Meerwasser vor Shelt, hatte er gesagt. Es würde Heilkräfte in den Händen jener offenbaren, die sein Geheimnis verstanden.

Und Gawne hatte recht. Die Seelords entdeckten die verborgenen Kräfte und waren in der Lage, Leben und Gesundheit wiederherzustellen – solange das Wasser ungestört blieb.

Javon hatte von diesen ungewöhnlichen Fähigkeiten gehört. Er schickte Torold, um herauszufinden, was vorging, und fand die Stadt in Aufruhr.

Die Seelords, unter Gawnes Führung, wurden belagert. Das Fischervolk von Shelt hatte sich gegen seine einstigen Beschützer erhoben. Anlaß war das Verbot, im Meer östlich von Shelt zu fischen; ein Verbot, für das keinerlei Gründe angegeben worden waren.

Torold traf nicht unvorbereitet mit einer Truppe gut ausgebildeter Soldaten in der Stadt ein. Er befreite die Seelords und erklärte sich unter einer Bedingung bereit, mit seiner schlagkräftigen Truppe zu bleiben: Sie sollten ihn zum Grafen von Shelt ernennen.

Sie stimmten zu. Es hatte einen kurzen Kampf mit den Fischern gegeben, aber sie hatten Torolds Schlagkraft nur wenig entgegenzusetzen. Torold wurde Graf von Shelt, und die Seelords atmeten erleichtert auf. Sie konnten sich wieder ganz ihrer ungewöhnlichen Arbeit widmen.

Ihre Wundertaten hatten nun nichts mehr mit dem Wetter zu tun. Die Seelords hatten unter Gawnes Führung ein neues, höheres Ziel ins Auge gefaßt. Sie strebten nach Unsterblichkeit.

Und tatsächlich hatte es den Anschein, als wären sie ihrem Ziel schon ziemlich nahe. Das Meer jenseits von Shelt wurde ein Ort der Heilung und Erholung. Und die Neuigkeit verbreitete sich rasch. Die Reichen und Edlen von Stromsall kamen in Scharen.

Herzog Javon von Eldin grübelte über seine kränkelnde, leidende Tochter und traf eine Entscheidung.

Javon war ein harter, ehrgeiziger Mann, geformt von Krieg, Verrat und Gewalt. Er regierte Eldin mit eiserner Faust, und niemand wagte aufzubegehren. Es gab auch wenig Grund dafür. Aus dem Chaos des Bürgerkrieges war gegen alle Widerstände eine verhältnismäßig stabile Ordnung geschaffen worden. Javon hatte eine Vision, ein Ideal, das er mit allen Kräften anstrebte. Niemand würde mehr in Eldin verhungern, wenn Javon Westray Herzog wurde. Er würde

Krankenhäuser und Schulen bauen, Feste und Turniere veranstalten.

Er hatte alle seine Träume verwirklicht. Und für sich selbst hatte er einen lichten und luftigen Palast aus Glas und hellem Holz erbauen lassen, dessen einzige Wehr die Macht seines Ansehens und seiner Autorität war. Aber sein schmales, asketisches Gesicht war finster vor Grimm und Enttäuschung. Was war es alles wert ohne einen starken jungen Erben?

Eine schwächliche Tochter nützte ihm gar nichts. Er haßte den Blick ihrer grünen Augen, die sie von ihm hatte, haßte ihr glattes, babyzartes Haar, ihre blasse Haut, deren einzige Färbung aus den bläulichen Linien der Adern bestand.

Er war froh, daß sie zu seinem Bruder nach Shelt auf die Reise ging, wo sich die heilkundigen Seelords unter der Führung des Weisen Gawne ihrer annehmen würden. Er atmete auf, erleichtert, daß ihre zaghaften, kraftlosen Schritte in den Räumen seines Palastes verklungen waren und er nicht mehr ständig daran erinnert wurde, daß seine Macht eines Tages in fremde Hände gelangen würde.

Fern von zu Hause saß Felicia nun am Fenster und wartete, daß diese lähmende Schwäche schwand.

Es war noch früh am Morgen, und die Sonne tauchte eben aus dem Meer. Doch Wolken jagten bereits über den geröteten Himmel und dämpften das goldene Licht. Obwohl das Fenster geschlossen war, konnte sie den Wind um die steinernen Burgmauern pfeifen hören und das ewige Geräusch der Wogen, die sich an den Felsen brachen.

Sie vermied es, auf das Meer zu blicken, das tief unter ihren Prunkgemächern toste.

Ein Skizzenblock lag auf ihrem Schoß. Sie hatte den Zweiten Seelord, Dederic, zu zeichnen begonnen. Sie hatte seine Hakennase und seine fliehende Stirn nicht mit Absicht karikiert, aber ihr Stift hatte sich wie üblich selbständig gemacht, und der ernste, erhabene Dederic sah wie ein aufgeregter Wellensittich aus.

Sie lächelte. Es war nur ein kleines, aber nützliches Vergnügen. Während der langen Zeremonien und Zusammenkünfte, während Gebete gesprochen, Hymnen gesungen, Abkommen unterzeichnet, Strategien diskutiert wurden, zeichnete sie flinke Skizzen in ihren Block, den sie überall dabei hatte, und die mächtigen Männer, die über ihr Leben bestimmten, entpuppten sich als Säugetiere, Nagetiere, Fische, stelzenbeinige Vögel.

Sie verloren dabei viel von ihrer mystischen Übermächtigkeit. Sie brauchte sie nicht mehr so ernst zu nehmen, jedenfalls nicht so ernst, wie sie sich selbst nahmen.

Sie folgte natürlich weiter ihren Anordnungen, aber sie wußte tief im Innersten, daß ihre Zeichnungen ein wenig von der Wahrheit ans Licht brachten. Sie waren wie kleine Raubtiere, immer auf der Jagd nach Futter, immer auf der Jagd nach Macht. Und verspielt: Sie liebten Spielsachen – und in ihr sahen sie auch nicht mehr als ein Spielzeug.

Vielleicht hatten sie recht. Sie hatte nicht die Kraft, dagegen aufzubegehren.

Es klopfte an der Tür, und Annis trat mit einem Tablett ein.

»Eure Arznei, meine Lady«, sagte sie und kam leichtfüßig über den weichen Teppich. Sie war nicht groß, aber schlank und wohl gepolstert, wo es die Männer gern hatten. Dunkle Locken umrahmten ein Gesicht mit roten Lippen und rosigen Wangen.

In ihren Augenblicken tiefer Niedergeschlagenheit dachte Felicia, daß man ihr Annis als Dienerin gegeben hatte, um den Gegensatz deutlich zu machen. Die meiste Zeit empfand sie Annis' Vitalität als belebend, die Kraft in ihren Bewegungen, das Lachen in ihren Augen.

Heute war Felicia zu müde, um sie überhaupt zu beachten. Sie saß teilnahmslos, während Annis ihre Medizin zurechtmachte, und blickte abwesend auf die dahinziehenden Wolken.

Ein kichernder Laut von Annis. Felicia wandte sich dem Mädchen zu.

»Oh, verzeiht, meine Lady ...« Annis' Gesicht war von unterdrücktem Lachen gerötet.

Felicias Blick fiel auf den geöffneten Skizzenblock auf ihrem Schoß. Dederic der Wellensittich blickte ihnen mißmutig entgegen.

Sie schloß ihn. Sie erwog, das Mädchen zu rügen, doch Annis sprach, bevor sie die rechten Worte fand.

»Wie *treffend*! Wie gelingt Euch das nur? Die ganze gespreizte Vornehmheit ...« Sie brach ab und preßte die Hand auf den Mund, als ihr bewußt wurde, was sie da sagte.

Die Rüge blieb unausgesprochen. Felicia hatte nicht die Kraft dafür. Später vielleicht, wenn sie sich besser fühlte. Sie nahm die Arznei vom Tablett und wich Annis' Blicken aus, während sie sie trank.

Sie schmeckte wie üblich grauenvoll.

»Werdet Ihr heute nach unten kommen, meine Lady?« Annis war wieder ganz förmlich.

»Heute nicht – vielleicht morgen.«

»Ich mache das Fenster auf, meine Lady. Doktor Fessil hat Euch viel frische Luft verordnet ...«

»Nein!« entfuhr es ihr lauter als beabsichtigt. »Nein, es ist zu kalt. Laß es bitte zu.«

»Aber Dr. Fessil hat es so angeordnet ...«

Was konnte sie dagegen sagen? Daß das Geräusch des Meeres sie krank machte, ihr die letzte Kraft raubte? Daß die Feuchtigkeit an ihren Knochen zu nagen schien, daß sie vor Schmerzen schreien wollte?

Sie drehte ihr Gesicht zur hohen Stuhllehne, so daß das Mädchen nicht sehen würde, wie groß ihre Angst war.

Annis fiel es nicht auf. Sie hatte klare Anweisungen erhalten. Sie kniete sich auf das Fensterbrett, stieß den eisernen Riegel hoch und öffnete das Fenster weit.

Felicia schloß die Augen, als die Geräusche das Zimmer füllten, das donnernde Krachen der Brandung, das Heulen des Windes, gefolgt von der würgenden Feuchtigkeit. Übelkeit kroch ihren Hals hoch, ließ ihre Hände zittern.

Annis beobachtete sie mit einer seltsamen Mischung aus Mitleid und Verachtung. »Macht Euch der Schiffbruch noch immer zu schaffen, meine Lady?« Ihre Stimme war nicht ohne Mitgefühl.

»Ich – ich glaube nicht. Das Meer ...«

»Ist unser Freund, unser Diener, die Quelle der Macht ...« Die alte Formel.

Welche Antwort gab es darauf? Die Macht des Meeres war das Fundament der Zivilisation von Shelt.

Das Problem war, daß sie seekrank war – an Land.

Ein klirrender Knall, und der schreckliche Lärm hörte auf, die Kälte verlor ihren Biß. Annis hatte das Fenster geschlossen.

Felicia war so erleichtert, daß sie ihre Fäuste öffnete und beinah lächelte. »Danke«, sagte sie.

»Ich werde es keinem sagen«, versprach Annis. Sie bückte sich, um den Skizzenblock aufzuheben, den der Wind auf den Boden gefegt hatte.

»Auch das nicht ...?« Felicia deutete auf die Karikatur.

»Das ist niemand, den ich kenne«, erklärte Annis augenzwinkernd. »Doktor Fessil wird gegen elf kommen. Ich werde das Fenster kurz vorher öffnen ...«

Felicia lehnte sich erleichtert zurück. Es schien, als hätte sie eine Verbündete in Shelt. Es war ein Hoffnungsschimmer.

Zehn vor elf kam Annis zurück und öffnete das Fenster. Als kurz nach elf Doktor Fessil und Brice Lammon eintrafen, kauerte Felicia bereits würgend vor einer Schüssel und gab ihr Frühstück von sich.

Fessil und der Magierlehrling brachten sie wieder zu Bett, maßen ihre Temperatur, ihren Puls, bereiteten die Medizin und berieten sich flüsternd in der fernen Ecke des Zimmers.

Felicia konnte nicht hören, was sie sagten. Der ganze Raum erschien ihr absurd. Die schweren Eichenmöbeln, die bleigefaßten Fenster, die vom Boden bis zur hohen Decke reichten, das scheußliche Rosa des Teppichs, die dicken Brokatvorhänge in Gold, Grün und Rot. Felicia sehnte sich nach ihrem einfachen Zimmer zu Hause mit dem hellen Parkettboden, den unaufdringlichen Farben, den großen, zerbrechlich wirkenden Fenstern und elegant gewölbten Decken. Hier erstickte sie unter all dem Prunk.

»Fessil …« Ihre Stimme war nicht mehr als ein Flüstern. Aber Annis hörte sie und machte den Doktor darauf aufmerksam.

Er trat wieder an ihr Bett. Seine Miene war ernst, seine weißen buschigen Augenbrauen zogen sich zusammen.

»Meine Lady?«

»Schließt das Fenster. Es geht mir gleich besser, wenn es geschlossen ist …«

»Das ist wirklich wahr«, fiel Annis ein.

Der Doktor wandte sich um und musterte sie von oben bis unten. Sein Blick war eisig.

»Vergebt mir«, sagte er mit ruhiger Stimme. »Ich wußte nicht, daß Ihr in den Heilkünsten ausgebildet seid. Sagt mir doch, Lady Annis, wie Ihr solches Wissen erlangt habt. In welchen Schulen? Zu Füßen welcher großen Weisen und Lehrer?« Sein ruhiger, höflicher Ton wurde plötzlich beißend. »Oder etwa aus Geschwätz und Klatsch in Dienerkreisen?«

Annis schoß das Blut ins Gesicht, aber sie ließ sich nicht einschüchtern. »Lady Felicia fühlt sich viel besser, wenn das Fenster geschlossen ist. Es ist zu kalt für sie. Sie möchte, daß es geschlossen wird!«

»Die Lady Felicia ist nicht in der Verfassung zu beurteilen, was gut oder schlecht für sie ist.«

»Außerdem gibt es keinen besseren Heiler als die Seeluft!« Fessils Begleiter, ein schmächtiger junger Mann, trat neben ihn. Seine Augen leuchteten vor Eifer.

Annis würdigte ihn kaum eines Blickes. Das Mädchen auf dem Bett hatte kraftlos die Hand auf dem weißen Laken bewegt. Sie schien genug zu haben. Sie wollte, daß sie alle gingen.

Der Doktor wandte sich an sie: »Lady Felicia, mit Eurer Erlaubnis werde ich mich an den Ersten Seelord, den Weisen Gawne, wenden. Ich denke, es ist Zeit für eine Konsultation.«

Er erhielt keine Antwort. Einen Moment lang beobachtete er das leichte Heben und Senken ihrer Brust mit geschultem Auge.

»Die Lady ist eingeschlafen. Nun, das ist auch gut. Ich werde mit ihrem Onkel sprechen.« Er wandte sich um, und sein bodenlanges Gewand glitt raschelnd über den rosa Teppich. »Kommt, Lammon. Wir haben schwierige Nachrichten zu überbringen.«

»Sehr schwierige.« Der junge Mann seufzte, aber seine Augen glänzten vor Eifer.

Als die beiden Männer zur Tür gingen, eilte Annis hinter ihnen her und versuchte aufzuschnappen, was sie redeten. Sie ignorierten sie und schlossen schweigend die Tür vor ihrer Nase.

Die Gänge waren verlassen. Es gab keine Wachen vor Lady Felicias Gemächern. Sie war so angesehen, daß fast alle ihre Wünsche erfüllt wurden. Sie hatte um Ruhe gebeten und um eine vertrauenswürdige Dienerin. Beides hatte sie erhalten. Aber ihr Vater Javon hatte medizinische Betreuung zur Heilung seiner kränkelnden Tochter befohlen. Sein Bruder, der Graf von Shelt, hatte seine berühmtesten und weisesten Heiler gerufen und bis tief in die Nacht mit ihnen beraten.

In dieser Nacht fand solch eine Zusammenkunft statt.

Drei Männer an einem Tisch: Fessil, groß, weißhaarig, achtunggebietend; Lammon, der Magierlehrling, jung, eifrig und immer aufmerksam.

Der dritte, stets im Schatten, grauer Haarkranz um einen glänzenden Schädel, Augen tief in den Höhlen und die Schultern gebeugt: der Erste Seelord, Gawne von Aquile.

Natürlich war auch der Graf von Shelt anwesend. Felicias Onkel war ein großer, prunkvoll gekleideter Mann, der wenig für lange Diskussionen übrig hatte und ruhelos auf und ab schritt.

»Tut, was in eurer Macht steht, ganz gleich, mit welchen Mitteln, aber macht sie gesund.«

»Das wird nicht einfach sein.« Fessil blickte auf die schweren Goldringe an seinen gepflegten Händen. »Es ist keine Kraft vorhanden, keine Abwehr, kein Wille ...«

»Sie wehrt sich nur gegen das Meer.« Gawnes Stimme war spröde, ausdruckslos.

»Der Schiffbruch wird keine angenehme Erfahrung gewesen sein.« Fessil legte die Fingerspitzen aneinander. »Sie war dem Tod nahe.«

»Das ist Wochen her! Sie hätte sich längst davon erholen müssen! Wofür bezahle ich Euch, Fessil? Mein Bruder, der Herzog von Eldin, vertraut uns sein einziges Kind an, weil wir über die Grenzen hinaus für unsere Heilkünste berühmt sind – und was passiert? Erst wird ihr Schiff von unseren sogenannten loyalen Untertanen auf die Felsen gelockt und sie überlebt gerade noch. Und dann, statt daß sie sich wieder erholt, wird sie kränker und kränker! Das ist eine mehr als peinliche Situation! Verdammt! Was ist, wenn sie stirbt?«

Der Graf von Shelt warf in theatralischem Entsetzen die Hände hoch. Er kannte seinen Bruder gut genug.

»Sie wird nicht sterben.« Gawne bedachte den Grafen von Shelt mit einem mißfälligen Blick. Melodrama war ihm zuwider.

»Darauf würde ich nicht wetten.«

»Das Meer hat sie schon einmal gerettet, als das Schiff unterging. Das Meer wird sie wieder retten.«

»Ihr denkt an ein Marqun?« Der junge Lammon lehnte sich mit glänzenden Augen vor. »Würdet Ihr es wagen?«

Gawne blickte zum Grafen. »Wenn mein Lord einverstanden ist ...?« Die tiefliegenden Augen verrieten nichts. Das Gesicht war ausdruckslos; eine wartende Maske.

Torold verhielt im Schritt und starrte ihn einen Augenblick an. »Ist es ein Wagnis? Könnte es ihren Zustand verschlechtern?«

»Wahrscheinlich ... nicht.« Gawne erwiderte seinen Blick ruhig.

»Sie ist nicht kräftig genug!« Fessil runzelte die Stirn.

»Die üblichen Methoden haben nicht geholfen«, sagte Lammon, »was haben wir zu verlieren ...?«

»Ich weiß nicht ...« Der Graf von Shelt blickte mit ungewohnter Unentschlossenheit auf die drei Männer am Tisch. Gawne stand auf und begegnete seinem Blick.

Torold, der Graf von Shelt, war ein großer Mann, doch Gawne überragte ihn trotz seiner gebeugten Haltung. Er war knochendürr, bekleidet mit grauer, grün und blau melierter Seide, der traditionellen Kleidung der Seelords.

»Morgen werden wir ein Marqun abhalten«, sagte er ruhig. »Es ist Vollmond. Der Zeitpunkt ist gut gewählt.«

Ohne auf eine Antwort zu warten, verließ er raschen Schrittes den Raum. Die Zurückbleibenden blickten einander an. Torold seufzte. Er war der Graf von Shelt, der Bruder Javon Westrays von Eldin. Was er befahl, würde geschehen. Die Seelords regierten Shelt dank *seiner* Soldaten. Er brauchte nicht zu tun, was die Seelords sagten.

»Morgen also«, sagte er. »Wir halten es morgen ab.«

Annis starrte auf die Tür, die man ihr vor der Nase geschlossen hatte, und bedachte das stumme Holz mit einer eindeutigen Geste.

Dann ging sie zum Bett zurück.

Felicia hatte die Augen geöffnet. »Sie werden ein Marqun abhalten«, sagte sie. »Ich glaube, ich werde sterben.«

»Aber meine Lady! Sie wollen doch nur das Beste für Euch.«

»Es wird mich umbringen«, sagte sie unbeirrt, während Tränen über ihre weißen Wangen liefen.

Der Sturm

Der Sturmbringer kam am Mittag über die Stadt, als die Sonne am schlimmsten war. Der Sand, den er in großen Wolken vor sich hertrieb, hatte die meisten Häuser begraben, und er heulte wütend über den formlosen Hügeln.

Sein Wutgeheul riß den Sand wie ein gewaltiger Wirbelwind in den Himmel. Eine Wand von Sand raste um die Stadt und verdunkelte sie.

Die Straßen der Stadt lagen leergefegt zu seinen Füßen.

Er tobte durch die langen geraden Häuserschluchten.

Seine Schritte waren Blitze, die in den Boden zuckten. Er griff nach Mauern und Dächern, und sie zerfielen unter seinen Händen.

Er roch Wasser, stinkendes Wasser in den Brunnen, und schmetterte seinen Donner hinab in die Schächte.

Das Baby blieb vor ihm verborgen. Jemand versteckte es, und der Sturmbringer wollte eher die Stadt dem Erdboden gleichmachen, als das Kind noch einmal verlieren.

Die anderen Kreaturen, die verängstigt in den Kellern und Kammern kauerten, kümmerten ihn nicht, weder die Wüstenratten und Sandschlangen noch Eleanor und ihre Begleiter.

Er raste durch das Stadtzentrum, und die großen Gebäude stürzten in Wolken von Staub zusammen. Die engen Gassen ringsum lagen vor seinen glühenden Augen ausgebreitet.

Das Baby war verborgen. Der Sturmbringer begann zu heulen, daß das Gefüge der Wirklichkeit wankte.

Das durfte nicht geschehen.

Da erschienen das Baby und sein Vater in einem glitzernden, von einem hohen Bogen überdachten Eingang.

Der Sturmbringer fegte über die niedrigen Stufen. Seine zerstörenden Hände streckten sich dem Kind entgegen.

Der Vater lächelte freundlich.

»Wie ist es, niemals Ruhe zu finden?« fragte er milde.

Die schrecklichen Hände griffen nach dem dunkeläugigen Kind.

Der Vater beobachtete es belustigt. Selbstsicher. Lächelnd.

Das Baby sah dem Sturmbringer ernst und eine Spur verwirrt entgegen. Dann streckte es die kleinen Händchen aus und umarmte den Sturm, und der Vater ließ es gewähren.

Der Sturmbringer hielt an. Er sank auf die Knie, während Tränen über sein verwüstetes Gesicht rannen, und nahm das Kind.

Das Tosen des Windes erstarb, Blitz und Donner hörten auf.

Eine Weile gestattete der Vater dem Ankömmling, das

Kind in seinen Armen zu halten. Er war nicht immer grausam. Oder war es nur eine neue Spielart der Grausamkeit?

Der Sturmbringer blickte in das gnadenlose Gesicht.

»Geh fort«, sagte der Vater. »Verlaß diesen Ort. Hier gibt es keinen Frieden für dich.« Und nirgendwo sonst, hätte er hinzufügen können. Er bückte sich und nahm seinen Sohn auf den Arm. Und der Sturmbringer schwoll und richtete sich donnernd auf. Der Wind fegte klagend durch sein Haar und wuchs zur Sturmgewalt.

»Geh«, sagte der Vater noch einmal ruhig.

Der Sturmbringer begann zu laufen, raste die zerstörten Straßen entlang und schrie seine Pein in die Wüste hinaus. Und der heiße Sand verwandelte sich in Ungeheuer um ihn.

Der Rothaarige war zuerst aufmerksam geworden. Er stand draußen vor dem Tempel. Er hob den Kopf und lauschte auf den Wind, dann rief er warnend. Er deutete, und alle starrten wie gebannt in die Richtung.

Über und hinter den hohen Gebäuden, die den Platz umsäumten, wurde die Sonne ausgelöscht. Eine riesige Sandwolke bewegte sich auf die Stadt zu.

Ohne sich um die anderen zu kümmern, ergriff er Eleanor am Arm und zog sie mit sich zwischen die hohen Säulen und schützenden Mauern des Tempels.

Sie leistete keinen Widerstand, denn die Luft war bereits voll Sand, und das Atmen mühsam. Er stieß eine der schweren, reich verzierten Flügeltüren auf und führte sie ins Innere. Es war ein langer Raum, licht und hoch und gerundet an einer Seite. Bankreihen füllten den größten Teil, die alle zum Altar hin ausgerichtet waren. Marmorstatuen von Lycias standen in Nischen. Wandmalereien und Reliefs zeigten fremdartige Szenen. Hoch über dem Altar blickte der goldene Kopf des Sonnengottes auf die leeren Bänke hinab. Auf jeder Seite des Altars gab es Türen mit weiteren Darstellungen des Gottes.

Der Sand peitschte durch den Spalt unter der Tür und prasselte wie Hagel gegen die Fenster. Krachend brach eines, und Glas splitterte durch den Raum. Der Sand war bald überall, wirbelte in dichten Wolken durch das Gebäude. Eleanor preßte die Hände über Mund und Nase und schloß die Augen zu schmalen Schlitzen vor den schmerzenden Körnern. Atmen war fast unmöglich. Sie lehnte sich an die Wand.

Der rothaarige Mann stemmte sich gegen die Tür auf der linken Seite des Altars. Die Tür war verschlossen. Fluchend rüttelte er an der Verriegelung. Nach einem Augenblick gab sie nach, und er stieß die Tür auf.

Das Heulen außerhalb wurde zu einem schrillen Kreischen der Pein und Wut. Es war, als hätte der Sturm eine menschliche Stimme, als würde der wirbelnde Sand schreien und klagen.

»Hier bist du sicher«, sagte er und schob sie durch die Tür.

Sie zweifelte nicht einen Augenblick. Sie konnte den Sand nicht mehr ertragen, der mit jedem Atemzug in ihre Lunge drang, noch weniger die Stimme, die durch ihren Verstand kreischte. Eleanor war fast froh über die stille dunkle Tiefe, in die sie auf einer Wendeltreppe hinabstolperte.

»Bleib hier. Ich hole dich, wenn es vorbei ist.«

Die Tür fiel hinter ihr zu, und sie stand in völliger Dunkelheit.

Sie war allein.

Warum war er nicht mitgekommen? Warum war er in den heulenden Elementen draußen geblieben? Wer war er überhaupt? Einen Moment lang drehte sich alles um sie. Eleanor tastete sich zurück und lehnte sich gegen die Tür. Wenigstens war die Luft nicht mehr voll Sand …

Aber es drang ein schrecklicher Geruch aus der Tiefe. Verwesendes Fleisch oder faulendes Gemüse. Es war erstickend heiß. Sie konnte nicht die Hand vor den Augen sehen. Ihr Herz hämmerte schmerzhaft.

Die Stimme des Sturmes heulte noch immer da draußen in unmenschlichem Grimm. Unwillkürlich schluchzte sie, überwältigt von soviel Pein. Aber sie wollte nicht wissen, wer oder was es war. Sie hatte selbst mehr als genug, mit dem sie fertig werden mußte.

Auch auf ihrer Seite der Tür war ein Riegel. Fast in Panik stemmte sie sich dagegen und schob ihn vor.

Sie preßte die Hände an die Ohren und tastete sich ein Stück die Stufen hinunter, gerade weit genug, daß sie das quälende Heulen nicht mehr zu hören vermochte. Sie konnte nicht erkennen, wie tief die Treppe hinabführte. Und dann wurde ihr klar, daß sie hören mußte, was draußen vor sich ging. Sie ertrug es nicht, blind und taub zu sein. Sie nahm die Hände von den Ohren und tastete vorsichtig um sich, fuhr mit den Fingern über die steinernen Stufen. Nichts außer Staub und Sand. Sie setzte sich und wartete schaudernd.

Es schien ihr endlos, bis das Kreischen jenseits der Tür endlich verklang und der Sturm nachließ. Vielleicht würden sie sie bald holen kommen ...

Und was dann? Weshalb war sie hier? Wer waren diese Leute? Was sollte sie als nächstes tun? Ihre Hände verkrampften sich. Sie fühlte sich so elend.

Mußte sie das alles *noch einmal* ertragen? Sie sehnte sich nach ihrem Zuhause, nach der einsamen, trostlosen Wohnung, dem unwichtigen Job. Dort wußte sie zumindest, was sie tat, bestimmte ihr Leben selbst. Hier war sie Mächten ausgeliefert, die sie nicht verstand.

Und auf diesen Stufen in der Dunkelheit faßte sie einen Entschluß. Diesmal würde sie nicht das Opfer sein. Sie würde die Augen offenhalten und hinter die Dinge sehen. Sie war schon einmal hier gewesen. Sie kannte diese Welt, wußte genug.

Und dann begann eine Idee Gestalt anzunehmen. Auch wenn Matthias sie verlassen hatte, war sie nicht ohne einen Freund auf Chorolon. Sie würde versuchen, Phin zu finden. Die Leute, die hier zu ihr gestoßen waren, mußten sie zu ihm bringen.

Eleanor holte tief Luft. Es war ein gutes Gefühl, einen festen Plan zu haben.

Dann vernahm sie in der Windstille das Geräusch einer Bewegung unter ihr auf den Stufen. Es war nicht das Gekrabbel von Ratten oder Mäusen, sondern eine schleifende Bewegung, als ob sich eine verwundete Kreatur die steinerne Treppe hochschleppte.

Sie sprang auf, war mit zwei Schritten an der Tür und zerrte verzweifelt am Riegel. Er klemmte. Sie trommelte mit den Fäusten gegen die Tür. Niemand schien sie zu hören. Sie hämmerte erneut mit aller Kraft. »Helft mir! Rasch! Macht die Tür auf!«

Ihre Stimme überschlug sich fast, während sie am rostigen Griff des Riegels zerrte. Sie hielt einen panischen Moment inne und lauschte.

»Bitte ...« Eine dünne Stimme, schwach und krächzend. »Ich tu dir nichts ...« Die Worte kamen langsam.

»Wer bist du?« Ihre eigene Stimme war kaum fester.

»Bitte, hilf mir ...«

Es war nicht herauszuhören, ob es sich um eine Frau oder einen Mann handelte. Aber wer immer es war, schien dringend Hilfe zu brauchen.

Langsam und mit hämmerndem Herzen tastete sie sich die Stufen hinab. »Wie kann ich dir denn helfen? Bist du verletzt?«

Einen Augenblick war Stille, dann sprach die Stimme wieder. »Ich bin hier gefangen ... Ich bin krank, ich kann nicht hinaus ... Sie haben mich hiergelassen ...«

»Eingesperrt?« Eleanor war entsetzt.

»Sie dachten, daß ich weglaufen würde ...«

»Aus welchem Grund hat man dich eingeschlossen?« Eleanor war stehengeblieben, als ihr die Möglichkeiten in den Sinn kamen. Pest. Lepra. Wahnsinn. Welche anderen Kranken würde man zurücklassen?

»Ich sollte geopfert werden ...«

»Was?« Sie konnte es nicht glauben.

»Dem Lord Lycias. Um ihn gnädig zu stimmen.« Eine scharrende Bewegung war zu hören.

»Bitte, hilf mir.«

Eleanor beugte sich hinab und streckte die Hände in die Dunkelheit vor ihr.

Ihre Finger berührten Stoff. Die Gestalt bewegte sich erneut, und eine magere Hand griff nach ihr.

Die Haut war heiß und trocken. Die Hand lag reglos in ihrer. Eleanor hörte leises Weinen. Sie hob ihre eigene Hand und strich langes, gelocktes Haar aus einer heißen Stirn. Die Wangen waren naß von Tränen.

»Weine nicht. Ich werde dir helfen.«

Es war etwas in dieser Stimme, das sie unbeschreiblich bewegte, etwas, das sie über alle Worte hinaus verstand. Sie kannte diese Frau, sie war ihr nicht länger fremd.

»Sag mir deinen Namen«, bat sie.

Doch dann rammte jemand gegen die Tür. Licht fiel die Stufen herab, wo Eleanor bei der Frau kniete. Gestalten erschienen am Kopf der Treppe.

Eleanor hatte nur Augen für die Frau, die vor ihr lag.

Rotgoldenes Haar, graue Augen. Das Mondzeichen auf der linken Schläfe. Das Gesicht sah sie jeden Morgen vor sich im Spiegel: Es war ihr eigenes.

Die Beine der Frau waren umwunden von grünen Blättern und Ranken wie mit lebenden Ketten. Und während Eleanor starr vor Entsetzen hinabblickte, schlossen sich die grauen Augen, und das pergamentene Fleisch begann zu zerfließen und zu verbrennen und schließlich als schwarzer Staub von den Knochen zu fallen.

Die Hand, die sie noch immer hielt, wurde zu Asche, selbst die Knochen zerfielen zu Staub.

Die fesselnden Pflanzen sanken leer auf die Stufen.

Die Frau, die sie selbst gewesen war, hatte aufgehört zu sein.

Sie wandte sich hilflos ab. Ihr Blick fiel zur offenen Tür.

Zwei Männer standen dort, der eine dunkel, der andere rothaarig.

Sie hatten alles mitangesehen. Und keiner schien im geringsten überrascht zu sein.

Die Drei

Sie stand langsam auf. Blätter fielen zu Boden.

Einen langen Moment starrte sie verwirrt auf die beiden Männer. Das Licht aus der Halle ließ das rote Haar des jüngeren leuchten und fiel schimmernd auf das dunkle des anderen.

Sie gehörten zusammen, kam es ihr in den Sinn. Sie kannten einander gut, waren auf eine verborgene Weise verbunden.

Ruhig und mit fester Stimme fragte sie: »Wer seid ihr?«

Ihre Antwort kam wie ein zweistimmiger Gesang.

»Freunde. Du kannst auf uns zählen.«

Sie deutete auf den rothaarigen Mann.

»Warum haben Sie mich *hier* eingeschlossen? Mit diesem *Wesen*?« Sie vermied es, auf den Staub zu blicken, der noch immer über den Stufen schwebte.

Er trat zu ihr herab und nahm ihre Hände. Er war bleich. Seine grünen Augen musterten sie. »Ich wußte nicht – mir war nicht klar, was geschehen würde, was du bist.«

»Was bin ich denn?« Sie entriß ihm ihre Hände. Seine Berührung war ihr unerträglich.

»Ein Sündenbock«, antwortete die andere Stimme von der Tür her. »Das bist du, Eleanor Knight. Weißt du, wo du hier bist?«

Sie standen auf einer Wendeltreppe, die in weitem, flachem Bogen entlang der Wand eines Schachtes in unbestimmte Tiefe führte. Es war ein bizarrer Ort, aber das war nicht von Bedeutung. Die Antwort auf die Frage des Mannes war: in Lycias' Tempel. Sie brauchte es nicht zu sagen.

Sie wollte, daß er die Türöffnung freigab, so daß sie vorbei konnte. Sie stieg die Stufen hinauf und schob den Rothaarigen zur Seite. Sie bemerkte kaum die andere Treppe, die im Uhrzeigersinn von der anderen Tür aus in die Tiefe führte.

Der Mann in der Tür trat zur Seite. Sie erinnerte sich, daß er Comyn hieß.

»Weißt du es? Begreifst du, was du gesehen hast?« Er blickte ihr nach, als sie durch den Tempel schritt.

Sie drehte sich nicht um, gab ihm keine Antwort.

Sie verstand sehr gut, was sie gesehen hatte. Sie begriff die Botschaft dieser verbrennenden, sterbenden Gestalt.

Es war ein Versprechen. Was ihr geschehen würde. Ein Sündenbock, hatte Comyn gesagt.

Lycias hatte Rache geschworen. Vielleicht versüßte es auch einem Gott die Rache, wenn er seinem Opfer zeigte, was ihm bevorstand. Sie ging in die Sonne hinaus.

Comyn fand etwas zu essen für sie. Es war eine Art Echse, die er über einem kleinen Feuer briet.

Er erzählte ihr von sich. Er war ein Höhler, ein Freund von Matthias und Lukas. Er hatte Eleanor während des kurzen Aufenthalts im Höhlerfelsen gesehen, aber nicht mit ihr gesprochen. Er war ein Heiler, der zu dem verletzten Fabian geholt worden war. Er hatte sie in Margats Höhle gesehen. Erinnerte sie sich denn nicht? Er hatte von Matthias gehört, daß sie wieder zurückgeholt worden war, um Lycias' Zorn auf sich zu nehmen, und er hatte beschlossen, ihr zu helfen. Er kannte die anderen nicht.

Der rothaarige Mann hieß Timon Lesterell. Er erzählte eine ähnliche Geschichte wie Comyn. Er war ein Höhler, und er war als Freund gekommen. Eleanor hatte ihm von seinem Arrarat geholfen, als er vom Angriff auf die Fähre zurückkehrte. Er war kaum bei Bewußtsein gewesen, aber er hatte nicht vergessen, daß sie zu helfen versuchte. Er sagte, daß er Comyn nie zuvor gesehen hatte und wußte, daß er log. Er beobachtete den dunkelhaarigen Mann grimmig und mißtrauisch, was diesen nicht zu berühren schien.

Hilde, die ältliche Frau, berichtete, daß sie aus Jeren kam. Sie war eine enge Freundin Martitias und war sogar mit ihr verwandt. Wie die Männer behauptete sie, hier zu sein, um Eleanor zu helfen. Sie kannte keinen der beiden.

Mindestens zwei von ihnen mußten lügen. Ihre Geschichten waren zu widersprüchlich.

Die Höhler hatten während des harten Überlebenskampfes in der Zeitlosigkeit der Stasis in einer engen Gemeinschaft gelebt. Jeder kannte jeden, jeder vertraute jedem. Es war einfach nicht vorstellbar, daß sie einander hier nicht kennen sollten.

Nicht weniger unwahrscheinlich erschien es ihr, daß sie Hilde nicht kannten. Zwar trafen Höhler und Jereniten einander selten, aber es gab einen regelmäßigen Nachrichtenaustausch zwischen ihnen.

Lukas hatte einst eine Jerenitin geliebt.

Jocasta, die ein Opfer der Kräfte des Mondes geworden war.

Sie hatten auf einem der kleineren Plätze in einiger Entfernung des Lyciastempels ein Feuer gemacht. Sie erzählten ihre Geschichten während das Fleisch briet.

Schließlich hatte sie genug von ihren Widersprüchen und dem Essen, das sie nicht hinunterbrachte, und ging. Timon hatte sie begleiten wollen.

»Die Stadt ist gefährlich«, warnte er. »Auch wenn der Sturm vorüber ist, lasse ich dich nur ungern allein gehen ...«

»Aber ich weiß nicht, wer du bist«, entgegnete sie. »Ich habe keinen Grund, dir zu trauen.« Sie hatte beschlossen, sie alle nach Höhlerart zu duzen. Es war eine Art Resignation, vielleicht auch ein Zeichen ihrer neuen Entschlossenheit, ihr Geschick auf Chorolon in die eigenen Hände zu nehmen. Fort mit den Verhaltensweisen einer unerreichbar gewordenen und ohnehin wenig geliebten Realität.

Timon zuckte hilflos mit den Schultern, und sie ließ ihn stehen.

Sie wanderte durch die stille Stadt, vermied das Zentrum, wo die Gebäude zu Schutthaufen geworden waren, schritt durch breite offene Straßen und verlassene Parks. Überall fand das Auge prächtige Steinskulpturen: Statuen, Brunnen, Bänke. Sie sah bronzene Gesichter und Tierfiguren an ausgetrockneten Springbrunnen. Als der Tag dem Ende zuging und die Schatten länger wurden, wirkten die Skulpturen im wandernden Licht seltsam lebendig. Der nie ruhende Sand ließ die Konturen verschwimmen, wanderte über die mosaikgepflasterten Gehsteige.

Die Seitenstraßen waren dunkel und schmal, obgleich auch hier die Häuser selten mehr als zwei Stockwerke hoch waren. Im Licht des späten Nachmittags leuchteten die bemalten Fensterläden und Türen in satten Farben: gelb, braun, rot, ocker, olivgrün und gold. Sie strich mit den Fingern über das Holz, von dem die Farbe blätterte, und fragte sich, wohin alle verschwunden waren.

Eleanor zog ziellos durch die Straßen und versuchte mit ihren Gedanken ins reine zu kommen, mit ihrer Furcht und mit ihrem Mißtrauen gegenüber ihren drei Begleitern. Sie mußte emotionslos und logisch denken. Es gab eine Antwort. Matthias hätte sie nicht ohne Grund zurückgeholt. Der Gedanke beschäftigte sie eine Weile.

Da war noch ein anderes Problem in ihrem Hinterkopf, das sie nicht zur Ruhe kommen ließ. Was war mit dem Baby geschehen? Wo war es? Wem gehörte es? Die Vorstellung, daß es vielleicht irgendwo in dieser glühenden Wüste verloren sein könnte, war ihr unerträglich.

Die Dämmerung fiel rasch, und die Glut der Sonne war bald nur noch Erinnerung. Als der Mond aufging, erreichte sie wieder den weiten runden Tempelplatz.

Ihr Schritt stockte im ersten Moment. Sie wollte umkehren. Doch es war nichts Bedrohliches an der weiten leeren Fläche. Und sie war frei von den Schatten und Geistern der engen Gassen und Fassaden.

Sie ließ sich von der Statue des Sonnengottes am Dach des Tempels nicht einschüchtern. Sie ist nur aus Stein, dachte sie. Die Statue konnte ihr nichts anhaben.

Sie schritt an den Säulen entlang hinaus auf das Mosaikpflaster. Der Mond war fast voll. Helles silbernes Licht fiel auf den Platz. Die Nacht war sternenklar.

Warum hast du Jocasta getötet? dachte sie. Nur um mich etwas zu lehren? Das hätte auch auf andere Weise geschehen können. Dafür brauchtest du nicht Jocasta zu töten, die dich verehrt hat.

Nein, antwortete ein Silberstrahl des Mondes. Aber Lukas mußte frei sein.

Frei für deine Liebe.

Sonst wäre deine Entscheidung zu einfach gewesen.

Der Silberstrahl löste sich auf im hellen Schein des Mondes, und Eleanor blieb auf den Stufen sitzen und grübelte.

Sie hatte immer Lycias die Schuld an allem gegeben. Sie hatte gedacht, daß das ganze Elend der Stasis sein Wille, seine Laune war. Doch nun begann sie sich zu fragen, ob nicht Astret, die Lady des Mondes, ebenso unbarmherzig und gefährlich war.

Sie machte sie zu ihrer Marionette. Sie benutzte sie. Wie sie Matthias zu benutzen schien und alle anderen.

Außer Lukas. Und Phin.

Eleanor würde keine Marionette mehr sein.

Sie wandte dem Mond und Lycias' Tempel den Rücken und kehrte entschlossen durch die nächtlichen Straßen zu ihren drei wenig vertrauenswürdigen Gefährten zurück.

Den Rest der Nacht saß sie dann bei ihnen unter den fremden Sternen, unter dem fremden Mond, in dieser verlassenen Stadt und stellte ihnen Fragen.

Wie hieß Letias Arrarat? Wer war Richenda? Was ist im Saum eines Höhlermantels? Welche Farbe hatte Albins Haar?

Sie grübelte, versuchte sich an winzige Details zu erinnern. Aber sie war nur ein paar Stunden in den Höhlen gewesen. Und die Jereniten waren ihr fremd geblieben, Männer und Frauen, die um ihr Überleben kämpften.

Schmerzlicher war die Erinnerung an die Geschichten, die Lukas erzählt hatte, als sie auf der Insel südlich von Cliokest gewesen waren, wo sie einander geliebt hatten.

Über den ersten Angriff auf Peraldon. Die Strategie der Höhler in der Schlacht von Philus während des Verbannungskrieges. Fischen mit Matthias.

»Hör auf damit, Eleanor.« Timon legte den Arm um ihre Schulter. »Du mußt dich nicht quälen. Das bringt dich nicht weiter.«

Sie wischte die Tränen fort. Sie spielten ihre Rollen zu gut. Sie wußten alles, was sie wußte, und sehr viel mehr. Auf diese Frage würde sie sie nicht entlarven.

»Also gut«, sagte Eleanor. »Ihr sagt, ihr seid hier, um mir zu helfen. Beweist es. Ich muß Phinian Blythe finden. Bringt mich zu ihm.«

Die drei blickten einander an.

»Eleanor ...«, sagte Comyn zögernd, »er ist ... nicht frei.«

»Was heißt das? Hält man ihn gefangen?«

»Schlimmer ... viel schlimmer.«

»Die Kinder der Nacht haben ihn.« Ehrliches Bedauern klang in Hildes Stimme.

»Kinder der Nacht?«

Sie erklärten es ihr. Da wurden alles Mißtrauen und alle Lügen bedeutungslos, und sie weinte sich in den Schlaf in einem verlassenen Haus einer toten Stadt.

Der Schacht

»Wie tief ist er?«

»Niemand weiß es. Und niemand will es wissen. Die abergläubische Furcht vor allem Unterirdischen ist stärker als die Neugier. Sogar Sharrak weigerte sich, zum Grund hinunterzusteigen.«

»Könnt Ihr sie nicht dazu zwingen?«

»Ich? Sharrak zu irgend etwas zwingen?« De Mowbray lachte bitter auf. »Meine Kontrolle über sie ist äußerst begrenzt. Und Ihr, Merauld, seid ihr noch nie begegnet. Ihr habt ja keine Ahnung, wie die Parid sind!«

»Aylmer könnte helfen. Oder Thibaud.« Thurstan Merauld stand dicht am Rand des Schachtes und blickte über die niedrige Brüstung in die mit Netzen durchzogene Tiefe.

Beide Männer standen oben auf dem Turm, der aus dem Wald östlich von Cliokest herausragte, wo sich der Zugang zu Sharraks Schacht befand. Sie waren den langen Brückenweg von der Zitadelle schon früh am Morgen gefolgt, solange die Sonnenglut noch erträglich war.

Eine Treppe führte an der äußeren Burgwand hinab und tief in den Untergrund. Bei seinen häufigen Besuchen von Mavrud, der südlichen Provinz, hatte Lucian Lefevre, der Hohepriester der Sonne, darauf bestanden, daß ihm jederzeit Wohnräume nahe denen der Parid zur Verfügung gestellt würden. Er hatte auch eine Zeitlang dort zugebracht und mit seinen Geschöpfen experimentiert. Doch länger hatte er sich in der fernen Wüstenstadt Smintha aufgehalten und in der glühenden Hitze des dortigen Tempels Rituale für den Sonnengott Lycias durchgeführt.

De Mowbray hatte Gerüchte gehört, daß sich unter dem Tempel unterirdische Gemächer befinden sollten, aber er selbst war nie in Smintha gewesen, stets hatte er alle Hände voll mit Cliokest zu tun gehabt.

Es mußte irgend etwas Wesentliches sein, was sich unter dem Erdboden tat; etwas, das de Mowbray nicht verstand. Aber er fragte sich genau wie Thurstan, während sie über die in der Sonne brennende Landschaft blickten, ob es in der kühlen, von der sengenden Hitze geschützten Tiefe nicht eine Lösung gab.

De Mowbray hatte es stets vorgezogen, Sharraks Schacht fernzubleiben, denn er war nie sicher, ob seine Kräfte ausreichten, die Parid in Schach zu halten. Er hatte sie darum nur besucht, wenn es unbedingt nötig gewesen war. Seit dem Ende der Stasis nicht mehr, es hatte auch keinen Anlaß gegeben, denn Sharrak war fort.

Aber nicht für lange. Sie wird zurückkommen, dachte er. Und dann würde er wahrhaftig froh sein über einen freundlichen Magier. Das war ein Grund für seine Bereitschaft, mit den Höhlern und ihren Verbündeten zusammenzuarbeiten. Es erklärte auch, weshalb er sich jetzt hier befand und sich höflich mit jemandem unterhielt, den er vor kurzem noch als unbedeutenden Barbaren abgetan hatte.

Beide Männer trugen leichte, lose Kleidung aus kühlem, makellosen Leinen. De Mowbray betrachtete Thurstan eine Spur amüsiert, obwohl die Situation keinen Anlaß für ein Lächeln bot.

Denn die Sonne brannte unerbittlich auf sie herab. Wenn

er nur seinen Hut nicht vergessen hätte! Es gab keinerlei Schatten, wo sie standen, obwohl die Bäume ringsum noch lebten. Jene mit tieferen Wurzeln hatten Feuchtigkeit im Boden gefunden. Blätter raschelten um sie und unter ihnen.

Der Wald hatte Thurstan auf eine Idee gebracht. Während der trockenen Sitzungen, bei denen sie Bedingungen und Abmachungen durchsprachen, war de Mowbray aufgefallen, daß er immer wieder aus dem Fenster auf die in der Ferne schimmernden Bäume geblickt hatte. Sie waren grün und kühl und einladend, während Gras und Getreide auf dem Festland verdorrten.

»Matthias ist der einzige Magier, der möglicherweise etwas gegen die Parid ausrichten könnte. Aber er ist momentan etwas – schwierig.« De Mowbray trommelte ungeduldig auf die Brüstung. Die Idee, den Schacht der Parid als Brunnen zu nutzen, war ja nicht schlecht, aber Sharrak würde das gar nicht gefallen.

Thurstan seufzte. Er bückte sich, hob einen Stein auf und lehnte sich über die Brüstung. Dann ließ er den Stein fallen und wartete auf ein fernes Geräusch, das ihnen verraten würde, wann er auf dem Grund aufschlug.

Er hatte es schon zuvor probiert wie fast jeder, doch noch keiner hatte je den Aufschlag gehört.

De Mowbrays Stimme war trocken. »Ihr seid selbst schuld, ihr Jereniten und Höhler. Erst habt ihr nichts anderes im Kopf, als die Stasis zu brechen, und dann wundert ihr euch, wenn Lycias sich rächt. Was habt ihr erwartet?«

»Wir sind jedenfalls einen Schritt weiter.« Thurstan drehte sich um und lehnte sich an die Brüstung. Seine harten blauen Augen funkelten in dem sonnenverbrannten Gesicht. De Mowbray fragte sich flüchtig, ob er je lächelte. »Wir haben das schwierigste Problem gelöst. Niemand hat je behauptet, damit wären alle Probleme behoben.«

»Also macht ihr einfach weiter, grabt nach Wasser, teilt Gebiete ein, baut Tempel wieder auf und vertraut auf die vage Hoffnung, daß schließlich alles gut wird?«

»Was können wir sonst tun? Was würdet Ihr tun?«

»Ich glaube nicht, daß ich mich auf die Sündenbocktheorie verlassen würde. Das wäre zu einfach.«

Wieder drehte sich Thurstan um und starrte hinunter in den Schacht. Auch er verließ sich nicht darauf. Deshalb bemühte er sich so sehr, allen beizubringen, mit der Dürre fertig zu werden.

Er hatte tausend Ideen. Pläne für Bewässerungskanäle, Dämme und Reservoirs. Beregnungsprojekte. Entsalzungsanlagen.

Es wäre eine große Sache, alle zu vereinigen. Endlich hatte Thurstan eine Aufgabe gefunden, die etwas mehr war, als nur zu versuchen, die Jereniten vor dem Aussterben zu bewahren.

Er hatte erkannt, daß er mit de Mowbray, diesem ungemein praktisch veranlagten Mann, gut zusammenarbeiten konnte. Er war keiner, der in einer Krise mit dem Schicksal haderte. Als die Stasis beendet war und Matthias sich als Magier mit überragenden Kräften herausstellte, hatte de Mowbray seine Verluste abgeschrieben. Auf Anweisung von Kaiser Xanthon hatte er ein vorläufiges Abkommen aufgesetzt. Er hatte dafür gesorgt, daß man in peraldonischen Provinzen mit Höhlern und Jereniten verhandelte.

Zu einer Versöhnung war noch ein weiter Weg. Nicht nur, daß die Peraldonier sich erst mit der neuen Tatsache ihrer Sterblichkeit abfinden mußten, sie hatten jetzt auch noch Dürre und Seuchen auf dem Hals. Die Höhler wurden dafür verantwortlich gemacht, und sie waren es ja auch. Nur die strikte Anordnung des Kaisers hatte eine offene Jagd auf sie unterbunden.

Und während die Sonne das Land heimsuchte und die Seen austrocknete, war es unumgänglich geworden, sich zusammenzusetzen und zu besprechen, was getan werden konnte. De Mowbray hatte festgestellt, daß die Jereniten aufgeschlossener waren als die Höhler, die mit fanatischer Treue an Astret hingen. Thurstan und die anderen Jereniten hielten nicht viel von Religion, was sie zu möglichen Verbündeten machte.

»Sharrak ist jedenfalls jetzt nicht hier. Nutzen wir die Gelegenheit und machen weiter.« Thurstan schob sich von der Brüstung und blickte die Wendeltreppe hinab. »Wie tief führt die Treppe?«

»Ein ordentliches Stück, etwa hundertfünfzig Meter. Aber es wird vergebliche Mühe sein. Sharrak kommt zurück. Und Matthias kann uns im Augenblick nicht helfen.«

Während Matthias Phinian Blythe aus einiger Entfernung beobachtete, beneidete er ihn fast.

Die Schatten, die ihn umgaben, forderten ihren Preis. Blythe bezahlte, arbeitete die Schuld in schlafloser Qual ab.

Matthias aber war frei. Niemand hockte auf seinen Schultern, vergiftete ihn mit Worten, stahl der Luft, die er atmete, die Reinheit. Niemand sagte zu ihm, es ist deine Schuld.

Statt dessen hörte er immer und immer wieder Eleanors verzweifelten Ruf: »Matthias, verlaß mich nicht!« Er sah ihr Gesicht; es war erschöpfter gewesen, als er es in Erinnerung gehabt hatte, und von Bestürzung und Angst gezeichnet.

Alles in ihm schrie danach, zu ihr zu eilen, ihr zu helfen. Sein Bruder Lukas hatte sie geliebt, und das bedeutete Matthias viel. Es schien ihm Verrat an Lukas' Andenken, daß er Eleanor in solche Gefahr brachte. Er sollte zu ihr gehen und ihr helfen ...

Doch das würde alles zunichte machen, würde ihre Rolle abwerten. Allein mußte sie sich Lycias stellen. Er hatte es Xanthon versprochen. Er hatte sich auf eine schreckliche Abmachung eingelassen, auf einen abscheulichen Mißbrauch der Macht. Jetzt war es geschehen. Sie war hier unter Lycias' gnadenlosen Augen ...

An diesem Abend, als er es nicht mehr aushalten konnte, schloß er sich in sein Privatgemach ein. Es befand sich im Flügel, in dem sich auch Blythes Räumlichkeiten befanden. In einem nüchternen Raum ohne Vorhänge und Teppich blickte er eine Weile auf den Mond, der sich über den Horizont schob.

Dann entzündete er ein Feuer und konzentrierte sich.

Das fiel ihm jetzt leicht. Der Flug des Benuvogels hatte ihm ungewöhnliche Kräfte erschlossen, den Weg zu gewaltigen Perspektiven und vielschichtigen Dimensionen offenbart. Er hatte anfangs Angst gehabt, war bestürzt über das

Potential gewesen. Er hatte sich solch gefährlicher Visionen nicht bedienen wollen. Doch die Ereignisse zwangen ihn, die Möglichkeiten auszuloten.

Seine Macht war der entscheidende Faktor in dem fragilen Frieden zwischen Astrets und Lycias' Anhängern. Der Magier des Kaisers, Imbert Cupere, war fasziniert davon. Sogar Xanthon hatte ihren unschätzbaren Wert erkannt. Sie würden ihn nicht zur Ruhe kommen lassen. Es gab kein Entrinnen. Jetzt würde Matthias diese Macht zu einem anderen Zweck einsetzen.

Er brauchte dafür keine gläserenen Hilfsmittel. Nur Konzentration und seine Vorstellungskraft, verstärkt durch den Feuerschein. Er wußte, wie er sie lenken mußte, wohin er sie richten wollte.

Dann war er da: der Augenblick der Vision.

Er sah Eleanor und ihre drei Begleiter. Er erkannte sie alle.

Ein Freund, jemand, dem er vertraute, dessen Herz gewiß brechen würde, war bereits in tödlicher Gefahr. Bereits ... *nicht mehr er selbst*? War das, was er sah, ein Zerrbild? Wandelndes Grauen ...

Eine Erscheinung, die der Foskakönig geschickt hatte. Sie ahnte nichts von Matthias' Vision.

Und der verkleidete Lycias, der seinen Blick erwiderte und lächelte.

Matthias warf Sand aufs Feuer und trat ans Fenster. Im Zimmer, in dem es schon zuvor brütend heiß gewesen war, war es nun vor Hitze kaum noch auszuhalten. Er riß das Fenster auf und blickte auf den sich allmählich verdunkelnden Himmel, auf die noch tiefe Mondsichel.

»Astret«, sagte er leise. »Wo bist du, jetzt, da sie dich so sehr braucht?«

Aber er fand keine Antwort in dem Silberschein. Keinen Trost, keine Hoffnung. Er drehte sich zum erlöschenden Feuer um, und sein Atem stockte.

Das Gesicht des Sonnengottes beobachtete ihn immer noch in einem Lichtschimmer über dem rauchenden Feuer. Grausamkeit leuchtete aus den Augen, die vollen Lippen lächelten erbarmungslos. Der Blick war der eines mächtigen, jagenden Raubtiers, das auf Matthias lauerte.

Während er mit angehaltenem Atem auf das Gesicht starrte, verschwand es. Schaudernd griff er nach dem Wein, der auf einem Silbertablett bereit stand, und trank ihn in einem Zug, ohne ihn wie sonst auf Gift hin zu prüfen.

Von Sorge und Schuldgefühlen gequält, sehnte er sich nach Vergessen, nach tiefem Schlaf, um am nächsten Tag wieder zu klaren Gedanken fähig zu sein.

Aber in der Zitadelle von Cliokest gab es in dieser Nacht keine Ruhe.

Um Mitternacht schlugen die Meuchler zu.

Es gab mehr als einen Verräter in Cliokest. Das Tor zum Dammweg war nicht bewacht. Dreißig Mann, soldatisch ausgebildete Peraldonier mit scharfen Schwertern und Dolchen, kamen durch die Stallungen, die Lagerhäuser und Scheunen, und unterwegs schlossen sich ihnen andere an.

»Ihretwegen werden wir sterben.«

»Unser Haar wird ergrauen, unsere Hände von Arthritis schmerzen. Wir hatten die ewige Jugend, und nun sind wir zum Sterben verdammt.«

»Es ist die Schuld des Magiers Matthias und seiner Freunde.«

»Sie sollen dafür bezahlen!«

Eine Hand auf den Mund gepreßt, ein Schnitt durch die Kehle.

»Hier ist der Tod, den du so ersehnt hast!«

Ein Kissen unerbittlich aufs Gesicht gedrückt.

Sie waren anfangs leise, und zehn Höhler wurden fast lautlos getötet.

Dann rollte einer aus dem Bett, vom Blutgeruch geweckt. Oder war es das Scharren einer Klinge, die aus ihrer Scheide gezogen wurde?

Er rannte brüllend zur Tür, geradewegs in den blanken Stahl der Wartenden.

Aber Thibaud Lye hörte sein Brüllen, und der Blutgeruch war nun überall. Er sandte sofort eine Gedankenbotschaft an Aylmer und Matthias: *Meuchler! Rasch! Alarmiert die*

Wache! Und Aylmer rannte sofort zu Stefan und Thurstan. Glocken begannen zu läuten.

Aber Matthias schlief weiter, vom Wein betäubt.

Und Phinian Blythe öffnete den erbitterten Feinden, die einst seine Freunde gewesen waren, die Tür.

Er hoffte, daß sie immer noch seine Freunde waren. Daß ihm ihre scharfen Klingen Erlösung bringen würden.

Sie konnten ihr Glück nicht fassen. Der große Magier, der Mann, der für die Befreiung des Benus verantwortlich war und dadurch außerordentliche Kräfte erhalten hatte, war durch ein Schlafmittel im Wein betäubt.

Drei Männer drangen in sein Gemach ein. Einer war hochgewachsen, er trug ein ungewöhnlich gemustertes Lederwams; seine Hände waren groß wie Pranken und langten sofort nach dem Spiralstab neben dem Bett.

Die beiden anderen waren jünger, erpicht darauf, ihre scharfen Klingen in die reglose Gestalt auf der schmalen Matratze zu stoßen, doch der andere hielt sie zurück.

»Verletzt ihn nicht! Wir nehmen ihn mit! Fesselt seine Hände! Vorsichtig! Und jetzt eine Binde über seine Augen – so ist's richtig.«

Ein großer Magier hat Macht in den Augen. Bedecke immer seine Augen! Laß ihn nicht in die Nähe seines Stabes!

Er hatte seine Lektionen gut gelernt. Er hatte einen unübertrefflichen Lehrer gehabt, ein Wesen, das sogar noch größere Kräfte beherrschte als Matthias.

Den Foskakönig.

Er selbst hieß Weard.

Elfitt de Mowbray versuchte sie aufzuhalten. Er brüllte vom Kopf der Treppe über der Großen Halle.

»Das ist Wahnsinn! Was versprecht ihr euch davon?«

Fünfundzwanzig Mann rannten zurück über den Dammweg, zurück in den Wald, von Stefan Pryse und anderen verfolgt.

Weard stand abseits von seinen beiden Begleitern, die den reglosen Matthias in Decken wickelten. Seine Hände betasteten das helle Holz des Stabes und fuhren das Muster der Spirale nach. Er hatte den Mund leicht offen, und seine Zunge benetzte die Lippen.

Versuchshalber stieß er den Stab auf Stein und murmelte dabei Worte, die de Mowbray nicht hören konnte. Ein Blitz fuhr aus der Spiralenspitze und versengte die bestickte Tapete. Rauch kräuselte empor, und Brandgeruch stieg in die Nase.

»Die Stasis, Elfitt. Natürlich die Wiederherstellung der Stasis!«

Dann lachte er leise vor sich hin, drehte sich um und folgte seinen Männern auf den Dammweg, wo die Foska warteten. Und de Mowbray und seine Männer hatten ihre Arme und Beine plötzlich in Eisen.

Die Schatten und die quälende Last, die sie waren, hoben sich von Blythes Schultern und schwebten über den Boden zu den beiden peraldonischen Meuchlern. Sie kamen nicht dazu, zu reagieren, wußten nicht, was geschah.

Die Kinder der Nacht zogen lautlos ihre Nägel durch Fleisch, drückten weiche Münder auf Augen, Nase und Mund und verklebten sie mit übelriechendem Schleim.

Blind und würgend stolperten die beiden auf die Knie und schlugen verzweifelt um sich. Die Kinder lachten.

Blythe sah zu. Er war nicht imstande, sich zu bewegen, obwohl die Schatten jetzt nicht mehr durch sein Haar krochen, seinen Blick verschleierten, seine Gedanken verwirrten.

Die Kinder der Nacht begannen das Fleisch von den Knochen zu ziehen, Muskeln und Nerven und Sehnen zu zerreißen. Es dauerte grauenvoll lange, ehe die zerfleischten Leiber zu zucken und sich zu winden aufhörten.

Als sie genug hatten, warteten die Kinder einen Moment. Sie blickten durchs Zimmer auf Blythe, Blut färbte die Schatten nun rot.

Dann stürzten sie sich wieder auf ihn, nahmen ihren üblichen Platz ein.

Hingen an seinen Schultern.

Atmeten ihm ins Gesicht.

Brachten Blut und Qual.

Forderten ihren Preis.

Das Marqun

Das Marqun wurde im Licht des Vollmonds abgehalten.

Eine geheime Zusammenkunft, an der nur die Seelords und ihre Akolythen teilnehmen durften.

Torold, der Graf von Shelt, mußte auf seiner Burg bleiben und spazierte mit Esmond Crinnion, seinem eleganten Geliebten, auf dem Wehrgang hin und her. Ständig suchte sein Blick den fernen Horizont, und nicht einmal ließ er ihn über die Stadt schweifen, die sich wie der Alptraum eines Baumeisters bis zum Fluß erstreckte. Die Herrenhäuser machten schnell überfüllten Mietskasernen Platz und diese wiederum windschiefen baufälligen Elendshütten im Viertel der Graubrücke. Der helle Mondschein zeichnete Mauerkronen, Dachfirste, Tempelkuppeln in scharfen Umrissen. Das verlieh Shelt einen feinen Schimmer von unwirklicher Schönheit.

Vom Wehrgang der Burg aus hätte Torold das Leben in seiner Stadt beobachten können, Shelts wildes Nachtleben, die umherstreifenden Jugendbanden, die lauten Kneipen mit ihren Raufbolden und Messerstechereien, die einsam nach Freiern Ausschau haltenden Dirnen, die geschlossenen Läden und verriegelten Türen.

Doch in dieser Nacht blickten Torold und Esmond nur nordwärts, nur zur Bucht von Marqun. Sie vermochten im Mondschein nicht viel zu sehen, trotzdem überflogen ihre Augen immer wieder die düsteren Klippen, welche die Küste in dieser Richtung zerklüfteten.

In der Burg, fern der ruhelosen Stadt, flirtete Annis mit Kester Robart, dem gutaussehenden, ehrgeizigen jungen Gardehauptmann. Doch obwohl seine Arme stark waren und sein Körper sie begehrte, war sie mit dem Herzen nicht dabei. Immer wieder sah sie Felicias weißes, gequältes Gesicht vor sich, wie sie sich standhaft dem Vorschlag des Seelords widersetzte.

Es hatte am Morgen eine Szene gegegeben. Gawne, der Erste Seelord in Begleitung von Fessil und Lammon. Felicia, nur von Annis unterstützt. Sie hatten ihre Wünsche einfach beiseite geschoben.

Felicia hatte entschiedener und heftiger, als Annis es je von ihr gehört hatte, ihre Meinung gesagt, um sie von ihrer Absicht abzubringen.

»Ich *weiß*, daß es nicht helfen wird! Ich *weiß*, daß es falsch ist!« Sie zitterte vor törichter Schwäche, vor Hilflosigkeit und Wut.

»Mit allem Respekt, Lady, Ihr müßt uns schon zugestehen, daß wir unser Geschäft verstehen.« Gawnes Stimme war völlig emotionslos. Er ließ keine Möglichkeit einer Debatte zu.

Trotzdem hatte Felicia es mit jedem möglichen Einwand versucht.

»Mein Vater – würde nicht wollen, daß Ihr ein Risiko eingeht!«

»Es besteht keinerlei Risiko. Die See wird Euch nicht schaden, Lady, nicht während die Lords das Marqun leiten«, versicherte ihr Fessil kühl.

»Dafür gibt es keine Garantie!«

»Ihr dürft nicht an der Macht der Lords zweifeln, Lady.« Annis fragte sich respektlos, als welches Tier Felicia Fessil wohl zeichnen würde.

Lammon murmelte Gawne zu: »Man könnte hier fast einen Hauch von Ketzerei vermuten …«

Felicia hörte es. »Ketzerei? Ketzerei welcher Art? Ist alles, was nicht nach dem Willen der Seelords geschieht, Häresie?«

»Die Seelords arbeiten mit den ihnen von der Lady verliehenen Kräften«, erklärte Gawne. »Zu zweifeln, daß …«

»Aber es wird nicht helfen! Es wird alles nur noch schlimmer machen! Ich will lediglich, daß man mich in Ruhe läßt!« Felicia wurde zusehends erregter. Annis hatte das Gefühl, daß sie um ihr Leben kämpfte.

»Ihr täuscht Euch!«

»Ich weiß, was ich brauche! Es ist mein Körper!«

»Und unsere Fähigkeit«, entgegnete Gawne streng. »Ihr versteht nichts vom Rhythmus der Gezeiten, der Quelle unserer Kräfte. Wir kennen Geheimnisse, die so alt sind wie die See.« Er machte eine gewichtige Pause, ehe er sagte: »Es überrascht mich, daß die Tochter Herzog Javons von Eldin so furchtsam ist. Euer Vater wäre nicht erfreut, würde er von Eurem Starrsinn, Eurer Feigheit erfahren.«

Er brauchte nicht weiterzureden. Felicia hatte das bleiche Gesicht abgewandt.

Als er das Gemach verließ, fiel sein Blick auf ihren Zeichenblock, der offen auf dem Tisch lag. Unter vielen anderen sah er sein eigenes Gesicht, gehörnt wie ein Ziegenbock.

Die kalten Augen blitzten vor Zorn, und Annis, die ihn beobachtete, befiel schreckliche Angst um ihre Herrin.

Aber sie konnte nichts tun.

Das Marqun würde stattfinden.

Ein Flutbecken, kreisrund im Felsen der Klippe, bis zum Rand mit klarem, kaltem Meerwasser gefüllt. Seine Tiefe war unmöglich zu erkennen.

Die zwölf Seelords standen an seinem Rand auf dem glitschigen, grün gefleckten Fels. Jeder hielt einen Stab, der in einer sich verjüngenden Spirale auslief. Die Flut war fast auf ihrem Höchststand und warf sich gegen die Klippe. Bis jetzt erreichten die Wellen das Becken noch nicht; sie schmetterten heftig gegen die Steinbrocken unmittelbar unter seinem Rand. Das Wasser im Becken war – noch – unbewegt.

Felicia stand zwischen Gawne und Dederic. Sie konnte nicht mehr an die Ziege, an den Wellensittich denken. Unwiderstehlich zogen die kühle Tiefe zu ihren Füßen, die sanften Schatten von Tang und Felsen sie an.

Sie wußte, was geschehen würde. Nichts mehr würde wie

zuvor sein. Sie würden das stille Wasser zu brodelndem Leben erwecken, würden einen Strudel aus Energie und Macht erschaffen. Und Felicia würde eintauchen müssen in den schwarzen Wirbel dieser Schöpfung, die das Werk der Männer war. Er würde nach ihrem Wesen greifen, sie ihrer Persönlichkeit berauben, ihre Einmaligkeit für immer auflösen in formbare Kraft.

Sie würde zu ihrem Geschöpf, zu ihrer Schöpfung werden. Ein Wesen aus Kraft und Energie, das sie lenken konnten. Sie würde in der Welt dieser Männer leben, zu ihnen gehören. Angepaßt an ihre Gesellschaft, Teil einer von Männern erschaffenen Welt.

Was würde von ihr danach übrigbleiben?

Ein Püppchen, das man verheiraten konnte, um wichtige Grenzen zu sichern. Eine Gebärmaschine, die Kinder auf die Welt brachte, die für politische Zwecke benutzt werden konnten.

Sie klammerte sich an ihre Schwäche, ihre angegriffene Gesundheit. Sie wollte keinen Anteil haben an dem ganzen trostlosen System.

Die Flut überspülte fast den Beckenrand. Felicia hielt den Atem an. Wenn sie schrie oder brüllte, würde niemand darauf achten. Sie konnte nicht fortlaufen, weil es ringsum nur glitschige steile Felsen gab. Das Boot, das sie alle hierhergebracht hatte, war längst um die Landspitze verschwunden. Sie würde es erdulden müssen, und sie würde sterben. Sie glaubte nicht, daß die Kraft, die in den brandenden Wellen steckte, etwas mit Heilen zu tun haben konnte, denn sie war absolut zerstörerisch und gefährlich.

Die zwölf Männer rundum hoben ihre Stäbe, und sie spürte das Erbeben der Luft unter dem Erwachen der monströsen Macht.

Felicia würde sterben. Sie konnte sich nicht wehren, konnte ihr Ich gegen diese Kraft nicht bewahren.

Die Flut hob sich, und die erste Welle spülte über den Felsrand in das Becken. Sie flutete nicht einfach herein und zog sich wieder zurück. Die Männer zwangen sie, herumzuwirbeln, im Innern zu verschwinden. Ebenso die nächste Welle und die Welle danach.

Felicia war einer Ohnmacht nahe. Verzweifelt stemmte sie sich gegen die unnachgiebige Wand der Männer hinter ihr. Ein salziger Geschmack war in ihrem Mund, Blut als Vorgeschmack auf das Wasser: Wasser im Mund, in der Kehle, in der Lunge. Ihre Augen blickten gegen ihren Willen auf das Muster von Wellen und Gischt, und sie hatte das Gefühl, ihr Kopf drehe sich, als folge er der ruhelosen Bewegung der Spirale.

»O nein! Bitte! Nicht das ...« Sie taumelte am Beckenrand und ihre kraftlosen Beine schienen in den Wirbel aus Energie gezogen zu werden.

Felicia sah, wie Gawne sie anblickte. In seinen Augen war nichts als Macht. Von ihm konnte sie keine Hilfe erwarten.

Und der Mond am Himmel war fern und kalt.

Wieder eine Welle. Unaufhörlich drehte der Strudel sich vor ihren Füßen, wurde gewaltiger und mächtiger. Und in dem Moment, als sie spürte, daß ihre Füße in dem Mahlstrom verschwanden, fühlte sie, wie sich eine Hand auf ihre Schulter legte.

»Möge die See dich aufnehmen«, sagte die trockene Stimme in ihrem Ohr. Da verloren ihre Füße den Halt und rutschten über den nassen, unebenen Felsen in den Strudel, hinab, immer tiefer auf das zu, was auf seinem Grund wartete.

Sie hielten sie anfangs für tot. Aber Gawne wußte es besser.

»Sie wird nicht sterben, nicht sie. Das Meer hat sie schon einmal nicht genommen. Es wollte sie auch jetzt nicht. Aber es wird – sie verändern ...« Er blickte hinunter auf die zerbrechliche Gestalt unter den warmen Decken auf dem Bett. Das Feuer prasselte, die Vorhänge waren zugezogen. Annis nahm den Blick nicht von der Reglosen auf dem Bett, wartete besorgt auf irgendein Lebenszeichen, während die Seelords eine Unterredung mit Torold hatten.

Er war entsetzt gewesen, als sie seine Nichte in Lammons Umhang gewickelt nach Shelt zurückbrachten.

»Das nennt Ihr *Heilung*?« hatte er gebrüllt und selbst über die Stärke seiner Gefühle für das Mädchen gestaunt. »Ihr habt sie umgebracht!«

Sie atmete nicht, war kalt, als er sie behutsam berührte.

Aber Gawne hatte entschieden geantwortet: »Wärme und Ruhe ... Sie wird sich erholen. Und sie wird anders sein. Ihr werdet schon sehen.«

»Ein Seewandel.« Fessil hatte bestätigend genickt. »Das hat noch nie versagt.«

Aber Annis, die das weiße Gesicht und farblose Haar betrachtete, dachte, daß sie sich diesmal vielleicht irrten. Felicia hatte sich überhaupt nicht verändert. Als einziges hatten sie erreicht, sie noch mehr zu schwächen, ihr auch noch die letzte Kraft zu rauben.

Und was würde sein, wenn sie erwachte?

Das Feuer

Serethruns Behausung brannte.

Aber vielleicht war sogar Behausung ein zu gutes Wort für die windschiefe, heruntergekommene Hütte am Flußufer unter den Bogen der Graubrücke.

Auch andere Obdachlose hausten hier in selbst zusammengebastelten Unterkünften aus morschem Holz und zusammengetragenen Metallteilen. Es handelte sich bei ihnen um unheilbare Trinker, Drogensüchtige, Lahme, Blinde und Aussätzige, kleine Halunken und leicht Verrückte.

Nirgendwo sonst hatte er ein neues Dach über den Kopf finden können. Der gehässige Handzettel hatte offenbar seinen Weg zu jedem Hauswirt, jeder Vermieterin gefunden. Er hielt sich jetzt stets im Schatten, um den Handgreiflichkeiten der Männer, dem Spott der Kinder und den höhnischen Blicken der Frauen zu entgehen.

Und sein Vater sah es mit seltsamer Befriedigung und schien fast froh zu sein, daß sein feiner Sohn jetzt wie er zur Abhängigkeit erniedrigt war.

Serethrun war an diesem Tag weggegangen, hatte sich durch Hintergassen gestohlen, hatte in Abfalltonnen gewühlt und, wo es möglich war, wenigstens so viel zu essen gestohlen, daß sein Vater nicht verhungerte.

Ob er selbst etwas im Magen hatte oder nicht, war ihm gleichgültig. Seine Entschlossenheit, herauszufinden, was wirklich geschehen war, ließ Hunger gar nicht erst aufkommen. Rachegedanken gingen ihm durch den Kopf, aber er unterdrückte sie. Nicht vertreiben lassen aus seiner Erinnerung, wollte sich dagegen das bleiche, wasserumspülte Gesicht in den Fluten des Meeres.

Wer war sie? Was war sie? So, wie er wußte, daß das Unwetter nicht natürlichen Ursprungs gewesen war, wußte er, daß sie mehr als eine *Mereth* war. Da war etwas an ihr gewesen, etwas, das zum Wasser gepaßt, mit der Flut geatmet hatte. Er wollte mehr über sie wissen und darüber, was aus ihr geworden war.

Niemand wollte es ihm sagen. Ihr Name wurde weder in den Berichten über das havarierte Schiff erwähnt noch in jenen über die Verhandlung. Entweder war sie völlig unbedeutend, eine Dienstmagd vielleicht, oder von sehr hohem Stand, denn jede andere wäre von den Seelords benutzt worden, um die anhaltende Unterdrückung der Fischer zu rechtfertigen.

Es war unmöglich herauszufinden. Er wanderte durch die Straßen von Shelt und der Widerschein in dunklen Schaufenstern zeigte ihm gefächertes bleiches Haar und den in den Wogen treibenden weißen Körper.

Er konnte seinem Vater nicht von dieser verrückten Besessenheit erzählen, doch es gab andere Beweggründe, die Renferell verstehen würde.

»Ich werde es herausfinden, du wirst schon sehen!« Er bemühte sich, überzeugend und ermutigend zu klingen. »Das Schiff wurde an die Klippen gelockt. Dafür gab es einen Grund, jemand erhoffte sich einen Vorteil davon, daß er mich fertigmachte ...« Er stocherte in dem kleinen Feuer im offenen Herd.

Die kraftlose Gestalt auf der Liege in der Ecke lachte freudlos.

»Wie willst du das anstellen, so wie du aussiehst?«

Serethruns Kleider waren verschmutzt, seine Stiefel schäbig, seine Strähnen ungepflegt und zu lang, seine Fingernägel abgebrochen und schmutzig.

Wie könnte er es sagen? Er konnte gar nichts unternehmen, solange sein Vater lebte. Er wäre gern das Risiko eingegangen, in die Burg einzubrechen, einen Seelord zu finden ...

Sie würden wissen, *mußten* wissen, was in jener Nacht geschehen war. Ein Seelord hatte dieses Unwetter herbeibeschworen, denn niemand sonst wäre dazu imstande. Und ein Seelord würde wissen, wer mit fliegendem scharlachrotem Umhang über den Klippenpfad geritten war, um Alarm zu geben. Ja, er würde sogar wissen, weshalb man dieses falsche Spiel mit ihm getrieben hatte. Warum er falsch beschuldigt worden war.

Noch rätselhafter war, weshalb man ihn hatte laufenlassen. Sie ließen ihn bei den monatlichen Gerichtssitzungen nicht ein – nicht einen eloischen Nomaden, der unehrenhaft war und subversiv. Er würde in die Burg einbrechen müssen.

Er mußte herausfinden, wer sie war.

Doch seine Erfolgsaussicht war äußerst gering. Und wer würde dann seinen Vater ernähren? Der alte Mann hustete wieder. Die Elendshütte am Fluß war sicher die schlimmste aller Behausungen für ihn, sie war feucht, schmutzig und zugig.

Was konnte Serethrun tun? Zornig und verbittert schürte er das Feuer, dann warf er die Tür krachend hinter sich zu.

Er irrte in dieser Regennacht durch die Straßen, ging schnell, um sich warm zu halten, ohne ein Ziel vor Augen. Er zog es vor, im Freien zu sein. Wenn ihm schon die Disziplin bei der Garde schwergefallen war, so fand er doch die Armut noch schlimmer. Er haßte es, ständig überlegen zu müssen, wie er seinen Vater versorgen konnte.

Es war ein Gefühl der Befreiung, dem Wind durch die langen Gassen zu folgen, sich ohne Ziel treiben zu lassen wie ein Blatt durch den Wald.

Er kam an Schenken vorbei, an Gasthöfen, an geschlossenen Geschäften, an Mietskasernen und den Elendshütten, die am Hafen aus dem Boden gewachsen waren.

So sehr war er in seine trüben Gedanken versunken, daß ihm die zwei Männer gar nicht auffielen, die ihn beobachteten, zuerst von der Brücke über seiner Hütte aus, dann von den verschiedensten Punkten in der Stadt. Sie folgten ihm nicht, doch da und dort kreuzten sich ihre Wege, und Serethrun stapfte leeren Blickes an ihnen vorbei.

Der eine war Olwyn Mittelson. Der andere, der sich mit unbewußter Anmut bewegte, war ebenfalls groß, er bediente sich eines falschen Namens.

Auch er war ein Fremder in der Stadt. Er war fern von seinem Zuhause, seiner Familie, seiner Liebsten; aus Gründen, die er nicht verstand. Er runzelte die Stirn, während er beobachtete, wie Serethrun durch verlassene Gassen streifte und nach leeren Dosen trat. Er verspürte Mitleid mit ihm.

Auch er hatte viel verloren.

Das Feuer brach aus, als Serethrun weit entfernt drüben am Hafen war. Er schlenderte an den Kaianlagen vorbei, wo Reihen von Fischerkähnen außer Reichweite der Flut vertäut waren.

Der Regen war jetzt ein gleichmäßiges Nieseln. Licht aus vereinzelten Fenstern schimmerte auf dem nassen Pflaster. Er schritt durch Unrat und Pfützen, ohne es zu bemerken.

Er war zu weit entfernt, die Schreie und Hilferufe zu hören.

Erst in den frühen Morgenstunden machte er sich auf den Rückweg. Schon aus der Ferne roch er den Rauch, der dick aus der Gegend am Fluß aufstieg. Im Dämmerlicht hatte er einen unerwartet freien Blick auf die Bogen und Pfeiler der Brücke. Von den armseligen Notunterkünften davor war nichts übrig als ein Trümmerhaufen.

Er rannte. Eine Schar Männer stocherte in den rauchenden Überresten herum. Einen davon erkannte er, einen kleinen, einäugigen Taschendieb.

»Jacko, was ist passiert?« Er fror nun.

Der kleine Mann blickte ihn an, er legte den Kopf schief, und sein Mund bewegte sich, während er an einem Strohhalm kaute.

»Dein Vater ist tot«, sagte er schließlich fast unverständlich. »Das Dach ist eingebrochen, bevor ihn jemand rausholen konnte.«

»Tot?« wiederholte Serethrun das Wort tonlos. Einen Augenblick erstarrte jeder Gedanke.

»Sie haben die Leiche zum Armenfriedhof geschafft. Keiner wußte, wo du bist. Rattner hat sie identifiziert.«

Jacko blickte Serethrun nachdenklich an. Das Wort Mitgefühl gehörte nicht zu seinem Vokabular, aber er mochte Serethrun Maryn, hatte bewundert, wie der Eloier das ständige Nörgeln seines Vaters durchgestanden hatte.

Mitleid war hier ohnehin nicht vonnöten. Jacko wandte den Blick ab, ein wenig bestürzt über das, was er jetzt in den Augen des anderen sah.

Serethruns Gedanken flossen wieder. Er konnte nun herausfinden, was geschehen war, wer *sie* war. Er konnte seinen Namen reinwaschen, ja konnte sogar Shelt verlassen. In die Prärie zurückkehren. Wieder zu den Eloiern gehen.

Sein Vater war tot, und jetzt würde alles gut werden.

Die beiden hochgewachsenen Männer stießen kurz vor dem Morgen zu ihm.

Er streifte aufs neue durch die öden Straßen, doch nun voll Energie und Entschlossenheit. Er war fast glücklich.

»Serethrun Maryn.« Olwyn Mittelson trat aus den Schatten und stellte sich ihm in den Weg. Der andere Mann lehnte sich mit tief in den Taschen vergrabenen Händen an eine Hauswand.

Serethrun blieb argwöhnisch stehen. »Ihr! Was wollt Ihr?«

»Wollt Ihr in die Burg?« Mittelson sprach leise, aber Serethrun spürte die Worte überall widerhallen.

»Ich – weiß nicht …«

»Euch rehabilitieren?«

»Ich – kehre lieber nach Hause zurück.«

»Nach Haus? Wo ist Euer Zuhause?« Der andere Mann stieß sich von der Wand ab und kam näher, dadurch fiel Licht von einem Fenster auf sein glattes blondes Haar.

»Was interessiert das Euch?« Serethrun wußte nicht, was er von den zweien halten sollte, von dem dünnen Mann, der Metall mit einem Wort zum Schmelzen zu bringen vermochte, von dem anderen, dessen blaue Augen beunruhigend tief zu dringen schienen.

Die beiden konnten nur Schwierigkeiten bedeuten. Er brauchte sie nicht. Er würde in die Prärie zurückkehren, wohin er gehörte.

»Ihr werdet hier gebraucht.« Olwyn Mittelsons Stimme war immer noch gesenkt, aber aus seinen Augen sprach Mitgefühl.

»Was? Wovon redet Ihr?«

»Wir wissen, daß der falsche Mann angeklagt war. In Shelt geschieht schreiendes Unrecht. Es gibt hier etwas für Euch zu tun.«

»Wer seid Ihr?« Wachsam und mißtrauisch wich Serethrun zur Seite.

»Ihr kennt meinen Namen.«

»Ach, Olwyn, du weißt genau, was er meint.« Den Blonden schien das Gespräch fast zu langweilen. »Wir wollen Euch einen Vorschlag machen, Maryn. Ihr tätet gut daran, zuzuhören.«

»Nein. Ich verlasse die Stadt. Ich kehre heim.«

Mittelson wollte etwas sagen, doch der andere hielt ihn mit einer Handbewegung zurück. »Laß es gut sein, Olwyn. Warte ab ...«

»Es bleibt nicht viel Zeit!«

»Noch genug. Laß ihn gehen.«

Einen Moment lang blickten die beiden einander an, dann gab Mittelson den Weg frei.

»Wenn Ihr Eure Meinung ändert – Ihr könnt uns abends fast immer im *Fischernetz* finden ...«

Serethrun starrte sie einen Moment an, dann drehte er sich auf dem Absatz und schritt durch die schmale Gasse zum Westtor.

Dem Tor zur Prärie. Wo die Eloier durch den Wind rannten.

Wo es nach Hause ging.

Serethrun verließ die Stadt und blieb auf dem grüngefleckten grauen Hang außerhalb der Stadtmauer stehen, während die Sonne hinter ihm aufging.

Der Wind blies durch sein Haar, ließ seine Kleider flattern. Sein Volk hatte das Lager wahrscheinlich im Osten aufgeschlagen, im Schutz des Selbywaldes. Schließlich war es Frühling. Bald würde es weiter nordwärts ziehen können, auf die Tundra nördlich vom Pallon Crag zu. Er würde sich ihm wieder zugesellen, die Merethstadt vergessen und sich mit dem behenden Wild und der heulenden Eule des Lebens freuen.

Er empfand einen fast körperlichen Schmerz, die bittere Qual der Sehnsucht. So sehr wollte er wieder *eloisch* sein. Der Wind rief ihn, fast so stark wie früher ...

Serethrun sah, wie der Wind das hohe Gras der Ebene kräuselte, daß es fast wie Wasser aussah. Die Oberfläche des dichten Grases wogte in graugrünen Wellen. Er dachte an die etwas dunklere See, die am Ende der Landspitze über die Felsen spülte.

Und an die Frau mit dem weißen Gesicht, verwaschen unter den Wellen.

Ihn hatten sie um Ehre und Ansehen gebracht. Sie aber war fast ermordet worden. Und die Männer auf dem Schiff waren ermordet worden.

Das Unwetter war nicht natürlichen Ursprungs gewesen. Dessen war er völlig sicher, er wußte genug über Gewitter. Einer oder mehrere der Seelords ... Mittelson hatte recht, in Shelt geschah schreiendes Unrecht.

Er ertappte sich dabei, daß seine Gedanken immer wieder zu dem bleichen Gesicht zurückkehrten. Die Frau war wunderschön gewesen, wie sie so anmutig durch die Wellen trieb, und das Meer war wie ein Teil von ihr gewesen, der sich von ihrem wogenden Haar ausbreitete.

Serethrun verlor sich in Phantastereien. Wahrscheinlich war sie irgendein verzogenes, reiches Balg, das völlige Gegenteil von allem, was er erträumte.

Dann dachte er wieder an diese beiden Männer. Sie waren nicht unfreundlich gewesen, nur unbekannt. Und etwas an dem Blonden hatte ihm gefallen.

Vielleicht würde er sich im *Fischernetz* umsehen. Feststellen, was sie wollten. Zu den Eloiern würde er später zurückkehren. Dazu war immer noch Zeit.

An diesem Abend stand der Mann, der unter fremdem Namen lebte, auf einer Klippe außerhalb der Stadt und blickte gen Osten auf das sich verdunkelnde Meer.

Ein Beobachter auf den unteren Felsen hätte eine hagere Gestalt gesehen, die sich dunkel vor der untergehenden Sonne abhob. Wellen brandeten unter ihr gischtend gegen die Felsen, aber der Mann blickte nicht hinunter. Er verharrte reglos als schwarze Silhouette vor dem leuchtenden Rot.

Lange stand er so, bis die Sonne am Horizont verschwand, dann drehte er sich ungeduldig um, stieg die Klippen hinunter und kehrte in die Stadt zurück.

»Verkleidung«, sagte Olwyn Mittelson. »Ich kann Euch so herrichten, daß man Euch nicht erkennt ...«

»Ein falscher Bart vielleicht, gefärbtes Haar?«

»Was habt Ihr daran auszusetzen?« Der Blonde, der sich als Jolin Rosco vorgestellt hatte, bemühte sich, nicht über Serethruns Entrüstung zu lachen. »Das kann sehr wirkungsvoll sein.«

Sie saßen in einer Nische mit einer schon fast halbleeren Flasche Weinbrand zwischen sich.

»Warum tut ihr das? Was wollt ihr?«

Sie hatten ihm einen warmen Umhang gegeben und ihm Essen und Trinken gekauft und einen Beutel mit Geld zugesteckt.

»Was habt ihr vor?«

»Ihr wollt doch mit einem Seelord reden, herausfinden, weshalb man Euch so übel mitgespielt hat, oder nicht?« entgegnete Mittelson ruhig. »Ihr glaubt doch nicht, daß sie sich einfach zu Euch an den Tisch setzen und alles erzählen? Ihr würdet gar nicht in ihre Nähe gelangen!«

»Aber was wollt ihr?« Warum rückten sie nicht offen damit heraus?

»Die Seelords – haben einen gefährlichen Kurs eingeschlagen. Bedrohlich für das Leben der einfachen Bürger von Shelt. Bedrohlich für die Nomaden, die Eloier, für alle, die mit ihnen in Berührung kommen ...«

»Die Havarie ...« Unwillkürlich sah er wieder das Bild der Frau in den Wellen. »Es war ein künstlicher Sturm. Der Untergang der *Mirabelle* war geplant.«

Mittelson zuckte mit keiner Wimper. »Ja. Und Ihr als Eloier kamt gelegen ...« sagte er ruhig. Plötzlich blickte er den Blonden an seiner Seite an und schien zu einem Entschluß zu kommen. »Wir brauchen die Eloier, Serethrun. Um die Seelords stürzen zu können, brauchen wir die Nomaden.«

»Wen meint Ihr mit ›wir‹?«

»Die Fischer von Shelt. Die Menschen, die durch die Seelords um ihren Unterhalt gebracht wurden.«

»Nennt mir einen guten Grund, warum die Eloier den Bürgern von Shelt helfen sollten.« Serethrun beobachtete Mittelson.

»Sie brauchen Pferde, nicht wahr? Um die alten Wege ziehen zu können.«

Ja, sie brauchten Pferde. Sie hatten nicht so – grausam zu sein brauchen, als sie noch ihre Pferde hatten ...

»Serethrun, wir treffen eine Abmachung. Wir werden dafür sorgen, daß die Eloier ihre Pferde zurückbekommen, wenn sie Schulter an Schulter mit den Fischern kämpfen, um die Seelords abzusetzen.«

Serethrun stieß den Atem aus und lehnte sich zurück.

»Wahnsinn!« war alles, was er sagte. Plötzlich verstand er. Sie waren Rebellen, arbeiteten für eine revolutionäre Untergrundbewegung. Das Ganze schmeckte nach Blut und Gewalt und zu großem Risiko.

Sie wollten ihm nicht helfen, sondern ihn nur benutzen.

»Überlegt es Euch.«

Rosco blickte ihn an, und Serethrun wich diesen eindringlichen blauen Augen aus.

»Welche Rolle spielt ihr dabei? Wer seid ihr?«

Mittelson antwortete: »Wollt Ihr denn nicht wissen, was hier vorgeht? Es gibt so viel Unrecht. Diese Havarie ... Woher kam dieser Sturm? Wohin verschwand er? Die Eloier wüßten es vielleicht. Ihre Schamaninnen könnten solchen Kräften möglicherweise entgegenwirken. Wollt Ihr denn nicht heimkehren? Wollt Ihr nicht, daß die Eloier wieder reiten? Wollt Ihr nicht wieder mit ihnen reiten?«

Die Fragen häuften sich, und Serethrun hatte keine Antwort.

Rosco lehnte sich zurück. Er nahm nicht am Gespräch teil, sondern beobachtete Serethrun nur auf diese beunruhigende Weise. Serethrun hielt die Augen gesenkt, und so fiel sein Blick unwillkürlich auf Mittelsons Hände, die ruhig auf dem Tisch lagen.

Sein Zeigefinger zeichnete eine Spirale auf die unebene Tischplatte. Und diese Spirale schien ein eigenes Leben zu gewinnen. Serethrun konnte den Blick nicht mehr davon abwenden. Er geriet in den Bann ihrer Drehung, tiefer und tiefer hinab wie in einen Strudel.

»Du bist ein gewissenloser Bastard.« Rosco blickte ihn kalt an.

»Willst du dich beschweren?«

»Nein. Komm, bringen wir ihn heim.«

Die beiden hochgewachsenen Männer schlangen die Arme des schlaffen Jüngeren um ihre Schultern und trugen ihn so durch die Gaststube zur Tür.

Niemand sah sie gehen. Niemand bemerkte ihre Gesichter.

Von der Spirale geschützt traten sie hinaus in die Nacht, und Mondschein hüllte sie ein.

Entführung

Ganz allein lebte Felicia im Meerwasser. Es strömte durch ihre Adern, floß unter ihrer Haut. Die Gezeiten bestimmten den Rhythmus ihres Atems.

Im Zimmer hatte man Feuer gemacht, doch sie war umflossen von Kälte. Nichts an ihr war imstande, Wärme zu empfinden. Man hatte sie in warme Decken gehüllt, doch sie spürte nur das Spiel der Wellen auf ihrer Haut. Weiches, trockenes Haar fächerte von ihrem reglosen Kopf wie Seetang über das Kissen.

Ihr fehlte die Kraft, eine Hand zu rühren, die Augen zu öffnen. Die einzige Bewegung war die von Meerwasser, das unter ihren Lidern hervorquoll und unaufhörlich über ihr Gesicht floß. Zwei Tage lag sie schon so, stumm wie Treibholz, und jetzt erst begannen sie, sie in Ruhe zu lassen. Durch das Rauschen von Wasser in ihr und um sie vernahm sie ihre Besorgnis.

Sie hatten Felicia gerüttelt, gerieben, massiert, alles versucht, ihre Kältestarre zu vertreiben. Sie hatten ihr Arznei eingeflößt, ihr über den Hals gestrichen, damit sie schluckte. Mit Brotstückchen, in Honigmilch aufgeweicht, hatten sie sie gefüttert.

Sie bemerkte kaum, was sie taten, war sich nur der Ebbe und Flut in ihren Adern bewußt, dem endlosen Murmeln der Wellen, die durch sie hin und her spülten.

Aber der seebewegte Atem wurde schwächer.

»Es ist schon drei Tage her, und sie ist immer noch besinnungslos.«

Der Flötenspieler Vere Holtby lehnte sich auf seinem Stuhl zurück und beobachtete die Wirkung seiner Worte.

Nach kurzem Schweigen seufzte Mittelson und sagte: »Es ist zu bald. Wir sind noch nicht soweit. Wir fordern damit Schwierigkeiten heraus ...«

»Gewiß, es wird zu Vergeltungsmaßnahmen kommen.«

Holtby nickte. »Aber wird sie diese Behandlung überleben?« Er starrte blicklos in die rauchige Luft. Die drei Männer saßen an einem Tisch im *Fischernetz*, aber die Getränke standen unberührt vor ihnen.

»Oh, ich denke schon.« Mittelson zuckte mit keiner Wimper. »Trotzdem ist es ein Risiko. Vielleicht sollten wir jetzt eingreifen. Sie herausholen.«

»Von wem redet ihr?« Serethrun blickte aus seinen Gedanken gerissen auf.

Er hatte beschlossen, in Shelt zu bleiben. Als er nach dieser Begegnung im *Fischernetz* wieder zur Besinnung gekommen war, sah er Mittelson und Roscoe mit anderen Augen. In Shelt herrschten Ungerechtigkeit und Betrug. Das hatte er immer gewußt. Geändert hatte sich lediglich, daß es ihn nun danach drängte, etwas dagegen zu unternehmen.

Er erinnerte sich nicht an wirbelnde Spiralen, an blinzelnde blasse Augen. Obgleich er wahrhaftig keinen Grund hatte, anderen zu trauen, hörte er Olwyn Mittelson zu.

»Von Lady Felicia Westray, Herzog Javons Tochter.«

»Wo waren deine Gedanken, Maryn?« fragte Holtby lachend.

Serethrun blickte ihn nur stumm an. Der Flötenspieler zuckte mit den Schultern und nahm einen tiefen Schluck.

»Du kennst sie, Serethrun.« Mittelson duzte ihn nun. »Sie ist die Frau, die du aus dem Wrack gerettet hast.«

Serethrun zuckte zusammen und war ganz Ohr.

»Sie bringen sie um!«

Sie färbten Serethruns Haar braun und gaben ihm ein Messer. Er kannte sich in der Burg aus, denn er hatte oft dort Dienst gemacht. Deshalb hatten sie ihn ausgewählt. Er hatte nicht gezögert. Serethrun Maryn wollte derjenige sein, der Felicia befreite.

Er wollte sehen, ob ihr Gesicht so zart war, wie er es in Erinnerung hatte, und ihr Haar so seidig und glatt. Er wollte wissen, welche Farbe ihre Augen hatten.

Sie würde sich im Ostflügel befinden, wo sich die Gemächer für hohe Gäste befanden, dicht am Meer.

Die drei beschlossen, keine Zeit mehr zu vergeuden und liehen eines der verbotenen Fischerboote aus, die in den Lagerhäusern am Hafen versteckt wurden.

Sie standen auf den Felsen unter der steilen Wand, und Serethrun blickte zu dem Fenster hinauf. Die Wolken rasten über den grauen Himmel, der Wind war feucht und kalt um sie. Die Steinwand war naß und mit glitschigen Flechten bewachsen.

Serethrun fragte sich, wie er da hinaufklettern sollte. Es gab nirgendwo Halt für Hände und Füße. Doch noch während er darüber nachdachte, schlängelte sich ein Seil von oben herab. Es war einen guten Zoll dick und wies in regelmäßigen Abständen Knoten auf. Er zog fest daran und schon hing es ruhig.

»Wo kommt das her?«

Mittelson lächelte leicht. Der Wind spielte mit seinem grauen Haar, und die blaßgoldenen Augen funkelten. »Wir haben Freunde. Wir sind nicht ganz auf uns alleingestellt.«

Rosco war nicht dabei. Er mußte an einer Versammlung teilnehmen. Er hatte Serethrun mit einer archaischen Phrase Glück gewünscht: »Möge die Göttin dir beistehen ...«

»Die Göttin sei mit dir ...«, wünschte Mittelson, und Serethrun begann seinen Aufstieg.

Er war noch gut in Form, obwohl ihn die vergangenen zwei Wochen Kraft gekostet hatten. Er wollte hier an dieser ungeschützten Wand dem stürmischen Wind keinesfalls lange ausgesetzt sein.

Mittelson würde etwa eine Stunde warten. Der Magier hatte ihm versichert, daß es schnell gehen würde. Felicia wurde nicht bewacht. Möglicherweise befand sich eine Magd bei ihr. Der Arzt war bereits am Nachmittag bei ihr gewesen.

Hundert Fuß – das Seil kalt, feucht und rauh unter den Fingern.

Serethrun versuchte sich zu erinnern, was geschehen war, wie es dazu gekommen war, daß er auf einem Knotenseil eine steile Wand emporkletterte, um Herzog Javons Tochter zu befreien – oder zu entführen.

Es fiel ihm schwer, sie als wichtige politische Figur zu sehen. Mittelson hatte ihm unzählige Gründe genannt, weshalb sie des Herzogs Tochter entführen sollten. Als Druckmittel für Verhandlungen. Die traditionelle Rolle der Geisel.

Das einzige, woran sich Serethrun fast bis zur Besessenheit erinnern konnte, war ihr im Wasser treibendes Gesicht.

»Es gibt eine Verbindung.« Er hatte sich am Nachmittag bemüht, es Mittelson klarzumachen. »Es wäre angebracht ...«

Er hatte aufgehört, denn Mittelson war mit den Gedanken anderswo gewesen. Und nun kletterte Serethrun wegen dieser unvernünftigen, absurden Intuition die Wand empor. Er war nicht sicher, von welcher Bedeutung es war.

Das hohe schmale Fenster stand offen. Er stieg auf den schmalen Sims davor und fragte sich, wer das Seil um eine Zinne geschlungen hatte. In den windgetriebenen Wolken hoch über ihm segelte ein Falke, aber Serethrun blickte nicht empor.

Er schob das Fenster auf und stieg in das Gemach.

Es war brütend heiß, obwohl das Fenster offengestanden hatte. Ein Feuer prasselte im Kamin, und schwere Samtvorhänge an der Tür verhinderten einen Durchzug.

Das Mädchen lag reglos in einem Himmelbett mit rosa Brokat ringsum. Das Gesicht hob sich unter blaugrünen Schatten grau vom weißen Linnen ab.

Einen Moment lang blickte Serethrun sie nur staunend an. Sie war genau wie in seiner Erinnerung, aber er wollte sie nicht berühren. Sie war so zerbrechlich. Sie würde unter seinen Händen schmelzen, wie Wasser über Stein fließen. Er konnte sie unmöglich einfach auf die Schulter nehmen und mit ihr an einem Knotenseil aus der Burg klettern.

Schritte näherten sich der Tür.

Schnell trat er hinter den Behang am Kopfende des Bettes und befand sich unmittelbar hinter ihrem Kopf.

Die Tür schwang auf. Eine vornehm gewandete junge Frau trat ein, zweifellos eine Hofdame. Sie hatte dunkle

Ringellocken, eine schlanke und doch wohlgerundete Figur und helle Augen. Eine Gefühlsbewegung hatte ihr Gesicht gerötet – Ärger, schloß Serethrun, während er sie durch den schmalen Spalt an der Bettseite beobachtete.

Ein großer, hagerer Mann in silbriger Seide folgte ihr, dann ein anderer mit breiten Schultern. Torold.

Serethrun kannte ihn von Paraden und Feierlichkeiten, hatte ihn jedoch nur aus einiger Entfernung gesehen, und da hatte er streng und würdevoll gewirkt. Jetzt aber war er außer sich vor Zorn.

»Was Neues, Gawne? Irgendeine Änderung? Was geschieht als nächstes?« Seine tiefe Stimme bebte vor Wut.

»Sie wird sich erholen«, versicherte ihm Gawne selbstsicher und trocken.

»Sie stirbt, Mann! Macht Eure Augen auf!«

»Sie ruht lediglich. Wir haben erreicht, was wir wollten.«

Die Worte waren zweideutig, und Gawne versuchte gar nicht, es zu verhehlen.

Die Hofdame stand am Bett, dicht neben Serethrun. Er konnte ihre Wärme spüren, ihre Empörung. Sie schwieg zwar, aber ihre Hände waren verkrampft.

Der alte Mann in Silbergrau beugte sich über das Bett und zog ein schlaffes Lid hoch. Dann richtete er sich ziemlich schnell wieder auf. »Noch ein Marqun würde vielleicht helfen ...«

»Kommt nicht in Frage!« Torold schritt im Gemach hin und her, vermied es jedoch in die Nähe des Bettes zu kommen. »Ich werde Javon schreiben. Er soll wissen, was Ihr getan habt! Daß seine Tochter stirbt!«

»Sie stirbt nicht!« Die Stimme des Alten war scharf und schneidend. »Sie ist zu mehr als einem sinnlosen Tod in Shelt bestimmt! Wir haben gesehen ...«

»Was habt ihr gesehen?«

Torold war stehengeblieben und funkelte Gawne nun an.

»Sie wird nicht sterben. Noch nicht.« Der Erste Seelord hob herausfordernd das Kinn.

Torold seufzte ergeben und stapfte wieder hin und her.

Die junge Frau beugte sich über das Bett und strich mit liebevoller Sanftheit die Decken zurecht.

Serethrun wandte fast ein wenig gereizt den Blick von ihren Bewegungen, ihrer bronzenen Haut, ihren rosigen Wangen. Sie war so anders als die zerbrechliche Gestalt im Bett.

»Wenn sie stirbt, werde ich dafür sorgen, daß Ihr um Euer Leben bettelt, Gawne!« drohte Torold, und seine Stimme zitterte.

Der Seelord ließ diese Drohung unbeantwortet. Er griff nach der weißen Hand auf der Bettdecke und konzentrierte sich auf den Puls.

»Sie wird nicht sterben«, wiederholte er. »Ihr braucht Eure Seele nicht mit Häresie zu verdammen«

»Häresie!«

»Die Entscheidung der Seelords in Frage zu stellen. Ihr tätet gut daran, Euch zu mäßigen.«

»Verdammt!« Torold schmetterte eine Vase vom Kaminsims. Narzissen und Porzellanscherben verteilten sich auf dem Teppich, abgestandenes Wasser färbte die rosa Wolle. »Ihr nehmt Euch zu viel heraus, Gawne! Ihr verdankt Javon Eure Stellung hier, vergeßt das nicht! Ihr untersteht ihm!«

»Die Zeit bleibt nicht mehr stehen, Lord Torold. Und auch wir sind nicht stehengeblieben. Ich glaube nicht, daß ich Euch darauf hinweisen muß, daß Ihr *Eure* Stellung hier *mir* verdankt!«

Das Mädchen neben dem Bett trat näher ans Kopfende, so nahe, daß Serethrun ihre Schulter hätte berühren könnnen, nur indem er sich ein wenig vorlehnte.

Der Silbergraue fuhr ruhig fort: »Einheit, Torold. Darum geht es. Denkt an die Kräfte, die sich gegen Euch richten könnten – und gegen uns. Die Göttin ist eine eifersüchtige Herrin. Wir brauchen einander. Das wißt Ihr!«

»Denkt daran, was Javon tun wird, falls seine Tochter stirbt!« Torolds dunkle Augen blickten ihn durchdringend an.

»Aber sie wird nicht sterben.« Gawne redete zu ihm wie zu einem Kind. Er wandte sich nunmehr an das Mädchen neben dem Bett. »Und wenn Mistress Annis auch nur ein Wort weitererzählt von allem, was hier gesprochen wurde, wird sie die Toten beneiden!« Ein dünnes Lächeln spielte über sein Totenschädelgesicht. Er streckte eine knochige Hand aus und strich sanft über die gerötete Wange des Mädchens.

Serethrun spürte ihren Abscheu, ihren Haß, ihre Furcht.

»Laßt das Fenster offen, meine Liebe«, wies Gawne sie an. »Frische Luft ist genau das richtige für sie.«

»Wehe, wenn sie morgen noch kein Lebenszeichen von sich gibt, Gawne! Ich warne Euch! Ich werde Euch zu Javon zurückschicken, dann könnt Ihr ihm erklären, weshalb seine Tochter stirbt!«

Der Seelord blickte ihn nur an, bis Torold sich sichtlich unbehaglich abwandte, das Gemach verließ und die Tür hinter sich zuschmetterte.

»Vergeßt nicht, Annis. Dies sind keine Spiele für die Augen und Ohren einer hübschen Maid!«

Gawne lächelte sie mit falscher Freundlichkeit an, dann ging auch er und schloß die Tür leise.

»Verdammt, verdammt, verdammt!« Die junge Frau zitterte vor hilfloser Wut. Sie rannte durch das Gemach zur zerbrochenen Vase, kniete nieder und hob die Scherben auf.

Serethrun konnte hören, daß sie den Tränen nahe war. Er verließ sich auf seine Intuition und trat hinter dem Bett hervor.

»Weint nicht ...«

Sie richtete sich auf und wirbelte mit einer geschmeidigen Bewegung herum, und er erkannte, daß sie schreien würde.

Sofort sprang er zu ihr und drückte die Hand auf ihren Mund.

»Seid still!« flüsterte er. »Ich werde weder Euch noch Eurer Herrin etwas antun.«

Ihre Augen sagten ihm, daß sie ihn verstand. Vorsichtig nahm er die Hand von ihren Lippen. Sie wich vor ihm zurück, auf die Tür zu. Ihre Stimme war leise und gereizt.

»Das sagen sie alle!«

»Wer?«

»Die Männer. Sie werden uns nichts antun, es ist alles zu unserem Wohl, wir wissen es nicht besser ...«

Plötzlich raste sie zur Tür, riß sie auf.

Er hatte sie sofort eingeholt und zog sie in das Gemach zurück. Glücklicherweise war der Korridor leer.

»Führt Euch nicht auf wie eine Törin!« Er hielt sie nun fest und umklammerte ihre Handgelenke.

Sie trat mit dem Fuß nach ihm, und es kam zu einem kurzen Handgemenge, das sie zur hinteren Wand neben dem offenen Fenster führte. Er hatte ihre Arme auf den Rücken gedreht und hielt ihre Handgelenke mit einer Hand.

Die heftige Brandung der See war durchs Fenster zu hören. Annis hörte plötzlich auf sich zu wehren.

»Schließt das Fenster!« sagte sie drängend.

Serethrun ließ ihre Hände los und blickte sie verständnislos an.

»Wegen Lady Felicia! Das Meer bringt sie um, horcht doch!«

Die Flutwellen brüllten und warfen sich krachend gegen die Steinwand. Serethrun konnte fast spüren, wie die ganze Burg unter ihrer Gewalt erzitterte. Er wußte nicht, was das Mädchen meinte, aber sein Instinkt gab ihr recht. Es kostete ihn die ganze Kraft, das Fenster gegen den Wind zu schließen und zu verriegeln.

Annis war zurück am Bett und blickte besorgt auf die Reglose.

»Ich bin hier, um sie fortzubringen«, sagte Serethrun. Zu seiner Überraschung seufzte Annis.

»Hoffen wir, daß es noch nicht zu spät ist.«

»Ihr werdet nicht versuchen, mich aufzuhalten?«

»Ihr habt sie selbst gehört, Torold und den Seelord. Gemeinsam bringen sie sie um.«

Serethrun wickelte das Seil, das er zu diesem Zweck mitgebracht hatte, von seiner Taille. Etwas in der Stimme des Mädchens ließ ihn aufhorchen.

»Ihr werdet ebenfalls mitkommen müssen, das ist Euch doch klar? Sonst geben sie Euch die Schuld.«

Sie starrte ihn an und lachte bitter auf. »Sobald ich Euch sah, wußte ich, daß es das Ende von allem sein würde.«

»Oder der Anfang ...«

Serethrun fragte sich, wieso er das gesagt hatte. Sie half ihm, die Bewußtlose auf seine Schultern zu heben und sie mit einem Stück Seil festzubinden.

Sie öffneten das Fenster, und der Lärm davor schlug ihnen mit beinahe körperlicher Gewalt entgegen.

Doch kaum befanden sie sich im Freien auf der schmalen Brustwehr, erstarb der Wind. Und als Serethrun über die Zinnen glitt und den vorsichtigen Abstieg begann und seine Schultern unter Felicias Gewicht schmerzten, beruhigte sich die Flut zu einem sanften Rhythmus.

Mittelson half ihnen Felicia loszubinden und legte sie behutsam ins Boot. Serethrun, der ihn dabei beobachtete, bemerkte mehr als Fürsorge in seinem Benehmen.

Da war Ehrfurcht.

Hochachtung.

Arrarat

Comyn blinzelte in die frühe Morgensonne und beschirmte die Augen, ehe er antwortete.

»Du willst immer noch zu Blythe?«

»Ist es weit?« Eleanor saß im Schatten eines Türeingangs und sah Comyn zu, der Frühstück bereitete und gerade Kaffeewasser über einem kleinen Feuer erhitzte. Kekse, Oliven, Weichkäse und Orangen waren schon ausgepackt. Er hatte gut vorgesorgt.

Mit Sand vermischter Staub lag überall, auf Stein und Pflaster, Wand und Fenstersims. Sie befanden sich auf einem kleinen Platz in einiger Entfernung vom Lyciastempel. Es gab hier einen Brunnen, aber Comyn benutzte Wasser aus einer Feldflasche.

Timon und Hilde waren weggegangen. Um nach dem Baby zu suchen, hatte Timon gesagt.

Eleanor hatte nicht darauf reagiert. Sie hatte keine Lust, mit ihnen zu gehen, obwohl sie sich Sorgen um das Baby machte. Immer wieder ging es ihr im Kopf herum. Wessen Kind war es? Suchten seine Eltern es? Litten sie unter der Trennung? Waren sie verzweifelt? Matthias müßte es wissen, er hatte ihr das Baby anvertraut. Aber Matthias war offenbar kein Freund mehr, kein Helfer in der Not. Er hatte sie und das Baby im Stich gelassen.

Und von ihren drei neuen Bekannten wußte auch niemand Näheres. Sie hatte versucht, von Comyn mehr zu erfahren, als sie allein waren. Sie wußte, daß es sie nur noch stärker verwirren würde, wenn sie mit mehr als einem redete.

Eleanor war nicht klar, wer diese Leute waren oder was sie wollten. Ihre Geschichten glichen sich zwar in den Einzelheiten, widersprachen sich jedoch trotzdem grundlegend. Nur einer der drei konnte eventuell wirklich ein Freund sein – aber Eleanor hatte keine Ahnung, welcher. Vielleicht logen sie auch alle drei.

Sie fragte sich flüchtig, ob es nicht besser wäre, allein durch die Wüste zu ziehen, aber das war eigentlich keine Idee, die sie ernsthaft in Erwägung zog. Sie gab sich keinen Illusionen über ihre Fähigkeit hin, in einer dürren, glühendheißen Öde zu überleben. Wer immer diese drei sein mochten, sie waren zumindest Verbündete gegen die Wüste.

Schon früh am Tag war es bereits unerträglich heiß. Eleanors Samtkleid war zerknittert, staubig und verschwitzt. Einen Augenblick erinnerte sie sich, wie glücklich das Baby gewesen war, als es mit nackten Beinchen frei hatte strampeln können.

Warum nicht?

Sie stand auf und ging zu Comyn hinüber. »Hast du ein Hemd oder was Ähnliches, das du mir leihen könntest?«

Er lächelte mitfühlend. »Es *ist* heiß, nicht wahr? Da, versuch das.« Er kramte in seiner riesigen Segeltuchtasche und brachte ein ungebleichtes Baumwollhemd zum Vorschein. Sie langte danach, dann hielt sie inne.

»Ist schon gut, es wird dich nicht beißen.« Die Worte waren spaßhaft, aber seine Stimme klang ernst. »Du mußt dich entscheiden, Eleanor. Entweder du vertraust mir –

uns. Oder nicht. Wenn nicht, solltest du nicht unseren Proviant essen, unsere Kleider tragen, in unserer Gesellschaft einschlafen oder unachtsam sein. Denn so drehst du spätestens in zwei Tagen durch. Du könntest zumindest das Risiko eingehen, daß wenigstens einer von uns sich um dich sorgt, dir helfen will ...«

»Du?«

»Was glaubst du?«

Er war größer als die anderen, bewegte sich geschmeidig. Er hatte kurzes dunkles Haar, intelligente haselnußbraune Augen und eine stets ruhige Stimme.

Es war etwas Verborgenes an ihm. Eine Zurückhaltung, deren sie sich nicht klar wurde. Fast mochte sie ihn, aber sie konnte nicht wirklich zu ihm durchdringen.

Sie nahm wortlos das Hemd. Im Schatten der Tür schlüpfte sie aus dem Samtkleid und warf es ohne Bedauern in den Sand.

Es war eine Erleichterung, ein geradezu sinnliches Gefühl, die warme Luft unbehindert über die Haut streifen zu spüren. Das Hemd war weit und lang, es reichte ihr bis fast zu den Knien. Sie löste den Gürtel von ihrem grünen Kleid und band ihn um die Taille.

Als sie zurückkehrte, hatte Comyn inzwischen eine Karte zum Vorschein gebracht und kritzelte mit einem Stecken im Sand.

»Wir sind jetzt hier, in den Ruinen von Smintha, einem entlegenen Vorposten des Peraldonischen Reiches. Hier ...« Er deutete auf ein Häufchen Steine ein Stückchen abseits, »ist Peraldonien, und hier über dem Meer liegt Jeren. Die Höhlerinsel, wo du zum erstenmal in diese Welt gekommen bist, befindet sich etwas nördlich von Jeren ...« Er zeichnete ein Kreuz. »Viel weiter im Süden ist Cliokest, wo Phinian Blythe und jene Höhler und Jereniten, die sich zum Bleiben entschieden, jetzt leben.«

»Und die anderen?«

»Einige kehrten nach Jeren zurück, andere wagten sich noch weiter. Wie du dir vorstellen kannst, gibt es viel Groll gegen die Höhler, weil sie die Stasis beendet haben. Es gibt auch noch andere Länder von Astretanhängern, wie Stromsall am Nordkontinent. Im südlichen Teil und an der Küste befinden sich ein paar große Städte, aber das meiste ist Prärie, in der Nomaden herumstreifen. Ich glaube, an der Ostküste gibt es Fischer, aber die Gewässer sind unberechenbar.

Es ist dort nie friedlich zugegangen, die Gegend ist voll aggressiver, landhungriger Barone, und ich bezweifle, daß die Stasis die Lage verbessert hat. Es ist kaum bekannt, was sich jetzt dort tut. Erst seit kurzem besteht wieder Verbindung zwischen Nord und Süd – seit die Mauer fiel.«

»Wie weit ist es bis Cliokest?«

Er blickte sie seufzend an. »Sehr weit, mindestens zweihundert Meilen.«

Nicht weit mit Flugzeug, Auto oder Eisenbahn; erschreckend aber, wenn man die Strecke zu Fuß zurücklegen sollte, dachte Eleanor.

»Wie bist *du* hierhergekommen?«

Er zog eine Braue hoch. »Natürlich auf einem Arrarat.«

Arrarat! Auf *diese* Weise könnte sie feststellen, wer vertrauenswürdig war!

Da hörte sie ihn wieder, diesen Laut, auf den sie unbewußt gewartet hatte.

Das Baby weinte.

Diesmal trug Timon es. Er stapfte wütend auf der Straße vom Tempel auf sie zu. Hilde folgte ihm in einigem Abstand, sichtlich bemüht, aufzuholen.

Timons Gesicht war gerötet. Er schwitzte. Finster funkelte er beide an und ließ das Baby einfach auf Eleanors Schoß fallen.

»Da«, brummte er. »Paß jetzt besser darauf auf!«

Unwillkürlich öffnete sie den Mund bei dieser Unverschämtheit.

Sie stand auf und legte das Baby behutsam auf die Stufe. »Warum, in aller Welt, sollte ich? Es ist nicht mein Kind! Und ich verstehe nichts von Babies. Wenn du dir solche Sorgen darum machst, dann kümmere doch du dich darum!«

»Keinen Streit.« Hilde kam etwas atemlos, aber besonnen heran. »Comyn, was hast du sonst noch alles in deiner großen Tasche? Milch, Wasser, Hafermehl?«

»Milch? In dieser Hitze?«

Natürlich nicht. Aber was könnten sie dem Baby sonst geben? Doch als sie sich danach umdrehten, hörte es zu weinen auf und strampelte. Es zog die Brauen zusammen und beobachtete scheinbar angespannt die Händchen, mit denen es in der Luft fuchtelte.

»Momentan ist es jedenfalls zufrieden«, meinte Eleanor.

»Sehen wir uns doch in den Häusern um«, schlug Hilde vor. »Vielleicht finden wir etwas, das es essen könnte.« Sie hatte sich müde auf eine Stufe am Brunnen fallen lassen. Sie war weiß vor Erschöpfung und Hitze. Ihre Haut schimmerte wie Wachs. Sie winkte die Tasse Kaffee ab, die Comyn ihr entgegenstreckte, holte einen zusammengefalteten Fächer aus ihrer Handtasche und fächelte damit.

»Einverstanden, doch zuerst etwas anderes.« Eleanor blickte sie alle an. Allein der Gedanke an die Arrarate gab ihr Mut. Oder war es die Art und Weise, wie das Baby die Händchen in der stickigen Luft bewegte?

»Wie seid ihr zwei hierhergelangt? Comyn sagte, er sei von einem Arrarat gebracht worden. Und ihr?«

»Noch ein verdammtes Verhör?« Timon funkelte sie finster an.

»Eine verständliche Frage«, warf Hilde ein. »Auch ich kam auf einem Arrarat ...«

»Aber Jereniten haben keine Arrarate!« Triumphierend dachte sie, sie hätte wenigstens eine ertappt.

»Nein, natürlich nicht. Aber Caspar hat mir einen geliehen – du erinnerst dich doch an Caspar, oder? Margats Sohn. Lukas' Neffe. Er läßt grüßen ... Adila heißt er oder vielmehr sie – eine schöne, kastanienbraune Falkin ...«

»*Meine* ist kastanienbraun!« Timon schon das Kinn herausfordernd vor.

»Dann zeigt sie mir!« Eleanor war sicher, daß sie erkennen würde, ob es echte Arrarate waren. Niemand könnte diese Kraft, diese Intelligenz vortäuschen.

»Meinetwegen.« Mit einer fließenden Bewegung hatte Timon das Baby wieder auf den Arm genommen. »Kommt.«

Sie schritten stumm durch die Stadt. Comyn hatte seinen Arrarat gleich an Ort und Stelle rufen wollen, aber die anderen fanden ein freies Gelände besser.

Das Baby genoß den Ausflug. Es lachte und quietschte auf Timons Arm.

Eleonor schritt hinter den anderen her. Sie beobachtete die drei fast gleichmütig. Die Hitze flirrte um sie, daß die Umrisse verschwammen. Sie hoben sich fast unwirklich von dem backenden Stein der Stadt ab. Um so wirklicher waren ihre Erinnerungen.

Sie dachte an Phin, der nun so grauenvoll gequält wurde. Er war ihr ein so guter Freund gewesen, und er war wie sie von Astret erwählt worden, die Stasis zu brechen. Eleanor erinnerte sich an die anstrengende Reise von Jeren südwärts, an seine Arme, die sie sicher hielten, an seine Stimme, die ihr Mut machte. Sie ertrug es nicht, daß man ihm weh tat, daß er immer noch litt, nach allem, was er bereits durchgemacht hatte.

In dieser Welt litt jeder, dem sie begegnete und den sie mochte. Es war fast, als wäre sie verflucht. Wenn du Eleanor Knight kennst, dann bezahl dafür. Stirb.

O Gott! Lukas, ich brauche dich so! War es wert, die Stasis zu brechen, wenn es mich dich kostete? Wir werden heute Arrarate treffen. Du warst bei mir, als ich Stern fand, meinen Mitternachtsfalken.

Auch Stern ist tot.

Eleanor bemerkte kaum, daß sie durch das breite Stadttor gekommen waren. Staubiges Pflaster hatte treibendem Sand Platz gemacht. Sie schritten hinaus in die Wüste, in die sengende, blendende Weite.

Da hörte sie Comyn den vertrauten Arraratruf trillern. Timon tat es ihm gleich, dann Hilde zögernd und unsicher.

Eleanor hatte die Augen geschlossen, Tränen klebten auf ihren Wangen. Sie hörte Flügelschlag und wußte, daß sie die vertrauten Gestalten am Horizont sehen würde, wenn sie aufblickte.

Doch nicht Stern. Nicht Astrella mit Lukas. Niemand, den sie liebte, der sie liebte.

Ein schriller Schrei. Der Schrei eines zornigen, überraschten Arrarat. Sie blickte mit zusammengekniffenen Augen hoch.

Drei riesige geflügelte Kreaturen zogen weite Kreise hoch über ihnen. Sie waren zu weit entfernt, als daß Farbe oder Gefiedermusterung zu erkennen gewesen wäre; drei mächtige Falken kreisten im Aufwind wachsam umeinander.

Während Eleanor mit angehaltenem Atem beobachtete, sah sie, daß zwei gleichzeitig auf den dritten zuschossen. Der stieg plötzlich auf, noch höher, fort von den beiden.

Die zwei folgten ihm kreischend in der dünnen Luft. Er schwenkte verzweifelt, zog die Schwingen an und sackte wie ein Stein in die Tiefe, direkt auf die drei Menschen zu.

Eleanor hörte das Rauschen der durchschnittenen Luft, den Schrei, als der Arrarat herabstürzte, dicht gefolgt von den beiden anderen.

Und dann erkannte sie, daß die zwei Verfolger keine Arrarat waren. Einer war ein Reptil: ledrige Flügel, Schuppenpanzer, rote Augen, gieriger Rachen. Der andere war ein Rabe, schwarz und glänzend.

Sie ertrug es kaum, zuzusehen. Der Arrarat war von tiefem Kastanienbraun und hatte goldene Augen. Leuchtend wie eine Fackel fiel er herab.

Im letzten Moment, nur noch Meter über ihren Köpfen, hob er sich wieder in die Höhe, und Eleanor spürte den Wind im Haar. Er flog nun tief über Dünen und Stadt, kurvte und wich aus, als die beiden anderen ihn verfolgten.

Oh, laß ihn entkommen! Laß ihn frei durch die Lüfte gleiten! Laß ihn entkommen …

Er verschwand im Hitzeflimmern über der Wüste, und die beiden anderen flogen kreischend hinterher.

Ihre drei Begleiter schienen wie gelähmt vor Schock. Sie blickten reglos zum Horizont und warteten darauf, den Arrarat wieder zu sehen.

Er würde nicht zurückkommen, das wußte Eleanor. Der Foskaengel und der seltsame Rabe würden es verhindern. Wahrscheinlich würden sie ihn zu Tode hetzen.

»Adila!« rief Hilde verzweifelt und schwach.

Timon ignorierte sie und hielt das Baby, als brächte es ihm Trost. Seine hellen Augen suchten immer noch den Horizont nach der Rückkehr des Arrarats ab.

Comyn drehte sich um und blickte Eleanor an. Seine Lippen waren eine gerade, harte Linie. Er sagte nichts, wartete nur auf ihre Reaktion.

Sie schaute auf ihre bleichen, bestürzten Gesichter.

»Ich hasse euch!« rief sie. »Ich hasse euch alle. Ich wollte, ihr würdet verschwinden und mich in Ruhe lassen. Ich brauche euch nicht.«

Ich brauche nur Lukas und Stern und Phin.

Ich brauche nur Lukas.

Die Karawane

Eleanor wandte sich zur Stadt zurück. Wohin hätte sie sonst gehen können? Die Stadt leuchtete weiß und golden im Sonnenschein, die mit Glas gedeckten Dächer schillerten unter dem strahlenden Himmel. Doch während sie darauf blickte, veränderte sich etwas. Die geraden, geometrischen Linien verloren sich. Statt dessen schob sich ein Hitzedunst über die niedrigen Häuser. Nur die glänzenden Türme ragten aus dem schimmernden Dunst. Auf seine Weise war es sogar schön.

Der Dunst am Wüstentor wurde aufgewühlt. Zuerst verbargen die aufsteigenden Wolken aus Sand und Staub was geschah, doch was sie dann sah und hörte, war ihr nur allzu vertraut.

Ein Londoner Taxi tuckerte über den Sand; es fuhr an der Spitze eines ungeordneten Zuges, der die Stadt verließ. Riesige Kreaturen bewegten sich mit unregelmäßigem, schwerfälligem Schritt. Licht schillerte auf glänzender Schuppenhaut. Aus der Ferne sahen sie wie große Echsen aus, Reptilien der Sonne, Anachronismen einer anderen Zeit.

Sie waren mit allem möglichen – Kisten, Zelten, Pagoden – beladen. Um sie herum war ein buntes Durcheinander. Stoffetzen flatterten, Glöckchen klingelten, zerrissene Banner hingen von der Spitze hoher Stangen. Und ringsum eine wogende Menge Menschen und Tiere mit Bündeln und Säkken, Töpfen und Pfannen.

Die Karawane bewegte sich träge durch die Wüste, eine lärmende, stinkende Schlange, die durch den glühenden Sand kroch. Obwohl es windstill war, schlug Eleanor der Gestank in die Nase: Ausscheidungen von Mensch und Tier, verdorbenes Essen, Blut.

»Wer sind sie? Woher sind sie gekommen?« fragte sie verwundert.

»Aus unterirdischen Räumen ...« Eleanor hatte Mühe, Hildes leise Stimme zu verstehen. »Dorthin hatten sich die Bewohner von Smintha zurückgezogen, als das Wasser knapp wurde, aber ich weiß nicht, weshalb sie jetzt wegziehen.«

Timon berührte ihre Hand. »Eleanor«, sagte er leise, »bitte ...« Seine grünen Augen blickten sie fragend an. Sie nickte, also drückte er ihr das Baby in die Arme. Es schlief.

Dann zog er ein gezahntes Messer aus seinem Gürtel und stellte sich schräg vor sie. Comyn befand sich nun rechts von ihr und Hilde hinter ihr. Auch Comyn hielt einen gezahnten Dolch in der Hand.

Das Taxi hupte ausdauernd, der Motor dröhnte. Trotzdem ging beides fast in dem übrigen Lärm unter: dem Klappern von Pfannen, dem Klingeln von Glocken, dem schweren Schritt der mächtigen Tiere, dem pausenlosen Stimmengewirr der Menschen und den Rufen und Schreien. Dazu pochten Trommeln von Bewaffneten, die die Karawane auf und ab ritten, um sie zusammen und in Bewegung zu halten.

»Wohin wollen sie?« fragte Eleanor Timon flüsternd über den Kopf des Babys hinweg.

»Ich weiß es nicht.« Er hatte die Augen zusammengekniffen und beschirmte sie obendrein mit der Linken, während er mit gespreizten Beinen dastand.

Eleanor mochte Taxis nicht, auch die Leute nicht, die damit fuhren. An den Seiten der Prozession sah sie sich schlängelnde Wellen im Sand, als begleiteten Hunderte von Vipern die Karawane aus der Stadt.

Oder, als wäre alles aus dem Sand entstanden, ein Spiel der glühenden Luft ...

Plötzlich beschleunigte das Taxi, schwenkte von der Spitze des Zuges ab und kam in einer Staubwolke direkt auf sie zu.

Ihm folgte, wie Kielwasser einem Schiff, das Kräuseln des Sandes. Das Taxi hielt nur wenige Fuß vor ihnen mit quietschenden Bremsen an; das Kräuseln im Sand jedoch fegte an ihnen vorbei und um sie herum, bis es sie völlig eingekreist hatte.

Timon griff nach Eleanor und zog sie dicht zu sich heran. Sie konnte Comyns Atem neben sich spüren und fühlte, daß Hilde zitterte.

Während sie zusahen, veränderte sich die wellende Bewegung, hob sich in einer gewaltigen Woge empor, wuchs und schwoll zu einem Wall aus Sand. Auf seinem Kamm nahm er eine neue Form an.

Goldene und rostrote Schuppen bedeckten einen muskulösen Körper. Ein Kopf formte sich, ein breites Maul mit gegabelter Zunge und gebogenen Zähnen.

Eleanor wich zurück und beugte sich schützend über das Baby. Sie spürte, mehr als sie es hörte, eine Bewegung neben sich. Timon sprang und stellte sich dem Reptil entgegen. Sie konnte nicht hinschauen.

Durch die Windschutzscheibe des Taxis sah sie eine Gestalt, die mit den Händen flinke Bewegungen um eine hölzerne Spirale machte. Sie hatte wohl die Sandschlange erschaffen und lenkte sie.

Ein gewaltiges Zischen zerriß die Luft. Timons Schrei folgte.

Eleanor mußte hinschauen. Über ihre Schulter sah sie, daß er in den Sand geschleudert wurde und reglos liegenblieb. Sein Oberarm hatte eine lange, klaffende Wunde, aus der Blut quoll.

Die Taxitür schwang auf. Ein Mann stieg in den Sand. Er hielt einen geschnitzten Spiralstab in Händen. Er hatte braunes Haar, das in fettigen Locken herabhing, ein gemustertes Lederwams, sonnenverbrannte Arme und große, kräftige Hände.

»Ah!« Er lächelte. »Da haben wir ja Eleanor Knight *und* das Baby!«

Eleanor schaute sich verzweifelt nach den anderen um. Die Sandschlange hatte sie von ihnen getrennt. Sie konnte Comyn und Hilde hinter dieser glitzernden Mauer aus feinen, überlappenden Schuppen nicht mehr sehen.

Und Timon hatte sich neben ihr auf die Knie aufgerichtet. Er klammerte die Rechte um seinen Arm und versuchte, das Blut zu stillen. Es lief zwischen seinen Fingern heraus und sickerte in den Sand. So wie Lukas' Blut in den Schnee gesikkert war ...

Ihr Herz hämmerte heftig. Sie blickte auf das Baby in ihren Armen hinunter, es schlief immer noch. Während sie es betrachtete, verzog es das Gesichtchen und fing zu schreien an.

Langsam richtete sie sich auf. Die Sonne brannte unerbittlich auf sie herab. Sie hob die Augen, um in die des Mannes mit dem Stab zu blicken, und kam zu einem Entschluß.

»Da«, sagte sie und ging auf ihn zu. »Nimm du es.« Und während er sie mit verächtlich geschürzten Lippen beobachtete, drückte sie ihm das schreiende, feuchte Bündel in die Arme.

Der Klang ferner Glocken und eine grelle Explosion. Ein kühler Wind peitschte plötzlich um sie alle und fegte den Staub, die Hitze und den Gestank mit sich.

Der Stab zerschellte in tausend Splitter, die über den Sand wirbelten und sich in scharfkantigen Scherben ringsum verteilten. Die Sandschlange verschwand in dem Moment, als der Stab zerbrach.

Eleanor war sich vage bewußt, daß Comyn und Hilde hier waren, aber sich immer weiter von ihr zu entfernen schienen, und daß sogar Timon scheinbar durchsichtig geworden war und sich in der Wüste verlor. Aller Konflikt und alle Realität war nun auf den Mann, das Baby und sie reduziert. Sie konnte den Blick nicht von der furchterregenden Miene dieses Burschen wenden.

Er starrte auf die Splitter, dann auf das Baby und schließlich auf Eleanor. Er ließ das Baby in den weichen Sand fallen und machte einen Schritt auf sie zu. Sie konnte seinen Schweiß riechen.

Nie zuvor hatte sie solche Wut in einem Gesicht gesehen.

Sie hob schützend die Hände, doch er schlug bereits zu, ließ seine Wut zügellos an ihr aus, trat nach ihr, hämmerte mit den Fäusten auf ihr Gesicht und ihren Körper ein.

Als sie zu Boden sank, dachte sie, warum ihr niemand half.

Sie hatte einen Alptraum aus schaukelnder, rüttelnder Bewegung, ehe sie erwachte. Sie wurde hin und her geworfen, und jeder Ruck schmerzte. Als sie endlich das Bewußtsein wiedererlangte, hatte sie das Gefühl, nur noch aus Schmerz zu bestehen.

Es war heiß, und sie bekam kaum Luft. Auf der Zunge hatte sie den Geschmack von Blut. Ihr ganzer Körper pochte.

Es war dunkel. Oder vielmehr: Sie konnte nichts sehen, wenn sie zeitweilig bei Besinnung war. Waren ihre Augen verletzt? Sie versuchte, die Hände zu bewegen. Doch Handschellen hielten sie hinter ihrem Rücken zusammen. Sie lag auf irgendeinem harten Gegenstand, der schaukelte und ruckte, und bei jeder Bewegung rollte und rutschte sie und prallte von einer Seite ihres unnachgiebigen Gefängnisses zur anderen.

Sie tastete mit den Fingern nach irgendeinem Halt, fand jedoch nichts außer rauhem Holz.

Sie wollte schreien, aber mehr als ein Krächzen brachte sie

nicht hervor, und niemand schaute nach ihr. Sie hörte Trommeln in monotonem, aber eindringlichem Rhythmus, Rufe und Schreie, Hufklappern auf festgetretenem Sand, Scheppern von Töpfen und Pfannen, Stimmengemurmel. Die Karawane.

Ihr war übel vor Schmerzen. Immer wieder wurde sie durch das ständige Schaukeln und Rucken auf offene Wunden geworfen.

Ihr Gefängnis war zu groß, als daß sie sich an gegenüberliegenden Seiten hätte abstützen können. Und da ihre Hände gefesselt waren, konnte sie nicht einmal ihren schmerzenden Kopf schützen. Sie zog die Schultern hoch, doch diese Stellung hielt sie nicht lange durch.

Schließlich geschah das Unvermeidliche: Ihr Kopf schlug heftig gegen die Seite ihres Gefängnisses, unerträglicher Schmerz durchzuckte sie und sie verlor wieder das Bewußtsein.

Als sie das zweite Mal erwachte, war es immer noch dunkel, und auch der Boden schwankte immer noch. Aber statt wie zuvor hin und her geschleudert zu werden, wurde sie fest in jemandes Armen gehalten.

»Eleanor ...« Eine vertraute, besorgte Stimme. »Eleanor, ist alles in Ordnung?«

Es war Timon Lesterell.

Sie versuchte zu sagen, daß das eine idiotische Frage war, aber nur ein Stöhnen kam über ihre Lippen. Eine warme Hand strich ihr sanft das Haar aus dem Gesicht. Ihre eigenen Hände waren immer noch hinter ihrem Rücken gefesselt.

Wieso waren seine Hände frei?

Er mußte ihre plötzliche Anspannung gespürt haben, denn er sagte beruhigend: »Keine Panik, Eleanor. Ich tue dir nichts. Ich bin es, Timon.«

»Wo sind wir?« Ihre krächzende Stimme war ihr selbst fremd. Sie konnte den Mund nicht richtig bewegen, ihre Lippen waren geschwollen und bluteten.

»Auf dem Rücken einer dieser Kreaturen – was immer sie sind. Mit der Karawane auf dem Weg nach Osten.«

»Wo sind Comyn und Hilde?« Mehr als ein heiseres Wispern brachte sie nicht zustande.

»Keine Ahnung. Ich habe sie nicht mehr gesehen, seit der Stab zersplitterte. Seit dieser Mann ...« Er schwieg kurz. »Eleanor, ich versuchte, ihn aufzuhalten, aber er hat magische Kräfte.«

Der Mann in Leder, dachte sie, der Mann im Taxi. Timon rührte sich hinter ihr, und sie erinnerte sich, daß auch er verletzt worden war.

»Das Baby?«

Wieder zögerte er, ehe er antwortete: »Ich weiß es nicht. Vielleicht hat es jemand in der Karawane.«

Sie vermochte sich nur mühsam darauf zu konzentrieren, was er sagte. Ihr tat alles so grauenvoll weh. Sie lehnte sich an ihn zurück, obwohl sie wußte, daß es töricht war. Warum sollte sie ihm trauen?

Aufs neue griff die Schwärze nach ihr.

In den länger werdenden Momenten, die sie bei Bewußtsein war, kehrten ihre Gedanken immer wieder zu ihm zurück. Timon hatte versucht, ihr zu helfen, hatte sich dem Sandungeheuer entgegengestellt. *Er* war nicht verschwunden, als der Stab zerschellte. Vielleicht war er wirklich ein Höhler, ein Verbündeter und Freund.

Trotz ihrer Schwäche erkannte sie, daß es ihr leicht fallen würde, ihm zu trauen. Sie wollte es so gern. Allein konnte sie all das hier nicht durchstehen. Sie brauchte einen Freund. Sie hatte nicht mehr die Kraft, allein zu kämpfen. Nicht in ihrem Zustand. Ihr Kopf sank auf seine Schulter.

Irgendwann hielten sie an. Ihr Gefängnis blieb eine Zeitlang unbewegt. Sie hörte Brüllen, dann Holz gegen Holz kratzen, das Scharren eines Riegels, der zurückgezogen wurde. Eine Seite der großen Kiste klappte plötzlich hinunter.

Es war Nacht. Flackernder Fackelschein fiel auf unbekannte, unfreundliche Gesichter, die sich über sie beugten. Grobe Hände hoben sie aus der Kiste, trugen sie davon weg, hangabwärts, wo sie sie in den abkühlenden Sand fallen ließen.

Timon bewegte sich steif, als er zu ihr kam.

Sie war noch immer gefesselt und zu entkräftet, um sich zu rühren. Er legte die Arme um sie, flüsterte ihr ins Ohr: »Hab keine Angst, Eleanor, ich kümmere mich um dich.«

Wie könnte er das? dachte sie. Er ist allein. Und um sie herum waren ganze Menschenmassen müde damit beschäftigt, Lagerfeuer zu machen, Essen zuzubereiten, Zelte aufzubauen. Sie hörte ihr Stimmengemurmel und das Geplärr von Kleinkindern. In der Nähe lagen mit Dolchen bewaffnete Männer und bewachten sie. Ihre Augen glitzerten im Feuerschein. Und hinter ihnen sah sie die gewaltige Echse. Sie beobachtete das Reptil gleichgültig, als es den riesigen flachen Dreieckschädel nach der frisch getöteten Ziege ausstreckte, die man ihm brachte. Es hatte Stoßzähne wie ein Elefant, doch damit endete die Ähnlichkeit bereits.

Stämmige Beine waren mit hornigen Grabeklauen bewehrt. Sein Schwanz peitschte den Sand, als es sich über das Fleisch hermachte. Die pyramidenförmigen, gefährlich spitzen und scharfen Schuppen spiegelten das Feuer in verrückten Mustern wider.

In einiger Entfernung sah sie am Rand des Lagers eine zweite dieser Echsen. Eine ganze Schar Personen war damit beschäftigt, Stricke und Ketten zu lösen, mit denen eine andere riesige Kiste auf dem Rücken der Kreatur befestigt war.

Eine Seite der Kiste klappte herunter. Eleanor fragte sich, wer wohl in dieser Kiste war, aber die Entfernung war zu groß, um etwas deutlich zu erkennen.

Ein Mann kam auf Eleanor zu und öffnete wortlos die Handschellen. Aber ihre Arme waren zu taub, als daß sie sie hätte bewegen können. Vor Schmerzen und Hilflosigkeit fing sie zu weinen an. Timon kniete sich neben sie.

Ganz behutsam rieb er ihre Schultern, massierte sie, dann erst zog er allmählich und vorsichtig ihre Arme nach vorn. Ein Mann stellte eine kleine Schüssel Wasser neben sie. Timon riß einen Streifen von seinem Hemd, tauchte ihn ein, wusch ihr damit das Gesicht und tupfte das Blut ab.

Jetzt konnte sie besser sehen, denn zuvor war ihr linkes Auge mit Blut verklebt gewesen.

Timon befand sich in keinem viel besseren Zustand als sie. Er war grün und blau geschlagen, und die Wunde in seinem Arm war verschmutzt. Aber er kümmerte sich erst um Eleanor, half ihr trinken, gab ihr den Haferbrei, den ein anderer Mann gebracht hatte, redete ihr gut zu, mehr als die zwei Mundvoll zu schlucken. Er versorgte sie mit außerordentlicher Geduld und Sanftheit, ohne auf seinen eigenen Zustand zu achten.

Eleanor hatte keine Kraft zu sprechen, keine Kraft, sich zu fragen, wo sie waren oder wohin sie wollten.

Die Nacht war kalt und klar. Ein wenig von Timons Arm geschützt lag sie fröstelnd am Feuer. Und pausenlos wurden sie bewacht.

Eleanor konnte nicht richtig schlafen. Hin und wieder griff eine Art Bewußtlosigkeit gnädig nach ihr, doch der Schmerz in ihren Rippen und im Bauch weckten sie immer wieder auf. Einmal bat Timon einen Wächter um Verband und Heilmittel, doch der Mann lachte nur. Aber als der Morgen zu grauen begann und das Lager abgebaut wurde, erklärte er sich wenigstens einverstanden, sie nicht mehr zu fesseln.

Timon mußte sie zu ihrem Gefängnis zurücktragen. Es war sehr schmerzhaft für ihn, über die spitzen Schuppen vom Schwanz der Echse zu ihrem Rücken hinaufzusteigen, wo die Holzkiste festgebunden war.

Noch ein Tagesmarsch. Wieder ein einziger Alptraum.

Bei jedem Halt redete Timon den Wachen gut zu, ihnen zu essen und trinken zu geben. Einmal hatte er Erfolg, und sie trank fast einen ganzen Becher Wasser, ehe ihr bewußt wurde, daß es für sie beide bestimmt gewesen war.

Er tat ihre Entschuldigung ab, als die Kiste wieder zugeklappt wurde.

»Mach dir meinetwegen keine Sorgen, ich komme schon zurecht.«

»Und was ist mit deinem Arm? Der muß doch furchtbar weh tun ...«

»Aber Eleanor, ich bin hier, um *dir* zu helfen, dich zu beschützen und dein Freund zu sein. Ich habe so bitter versagt. Laß mir wenigstens eine kleine Geste, um es zu beweisen.«

Beweisen? Welchen Beweises bedurfte Freundschaft? Wasser miteinander zu teilen, Trost zu finden in den Armen des anderen, zusammenzuhalten in Angst und Gefahr. Alles andere wäre unwirklich. Dies war nun ihr Leben, dieses Schaukeln und Rütteln, die Schmerzen, die Hitze. Und Timon war ihr einziger Freund, ihr einziger Trost.

Rebellen

Als die letzte Welle der Flut schließlich am Rand des Bewußtseins zu nicht mehr denn einem sanften Murmeln geworden war, öffnete Felicia die Augen.

Licht. Schimmerndes, warmes Licht fiel durch weitgeöffnete Fenster.

Die Wände waren weißgetüncht, die hellen Bodendielen sauber geschrubbt; keine Vorhänge hingen an den Fenstern oder um das Bett.

Ein Mann am Fenster beobachtete sie. Einen langen Moment blickte er sie nur an.

Dann sagte er schließlich: »Hallo! Wie fühlt Ihr Euch?«

Seine Augen waren vom intensivsten Blau, das sie je gesehen hatte. Langes, glattes Blondhaar fiel über seine Stirn.

Sie wollte nicht sprechen, fand ohnehin keine Worte. Wie sollte man eine Wiedergeburt beschreiben? Sie hatte eine Art Tod überstanden, und nun lebte sie wieder. Eine Zeitlang.

Das Meer durchspülte immer noch ihr Blut, wogte in ihrem Atem. Tränen waren nach wie vor salzig in ihren Augen.

Sie drehte den Kopf auf dem Kissen, wandte sich von dem Mann ab und der warmen Frühjahrssonne zu. Der Himmel war klar und hell, und er forderte nichts von ihr.

Als sie sich wieder umdrehte, war der Mann gegangen. Sie hatte es nicht einmal gehört.

An seiner Statt sah sie nun Annis. Sie legte geschäftig eine warme Hand auf ihre Stirn, einen Arm um ihre Schultern.

»Könnt Ihr das trinken? Lady Felicia, bitte versucht es ...«

Warme Milch mit einem leichten Beigeschmack. Eine Droge? Was hatten sie jetzt mit ihr vor?

»Weint nicht, o bitte, weint nicht. Ihr seid jetzt in Sicherheit.« Die Hände, die sie zurück aufs Kissen legten, waren sanft und gütig, trotzdem kam sie nicht gegen ihre dummen Tränen an, die die Wangen hinabrollten.

Jetzt in Sicherheit. Was meinte Annis damit?

Für wie lange?

Natürlich führte man eine umfangreiche Suche nach Felicia durch. Glocken läuteten Alarm, die Stadt wurde auf den Kopf gestellt, und das alles andere denn behutsam.

Felicia wußte nichts davon. Eine wahre Flut scharlachroter Soldaten fegte durch die Stadt. Die Bürger mußten ihre Wohnungen und Häuser verlassen, während die Soldaten jedes einzelne Zimmer auseinandernahmen. Gruppen murrender Leute warteten im Regen, während ihr Zuhause durchsucht wurde. Sie hielten ihre dünnen Umhänge fest zusamnmen und blickten die Soldaten finster an. Aber am schlimmsten ging es unten am Fluß zu.

Die Burggarde konzentrierte sich auf das Elendsviertel um den Hafen. Dort gab es keine Vorwarnung, keine Evakuierung. Die Türen wurden einfach eingetreten, die Fenster eingeschlagen. Manchmal widersetzten sich die Bewohner, dann kam es zu Kämpfen und Verhaftungen. Nichts war heilig, nichts wurde übersehen. Selbst die verlassenen Lagerhäuser, wo die Fischer ihre Andacht für Astret hielten, wurden verwüstet, der Altar umgekippt, die Vorhänge heruntergerissen.

Annis, die Soldaten in Häuser dringen und Möbelstücke auf die Straße werfen sah, wandte sich an Mittelson. »Wir sollten so schnell wie möglich die Stadt verlassen, oder sie werden uns finden!«

»Die Tore werden bewacht. Aber Ihr braucht Euch keine Sorgen zu machen, Annis, sie suchen mit blinden Augen ... Niemand wird Lady Felicia finden oder Euch erkennen.«

Sie mißtraute der Art und Weise, wie er sie ansah, aber welche Wahl gab es? Gemeinsam trugen sie Felicia in eine kleine Kammer, die sich in einer Wand der Hütte befand, ein Schmugglerversteck. Olwyn Mittelson sagte etwas, und der Zugang verschwand, die weißgetünchte Wand wies keinen Spalt mehr auf.

Annis staunte.

»Ein Gaukler«, sagte Serethrun Maryn ernst, »aber nützlich ...«

Die Männer, die gleichzeitig durch Vorder- und Hintertür stürmten, warfen kaum einen Blick auf die alte Frau, die sich über die Töpfe auf dem Herd beugte.

Mittelson hatte Annis graue Lumpen zum Anziehen gegeben. »Asche in Euer Haar ... Ja, so. Blickt immer zu Boden, nie in ihre Gesichter. Tragt Euer Schultertuch so ...« Er drapierte es über sie.

Wieder murmelte er ein Wort, und schon schmerzten Annis die Knochen, und ihre Stimme brach. Sie lehnte sich nach vorn, griff nach einem Stock und sah, wie die Haut ihrer Hände runzelte, die Fingerknöcheln anschwollen. Voll Panik blickte sie Mittelson an.

Er blinzelte ihr zu. »Keine Angst, hübsche Annis, das hält nur etwa eine Stunde an.«

Für die Dauer der Durchsuchung wurde sie alt, und zum ersten Mal erkannte sie, wie es war, sich langsam, mit deprimierender Unbeholfenheit zu bewegen, die Gedanken abgelenkt durch die Gebrechen ihres Körpers. Sie wurde übersehen, ignoriert wie ein Teil der Einrichtung. Werden die Alten immer so mißachtet, fragte sie sich in plötzlicher Wut.

Da blickte einer der Soldaten sie an.

Sie kannte ihn, er war ein Freund ihres Liebsten. Etwas in

ihrer Stimme oder der Art, wie sie sich bewegte, hatte seine Aufmerksamkeit auf sie gelenkt. Sie zog das Schultertuch enger um sich und brummelte, während sie sich bückte, um die Stühle aufzustellen, die sie umgestoßen hatten.

»Einen Moment ...« Er war ein kräftiger, selbstsicherer Mann, und als er nach ihrem Arm langte, spürte sie, wie ihre alten Knochen unter seinen unbekümmerten Fingern schmerzten.

»Was wollt Ihr?« fauchte sie ihn an. »Ich hab' nichts für Euch.« Er starrte sie einen Augenblick an, dann entspannte sich sein Gesicht, und er lachte rauh. »Das stimmt!« Er ließ sie los, und sie taumelte gegen die Kommode.

Nachdem jeder Stuhl und Tisch umgestoßen, jeder Schrank auf den Boden entleert war, verschwanden die Soldaten wieder. Olwyn Mittelson brachte Annis ihre Jugend zurück, und sie betrachtete das Leben nun im Licht ihrer ungewöhnlichen Erfahrungen.

Und sie hatte das Bedürfnis, ihren Liebsten wiederzusehen.

»Seit tausend Jahren fischten die Menschen in diesem Meer. Vor der Stasis ernährte die Fischerei die gesamte Stadt. Shelt war im Grund genommen nicht mehr als ein Dorf um den Hafen, und alle Männer folgten den Gezeiten, während ihre Frauen Köder suchten, die Netze flickten und beteten, wenn ein Sturm aufkam.

Es war kein leichtes Leben; die See forderte immer wieder ihren Preis. Boote gingen verloren, Männer ertranken – aber es gab einen Zweck, einen Grund, und man konnte glauben, die Göttin sorge für sie alle. Familien wurden im Lauf der Zeit reich an den Ernten der See, die sie mit ihren Angehörigen, ihren Freunden und der Gemeinschaft teilten.

Zwölf große Familien entstanden. Durch Glück, Tüchtigkeit und harte Arbeit hoben sich zwölf Familien über den anderen hervor.«

Mittelson zuckte mit den Schultern und blinzelte in den

Sonnenschein. Felicia, die ihn beobachtete, fragte sich, weshalb er ihr das erzählte.

»Einige davon wurden mächtiger als andere. So ist es immer. Männer, die ursprünglich Fischer oder Bootbauer gewesen waren, strebten nach Reichtum und Ansehen. Sie zogen sich von der See zurück und wandten sich sichereren Geschäften zu, wie Geldverleih an Fischer, Anlage in neuen Schiffen und Booten sowie deren Versicherung gegen Sturm und Unfall. Sie bauten neue Handelsverbindungen mit dem übrigen Stromsall auf. So kam es sozusagen zu einer Feudalherrschaft. Der Graf wurde traditionsgemäß *von* den zwölf Familien gemeinsam mit dem Rest der Fischergemeinde gewählt. Auf diese Weise blieb zumindest der Anschein von Demokratie bewahrt.

Um ihre von der See abhängigen Geschäfte zu schützen, begannen die zwölf Familien die Möglichkeiten der Magie zu erforschen. Zunächst ging es nur um die einfache Beeinflussung des Wetters, etwa die Verhütung von Stürmen, die Lenkung des Windes, Vertreibung des Nebels. So wurden sie als die Herren der See, die Seelords bekannt.

Doch während der Stasis war den Unwettern nicht mehr durch einfache Beeinflussung beizukommen. Deswegen studierten die Seelords die Umwandlungskünste und beschäftigten sich mit dem Studium von Wind und Gezeiten. Als dann Gawne vor einiger Zeit aus dem Süden kam, begannen sie unter seinem Einfluß die Heilkunst zu erforschen. Seither werden sie völlig von Gawne beherrscht ...«

»Wo habt Ihr Eure Magie gelernt, Olwyn?« unterbrach Felicia ihn.

Er sah sie stumm an. Sein Mund lächelte sanft, doch seine Augen wirkten zynisch. »Teure Lady Felicia, ich dachte, das wüßtet Ihr. Ich war selbst einmal Seelord. Auf der atemberaubenden Spitze der Macht, in grauen Seidenroben, mit hübschem Spiralstab. Dereinst.« Er blinzelte und streckte ihr die leeren Hände entgegen. »Sie warfen mich hinaus.« Er zuckte mit den Schultern. »Es kam nicht überraschend. Warum, erzähle ich Euch ein andermal.« Er seufzte und fuhr mit seiner Geschichte fort.

»Die Seelords wandten sich von der Göttin ab und folgten den Wegen der Magie. Sie distanzierten sich von ihren eigenen Leuten, der Fischergemeinde. Sie verboten das Fischen. Es war eine wahnsinnige, verheerende Politik. Es war zu diesem Zeitpunkt, daß wir uns – trennten.

Glaubensabfall und Spaltung, so wirkte die Stasis im gesamten Norden. Die Menschen wurden in Streit und Aggression getrieben. Gewaltige Unruhen erschütterten Shelt – und als Euer Vater Javon mit seinem Bruder Torold aus dem Westen nach Shelt kam, begrüßten die Seelords Torold als neuen Grafen. Ihr müßt bedenken, er brachte gutausgebildete Streitkräfte mit.

Der einzige Grund, weshalb sie Torold als Grafen unterstützten, war seine militärische Macht.

Kennt Ihr Euren Onkel gut?« Er blickte sie scharf an.

Felicia schüttelte den Kopf. »Nein. Er war immer irgendwo mit seinen Truppen unterwegs, als ich ein Kind war. Es hielt auch niemand viel von Familientreffen ...«

Sie saß in einem Sessel am offenen Fenster. Ein kleines Feuer brannte im Kamin zu ihrer Rechten. Eine absurde Extravaganz. Warum ein Feuer, wenn die Fenster weit geöffnet sind?

Als tröstliche Wärme und Beruhigung.

Annis kam in Begleitung von Serethrun Maryn herein. Wie immer galt sein erster Blick Felicia, und seine braunen Augen forschten rasch in ihrem Gesicht. Sie lächelte ihn an, und flüchtig trafen sich ihre Augen. Er sagte nichts. Sie fragte sich, was er dachte, aber das war wie üblich nicht zu ergründen.

Mittelson ließ sich in seiner Geschichte nicht stören. »Gawne ist hier der Feind, für Euch und die Fischergemeinde von Shelt. Der Entschluß, das Fischen zu untersagen, stammt von ihm. Er will, daß aus verschiedenen Gründen die Macht in den Händen der Seelords bleibt. Doch damit will ich Euch jetzt noch nicht belasten.

Etwas sollte ich jedoch nicht verschweigen. Die Seelords werden nun von den hiesigen Priesterinnen der Göttin als Ketzer angesehen. Sie überschreiten Bereiche, die hauptsächlich Frauen vorbehalten sind. Sie beanspruchen die Riten der Lady für sich und haben die Proteste der Priesterinnen ignoriert. Tatsächlich behandeln sie nunmehr jeglichen geäußerten Verdacht, ihre Macht käme *nicht* von der Göttin, als Häresie. Und natürlich stehen ihnen zur Durchsetzung die Burggarde sowie als Verstärkung Torolds Truppen zur Verfügung. Die Ironie ist nicht mehr zu übertreffen ... Aber Astrets Herrschaft wurde während der Stasis stark eingeschränkt, daß es fast den Anschein erweckte, als hätte die Göttin sich anderen Dingen zugewandt. Das waren die richtigen Bedingungen für einen Mann wie Gawne, an die Macht zu kommen ...

Wenn Gawne und die Seelords schon eine Bedrohung für die einfachen Bürger von Shelt sind, solltet Ihr bedenken, daß Gawne eine persönliche Rache gegen Euch bewegt.« Mittelson blickte sie eindringlich an. »Sich bei Eurem Gesundheitszustand des Marqun zu bedienen war viel zu riskant.« Er studierte sie, als wolle er in ihre Seele blicken. »Könnt Ihr Euch wirklich an nichts erinnern, was geschehen ist?«

Das hatte er sie schon so oft gefragt. Felicia spürte, wie sie wieder zu zittern anfing, wie ihr eigener Körper sie verriet. »Nein, es ist wie eine Leere.« Ich will mich auch gar nicht erinnern, dachte sie. Es ist Teil einer Vergangenheit, die ich vergessen möchte.

»Es liegt keineswegs in der Absicht Eurer Familie, Euch irgendwie zu schaden. Torold möchte schon um seines Bruders willen, daß Ihr gesund werdet. Und Euer Vater braucht einen Erben. Ihr dürft nicht denken, daß er Euch haßt ...«

»Er will einen Sohn.«

»Sein einziger Fehler besteht in einem Mangel an Phantasie und Verständnis. Es liegt bei Euch, ihm Alternativen zu zeigen.«

»Er achtete überhaupt nicht auf mich!« Sie blickte wieder zu Olwyn Mittelson, der so unbedeutend aussah im hellen Sonnenschein, der durch das Fenster fiel.

Ein Seelord. Sie wußte nicht so recht, ob sie ihm trauen konnte. Er war ständig für sie dagewesen, während ihre

Kräfte allmählich wiederkehrten. So sanft und unaufdringlich, wie er anfänglich gewesen war, hatte er ihr geschickt Dinge entlockt, die sie lieber für sich behalten hätte. Ein kluger Mann, dachte sie, schlau und listig. Aber er war höflich zu Annis und erst recht zu ihr.

Rosco, der Mann mit den blauen Augen, war anders. Wenn er, was selten geschah, in die Hütte kam, stapfte er mit ruheloser Energie hin und her. Sie fragte Mittelson, wo er die übrige Zeit war.

»Bei Treffen, Versammlungen, Sitzungen – immer beschäftigt«, sagte Mittelson.

»Aber wozu denn?« hatte sie gefragt. »Was hat er vor?« Doch Mittelson war ausgewichen, hatte das Thema gewechselt oder war einfach gegangen.

Mittelson ist ein Reiher, hatte sie schon ziemlich zu Beginn ihrer Bekanntschaft gefunden, und jetzt zeichnete sie die Umrisse auf der Bettdecke. Elegante Silhouette, dünne Beine, blaßgoldene Augen.

Es war friedlich in dem ruhigen, luftigen Zimmer, während die warme Frühjahrssonne durch die offenen Fenster fiel. Die See war nicht weit entfernt, sie konnte die hohen Wellen der Flut ans Land spülen hören, aber sanft an diesem Ende der Stadt, wo keine hohen Deiche sie zurückhielten. Diese Gegend war nun fast ein Elendsviertel, eine Ansammlung von Hütten und kleinen Häusern, die sich aneinanderlehnten, von schmalen Gassen und heruntergekommenen Läden. Die Menschen hausten hier, die sich vom Fischfang ernährt hatten, ehe die Seelords ihn verboten. Und jetzt herrschten Arbeitslosigkeit und Elend. Eine düstere Öde leerer Tage und nagender Armut. Einige suchten nach Ablenkung, ergaben sich dem Trunk, dem einzigen billigen Vergnügen, das zu haben war. Es kam zu Prügeleien und ernsteren Auseinandersetzungen. Manchmal hörte Felicia des Nachts Geschrei, wenn die Kneipe an der anderen Straßenseite für die Nacht schließen wollte.

Eine ungewohnte Welt, in der sie sich hier befand. Keine Diener, die laufend um ihr Wohl besorgt waren; nur Annis, deren feine Röcke über rauhe Dielen schleiften; Annis, deren Gesicht die vornehme Hofblässe verlor. Keine Delikatessen, mit denen sich der Appetit einer Kranken anregen ließe. Kein Druck auf sie, endlich zu gesunden, einen passenden Gemahl zu finden, durch den sich die Grenzen ausdehnen ließen, und Erben zu gebären.

Eine gemischte Gesellschaft um sie mit Annis als einziger Frau, warmherzig und freundlich. Zum ersten Mal in ihrem Leben entspannte sie sich, weigerte sie sich, an Torold oder ihren Vater zu denken.

Ihre Gedanken beschäftigten sich mit dem dunklen Nomaden, der sie immer so ruhig beobachtete. Sie wußte, daß er ein Eloier war. Das verrieten schon seine schwarzen Mandelaugen. Sie hatte so viele Gerüchte über die Eloier gehört, daß sie anfangs mißtrauisch gewesen war, bestürzt über sein stilles Wesen. Was verbarg seine Vergangenheit? Er sprach nie davon, ja, vermied jedes Gespräch, das sich auch nur im entferntesten mit Nomaden befaßte.

Er war es gewesen, der sie während des Schiffbruchs aus dem Meer gezogen hatte.

»Zweimal habt Ihr mich gerettet«, sagte sie schüchtern. »Hoffentlich haben sie Euch nicht zu schlimm behandelt ...«

»Wann?« Er blickte sie stirnrunzelnd an, daß sich die dunklen Brauen über den noch dunkleren Augen fast trafen.

»Ich hörte, daß es zu einer Verhandlung kam, wegen Strandräuberei. Ich bat, daß man Euch frei ließ ...«

»Dann wart Ihr es ...« Er lächelte ganz leicht, als er sie ansah.

»Hat es nichts genützt? War es sehr schlimm für Euch?« fragte sie besorgt.

»Es – wäre schlimm geworden, wenn Ihr nichts unternommen hättet.« Sie staunte, wie ruhig seine Stimme war. »Ich freue mich jedenfalls, daß Ihr Euch wieder erholt habt.«

»Es wäre wohl sonst vergeudete Mühe gewesen, nicht wahr?«

Er beobachtete sie still, als warte er darauf, daß sie noch etwas sagen würde. Oder vielleicht verstand er sie nicht –

die Leute verstanden sie so selten. Aber sie sah, daß Rosco, der eben eingetreten war, sie anblickte und anerkennend die Augen zusammenkniff.

»Und wäre das nicht schade?« sagte er sanft.

Überfall

Felicia genas. Sie bekam Farbe in die Wangen und fühlte sich nicht mehr krank. Über drei Wochen befand sie sich nun schon in der Gesellschaft von Rebellen, und nie hatte sie sich besser gefühlt.

Mittelson war überzeugt gewesen, daß sie gesunden würde. Er hatte Annis' Bitte, einen Arzt zu rufen, abgelehnt, und Rosco hatte ihn dabei unterstützt.

»Annis, habt Ihr denn vergessen? Die Seelords haben das Monopol zu heilen, sie und ihre Akolythen; es gibt hier keine anderen Ärzte, jedenfalls keine mit den nötigen Fähigkeiten.«

»Außerdem«, hatte Rosco hinzugefügt, »je weniger Personen wissen, daß sie hier ist, desto besser.«

»Warum habt Ihr sie entführt? Zu welchem Zweck?« Annis mochte diesen großen, anmutigen Mann nicht, dessen Augen für alles, was sie sagte, kühlen Spott zu haben schienen.

Da warf Serethrun Maryn ein: »Ja, warum? Ich dachte, ihr wolltet sie als Geisel benutzen, irgend etwas durch sie erzwingen, oder dergleichen.«

»Dergleichen ...« Roscos Lippen verzogen sich zu einem bitteren Lächeln. »Damit hätten wir einen zeitweiligen Sieg erringen, vielleicht einen kurzen Waffenstillstand aushandeln können. Doch dann wäre der Rückschlag gefolgt, weitere Beschränkungen und Säuberungsaktionen, es wäre das Ende der geringen Freiheit gewesen, die wir noch haben ...«

»Ist damit nicht ohnedies zu rechnen?« Serethrun runzelte die Stirn.

»Sie warten, machen sich Gedanken über unseren nächsten Zug.« Rosco blickte von einem zum anderen. »Wir brauchen auch Zeit. Wir müssen sichergehen, daß Felicia gesund ist, und wir müssen Verteidigungsmaßnahmen ergreifen.«

»Was hat Felicia Westray mit den Fischern zu tun?«

»Alles – und nichts. Du wirst schon sehen.« Dann hatte Rosco das Haus verlassen, und es dauerte eine Zeitlang, ehe er sich wieder blicken ließ.

In dieser Woche beschwerte Annis sich beim Abendessen: »Es ist so eng hier. Kann ich denn nicht wenigstens einen Spaziergang machen? Ich könnte eine Kapuze übers Gesicht ziehen ...«

»Fremde sind hier unerwünscht«, lehnte Mittelson ihre Bitte ab.

»Man würde mich nicht einmal bemerken!«

»Es wäre ein törichtes Risiko ...«

»Es war nicht mein Wunsch, hierhergebracht zu werden! Was ist mit meinen Freunden und meiner Familie?« Sie schob ihren Stuhl zurück, daß er über die kahlen Dielen scharrte. Felicia schlief im Obergeschoß, Serethrun war mit Rosco irgendwohin gegangen.

»Vergeßt sie. Jedenfalls eine Zeitlang. Eines Tages, wenn alles gutgeht, könnt Ihr zurückkehren.«

»Wann? Ich bin für so etwas nicht geschaffen!« Annis machte eine weitausholende Geste, die das ärmliche Häuschen umfaßte, die Sprünge in den Fensterscheiben, das rauchige Feuer.

Mittelson war aufgestanden. »Hört doch, Annis! Wißt Ihr, was geschehen wäre, wenn wir Euch zurückgelassen hätten?«

Sie erinnerte sich an Gawnes Finger an ihrer Wange und schauderte. »Aber meine Familie ...«

»Es beruhigt die da oben, daß Ihr bei Lady Felicia seid.« Blasse Augen blickten sie an, ohne daß die Wimpern zuckten. »Der einzige Grund dafür, daß es nicht zur großangelegten Verfolgung und Ausrottung ganzer Fischerfamilien kam, ist ihre Annahme, daß Felicia lebt und Ihr für sie da seid. Torold wird nicht mit Gewalt vorgehen, solange sie in

Sicherheit ist. Und Eure Abwesenheit ist eine zusätzliche Garantie für Felicias Sicherheit.«

Annis wußte, daß er recht hatte. Aber sie fragte sich, ob Kester, ihr Liebster, inzwischen eine andere hatte.

Ein sanftes Klopfen an der Tür.

Mittelson öffnete sie einen Spalt und spähte in den Nieselregen hinaus. Dann ließ er eine zierliche, schwarz vermummte Gestalt ein.

»Annis, das ist Ismay, eine gute Freundin.« Die Frau blieb im flackernden Feuerschein stehen und schob die Kapuze ihres Umhangs aus dem Gesicht. Annis sah große graue Augen, ein herzförmiges Gesicht, einen entschlossenen Mund.

»Ich habe heute nacht zu tun. Ismay wird Euch Gesellschaft leisten.« Damit ging Mittelson zur Tür und schlang einen schäbigen Umhang um seine hagere Figur.

»Gesellschaft – oder Bewacherin?«

Mit der Hand auf der Klinke blieb er stehen. »Wofür Ihr sie halten wollt. Annis, es wird Euch bei uns nichts geschehen, das verspreche ich Euch. Vertraut uns, dann werdet Ihr und Lady Felicia an euren rechtmäßigen Platz zurückkehren können. Ihr findet es jetzt vielleicht etwas undurchsichtig, aber es wird Euch klarwerden. Bald, hoffe ich.«

»Das hoffe ich auch«, sagte Ismay leise, aber mit einer solchen Intensität, daß es Annis auffiel. Sie bemerkte kaum, daß Mittelson gegangen war.

»In welcher Beziehung steht Ihr zu Olwyn Mittelson?« Annis stellte sich in den Durchgang zu dem einzigen anderen Zimmer im Erdgeschoß und versperrte so den Weg zur Treppe.

Die Frau antwortete nicht direkt. »Ihr könnt Olwyn trauen, wißt Ihr. Er hat nur Lady Felicias Wohl im Auge.«

»Das behauptet er ständig.« Annis trat mürrisch zur Seite und folgte der anderen nach oben.

Felicia war wach. Sie starrte verträumt ins Feuer. Als Ismay eintrat, blickte sie überrascht auf. Besucher waren ungewohnt. Ismay hatte sich Strickzeug aus dunkelblauer Wolle mitgenommen, offenbar ein Ärmel. Sie setzte sich auf den Fensterplatz, ihre Nadeln klickten, und sie plauderte freundlich. Ein wenig gereizt dachte Annis, daß dies eine beruhigende, häusliche Szene war.

Felicia fragte Ismay nach ihrer Familie.

Sie waren Fischer seit langer Zeit. Ismay war die älteste von insgesamt sechs Geschwistern. Zwei kleine Schwestern waren in ihrem ersten Lebensjahr gestorben, ihren drei Brüdern hatte gemeinsam mit ihrem Vater und ihrem Onkel ein Fischerkahn gehört.

»Was tun sie jetzt?« fragte Felicia. »Nun, da nicht mehr gefischt werden darf?«

Ismay zuckte mit den Schultern. »Dies und das. Davon hilft manchmal in der Bäckerei aus, Cal bei den Pferden. Mein Vater – schreibt.«

»Oh. Was schreibt er? Gedichte? Theaterstücke?« erkundigte sich Felicia interessiert.

»Artikel, Pamphlete. So etwas.« Ismay legte ihr Strickzeug nieder und holte aus einer Tasche ihres grauen Kleides ein dünnes Bündel Papier.

Sie legte es auf das Bett, und Felicia drehte es um.

Schlagzeilen sprangen ihr ins Gesicht.

UNSERE LADY VERHÖHNT!

Verändert die Gezeiten – und die Macht des Mondes in unserem Leben ist verloren! Ist es nicht offensichtlich, ist es nicht klar, daß man uns unser Wohlergehen, unser ehrliches Einkommen geraubt hat? Und warum? Damit die Seelords ihre Schwarze Magie auch über die See wirken können! Welch Hochmut! Welch kurzsichtige Torheit! Unsere Lady läßt sich nicht verhöhnen, unsere Zeit wird kommen!

In diesem gefühlbetonten Stil ging es weiter. Felicia, die das Papier umdrehte, runzelte schwach die Stirn.

»Für wen ist das bestimmt?« fragte sie. »Wie verteilt ihr sie?«

»Das ist nicht schwierig. Rosco hält Versammlungen, er sorgt dafürt, daß die Pamphlete verteilt werden. Es gibt soviel Armut. Die Leute brauchen jemandem, dem sie die Schuld geben können.«

»Und die Seelords sind natürlich wirklich schuldig …«

»Verruchte Ketzer. Zerstörer und Narren.« Ismay blickte Felicia an, und Felicia sah heftige Leidenschaft in den Augen der anderen brennen.

Die blasse, dünne Gestalt auf den Kissen beugte sich vor. »Sogar Mittelson?« fragte sie leise. »War nicht auch er einst ein Seelord?«

»Vor langer Zeit. Er weigerte sich, seine Zustimmung zu dem Fischfangverbot zu geben, wißt Ihr. Deshalb trennten sie sich von ihm.«

Weder sie noch Felicia bemerkten, daß Annis sich mit ihrem Umhang aus dem Zimmer gestohlen hatte.

Keine ahnte, wie wenig Annis Olwyn Mittelson traute und wie sehr sie sich nach ihrem Liebsten sehnte.

Es war kalt im Freien, der Nieselregen war gefrierendem Nebel gewichen. Was für ein Frühling, dachte Annis. Sie zog den Umhang enger um sich und hastete durch die Gassen fort vom Hafen.

Sie hatte nur eine vage Vorstellung von der Richtung und kaum mehr von ihrem Vorhaben. Keineswegs beabsichtigte sie, Felicia zu verlassen oder sie gar den Seelords auszuliefern. Aber sie brauchte ein wenig Trost und Sicherheit, daß sie ihr altes Leben wieder aufnehmen konnte, wenn das hier vorüber war.

Die Straßen waren menschenleer. Dabei war es noch gar nicht so spät. Wo waren nur alle? Sie kuscheln sich vermutlich zu Hause um ein warmes Feuer, dachte sie, oder hocken in Schenken herum. Sie sind nicht so dumm, durch irgendwelche unbekannten Straßen zu laufen, um jemanden zu suchen, der sie vermutlich längst vergessen hat …

Links von ihr schepperte es, eine Katze schoß vor ihr über die Straße und durchstöberte einen Abfallhaufen. Naserümpfend raffte Annis ihre Röcke und stieg auf Zehenspitzen durch den Unrat.

Der Nebel war zu dicht, auch nur die Umrisse der Burg mit der Kaserne und dem Marstall über der Stadt zu sehen. Sie hoffte, daß ihr Instinkt sie dorthin führen würde, aber er genügte offenbar nicht.

Nach einer Stunde des Umherirrens mußte Annis sich eingestehen, daß sie sich verlaufen hatte. Die wenigen Passanten, denen sie begegnete, blickten sie neugierig an. Einmal erkundigte sie sich, wo sie sich befand.

»Wassertorgasse, Lady. Ist keine Gegend für Euch.«

»Die Burg?« Sie blickte den Mann, der mit geschwollenen Lippen nur undeutlich redete, voll Unbehagen an.

Er deutete mit dem Kopf über die linke Schulter. »In der Richtung – aber ich rate Euch davon ab, heute nacht ...«

Sie wollte noch fragen, warum, doch er hatte sich umgedreht und verschwand rasch im Nebel.

Sie fror nun, war zu müde für schnelle Schritte, und ihr Atem rasselte in der Kehle. Vielleicht sollte sie lieber umkehren, zu Felicia zurückgehen. Sie blieb stehen und schaute sich um. Wenn sie das versuchte, würde sie sich erst recht verirren.

Da krachte es.

Der Nebel hatte alle Geräusche gedämpft, doch dieser Knall brach durch die Nacht und mit ihm lodernde Flammen. Annis sah sie über dem Nebel in den Himmel züngeln und flüchtig die schwarzen Umrisse der Burg beleuchten.

Es hagelte Trümmer rings um sie: Holz, Metall, Glas, Stein. Hastig suchte sie Zuflucht in einem Eingang und zog mit bebenden Händen schützend die Kapuze ins Gesicht. Was war los? Hatte ein Krieg begonnen?

Da rannten Leute an ihr vorbei. Sie kamen aus dem Hafenviertel, sie flohen nicht vor der Explosion, sondern rannten in ihre Richtung. Annis hörte Schreie und Brüllen und das Stampfen panischer Pferde in einem nahen Stall.

Es hörte auf, Trümmer zu regnen. Zitternd schob Annis die Kapuze zurück und blickte sich um.

Nun waren überall Menschen, einfach gekleidete Arbeiter, Fischersleute. Mit Schwertern, Dolchen und Bogen bewaffnet kamen sie durch Rauch und Nebel. Und dann war das Scharlachrot der herbeistürmenden Burggarde zu sehen.

Die Türen eines Lagerhauses lagen verkohlt zwischen den Mauertrümmern. Das war das Waffenhaus gewesen. Die Fischer stahlen Waffen und Munition.

Plötzlich wurde sie grob gegen die Wand gedrängt, als drei Männer einen Karren durch die enge Gasse zogen. Er war hoch mit Fässern und Säcken beladen, und die Männer legten sich stöhnend in die Zugseile.

Warum nehmen sie keine Pferde? dachte sie. Sie bahnte sich einen Weg durch die Menge auf den Kampflärm zu. Das war natürlich töricht, aber sie war ganz einfach neugierig. Es war der uralte menschliche Instinkt, herauszufinden, was vorging.

Die Gasse mündete plötzlich in einen großen Platz, von dem aus die gepflegten Anlagen zur Burg führten. Gepflegt wirkten sie jetzt nicht mehr, denn überall wurde gekämpft, und auf der Hangstraße eilten die Rotröcke von der Burg herab und überwältigten die wild kämpfenden Fischer.

Am meisten schien beim Marstalleingang los zu sein.

Während Annis entsetzt und fasziniert zugleich zusah, bemerkte sie einen hochgewachsenen Mann, der rasch durch die Massen auf das Handgemenge vor dem Marstalltor zuging.

Es war Rosco, dem eine andere vertraute Gestalt folgte: Serethrun.

Die Marstalltür war verriegelt und verschlossen. Im gleichen Moment, als sie die beiden Männer erkannte, hörte sie Bersten von Metall und blickte zum Tor. Mittelson stand ganz in Schwarz daneben und deutete auf den Riegel.

Er löste sich unter seinen Fingern und verschwand.

Rosco riß das Tor auf, und Serethrun rannte in den Marstall, gefolgt von drei Männern.

Annis drückte sich an eine Hauswand und preßte den Handrücken auf die Zähne. Es war so gefährlich, so tollkühn! Was versprachen sie sich davon?

Und dann donnerten Hufe. Rote Umhänge ergriffen die Flucht. Eine wahre Flut von Pferden, schwarze und braune, galoppierten über den Platz, geführt von einem mächtigen braunen Hengst.

Serethrun, wie verschmolzen mit dem Tier, führte alle Pferde der Garde zum Westtor.

Annis hatte noch nie zuvor Eloier reiten sehen, ohne Zügel, ohne Sattel, so eins mit dem Tier, daß Mensch und Pferd eine Einheit bildeten.

Soldaten versuchten sie aufzuhalten, griffen nach den Mähnen, doch die wilde Jagd war zu schnell, sie preschte durch die Stadt, durch Straßen und Gassen, weit außerhalb von Annis' Blickfeld.

Sie sah Gardisten aus der Burg rennen und den Marstall umzingeln, einen fünffachen Kordon bilden. Sie fragte sich, ob sich Rosco und Mittelson noch drin befanden.

Ohne daß ihr bewußt wurde, was sie tat, bewegte sie sich durch das Chaos auf dem Platz auf den Ring von Rotröcken zu. Und da sah sie ihn, mit dem Rücken zu ihr, die vertrauten breiten Schultern Kesters, ihren fröhlichen Liebsten.

»Kes!« Sie konnte nicht anders.

Er drehte sich auf dem Absatz, breitete die Arme aus.

»Annis! O mein Liebling, wo warst du?« Er hob sie vom Boden, wirbelte sie herum. Und seine Arme taten ihr so gut.

»Annis!« hörte sie hinter sich. Es war Mittelson, und seine Stimme klang schneidend.

Wie war er hierhergekommen?

Kes stellte sie auf den Boden, blickte Mittelson stirnrunzelnd an und griff nach seinem Schwert.

Eine andere Hand faßte ihren Arm, zog sie in die Schatten zurück, riß sie fast von den Füßen.

Sie wehrte sich, schrie, bis sich eine Hand fest auf ihren Mund legte.

Sie stieß die Zähne hinein, daß Blut kam, aber der Besitzer der Hand zuckte nicht einmal zusammen. Grob wurde sie vom Platz in einen Durchgang zwischen zwei Häusern gezerrt.

»Um der Göttin willen, Annis, seid endlich still!« zischte es verärgert in ihr Ohr.

Sie trat ihm heftig auf den Fuß. Der Mann fluchte und schwang sie zu sich herum. Es war Rosco.

»Laßt mich los! Ich will zu Kester!«

»Durch Eure Torheit habt Ihr Euren geliebten Kester wahrscheinlich umgebracht!« schnaubte er. Sein Gesicht wirkte fahl in der Dunkelheit.

»Was meint Ihr damit?« Annis keuchte vor Angst. Wo war Kes? Was war mit ihm geschehen?

Rosco war von ihr zurück in den Schatten getreten. Sie sah Blut schimmern, wo sie ihn gebissen hatte.

»Später.« Er blickte über ihre Schulter auf jemanden. Es wunderte sie nicht, Mittelsons Stimme zu hören. Er war atemlos.

»Zeit heimzugehen, Annis. Kleine Mädchen sollten nicht mehr so spät unterwegs sein ...«

Auch er war wütend, doch offenbar nicht auf sie. Sie verbiß sich eine heftige Antwort.

»Kommt«, forderte Rosco sie auf. »Wir sollten so schnell wie möglich zu Felicia zurückkehren.« Er setzte sich sofort in Bewegung.

»Warum die plötzliche Eile? Ihr habt Euch ja auch nichts dabei gedacht, sie heute abend alleinzulassen!« Annis weigerte sich immer noch, mitzukommen.

»Und was ist mit Euch? Was habt Ihr getan?«

Er drehte sich um, und sie sah, daß sein Hemd zerrissen und sein Unterhemd versengt war. »Das ist kein Spiel, Annis. Wir verstecken Euch und Felicia nicht zu unserem Vergnügen. Es ist absolut notwendig, daß Ihr das versteht, denn es wird nun zu Repressalien kommen. Der Waffenstillstand ist vorüber.«

»Was meint Ihr?« fragte sie und war plötzlich voll Furcht.

»Von jetzt an herrscht offener Krieg.«

Während sie durch schmale Straßen und Gassen eilte, hörte sie besorgtes Murmeln hinter verschlossenen Türen, unterdrücktes Schluchzen und zornige Verwünschungen ringsum.

Die ganze Stadt war feindselig. Nirgendwo gab es mehr Sicherheit. Eine Vorahnung ließ sie erschaudern. Sie beschleunigte den Schritt, um bei den Männern zu bleiben.

Sie hätte Felicia nicht verlassen dürfen. In Shelt war niemand mehr sicher.

Unterwegs

»Das kann nicht dein Ernst sein!«

Es war eine Feststellung, keine Frage, auch keine scherzhafte Phrase. Thurstans Worte klangen kalt und gefühllos.

»Warum sollte ich bleiben? Welchen Sinn hätte es?«

Phinian Blythe drehte sich ungehalten wieder zum Fenster um. Die Schatten wirbelten dunkel um ihn. Im fernen Wald mit seinen braungelben, sterbenden Bäumen herrschte rege Betriebsamkeit. Gewaltige Narben aus rotem Ton schnitten Schneisen durch den Wald. Thurstans Erdbewegungen drückten der Gegend ihr Mal auf.

Thurstan war zornig. Seit der Nacht der heimtückischen Meuchler brannte kalte Wut in ihm. Es war mehr als nur Empörung und Trauer über den Tod seiner Leute.

Matthias' Entführung war ein Schlag von nicht absehbarer Bedeutung. Nicht nur, daß die Höhler ihm fast fanatisch ergeben waren – immerhin hatten sie ihm die Beendigung der Stasis zu verdanken –, er stand auch in engen Verhandlungen mit dem Kaiser.

Geheimen Verhandlungen. Er hatte Thurstan nicht eingeweiht, worum es dabei ging. Aber Thurstan kannte das Ergebnis, alle kannten es: Eleanor Knight sollte zurückgeholt werden, um Lycias' Zorn abzulenken.

Aber es ging um noch mehr als das. Es hatte etwas mit dem Baby zu tun. Dem Kind, das auf so seltsame Weise einige Monate nach dem Ende der Stasis von Stromsall herbeigebracht worden war, haftete ein Geheimnis an. Er vermutete, daß Sigrid, Astrets Hohepriesterin, mehr darüber wußte, doch sie beabsichtigte nicht, einen Jereniten einzuweihen.

Thurstan ärgert sich über sich selbst, weil er nicht erkannt hatte, wie schwierig alles sein würde. Er hatte sich eingebildet gehabt, er könne den Jereniten nach der Stasis ein anständiges, menschenwürdiges Leben ermöglichen. Genau wie de Mowbray hatte er hart gearbeitet und war um des Friedens willen auf schwierige Kompromisse eingegangen, nur um ein gutes Verhältnis aufzubauen. Hatten der Kaiser und Matthias Entscheidungen von geheinmnisvoller Tragweite auf sich genommen, so hatten Thurstan und de Mowbray mit Problemen des täglichen Lebens gerungen – wo die Menschen leben, welche Arbeiten sie übernehmen sollten, wie sich ihr Leben regeln ließ; was zu tun war, damit sie Lycias' glühende Sonne überstanden, wie sie an Wasser kommen konnten ...

Der Überfall durch die Meuchler hatte ihn überrascht. Er machte sich Vorwürfe, weil ihm nicht bewußt gewesen war, daß es dazu kommen mußte.

Niemand hatte sich je eingebildet, daß es leicht sein würde, die Unsterblichkeit für Tod und Greisentum einzutauschen. Wenige Menschen hatten erkannt, wie unnatürlich die Stasis gewesen war, lediglich manche kinderlosen Frauen, die Künstler und Astrets Anhänger waren sich dessen bewußt gewesen.

Thurstan selbst hatte sich ihre Übel erst spät vor Augen geführt, als er seine Leute unter dem Fluch der Unsterblichkeit verfallen sah. Das Leben brauchte den Rhythmus des Wechsels. Der Tod gab dem Blühen und Gedeihen Form.

Doch die Meuchler hatte mehr bewegt als die Angst vor der Sterblichkeit. Es war mehr als einfache Rache gewesen, sondern ein vorsätzliches Gemetzel, grausam und wohl durchdacht. Ein gefährlicher Verstand war hier am Werk, plante Mord und Entführung. Es war etwas, womit Thurstan nicht gerechnet hatte und das er nicht in den Griff bekommen konnte.

Und jetzt wollte Blythe sich auf ein unsinniges Abenteuer einlassen.

»Kein Tier wird dich tragen«, gab Thurstan zu bedenken. Alle Tiere flohen in Panik vor den Kindern der Nacht. Selbst die Arrarate weigerten sich, Blythe mit seiner Schattenlast zu tragen.

»Ich werde zu Fuß gehen«, entgegnete Blythe ruhig und selbstsicher.

»Wohin?« Wohin konnte er sich mit dieser Heimsuchung begeben?

»Gen Osten. Hinter Weard und den Meuchlern her. Ich will Matthias finden. Und vielleicht Eleanor.«

»Aber was kannst du schon tun?«

Blythe war jetzt ein menschliches Wrack, die Augen waren von Alpträumen und Schlaflosigkeit gerötet und lagen tief in den Höhlen, die fahle Haut spannte sich fleischlos über die Knochen. Er schwitzte, und Thurstan fragte sich, ob vor Selbstbeherrschung, um nicht hinauszubrüllen. Seine Linke war nur noch eine gelähmte, narbige Klaue.

»Du bist in keinem Zustand, irgendwohin zu gehen, geschweige denn, es mit Weard aufzunehmen«, sagte Thurstan behutsam.

»Ich kann nicht hierbleiben.« Verzweiflung sprach aus Blythes schleppender, leiser Stimme. »Überleg doch, Thurstan. Was mir auch zustößt, ganz gleich, was geschieht, kann nur besser sein als *das*!«

Der einsame Turm hoch auf Cliokest. Die abgetretenen Dielen, auf denen er seit Monaten hin und her stapfte. Das zerknüllte Bett, in dem er keinen Schlaf finden konnte. Das unberührte Essen, das man ihm Tag für Tag auf Tabletts vor die Tür stellte. Die Aussicht aus dem Fenster auf versengte Weiten.

Und die Kinder, die ihm Abscheulichkeiten ins Ohr flüsterten, Greuel vorgaukelten, seine Luft verpesteten, seine Speisen, seine Getränke verdarben. Die über seine Haut streiften, die verhinderten, daß er nach dem Dolch griff, nach dem Strick, nach dem Fensterriegel.

»Ich werde Weard folgen. Vielleicht finde ich ihn und Matthias. Und Eleanor. Sie hätte nicht zurückgebracht und der Sonne ausgeliefert werden dürfen. Die Wüste birgt jetzt viele Geheimnisse.« Er hielt kurz inne. »Und wenn ich es nicht schaffe, nun, dann wird es eine Gnade für mich sein.«

Er sagte es völlig ruhig.

Thurstan verließ bald darauf das Zimmer. Armer Teufel, dachte er.

Drei Tage später brach Blythe auf und wanderte zur Ostwüste. Zwei mit Wasser, Proviant, Zelten und Waffen beladene Pferde folgten ihm – und Thurstan. Sie hatten deshalb gestritten. Blythe hatte Thurstan kühl auf alle seine Verpflichtungen hingewiesen, auf die vielen Menschen, für die er verantwortlich war, auf die Abkommen, die sein Einverständnis benötigten. Jetzt wegzugehen war wie Flucht, gab er zu bedenken. Die Menschen brauchten ihn hier in Cliokest, an der Verbindungsstelle von zwei Welten.

Der Welt der Höhler, dunkel, gläubig, dem Rhythmus der Phasen des Mondes verbunden. Und der Welt der Peraldonier mit glühendem Sonnenschein und scharfem Intellekt. Eine Synthese herbeizuführen war schwierig. Wenn es einer schaffen konnte, dann Thurstan.

Trotzdem begleitete er Phinian Blythe. Die anderen blieben: Stefan Pryse, die Weisen Aylmer Alard und Thibaud Lye, Sigrid Messure, die mehr wußte, als sie zu sagen bereit war, und Powel Hewlin, der für die Jereniten sprach.

Thurstan und Blythe überquerten den Dammweg von Cliokest zum Festland. Thurstan hielt einen Abstand von etwa zehn Metern zu Blythe, denn folgte er ihm dichter auf, würden die Pferde durchgehen. Diesen Abstand sollten sie lange Zeit beibehalten.

Die Kinder erlaubten Blythe einen Stock. Er war so hoch wie er selbst, schlicht und gerade, ohne ablenkende Spirale. Er benutzte ihn als Stütze, während er langsam vorankam.

Thurstan führte die zwei Pferde. Sie waren beide nicht schwer beladen, und er hätte durchaus auf einem reiten können. Aber zu reiten, wenn Phinian zu Fuß gehen mußte, kam ihm selbstsüchtig vor, deshalb tat er es nicht. Als sie bei Anbruch der Dunkelheit Rast für die Nacht machten, nahm er sich das Herz, zu dem Einsamen zu gehen.

Die Pferde band er an einen abgestorbenen Baumstamm, denn er wagte nicht, sie frei weiden zu lassen, nicht in solcher Nähe der Kinder. Er nahm Brot, Fleisch, Wasser und in kühle Blätter gewickelte Früchte mit. Das alles legte er auf den Boden und wich ein Stück zurück.

»Geh weg, Thurstan«, brummte Blythe. »Du brauchst nicht zuzusehen ...«

Aber Thurstan blieb. Er beobachtete, wie Blythe auf das Essen zuging, die gute Hand danach ausstreckte und wie die Schatten seinen Arm hinunterstreiften, über die Nahrungsmittel strichen und alles mit Schleim überzogen.

Erst dann durfte Blythe sie berühren, besudelt wie sie waren. Thurstan sah, wie er sich zwang zu essen, wie er das nun übelriechende Zeug hinunterwürgte. Blythe schaute auf und bemerkte seinen Blick.

»Geh *weg*, Thurstan! Ich brauche dich hier nicht. Es hilft mir nicht, wenn du mir zusiehst.« Seine Augen waren dunkler als die Schatten um ihn.

Thurstan drehte sich um und kehrte zu den Pferden und der süßen, reinen Luft der kühlen Nacht zurück. War es ein Fehler mitzukommen? Konnte er überhaupt helfen?

Während er den Umhang fest um sich schlang, sich für die kalte Nacht bereitmachte, warf er einen letzten Blick auf Phinian Blythe, der mit angezogenen Knien an einen Baumstamm gelehnt saß.

Erst da sah Thurstan die Gesichter der Kinder, sah ganz deutlich, wer sie waren.

Ein Frau mit schwarzem Haar und veilchenblauen Augen, herzergreifend schön.

Ein hagerer Mann mit Augen so alt und traurig, daß sie zu Tränen rührten.

Und noch ein Mann – ihn kannte er. Er war jünger, kräftig und stark, mit leeren Augen, ohne jegliche Menschlichkeit – Idas.

Drei Gesichter, drei unverkennbare Aussagen: Liebe, Schuld, Furcht. Sie begleiteten Blythe unentwegt.

Am nächsten Tag, als sie allmählich durch den Wald zur Wüste kamen, fragte er Blythe, wer die beiden ersten Kinder waren.

Während die Schatten beharrlich um ihn wogten, antwortete Blythe: »Die Frau – ist Karis, meine Gattin. Sie starb vor langer Zeit ...« Er wandte den Blick ab. »Der alte Mann hieß Marial. Sein Tod war der Preis für mein Entkommen aus

Cliokest. Und Idas kennst du ja.« Plötzlich blickte er Thurstan eindringlich an. »Sie sind es nicht *wirklich*, weißt du. Die echte Karis würde so was nicht tun. Sie gehört nicht dazu, wo immer sie auch ist.« Sein Blick war zu den wabernden Schatten zurückgekehrt und folgte beharrlich den Umrissen von Lippen, Wangen, Brauen und Ohren. »Die Kinder nehmen bedeutungsvolle Gestalt an. Formloses Grauen wäre sinnlos ...«

Die Sonne über ihren Köpfen brannte, das Gras unter ihren Füßen wurde spärlicher und gröber. Sie folgten einem ausgetrockneten, schmalen Flußbett, von Bäumen gesäumt, die nur noch Gerippe waren.

Der Name des ehemaligen Flusses war Weißrute, seine Quelle an einem Hang des Vorgebirges. Sie wanderten nun von Cliokest ostwärts, auf seinen Ursprung zu, entlang dem tiefen Tal zwischen den Bergen, wo die Stasis in jener langen Nacht vor vielen Monaten gebrochen worden war.

Diese Bergkette reichte hundert Meilen weit in die Wüste. Nach ihrem Ende würde es nichts mehr geben, wonach sie sich orientieren könnten, bis sie die Ruinenstadt Smintha erreichten. Sie war ein weit entfernter Vorposten des Peraldonischen Reiches und durch die unbarmherzige Hitze davon abgeschnitten. Aufgrund ihrer Lage am Rand der Wüste war das Überleben dort nie leicht gewesen. Und als der Regen versiegte und ihr Fluß austrocknete, hatte niemand von Cliokest mehr eine Reise dorthin unternommen. So wußte auch niemand, was aus Sminthas Bevölkerung geworden war.

Es existierten dort unterirdische Gewölbe und sogar Wasser in den tiefen Zisternen. Man konnte deshalb annehmen, daß es Überlebende gab.

Zwischen dem Bergzug und Smintha lagen hundert Meilen Wüste. Ein verbranntes Niemandsland, in dem es einst reiche Bauernhöfe und Weinberge gegeben hatte. Die Dürre war durch eine Reihe von Bränden, die auf dem Festland gewütet und das Gebiet verwüstet hatten, noch verstärkt worden. Die Überlebenden hatten die Region verlassen. Thurstan erwartete nicht, dort irgend jemanden vorzufinden. Es wird eine schwierige und deprimierende Reise werden, dachte er. Und am schlimmsten würde es östlich von Smintha sein.

Sie kamen nur etwa fünfzehn Meilen pro Tag voran, die meisten davon am frühen Morgen und am Abend. In der Mittagshitze schlief Thurstan mit einem breitkrempigen Strohhut über dem Gesicht an einen Stein, einen Baum oder eine Mauer gelehnt. Manchmal kamen sie zu einem verlassenen Bauernhof; dort setzten sie sich an einen Tisch und brachten die ärgste Mittagshitze im Haus zu.

Das Reisen brachte ein wenig Frieden. Zum Teil, weil die Kinder, obwohl sie allgegenwärtig waren, diese Reise nicht behinderten. Sie plapperten und lachten Blythe ins Ohr. Und es war viel, nach der Stellung der Sonne zu sehen, der Länge der Schatten, als in einem leeren Turmgemach hin und her zu stapfen.

Die verwüstete Landschaft war die richtige Kulisse für ihn, wie Blythe fand. Er kam an schwarzverkohlten Feldern vorbei, an sonnengebratenen Kadavern von Rindern, immer tiefer hinein in die Sandwüste. In einem grünen, fruchtbaren Land wären die Kinder fehl am Platz gewesen, aber hierher in diese glühende Öde paßten sie.

Doch kaum zu ertragen vermochte er, daß sie jeden Gedanken durch ihre Gesichter unterbrachen. Nur einmal, bald nachdem sie aufgebrochen waren, als er Thurstan beim Schlafen beobachtete, hatte er sich an die Insel Jeren mit ihren ungewöhnlichen Bäumen erinnert. Es war keine angenehme Erinnerung, sondern eine an Krankheit und Bedrohung, an einen zynischen und zornigen Thurstan. Aber während er daran dachte, bedrängten ihn die Schatten wieder.

Marial blickte ihn um Erbarmen flehend an.

Karis rief seinen Namen.

Idas gierte nach seiner Seele.

Und so vergaß er, wie er Eleanor und Lukas kennengelernt hatte, wie er in alles hineingezogen worden war.

Die Schatten zerstörten alle Zusammenhänge. Seine alltäglichen und außerordentlichen Lebensumstände wurden durch den Ansturm der Kinder ausgelöscht. Er war nackt vor ihnen, sein Leben war auf das Überleben reduziert.

Manchmal, wenn er Thurstan ansah, vergaß er fast, wer er war, wohin sie wollten und warum.

In dieser Beziehung unterschied er sich vom Sturmbringer, der ebenfalls unter der Rache des Sonnengottes litt. Der Sturmbringer hatte ein ganz festes, ganz klares Ziel vor Augen: das Baby zu finden.

Eines Nachts kam es zur Begegnung.

Hin und wieder gestatteten die Kinder Blythe zu dösen, wenigstens ein oder zwei Stunden lang, doch nicht in dieser Nacht. Sie waren besonders lebhaft, waren es schon den ganzen Tag gewesen. Thurstan hatte aufgegeben.

»Verzeih, Phin«, hatte er gesagt und die Tür des verlassenen Bauernhauses geschlossen. Er hatte vor den Kindern mehr Mut bewiesen als sonst jemand, war weder zusammengezuckt, noch hatte er den Blick abgewandt, wenn Blythe zu ihm sprach. Er war auch nicht nach Cliokest umgekehrt. Aber in der Nähe der Schatten zu bleiben war nicht leicht, und in dieser Nacht hatte er es nicht mehr ertragen. Er hatte die Tür zwischen sich und Blythe geschlossen und den Riegel vorgeschoben.

Blythe war im Mondschein rund um den Hof spaziert, über Felder und Gräben, an Mauern entlang und durch ein totes Gehölz. Er war müde; seine Beine waren so schwer, daß er die Füße kaum vom Boden heben konnte, doch die Kinder waren aufgekratzt wie in fieberhafter Erregung.

Die Nacht war mit Elektrizität geladen. Er konnte sie spüren. Sie sprühte entlang der Steinmauer, knisterte auf den aufgegebenen landwirtschaftlichen Maschinen. Er wußte, daß er einen Schlag bekommen würde, wenn er die Pflugschar berührte oder die Brunnenkurbel.

Das Mondlicht war klar und zeichnete die kahlen Bäume und das Satteldach in scharfen Umrissen. Er wollte zum Mond hinaufblicken, doch die Kinder gestatteten es nicht.

Nicht jetzt, da das Gewitter so nahe war.

Statt dessen zerrten sie seinen Kopf herum, bis er zu einem Garten mit Olivenbäumen blickte. Es wetterleuchtete nun, Donner grollte, und ein Wind kam auf, der durch die Bäume brauste, daß die trockenen Äste ratterten, knackten und brachen.

Und dann, als Blitze über ihm zuckten, sah er jemanden im Olivenhain – eine große Gestalt mit weit ausgestreckten Armen, deren gespreizte Fingerspitzen Funken sprühten.

Blythe versuchte, vor dieser ungebändigten Kraft zurückzuweichen, doch die Kinder schoben ihn darauf zu. Kaum daß er noch zu atmen vermochte, so dick war die Luft um ihn, geladen und gewaltig.

Die Gestalt bewegte sich durch den Olivenhain auf ihn zu. Wenn Blitze zuckten und sengten, konnte Blythe einen flüchtigen Blick auf ein vor Angst und Schmerz starres Gesicht werfen.

Der Wind strömte vom wirren Haar des Mannes, Donner begleitete seinen Atem. Es war der Sturmbringer, doch Sturm war nicht alles, was er Blythe in dieser Nacht brachte.

»Es kommt Friede ...« Die Worte heulten durch die dunkle, tosende Luft, und die Kinder wiederholten sie wie ein Lied. »... mit dem Kind ...«

Mit ungeheuerlicher Anstrengung schickte der Sturmbringer diese Worte durch Wind und Donner, schrieb sie tief in Blythes Seele. Die Qual, die ihm das verursachte, war in die Ruine eines großmütigen, freundlichen Gesichts gemeißelt.

»Vertrau dem Kind ...« Mit unvorstellbarer Mühe entrang er sich diese Worte. » ... dann wird Friede sein.«

Blitze zuckten aus seinen Fersen, und der Sturmbringer fing zu laufen an, rannte durch den Olivenhain auf Blythe zu, und das Gewitter folgte ihm. Als er den Bauernhof erreichte, ertönte ein gewaltiges Geheul und der Wind hob Sturmbringer empor, trug ihn in die Lüfte, bis er hoch über dem Bauernhof, über den kahlen Bäumen, den verdörrten Feldern dahinraste.

Er rannte immer noch, rannte unter den Sternen und dem Antlitz des Mondes und berührte den Himmel mit zuckendem Licht und ohrenbetäubendem Donner.

Blythe, der ihn von tief unten beobachtete, spürte Tränen über seine Wangen fließen.

Es waren Tränen des Mitleids für den Sturmbringer, der gezwungen war, endlos zu laufen.

Und der Erleichterung, denn der Sturmbringer hatte mehr als Blitze und Donner verursacht.

Er hatte Hoffnung gebracht.

Als Blythe zum Bauernhaus zurückkehrte, sah er Thurstan an der Tür stehen.

»So«, sagte er nachdenklich. »Das ist also passiert.«

»Was meinst du damit, Thurstan? Was weißt du?«

»Soviel wie du und vielleicht noch ein wenig mehr ...«

»Hast du das alles gehört?«

»Es war keine gute Nacht zum Schlafen.«

»Nein ...« Blythe setzte sich auf die Verandabank. Ausnahmsweise verhielten die Kinder sich ruhig, als beschäftigten die vergangenen Ereignisse sie noch.

»Weißt du, wer das war?« Thurstan beobachtete ihn mit kühler Miene.

Blythe schüttelte den Kopf.

»Er heißt – hieß – Haddon Derray. Ein Höhler, ein enger Freund von Lukas und Matthias Marling. Hat Matthias dir je von Coronis erzählt?«

Vielleicht hat er es, dachte Blythe, aber die Kinder haben mir meine Erinnerungen geraubt. »Ich weiß nicht«, antwortete er deshalb.

»Während du mit Lukas und Eleanor unterwegs warst, durchbrachen Matthias und Haddon die Mauer beim Caraldgebirge in Stromsall und erreichten den Lallonsee, der der Göttin heilig ist. Matthias wollte von der Lady drei Tage Dunkelheit erbitten – erinnerst du dich?«

Ja, er konnte sich plötzlich erinnern. Ein Fischerboot vor Cliokest, er hatte den Vorhang zurückgezogen und nur Dunkelheit und Regen gesehen, während es eigentlich hätte Morgen sein sollen.

»Er hatte Erfolg, wie du weißt.« Thurstan saß am anderen

Ende der Bank und blickte auf den verlassenen Hof hinaus. »Er rettete eine junge Frau aus dem See, Coronis. Sie war schwanger, trotzdem verliebte Haddon sich in sie. Er beschloß, sie zu heiraten und in der Stadt Bilith zu bleiben. Matthias sprach davon immer, als handle es sich um eine Tragödie. Haddon hatte den Platz eines anderen eingenommen, weißt du.«

»Den Platz des Kindsvaters?« Das Reden fiel ihm wieder schwer, denn die Kinder wurden unruhig und waberten vor seinem Gesicht.

»Ja. Wer immer es ist ...« Er hielt inne und runzelte die Stirn. Sigrid wußte es. Sigrid und Matthias wußten beide, wer das Baby war und weshalb es so wichtig war. Aber sie hatten es Thurstan nicht gesagt. Er fuhr fort: »Und jetzt streift Haddon mit Blitz und Donner durch Peraldon und sucht nach Coronis' Baby.«

»Was ist mit Coronis geschehen?«

»Sie starb.« Thurstan hatte sich bis zum Ende der Veranda entfernt. »Und das Baby ist bei Eleanor.«

»Was?« Blythe sprang auf. Die Schatten wirbelten um ihn in einem Kaleidoskop des Grauens, brachten ihn zum Stolpern, während er vergeblich sein Gesicht zu schützen und sie abzuwehren versuchte.

Thurstan blickte in die andere Richtung. Es gab ja nichts, was er hätte tun können.

»Der Rat diskutierte darüber – die Weisen Aylmer und Thibaud. Stefan Pryse, Elfitt de Mowbray, Oliphant d'Albe ... Aber die Entscheidung war bereits durch den Kaiser und Matthias Marling getroffen worden. Sie *sagten*, wenn Eleanor schon der Sündenbock sein sollte, dann müsse sie selbst motiviert werden; daß es nur funktionieren konnte, wenn sie aus eigenem Antrieb handelte, wenn sie mit dem Herzen dabei war, wie es bei Lukas der Fall gewesen war. Sie dachten, das Baby würde das bewirken.«

Thurstan machte eine Pause. »Ich glaube, es ist nur ein Bluff. Es gibt einen anderen Grund, weshalb Matthias das Baby von Stromsall mitgebracht hat, nicht nur, um Eleanor Knights Teilnahme zu sichern. Ich weiß nicht so recht, ob das überhaupt funktionieren würde. Sie erschien mir nicht gerade der Typ Frau zu sein, die ihr Herz an ein Baby verlieren würde, bloß weil es da ist ...«

Das war sie natürlich auch nicht. Eleanor Knight hatte das Baby verloren, kaum daß man sie damit alleingelassen hatte. Aber das konnten sie nicht wissen.

Es würde bald dämmern. Thurstan belud die Pferde wieder, und sie machten sich weiter auf den beschwerlichen Weg ostwärts nach Smintha.

Mondlicht

Sie hasteten durch Shelt, doch sie kamen zu spät.

Die Straßen um den Hafen waren still und verlassen. Die Fischer von Shelt hatten sich zurückgezogen.

»Alle guten Bürger liegen in ihren Betten«, sagte Olwyn Mittelson. »Ich frage mich, wie lange man sie dort in Ruhe läßt.«

Die Tür des Häuschens schwang im Wind hin und her. In der unteren Stube brannte noch Feuer im Herd. Die Männer rasten die Treppe hinauf. Annis folgte langsamer. Sie wußte, daß sie zu spät kamen.

Nirgendwo Spuren von Kampf – aber welchen Widerstand hätten die beiden Frauen schon leisten können?

Rosco, der an der Tür des oberen Zimmers stand, hob die Hand, um Annis am Weitergehen zu hindern. Mittelson kniete mit gesenktem Kopf über Ismay, die leblos auf dem Boden lag. Sie war erdrosselt worden.

»Wo sind sie?« wandte sich Rosco zornig und bitter an Olwyn.

Annis war so bestürzt, daß sie zunächst gar nicht bemerkte, was der Magier tat. Er war aufgestanden und öffnete das Fenster. Einen Moment war es ganz still, während er aufs Meer blickte.

Er stand vollkommen reglos, und seine so eigenartig blassen Augen waren auf die einsetzende Flut gerichtet.

Seine Hände bewegten sich, als gehörten sie nicht mehr zu ihm. Sie zeichneten Formen in die Luft, die Annis erkannte.

Das Branden von Wellen, den gewölbten Fall von Wasser, nach innen gebogen, immer nach innen – Spiralen, ineinandergreifende Kreise. Von seinen Händen schien Licht auszustrahlen.

»Entlang der Küste – Richtung Burg ...«

Sofort schob sich Rosco an Annis vorbei, stürmte die Treppe hinunter und verschwand außer Sicht.

Mittelson folgte ihm unmittelbar.

Beide hatten sie Annis vergessen. Sie schürzte ihre Röcke und rannte ihnen nach.

Olwyn Mittelson bediente sich der Magie des Seelords. Er war immer noch einer von ihnen. Er würde Felicia manipulieren genau wie die anderen.

Annis hatte nicht vor, das zuzulassen. Wenn sie Felicia zurückbrachten, würde Annis ihr das alles sagen. *Falls* sie Felicia zurückbekamen ...

Felicias Entführer waren noch nicht weit gekommen. Annis konnte zwei Personen sehen, die sich am Ufer entlang rasch auf die Burg zubewegten. Ein kräftiger Mann mit kurzem grauen Haar trug eine Laterne. Die andere Person, ein außerordentlich großer Mann mit einem hohen Buckel, hatte sich Felicia über die Schulter geworfen.

Gawne, dachte Annis schaudernd. Gawne hat sie.

Da schoß Rosco aus dem Dunkel auf die Gruppe. Ein Schrei war zu hören, das Klirren von Schwertern, und plötzlich herrschte Chaos.

Es sind nur zwei, dachte sie. Aber Rosco ist bereits erschöpft. Und Olwyn ...

Auf wessen Seite steht er eigentlich?

Gawne hatte das Mädchen einfach achtlos auf den Sand fallen lassen, wo Felicia nun reglos ausgestreckt lag. Annis rannte so schnell sie konnte zu ihr, und ihr Atem rasselte in der Kehle.

Der Mann mit der Laterne war auf dem Boden und versuchte wieder auf die Füße zu kommen. Der Erste Seelord starrte auf Rosco und richtete seinen seltsamen Spiralstab auf ihn.

Annis, die zusah, konnte nicht verstehen, weshalb Rosco wartete und nur um Gawne und Felicia herumging. Doch als sie näher kam, sah sie, daß die beiden von einer Spirale fahlgrünen Lichtes umgeben waren, das um sie waberte, sie trennte und eine Annäherung unmöglich machte.

Gawnes Begleiter, der stämmige Grauhaarige, war wieder auf den Beinen. Er hatte sein Schwert gezogen und wollte sich auf Rosco stürzen.

»Rosco! Hinter Euch!« brüllte sie, und obwohl ihre Stimme atemlos vom Laufen war, hörte er sie. Er wirbelte herum und schlug dem anderen das Schwert mit einem schnellen Tritt aus der Hand.

Sie stürzten aufeinander und gingen kämpfend zu Boden.

Annis wollte zu Felicia, die immer noch reglos auf dem Boden lag, aber die grüne Spirale sprühte und zischte, als sie sich näherte.

Doch dann veränderte sie sich. Ein anderes waberndes Licht drang in sie ein, eine weitere Spirale. Sie kam von den Formen, die Olwyns beredte Hände in die Luft zeichneten.

»Olwyn ...« Gawnes Stimme kam langsam und gedehnt wie ein Seufzer. »Ihr seid also zurück. Fehlgeleitet wie immer. Der Verlierer Olwyn kämpft eine Schlacht, die er nur verlieren kann ...«

»Diesmal nicht.« Olwyn Mittelson kam unbeirrt über den Sand auf ihn zu, und das Licht, das von seinen Händen wirbelte wurde immer heller und blendender.

Annis kniff die Augen zusammen, um sie zu schützen.

Schweigen. Ein Augenblick völliger Stille.

Als Annis die Augen wieder öffnete, sah sie weit hinter den glitzernden Gestalten am Strand, weit entfernt am Horizont, eine Veränderung im Wesen der Nacht.

Stille griff um sich und beherrschte die Luft. Ein atemloses Schweigen. Selbst die Wellen hatten aufgehört, an den Strand zu rollen.

Aus dem Dunst schoß ein Lichtstrahl über das Meer, klar, weiß und grell.

Jedes andere Licht verblaßte dagegen. Es war eine Essenz der Klarheit, ein Zentrum der Macht über dem Wasser. Es war unmöglich, es zu erfassen, zu verstehen. Annis spürte, wie ihr Verstand sich davon abwandte, wimmernd schützende Dunkelheit suchte. Sie bedeckte die Augen, doch das machte keinen Unterschied. Ihr Bewußtsein war erfüllt davon.

Augen glänzten schwärzer als Gagat, schwärzer als die Nacht. Hände waren ausgebreitet, stillten die Flut. Etwas näherte sich über das Meer. Eine Lichtgestalt.

Niemand rührte sich. Jedwede Handlung war unmöglich.

Annis sah, wie Gawne sich plagte, seinen Spiralstab zu heben, um seine Feindin abzuwehren. Seine tiefliegenden Augen waren weit aufgerissen.

Rosco stand aufrecht, die Leiche des Grauhaarigen lag vor seinen Füßen. Er hatte den Kopf hoch erhoben, die Hände an den Seiten geballt.

Mittelson kniete, genau wie sie selbst.

Und Felicia war aus ihrer Leblosigkeit erwacht und schwebte wie ein Geist über das Wasser auf die Lady zu. Ihr weißes Haar flatterte in einem unspürbaren Wind.

Die Frau nahm Felicias Hand. Es fielen keine Worte, aber die Bedeutung war klar. Vertrau ihnen ...

Die Lady trat von einer Welle herab auf die Erde, um zwischen Sterblichen zu schreiten. Sie führte Felicia über den Sand zu Rosco, der ihr erstarrt entgegenblickte.

Astret, die Mondgöttin, bewegte Felicias Hand, bis sie reglos in der Roscos lag.

Ein Lichtgespinst hüllte sie ein, trennte sie von allen anderen. Ein Tableau unbewegt vor dem Hintergrund der Nacht.

Licht fiel über die ernsten Züge der Lady. Aus den schwarzen Augen leuchtete Triumph.

Dann wandte sie sich Gawne zu. Der Stab entglitt seinen schlaffen Fingern. Er starrte hilflos.

Hinweg ...

Er drehte sich um, Würde und Macht fielen von ihm wie

ein Lumpen. Er hob seinen nutzlosen Stab auf und rannte davon, rannte mit langen, unsicheren Schritten zurück zur Burg.

Ein seltsames Lächeln spielte über ihre Züge. Hohn? Befriedigung?

Sie beugte sich vorwärts. Ihre Fingerspitzen berührten die Felicias. Sie war behutsam wie ein Chirurg.

Das Mädchen schloß die Augen, ihre Hände fielen an ihre Seiten, sie sank sanft auf den Sand zurück, als wären ihre Glieder aus Wasser.

Und dann war die Göttin verschwunden, das ganze kalte Licht, die Klarheit und der Triumph, alles schwand.

Eine lange Zeit, wie es schien, war es unheimlich still und reglos. Dann wagten sie wieder zu atmen. Rosco bückte sich und hob Felicia auf die Arme.

Annis, die ihn beobachtete, erwartete Ehrfurcht, Staunen – Mitleid.

Doch Jolin Roscos Gesichtsausdruck war unverkennbar.

Zorn, rasende Wut. Und schrecklicher Kummer.

Der Blutpalast

Karawanengespräche im Lauf der folgenden Tage:

»Wohin ziehen wir eigentlich?«

»Ostwärts – zum Königreich des Blutes.«

»Das klingt nicht gerade einladend.«

»Ist es auch nicht. Die Foska leben dort.«

»Wer ist dieser Mann im Taxi? Der mit dem Stab?«

»Er heißt Weard. Er hat in Smintha gewohnt.«

»Woher weißt du das?«

»Der Wächter hat es mir vorige Nacht gesagt, während du geschlafen hast.«

Eleanor schlief die meiste Zeit, tagsüber in der Kiste und nachts unter dem kalten Mond. Auf diese Weise suchte ihr wunder Körper Erleichterung und ihr Verstand Vergessen.

Sie verlor jegliches Zeitgefühl. Es gab nur das schwere, ungleichmäßige Schaukeln auf der Riesenechse und Timons unerschütterlich schützende Arme als Zuflucht in der Dunkelheit.

Und dann und wann dünnen Haferbrei, ein wenig abgestandenes Wasser, doch nie genug. Eleanor dachte, daß vielleicht Wochen vergangen waren, denn die Schwellung ihres Gesichts war zurückgegangen, und sie schmeckte kein Blut mehr im Mund, wenn sie redete oder aß.

»Was ist aus Comyn geworden? Aus Hilde?«

»Hilde habe ich vorgestern abend aus der Ferne gesehen. Sie bereitete Essen mit ein paar anderen Frauen der Karawane zu.«

»Man hält sie nicht gefangen? Sie ist frei?«

»Das war schwer zu erkennen. Sie bewegten sich alle wie Sklaven, so als hätten sie Angst.« Seine Stimme klang hart.

»Arme Hilde ...« Wieder Tränen, die sie nicht zurückhalten konnte. »Und Comyn?«

»Ich weiß es nicht. Es gibt noch weitere Gefangene auf dem Reptil hinter uns. Ich konnte nicht sehen, wer sie sind. Zwei Männer, glaube ich.«

»Warum haben sie uns nicht getötet?«

»Was? Eleanor Knight töten, die die Stasis gebrochen hat? Nein, das würden sie nicht wagen.«

»Warum nicht? Für wen arbeiten sie?«

»Ich glaube, für den Foskakönig.«

»Wer ist das?«

»Er war ein Mensch namens Lucian Lefevre, der Errichter der Stasis. Als sie brach, verwandelte er sich und lebt seither bei den Foskas.«

»Woher weißt du das alles?«

»Von Matthias. Er verstand das meiste, was geschah, als die Stasis endete.«

»Was wird aus mir? Wieso wollen sie mich immer noch?«

Timon hielt Eleanor fest, aber er schwieg. Es gab keine Antwort, bei der sie nicht schreiend in Panik geraten wäre. »Ich werde dich nicht verlassen«, sagte er schließlich. »Irgendwie werden wir es schaffen. Wir werden freikommen ...«

Aber die Echsen stapften weiter dahin, die Sonne brannte durch die Ritzen in der Holzkiste, und Bewaffnete richteten bei jedem Halt Dolche und Schwerter auf sie. Und wohin könnten sie schon fliehen? Jeder Tag brachte sie tiefer in eine glühende Öde. Kein Wasser, nichts zu essen, keine Freunde, keine Fluchtmöglichkeit, kein Schutz vor der sengenden Sonne.

»Hast du Lukas gekannt?«

»Jeder kannte Lukas.«

»Was weißt du von ihm?« Es war halb Mißtrauen, halb Sehnsucht, die sie zu dieser Frage veranlaßte.

Timon erzählte von Lukas. Einige Geschichten kannte sie, andere waren ihr neu. Aber als sie zu weinen anfing, hörte er auf und weigerte sich, weiterzuerzählen.

»Was hat es für einen Sinn, Eleanor? Was nutzt es denn?«

Das wußte sie auch nicht, aber es war wie ein Anker für sie, an Lukas zu denken. Als wäre er das einzige, auf das sie sich verlassen konnte.

»Er ist tot, Eleanor. Du hast gesehen, wie er starb. Es hat doch keinen Sinn, dich mit Erinnerungen zu quälen.«

Nun hatte sie nichts mehr, auf das sie sich verlassen konnte. Sogar das Baby war verschwunden. Und Matthias hatte sie verraten, war auf einem wunderschönen Arrarat davongeflogen und hatte sie in der Wüste zurückgelassen.

Sie grub das Gesicht an Timons Schulter, schloß die Augen und wartete wieder auf Schlaf.

Vielleicht waren Wochen vergangen, vielleicht nur Tage, als die Karawane das Königreich des Blutes erreichte. Als die Kistenseite zum letzten Mal aufgeklappt wurde, verstand Eleanor zumindest einen Grund für diesen Namen.

Das Königreich des Blutes war von der Farbe des Blutes, denn wie trockene rotbraunes Blutes sah der wehende Sand ringsum aus. Er klebte wie Staub an riesigen Felstürmen, die sich wie groteske Säulen aus der Wüste hoben.

Sie befanden sich inmitten einer ungeheuren Ebene. Unfruchtbar erstreckte sie sich meilenweit in jede Richtung, und nur diese Felsblöcke brachen ihre Leere. Stille hing lastend über ihr. Eleanor konnte sich nicht vorstellen, daß irgendeine Kreatur, irgendeine Pflanze hier überleben könnte.

Lärm und Betriebsamkeit herrschten rings um sie, aber das schien unbedeutend vor dem Hintergrund der gewaltigen Stille der Wüste. Leute rannten die Rücken der Riesenechsen hinauf, lösten die Stricke von Kisten, Säcken und Pagoden, die sie hastig auf den Boden hinunterwarfen, worauf sie die Tiere ebenso hastig verließen. Eleanor verstand diese Eile nicht, sie betrachtete die Echsen.

Sie hatte sie bisher noch nie deutlich gesehen. Das letzte Mal, daß sie sie überhaupt bei Tageslicht gesehen hatte, war aus einiger Entfernung, außerhalb von Smintha gewesen. Nun stand sie dicht neben Timon, von einem Bewaffneten bewacht, und konnte sie eingehend betrachten.

Sie erinnerten mehr an Krokodile als an sonst ein Tier, fand sie, aber sie hatte noch nie zuvor eine Echse mit so scharfen, pyramidenförmig aufragenden Schuppen gesehen. Die Augen glühten orange, und drei Lider beschirmten sie gegen die blendende Sonne. Die Schuppen um die Augen waren zum Schutz besonders hoch und bildeten dornige Kämme wie groteske Wimpern. Die Zähne waren lang und spitz und ihr Abstand voneinander unregelmäßig.

Der Boden zitterte unter ihren Füßen. Als Eleanor sich umdrehte, sah sie weitere dieser Reptile herbeikommen und nebeneinander stehenbleiben. Der Wächter winkte Eleanor und Timon zur Seite, und sie gehorchte nur zu gern, denn die gewaltigen Echsenschwänze schwangen wild von Seite zu Seite und peitschten den Sand.

Erstaunt sah Eleanor, daß sie losrannten, über den aufwirbelnden Sand donnerten, auf einen großen Felshaufen zustrebten. Eine dunkle Höhle gähnte dort, ein Eingang irgendwo anders hin ... Die Echsen erreichten ihn in einer Staubwolke und verschwanden rasch durch das gigantische Loch. Innerhalb weniger Minuten war keine mehr zu sehen. Irgendwie wußte Eleanor, daß sie sich unter die Erde begeben hatten, aus dem Einfluß der Sonne.

Sie wandte sich wieder Timon zu, um ihn zu fragen, was das für ein Ort war, aber er war fort. Statt dessen kam Hilde mit ausgestreckten Armen auf sie zu.

»Oh, mein armes Mädchen! Dein Gesicht!«

»Was ist damit?« Aber sie kannte die Antwort bereits, noch während sie fragte. Ihre Arme und Beine waren mit einem Muster gelbschwarzer Blutergüsse bedeckt, warum sollte es da bei ihrem Gesicht anders sein? Inzwischen sah es jedoch bestimmt schlimmer aus, als es sich anfühlte.

»Wo ist Timon?« Sie schaute sich um.

»Er wurde zu Weard gebracht. Mich hat man geschickt, damit ich mich um dich kümmere.«

»Dann trauen sie dir also?« Das sprach nicht für Hilde.

Die alte Frau schwieg, aber ihr Mund zitterte, und ihre Hände bebten. Eleanor sah, daß ihre Kleidung zerrissen war und vom Staub rote Flecken hatte. Sie hatte ihren Stock mit dem Goldknauf verloren und ihren eleganten Strickbeutel. Ihre Haut war mit dem roten Staub bedeckt.

Hilde sah jetzt viel älter aus als in Smintha. Ihr graues Haar hatte sich teilweise aus der Spange gelöst und hing in dünnen Strähnen auf die Schultern. Sie wirkte gebrechlich, müde, verzweifelt.

Ohne zu überlegen, streckte Eleanor einen Arm aus und wollte ihn um ihre Schultern legen, aber Hilde wich zurück.

»Wenn du mir nicht traust, kann ich nichts tun. Und du wirst hier nicht sehr lange überleben, wenn du gar niemandem traust.«

»Das hat Comyn auch gesagt.« Aber es war Timon gewesen, der sie tröstend in den Armen gehalten, der Wasser und Essen mit ihr geteilt hatte. Vielleicht hätte Comyn das gleiche getan, wenn er hiergewesen wäre …

Hilde zuckte mit den Schultern. »Du sollst jedenfalls mit mir kommen. Zum Palast.« Sie trat zur Seite, und Eleanor blickte endlich direkt auf das Ziel ihrer Reise, das gewaltige Bauwerk, das sie zuerst für einen Felsen oder einen roten Sandsteinberg gehalten hatte.

Es war mit Fenstern durchbrochen wie ein Fabrikgebäude, und mit Wehrgängen geschützt; ein unübersichtliches Gewirr von Türmen und Mauern, das nicht erkennen ließ, wo sich der Eingang befand.

Darüber drehten dunkle, stachelige Formen ihre Kreise, geflügelte Echsen, die dunklen Foskaengel und ihre übelriechenden Reiter.

Jetzt sah Eleanor auch, daß die Leute von der Karawane, nun, da die Krokodilkreaturen sich zurückgezogen hatten, schwer bepackt in Serpentinen einer dunklen Öffnung am Fuß des Hauptblocks zustrebten. Würden auch sie sich unter die Oberfläche begeben? Alle waren mit rotem Staub bedeckt.

Als sie den steilen Hang hinter sich hatten und sich dem Palast näherten, waren sie plötzlich von Wachen umgeben. Dieselben Gesichter, an die Eleanor sich bei den Nachtlagern erinnerte. Hagere, muskulöse Männer, braun gebrannt unter dem roten Staub, das lange schwarze glatte Haar mit einem Stoffstreifen nach hinten gebunden. Sie trugen nur gebleichte knielange lose Baumwollhosen.

Keiner blickte Eleanor an. Sie hatten es während der ganzen Reise nicht getan. Nicht, daß sie ihrem Blick ausgewichen wären, vielmehr schien sie als Person gar nicht für sie zu existieren. So wie Geschworene einen Verurteilten niemals anblickten.

Eleanor schaute über die Schulter und sah, daß ein weiterer Trupp Wächter hinter ihnen jemanden in ihre Mitte genommen hatten. Wer es war, konnte sie nicht sehen. Comyn? Timon? Jemand, der sich in der anderen Kiste befunden hatte?

»Hilde, was ist das für ein Ort? Wer hat ihn erbaut?«

»Das weiß heute niemand mehr. Er ist so alt wie die unterirdische Stadt unter Smintha. Manchmal versuchen Leute hier in diesem Land der Sonne zu leben: Mystiker, Einsiedler, Fanatiker. Um in der Sonne zu leben und zu sterben, in der Esse des Gottes geläutert und verbrannt zu werden ...«

Ihre Stimme war trocken. Es war nicht zu erkennen, ob sie selbst solch extreme Praktiken billigte.

»Wer lebt jetzt hier?« fragte Eleanor.

»Hat Timon es dir denn nicht gesagt? Die Foska. Für sie sind dies ideale Bedingungen ...«

»Weshalb hat man uns hergebracht?«

»Der Foskakönig hat es befohlen.«

Eleanor stolperte, ihre Beine waren so schwach und schmerzten. Hilde blickte sie abwesend an.

»Es ist jetzt nicht mehr weit«, sagte sie.

Doch das war kein Trost.

Gelächter in einem großen, widerhallenden Saal. Überall roch es nach Rosen. Matthias' Mund war wie ausgedörrt, und er würgte. Er erkannte die Stimme, obgleich sie sich verändert hatte. Nun war er froh, daß seine Augen noch verbunden waren und er die Kreatur nicht sehen konnte, in die sich Lefevre verwandelt hatte. Schon ihr Gelächter war kaum zu ertragen.

Der Foskakönig unterhielt sich mit jemandem, den er während der schier endlosen Reise mit der Karawane als einen Mann namens Weard kennengelernt hatte.

»Du hast also dein Spielzeug verloren! Zu dumm, du hättest achtsamer sein sollen ... Du hast nicht geahnt, was mit dem Baby los ist? Na, irgend eine Vorstellung mußt du doch gehabt haben, oder? Komm nicht winselnd angelaufen, weil du zu beschränkt bist, die Zusammenhänge zu begreifen.«

Die Stimme war schrill von Hohn und Grausamkeit. Es war unverkennbar, daß der Foskakönig Weards Unbehagen genoß.

»Worauf wartest du, Mann? Wo ist mein Gefangener?«

Matthias bekam einen heftigen Tritt in die Rippen. Er rollte herum und täuschte Bewußtlosigkeit vor. Aber das war bei Lefevre sinnlos, wie er sich erinnerte. So setzte er sich unbeholfen auf, denn seine Hände waren noch hinter seinem Rücken gefesselt.

»Oh, Matthias, wie sehr ich darauf gewartet habe!« Die Stimme klang beinahe trunken vor Befriedigung.

Matthias konzentrierte sich nur halb auf das, was Lefevre sagte. Er machte eine erschreckende Entdeckung. Es war noch jemand im Saal, der furchterregendste und unerbittlichste seiner Gegner.

Aber obwohl sein Mund trocken war, konnte er noch sprechen. »Warum, in aller Welt, Lefevre? Sind dir die Foska nicht Gesellschaft genug?«

»Ah, du hast es erkannt.« Die Stimme klang traurig. »Den Gesprächen mit ihnen fehlt jeder Reiz. Ich habe sie erschaffen und so wissen sie nur, was ich sie gelehrt habe. Absolut keine Überraschungen. Im Gegensatz zu dir, Matthias, der du so viel weißt.«

»Mehr als du?« Es fiel ihm schwer, den gleichmütigen Ton beizubehalten, nun da er die – Kreatur, die einst Lefevre gewesen war, ganz in seiner Nähe riechen konnte. Es war kein ausgesprochen unangenehmer Geruch – der Geruch von verwelkten Rosen.

»Nein, Matthias, du weißt nicht mehr als ich. Wie wäre das auch möglich? Aber du weißt vielleicht etwas anderes. Neuigkeiten von der Lady beispielsweise. Ich würde mich freuen ...«

»Nein.«

Aber es war nicht klug, seine Weigerung so offen zu zeigen. Die Stimme kam näher, flüsterte in sein Ohr.

»Matthias, mein teurer, weiser Freund. Du bist in keiner Lage, irgend etwas verweigern zu können. Das warst du nie. Soll ich nun deine Augenbinde abnehmen? Möchtest du sehen, wer meine Gefährten sind?«

»Ich weiß, wer sie sind.« Drei Gestalten um Eleanor, die er eines Nachts in einer Vision geschaut hatte.

»Dann nenn sie!«

»Dein eigenes Sendbild. Mein Freund, mein treuer Freund. Und Lord Lycias in Menschengestalt.«

»Aber kannst du sie auch identifizieren?«

Matthias schwieg. Nicht ohne seinen Stab. Nicht ohne ein Feuer und Glas, um etwas darüberzuwerfen. Der Freund seiner Kindheit, o ja, ihn kannte er. Aber die beiden anderen konnten jegliche Gestalt haben: Mann, Frau, alt, jung.

Beide hinterhältig, beide böswillig und zerstörerisch. Aber der Sonnengott stellte zweifellos die größte Gefahr dar.

Er befand sich in diesem Raum mit ihnen.

Matthias hatte es von Anfang an gewußt, hatte die überwältigende, erschreckende Macht des Gottes gespürt, wenngleich die Menschengestalt sie zügelte.

»Sieh!« zischte das Wesen in sein Ohr.

Es riß ihm die Augenbinde vom Gesicht, und einen Moment lang starrte er voll ins Gesicht des Sonnengottes, der auf einem erhabenen Thron am Ende des Saales saß.

Der Gott lächelte.

Matthias hatte dieses Lächeln schon einmal gesehen. So hatte Lycias Nerissa angelächelt. Ruhig und grausam. Und dann hatte er sie geküßt und dabei ihre Augen zu Asche verbrannt.

»Seine Augen«, sagte der Sonnengott sanft. »Du bist so langsam. Hast du denn nichts gelernt, Foskakönig?«

Matthias vermochte den Kopf nicht abzuwenden, konnte dem unendlich grausamen Blick des Gottes nicht ausweichen. Aber er hörte das Zischen von Eisen im Feuer und roch das glühende Eisen.

Seine Hände waren am Rücken gebunden, seine Fußgelenke in Ketten.

Ein Arm schlang sich um seinen Hals und drückte seinen Kopf rückwärts auf die Rosenblätterbrust des Foskakönigs.

Dann das Brandeisen, die weißglühende Spitze, brennender Schmerz und ewige Dunkelheit zuerst für ein Auge, danach für das andere.

Die Blumenwildnis

Am Abend wurde die Karawanenankunft mit einem Bankett gefeiert.

In seinem Blutpalast verspeiste der Foskakönig ausschließlich von Blumen. Sein Kelch war eine elfenbeinfarbene Lilie mit rosarotem Auge, sein Teller die ausgebreiteten Blütenblätter einer Clematis. Er nippte Nektar und kostete die kleinen Insekten, die sich im Schlund einer Orchidee verfangen hatten.

Der König lag auf einer Couch aus Rosenblütenblättern, die sich weich an sein Hybridenfleisch schmiegten.

Er war nicht von derselben Art wie die Foskaengel oder ihre Reiter. Er war einst menschlich gewesen und hatte immer noch Augen und einen schmalen Mund, doch sein Gesicht war nun Teil der Blütenblätter einer Blume und einer exotischen Schlingpflanze mit zahllosen Ranken. Farbe pulsierte nun durch die Haut des Hybridenwesens. Es war untrennbar vom seidigen Fleisch einer Rose, es schwoll an, entfaltete sich, teilte und vervielfältigte sich, breitete sich aus. Es lebte in einer Blumenfülle, atmete ihren Duft, existierte in der Anmut einer Päonie.

Es war wild wie Blumen, zehrte von Wind und Wasser und Licht und Erde; gierig wie Winde und Efeu und Mistel und Orchidee. Intelligent und weise in der Kunst der Magie und Synchronizität. Ranken versorgten es mit seinen unmittelbaren Bedürfnissen, doch mit seinem Geist lenkte es die Foskaengel und ihre Reiter und erschuf Truggestalten jeglicher Form und Bewegungsmöglichkeit.

Der Foskakönig langweilte sich. In seiner vorherigen Inkarnation als Hoherpriester Lycias' hatte er die Stasis, das schwierige Gleichgewicht von Leben und Tod, aufrechterhalten, damit sein Gott eine Sterbliche in alle Ewigkeit lieben konnte.

Durch die fächelnden Rosenblätter ließ er den Blick über den Bankettsaal schweifen. Bald würde er sich füllen, dann konnte das Spiel beginnen.

Todesengel standen mit gefalteten Flügeln bei ihren Reitern entlang der Korridore.

Eleanor vermied es, in ihre Gesichter mit den gierenden Augen und den lüsternen Mäulern zu sehen. Sie nahm den Blick nicht von Hilde, von ihrer gebrechlichen, ein wenig gebeugten Gestalt. Sie hätte gern Timon oder Comyn oder sonst jemanden, den sie kannte, an ihrer Seite gehabt. Sie wünschte sich, daß die Leute vorgaben, ihre Freunde zu sein. Die Täuschung würde ihr genügen, solange sie währte. Sie war darüber hinaus, sich an Aufrichtigkeit zu klammern.

Wahrheit war für die Begünstigten. Sie war ein Luxus, den sich nur jene leisten konnten, die nicht verzweifelt waren. Hier im Blutpalast erwartete sie gar nichts anderes als Lügen und Täuschung.

Sie waren auch das einzige, was sie fand.

Die Flügeltür voraus stand weit offen, und Blumenduft drang auf den Korridor.

Licht glühte am Ende des Saales, ein schimmerndes, goldenes Leuchten. Eleanor erkannte die Sonne Lycias', das Licht, das so viel zerstört hatte.

Während sie den blutroten Korridor entlangschritt, den nur schwach brennende Fackeln erhellten, wäre sie am liebsten schreiend vor dem goldenen Leuchten geflohen, aber wohin?

Eine Seitentür am Korridor öffnete sich, ein Mann trat heraus und gesellte sich an Eleanors Seite.

Timon! Fast schluchzend griff sie nach seiner Hand.

»Wo warst du?«

»O Lady! Eleanor, in was sind wir hier nur hineingeraten?« Seine Stimme war ein wenig schrill vor Anspannung, und auf seiner Stirn perlte Schweiß. Das feuerrote Haar war feucht davon und kräuselte sich zu kleinen Löckchen. Seine grünen Augen wanderten über die Fratzen der Todesengel und kehrten erleichtert zu Eleanor zurück.

»Ich dachte, *du* wüßtest, was vorgeht!«

»Das tut er auch!« Eine neue Stimme, eisig, grimmig vor Haß. Comyn tat an Eleanors andere Seite. Sie starrte ihn an, erwartete Blutergüsse und vernarbende Wunden zu sehen wie an ihr und Timon.

Aber er war unverletzt und in goldene Seide gewandet, so schritt er anmutig neben ihr her. Als er sie anlächelte, wandte sie den Blick ab.

Das Lächeln verbarg so viel.

Sie waren nun fast an der Saaltür. Voll Panik drehte sie sich zu Timon um. Er legte beruhigend den Arm um sie. Dann traten sie in das Licht.

In den Saal des Foskakönigs und seines Gottes.

Eleanor hielt an der Schwelle inne, überwältigt von Farben Licht und Duft. Timon blieb bei ihr stehen und nahm den Arm nicht von ihren Schultern.

Comyn ging ruhig vorwärts. Aufrecht, geschmeidig schritt er durch die fächelnden Blumen, von Blüten und Blättern gestreift, zu einer Rosenlaube am fernen Ende des Saales, in deren Duft und Pracht sich der Thron befand.

Er setzte sich und lächelte.

»Willkommen«, sagte der Gott. »Willkommen im Haus meines Dieners.«

Alles war falsch, völlig falsch. Eleanor spürte, wie sie den Boden unter den Füßen verlor. Die Welt stand auf dem Kopf in ihrer Fassungslosigkeit und Enttäuschung.

Es konnte nicht der stille, ernste Comyn sein!

Aber der Gott vermochte alles. Er konnte dunkelhaarig und ernst sein. Konnte ihr sanft erklären, wo sie war, wohin es ging; konnte ihr fürsorglich sein Hemd leihen. Sie trug sein Hemd! Wie konnte er der Gott sein?

Timon neben ihr hatte wütend die Fäuste geballt.

Wollte er sich auf Lycias stürzen? Sie legte beruhigend die Hand auf seine und lächelte ihn an. Doch auch sein Lächeln wurde unecht, und Eleanor sah, wie die Farbe sein Gesicht verließ, während er sie anblickte.

Links von der Gestalt auf dem Thron rührte sich eine Blume inmitten ihres üppigen Blattwerks.

Sie bemerkte sie nicht sogleich, denn ihre Aufmerksamkeit galt Timons Augen, die sich vor Zorn verdunkelten.

»Verräter!« brüllte er. Und töricht über alle Maßen sprang er über den blumenbestreuten Boden zum Thron des Sonnengottes.

Ranken der Blume schlangen sich um seine Beine. Polternd stürzte er auf den Boden. Sofort wuchsen Blätter und Blüten aus den Stengeln und bedeckten rote Locken und weiße Haut.

In stummem Grauen schlug Eleanor die Hände vor den Mund. Er war unter den Blumen völlig verschwunden. Und die Blume zur Linken des Thrones lachte häßlich.

»Eleanor«, sagte eine Stimme, unter deren Klang sich ihre Seele wand. Eine Stimme aus dem Herzen der Blume, süß wie Sirenengesang, klebrig wie Honig, flüsterte liebevoll ihren Namen.

Ein Vorhang aus Blütenblättern fiel zur Seite und gab den Blick auf Matthias frei, der dort mit leerem Gesicht und blind wie der Benuvogel stand.

»Eleanor ...« Seiner Kräfte und seines Augenlichts beraubt, vermochte er kaum zu sprechen. »Um der Lady willen – glaub nichts ...«

Die Kreatur, die sich Hilde nannte, ging mit wie Klauen erhobenen Händen auf ihn zu, und Eleanor schrie gellend: »Matthias!« und hörte kaum noch seine letzten Worte: » ... was du hier siehst!«

Sie fing zu laufen an, wich den sich windenden Ranken aus, die Timon umschlangen, doch lange, ehe sie ihr Ziel erreichte, hatten die Ranken auch sie erfaßt, zerrten sie auf den Boden und krochen um sie.

Mit ungeheurer Kraft wickelten sich Blumen um ihren Hals und zogen sich würgend zusammen.

Sie wehrte sich, keuchte. Die Welt wurde blutrot vor ihren Augen, als sie um Atem rang und keinen mehr fand.

Reglos sackte sie zu Boden.

Und der mit Blumen bekränzte Gott lachte.

Es hatte begonnen.

Lycias

Sie trieb auf Blumen in einem Blütenmeer, umgeben vom Duft von Rosen, Jasmin und Orangenblüten.

Sanfte, drängende Finger holten sie ins Leben zurück.

»O mein Liebling, mein Liebling ...«

Eine Litanei des Verlangens drang allmählich in ihr Bewußtsein.

Zögernd öffnete sie die Lider. Timon war da. Blaß und zitternd blickte er sie mit weit offenen Augen an. Sofort schloß er sie in die Arme, drückte seine Lippen auf ihre, hauchte ihr Leben ein.

Erleichtert klammerte sie sich an ihn, keuchte nach der süßen Luft, nach seiner Liebe. Sanft und zärtlich berührte er ihren Busen.

Smaragdgrüne Augen leuchteten vor Leidenschaft, und Eleanor ließ sich in den Wogen seines Verlangens treiben. Sie seufzte, wußte nicht, wo sie war, was sie tat. Sie war nur glücklich, daß sie lebte, daß sie begehrt und geliebt wurde, so gab sie sich ihm hin.

Sie vermochte ihm gar nicht zu widerstehen. Sie vergaß alles, was ihr zugestoßen war. Ihr Kopf ruhte mit halb geschlossenen Augen auf einer Wolke Blütenblätter, und sie existierte nur in diesem glühenden Augenblick.

Durch die Schleier der Verzückung wurde sie gewahr, daß seine grünen Augen sie verzehrten, tief in ihre Seele drangen, all ihre schlimmen Erinnerungen und Ängste vertrieben.

Ganz im Griff der Sinnlichkeit ließ sie sich seufzend treiben.

Es gab nur den Augenblick, den Akt, das Verlangen.

Ein Feuerkranz umgab das Gesicht über ihr.

Es lächelte.

Und das Feuer breitete sich aus, flammte durch ihre Adern, die Nervenstränge entlang, über ihre Haut. Flammen leckten nach den Blumen um sie, versengten, verbrannten, zerstörten.

Das Feuer des Sonnengottes loderte durch ihren Körper, durch ihr Leben und verbrannte jede unschuldige Freude zu Asche.

Brandmarkte sie für immer als treulos.

Die Götter lügen.

Um der Lady willen, glaub nichts, was du hier siehst!

Ein Spiel der Rache, bitter und grausamer als das einer Katze mit einem Sperling. Grausamer als alles, was sie sich vorstellen konnte. Es führte sie von Tiefe zu Tiefe, besudelte alles, was für sie heilig gewesen war. Alles Gute und Reine und Echte war zerstört, und bei jedem Schritt des Weges hätte sie wählen können. Er, Timon/Lycias, lachte, aber unendlicher Zorn schwang aus diesem Lachen.

»War das die große Liebe, die die Stasis gebrochen hat? Die Liebe, die mich meine Liebste kostete?«

Sie stöhnte in der Asche verbrannter Blumen.

»Ich habe dir jede Chance gegeben, jeden möglichen Ausweg. Du hättest nicht alles hinnehmen müssen, was mit dir geschah. Sogar – meinen Sohn vertraute ich dir an. Törichtes, verständnisloses Geschöpf. Immer wieder gab ich dir das Kind. Um zu sehen, ob du würdig bist. Mein Sohn – ist selbst mir ein Unbekannter. Ein Zufallsgeschenk, ein Geschöpf mit ungeahnten Möglichkeiten und Kräften ... Dennoch lehntest du ihn ab, hast ihn anderen überlassen, während du dich selbstsüchtigen Träumen und dummen Erinnerungen hingabst.

Und die eine Erinnerung, die dir Sicherheit gewährt hätte, die Erinnerung an Liebe, hast du fallenlassen.

Wie Rosenblätter fallen, nutzlos und vergessen.«

»Aber Lukas ist tot!« rief Eleanor. »Welche Treue brauchen die Toten?«

»Er ist nicht tot.«

Um sie herum war Asche, in ihrem Haar die Asche der Trauer, in ihrem Mund die Asche der Vergangenheit.

Er fuhr fort: »Du hast dich nicht einmal vergewissert, nicht wahr? Du hast die Gäste jener Party gar nicht gefragt, ob sie dich in jener Nacht zurückkehren sahen, mit Schnee im Haar und einem Traum in den Augen. Ich erfand diese Szene, zeigte dir eine Täuschung, eine Lüge. Das hättest du herausfinden können. Aber du hast es nicht einmal versucht. Und du hast Lukas' Tod nie in Zweifel gezogen.

Es ist leicht zu trauern und zu klagen. Doch zu kämpfen, Verantwortung zu übernehmen, weiterzumachen, das ist schwer.

Lukas ist nicht tot. Und du bist treulos und schuldig. Ich warne dich noch einmal: Ich werde Rache an dir nehmen. Du kannst ihr nicht entgehen.« Leuchtende Smaragdaugen drangen ins Innerste ihres Seins.

»Ich habe erst angefangen.«

ZWEITER TEIL

Jolin Rosco

In Shelt kamen Tage, die schlimmer waren als Alpträume.

Mit verschlossenem Gesicht und schwarz umschatteten Augen half ihnen Rosco umziehen. Die Organisation überließ er völlig Olwyn Mittelson, auch die Sorge für die zwei Frauen.

Mittelson verhandelte mit Freunden und Familie. Nirgendwo blieben sie länger als eine Nacht und zogen weiter, ohne zu sagen wohin und ohne für irgend jemanden eine Nachricht zu hinterlassen. Er traf seine Auswahl gut, und niemand verweigerte ihnen die Übernachtung, aber das Gesicht eines jeden, an den er sich wandte, verriet Anspannung.

Die ganze Zeit über streiften die Soldaten in Scharlachrot durch die Stadt, nahmen jeden fest, der ihnen in die Augen blickte, alle, die in Gruppen von mehr als drei Personen zusammenstanden, jeden, der nicht harmlos wie ein Durchschnittsbürger aussah.

Sechs Männer wurden verhaftet und auf dem Platz vor dem Astrettempel gehenkt und gevierteilt.

Ein Exempel, erklärte die Bekanntmachung, die in aller Eile von den Seelords ausgehängt wurde und von rachsüchtiger Wut zeugte.

Bringt Lady Felicia zurück, oder es werden noch weitere Bürger sterben!

Gebt sie ihrer Familie zurück, dann wird von weiteren Todesurteilen Abstand genommen werden.

Überlegt. Erst eure Männer, dann eure Frauen, dann eure Kinder!

Das war das Unerträgliche. Niemand wußte, ob es sich um eine leere Drohung handelte oder nicht. Die Hinrichtung der sechs Männer war ein heftiger Schock für die Shelter gewesen. Einer der sechs war der einzige ausgebildete Arzt gewesen, der noch im Hafenviertel praktiziert hatte. Die Rache der Seelords kannte keine Vernunft, keine Gerechtigkeit, keine Gnade. Es schien, als würde die Grausamkeit bis aufs äußerste getrieben, sie machte auch vor den Unschuldigen und Hilflosen nicht Halt. Die Gewalt nahm unvorstellbare Ausmaße an, verglichen damit erschienen Shelts bisherige Schwierigkeiten – Arbeitslosigkeit, Armut, Not – unbedeutend. Es gab für niemanden mehr Sicherheit. Die Bürger blickten ängstlich über die Schultern und verriegelten des Nachts die Türen. Es half nichts. Es gab keinen Ausweg.

War es das wert?

Mittelson las die Drohungen voll Verachtung. Doch Rosco war wütend, wütender als Olwyn ihn je zuvor gesehen hatte.

»Hundesöhne!« sagte er leise, aber heftig. »Ich kannte jemand, der einmal vor Ketzerei warnte, der sagte, daß Magier zur Macht des Bösen werden können. Doch damals verstand ich es nicht ...«

»Nicht alle Zauberkunst ist schlecht«, entgegnete Mittelson ungerührt.

»Das sagst du – aber ja, du hast recht. Ich habe wirklich Weiße Magier gekannt ...« Rosco stapfte im Hinterzimmer einer heruntergekommenen Wäscherei – ihrer gegenwärtigen Unterkunft – hin und her.

Mangeln standen an einer Seite, auf dem Boden schwere Kupferkessel und auf der anderen Seite große Porzellanwannen. Es roch nach Dampf und Seifenpulver, obwohl die Arbeit für diesen Tag längst beendet war. Felicia und Annis schliefen in dem Zimmer im ersten Stock. Regen hämmerte unaufhörlich ans Fenster.

»Aber welchen Nutzen hat es?« Rosco blieb stehen und blickte den anderen an, der mit angezogenen Knien auf einer Wandbank saß. »Diese Kämpfe, der ganze Widerstand. Was hat es je genutzt?«

»Die Stasis wurde gebrochen ...«

Die Worte hingen schwer zwischen ihnen.

»Aber der Preis ...« Kaum daß ihm die Stimme gehorchte.

»Welcher Preis, ›Jolin Rosco‹? Welchen Preis hast du bezahlt?« Mittelson stand auf. Er war gleich groß, doch nicht an Ausstrahlung.

»Woher kommst du, Rosco? Wer bist du? Was treibt dich, hier mit solcher Leidenschaft für die Gerechtigkeit zu kämpfen?«

»Zweifelst du an meiner Integrität?« Die Antwort schien ihn nicht wirklich zu interessieren.

»Nein, keineswegs. Meine Erfahrung sagt mir, daß ich dir trauen kann. Und vor zwei Tagen die Göttin an der Küste ... Doch ich muß jetzt auch deine Vergangenheit kennenlernen. Es sollte keine Geheimnisse zwischen uns geben. Woher kommst du? Wer bist du?«

Das leidenschaftliche Gesicht wandte sich ihm kaum zu. »Es ist von keiner Bedeutung«, entgegnete er. »Nicht jetzt.« Dann verließ er den Raum, stapfte laut die Treppe hinunter, schmetterte die Haustür zu und ließ sich in dieser Nacht nicht mehr blicken.

Mittelson blieb auf der Bank und lauschte zunächst den sich auf der nassen Straße rasch entfernenden Schritten, dann nur noch dem Regen, während er sein Gesicht betrachtete, das sich mit den blassen, so weisen, so wissenden Augen in den gewölbten Kupferkesseln spiegelte.

Er seufzte. Er wußte keine Lösung.

Vor Monaten war Olwyn Mittelson an der Küste südlich von Shelt entlangspaziert. Es war Winter gewesen und der Sand schneebestäubt. Es war kalt, eine klamme Kälte, die bis in die Knochen drang.

Bei Ebbe bildete das Meer nur eine ferne graue Linie. Er achtete nicht darauf, sondern studierte den tiefhängenden Himmel.

An diesem Morgen hatte Olwyn Mittelson beobachtet, wie die Seelords ihre magischen Kräfte einsetzten. Er hatte sich auf die Klippe über der Bucht von Marqun gelegt und über den Rand gespäht, um die Marqunzeremonie zu beobachten.

Zwölf Seelords standen dort unten, Gawne dem Becken am nächsten, Dederic an seiner Seite. Alle waren sie in kostbare Seide gewandet, mit warmen Pelzen und dicken

Umhängen darüber. Jeder hielt einen Spiralstab und konzentrierte sich auf die Schnitzerei an seiner Spitze.

Die beschworene Flut, die nun gegen die Felsen unterhalb des Beckens krachte, spülte mit ihrem Gischt fast über seinen dunklen Rand.

Und dann kam der Augenblick beängstigender Macht. Die erste Welle brandete in das Becken. Mittelson mußte sich weit über den Rand beugen, um sehen zu können, was dort unten vorging.

Er mußte einfach herausfinden, was der Einsatz war, wieso es sich lohnte, die Fischer von Shelt um ihr tägliches Einkommen, ihren Lebensunterhalt, zu bringen.

Man hatte ihm die Wahl gelassen, Seelord zu bleiben. Hätte er sich dafür entschieden, stünde er nun da unten bei ihnen, in Pelz und Seide gewandet, einen Spiralstab in der Hand, ja, wenn er den Treueid geleistet hätte. Die Szene hatte sich seinem Gedächtnis eingeprägt. Es hatte mit einem Abendmahl in den Privatgemächern der Seelords auf der Burg begonnen.

Das war gewesen, ehe Torold nach Shelt gekommen war. Der alte Graf war bereits krank, am Anfang seines vergeblichen Kampfes gegen Krebs. Er blieb in seinen eigenen Gemächern, und die Seelords waren ungestört. Der Wein war gut gewesen, das Essen exzellent, aber Mittelson war die Spannung am Tisch nicht entgangen. Und dann hatte ihn Gawne aufgefordert, ihn auf den Balkon zu begleiten.

Plötzlich verstand Mittelson den Grund für diese unbehagliche Zusammenkunft. Die anderen Seelords waren nun schweigsam, sie warteten auf den Ausgang des Gesprächs zwischen Gawne und ihm.

Gawne kam sofort zur Sache. »Macht wartet auf uns, unvorstellbare Macht. Die einzige Bedingung ist ein Treueid. Sonst nichts.«

»An wen?« Mittelson fühlte sich unbehaglich. Er hatte eine Abneigung gegen geheime Treffen.

Gawne hatte gelächelt. »Vertrauen ist das Wichtigste. Das Geheimnis wird nur jenen offenbart, die vertrauen. Ihr müßt zuerst den Eid leisten, dann erfahrt Ihr die Identität Eures Herrn.«

»Das ist unannehmbar.« Mittelson runzelte die Stirn. »Ihr leistet einen Schwur, einen ernsten Schwur, ohne zu wissen, was damit verbunden ist? Habt Ihr den Verstand verloren, Gawne?«

Er kannte Gawne als ehrgeizigen, doch alles andere denn dummen Mann.

»Alle anderen haben sich einverstanden erklärt.« Gawne deutete auf die Männer, die am Tisch sitzen geblieben waren. »Sie haben den Weg in die Zukunft erkannt.«

Er machte eine Pause, und die fast farblosen Augen beobachteten ihn scharf. Er spürte, daß es Gawne wichtig war. Er wollte, daß Mittelson mitmachte. Mit leiser Stimme fuhr er fort: »Es wird uns Macht bringen, Heilkraft und ein langes Leben für uns alle, für unseren geliebten Grafen. Das kann ich Euch versprechen.«

Er hat große Überzeugungskraft, dachte Mittelson. Die Ruhe seiner Augen, die hohen gebeugten Schultern, die großen, fähigen Hände. Irgendwie wirkte er glaubhaft. Es würde leicht fallen, ihm zu trauen.

Aber einem Unbekannten den Treueid leisten?

Unmöglich. Er hatte abgelehnt.

Das war als Unverläßlichkeit gedeutet worden. Sie hatten ihm nicht sogleich die Tür gewiesen, doch seine Aufgaben wurden niedrig und unbedeutend. Er durfte gerade noch die Rückenschmerzen eines Dieners heilen und sich der verschiedenen Verletzungen der Gardisten annehmen.

Er wurde von den meisten Seelord-Zeremonien ausgeschlossen. Er sah, wie der fanatische, schlaue Brice Lammon unterwiesen wurde, seinen Platz einzunehmen.

Und dann, während es mit dem Grafen zu Ende zu gehen begann, wurde der Erlaß herausgegeben, der das Fischen verbot. Es war eine unglaubliche, unbegreifliche Entscheidung, die ausgerechnet jenen Männern, welche den Seelords überhaupt zur Nacht verholfen hatten, die Lebensgrundlage nahm. Mittelson hatte sich verpflichtet gefühlt, den derart heimgesuchten, verzweifelten Familien zu helfen. Er hatte die Vergangenheit nicht vergessen.

Da hatten sie ihm seinen Spiralstab abgenommen. Aber

Olwyn Mittelson war darauf vorbereitet gewesen. Er wußte, daß sich peraldonische Magier selten eines Stabes bedienten. Und er hatte Methoden entwickelt, die künstlicher Hilfsmittel nicht bedurften.

Nur die Magie der Hände, die Kraft der Augen und Vorstellungsvermögen.

Er hatte lange geübt, um sicher zu sein, daß er ohne Schaden an einem Marqun teilnehmen konnte. Er kannte die Kräfte, die beteiligt waren, die Art von Macht, die ausgeübt wurde. Zwölf Magier mit Stäben und ihr unbekannter Herr und Meister.

Er würde vorsichtig sein müssen, sehr vorsichtig, um nicht in den Sog der Kräfte zu geraten.

So lag er denn eines Wintermorgens auf der Klippe, während sich Schneewolken sammelten, und sah zu, wie die Flutwellen in ein Becken spülten. Er sah, wie der Strudel unter ihm zu wirbeln begann, und er konzentrierte sich darauf, davon unberührt zu bleiben. Dazu klammerte er sich an einen Gegenwirbel, der sich zwischen seinem Geist und seinen Händen drehte.

Er war auf große Macht vorbereitet gewesen, trotzdem überraschte ihn die Stärke des Marqun. Der Strudel im Bekken war fast unwiderstehlich.

Er sah alle zwölf Seelords sich schwankend wiegen. Alle neigten sich dem Wirbel zu, und nur ihre Stäbe verhinderten, daß sie hineinstürzten.

Und aus der Tiefe des Strudels erhob sich etwas. Der Strömung trotzend schob es sich aus der hohlen Mitte des Mahlstroms.

Schäumendes Weiß offenbarte Augen, Mund, Zähne. Es veränderte sich, bewegte sich …

Wasser fiel, rann über und durch eine geschmeidige Form. Dünn und flink war sie, mit überschäumenden Klauen aus tanzendem Gischt. Sie glänzte im bleichen Winterlicht in durchsichtigem Grau, das eine feste Gestalt vortäuschte. Sie bewegte sich unaufhörlich in den Wasserschwällen. Seetang, der sich in der welligen Form verfing, ließ an Gedärme denken.

Es hätte Mittelsons fast aus seiner Konzentration gerissen. Er hatte eine solche Abscheulichkeit nicht für möglich gehalten.

Der Seedrache schlängelte sich vorwärts, und vorschnellende Wasserzungen leckten über die Lippen der Seelords.

Die Seelords zuckten nicht, standen nur reglos, wie gelähmt, während er Salzwasser in ihre Münder hauchte, in ihre Ohren wisperte und sich vor ihren Augen wiegte.

Mittelson hatte den Blick abgewandt, das Gesicht im dikken wollenen Ärmel vergraben, während sein Herz hämmerte.

Ladon. Die ungeheuerliche Seeschlange aus den alten Sagen. Der gierige, zügellose, eifersüchtige Sohn eines alten Meergottes.

Mittelson verstand es jetzt. Shelt durfte nicht in der östlichen See fischen, weil Ladon nicht bereit war zu teilen.

Die Macht, die Ladon den Seelords geben konnte, würde zweifellos ungeheuerlich sein, und Reichtum war gewiß das geringste davon. Bedeutender war die Kraft zu heilen, das Leben zu verlängern.

Das war das Wesentliche. Das war die Macht, die Gawne begehrte, die höchste Verlockung.

Einem Magier standen viele Entfaltungsmöglichkeiten offen. Im Süden hatte der große Magier Lefevre es zu außerordentlichen Fähigkeiten gebracht. Mittelson hatte Gerüchte über Kreaturen gehört, die Läufer genannt wurden, und über eine geisterhafte, wandelbare Rasse, die sich Parid nannte. Die Künste eines Magiers neigten gern zur Gestaltwandlung. Mittelson konnte die äußere Erscheinung verändern, das war die geringste seiner Fähigkeiten.

Doch seine Kräfte reichten nicht an die Macht heran, das Leben zu verlängern. Niemand in Stromsall wußte, daß es Lefevre gelungen war, während der gesamten Dauer der Stasis den Tod zu bannen. Niemand wußte, daß er eine Ambition mit Gawne gemein hatte: ewig zu leben. Die absolute Verlockung.

Doch den Magiern stand noch ein anderer Bereich offen. Der gefährliche Pfad der Prophezeiung. Gewöhnlich war das Lycias' Gabe, doch manchmal, wenn Menschen Magier wurden und sich der Macht des Mondes bedienten, gelang ihnen ebenfalls ein Blick in die Zukunft.

Auch Mittelson hatte gelegentliche Eingebungen über bevorstehende Ereignisse, aber sie kamen völlig unbewußt. Er hatte keinerlei Kontrolle.

Während er auf der Klippenkuppe lag, wandten sich seine Augen von dem Marqun unter ihm ab, und er hatte solch eine Vision. Und was er dabei erschaute, führte ihn noch am selben Nachmittag, so müde und und durchgefroren er auch war, zu einer Felsenbucht, weit südlich von Shelt. Er würde dort jemanden treffen.

Er beobachtete die Möwen, die sich vom Wind tragen ließen und langsam über dem grauen Wasser kreisten.

Am Spätnachmittag, nachdem er zwei lange, eisige Stunden den Strand entlangmarschiert war, sah er am fernen Horizont eine Bewegung.

Entfernung und Perspektive mußten falsch sein.

Es war weit entfernt, zu weit, Einzelheiten zu erkennen, und doch viel größer als jede Möwe. Ein gewaltiger Vogel flog mit rhythmischen Bewegungen seiner riesigen Schwingen durch die Luft, schob die Wolken zur Seite und ging tiefer.

Mittelson hielt den Atem an, als er erkannte, daß es ein ungemein großer Falke war. Er hatte von seinesgleichen gehört und von den Menschen, die auf ihnen ritten. Sie hatten ihr Leben Astret, der Mondgöttin geweiht. Mensch und Vogel waren telepathisch miteinander verbunden, das wußte er. Diese ungewöhnliche Verbindung hielt ein Leben lang an.

Mittelson hatte noch nie einen dieser Vögel gesehen und war nicht auf sein Erscheinen vorbereitet.

Als der Falke näher kam, erkannte er, daß er erschöpft war. Die schweren Schwingen kämpften gegen den kalten Wind, und sein Kopf hing müde herab.

Der Vogel war von hellem Grau, die dunklen Augen glänzten. Er war eine fremdartige Kreatur voll Anmut und Kraft. Sein Schnabel war scharf gebogen, die Krallen gefährlich spitz. Auf seinem Rücken hing schlaff ein besinnungsloser Mann.

Der Falke landete am Rand des Wassers und blickte ihn an. Mittelson machte einen Schritt auf ihn zu, dann hielt er an. Er bediente sich jeder Wellenlänge seines Hirns, um zu fragen, zu forschen.

Nicht aggressiv, nicht bedrohlich. Aber seine Sondierung wurde wirkungsvoll blockiert, und die dunklen Augen des Arrarats blickten ihn mißbilligend an.

Der Bewußtlose war über und über mit Blut besudelt. Nur der Lederriemen um die Schultern des Vogels hatte ihn gehalten. Seine Hände und Arme waren regelrecht in diesem Riemen verflochten. Er lag der Länge nach auf dem Vogelrücken, die Arme weit ausgestreckt, der Kopf zur Seite gedreht.

Mittelson holte tief Atem und schritt durch den schneebedeckten Sand zu dem wartenden Arrarat.

Der Falke beobachtete ihn gleichmütig. Mittelson hob nervös eine Hand und berührte ihn. Das Gefieder war naß vom Schnee. Er strich über die glatte Oberfläche, ehe er die Hand des Mannes berührte. Sie war kalt wie Stein.

Rasch, ohne weiter auf den Falken zu achten, löste Mittelson die Hände des Fremden aus dem Riemen.

Der Mann rutschte vom Rücken in die seichten Wellen. Er war groß, nasses schwarzes Haar fiel über ein bleiches Gesicht, seine Kleidung war vorne und hinten blutig.

Aber der Mann war nicht tot.

Es folgten ungewöhnliche Wochen. Der Fremde konnte nicht weit transportiert werden, denn er hatte eine grauenvolle, tiefe Wunde im Rücken, dicht neben der Wirbelsäule und der Lunge, nicht glatt wie eine Klinge sie verursachen würde, sondern ausgezackt und gebogen. Eine zweite, von vorn verursachte, hatte er in der Schulter. Verletzungen durch Klauen, dachte Mittelson und fragte sich, welche Kreatur Klauen dieser Größe hatte.

Sie hätten sein Tod sein müssen. Aber etwas hatte sein Leben erhalten, etwas hatte ihn auf dem Arrarat festgebunden. Etwas, das nicht menschlich war. Mittelson schob diese Erkenntnis zur Seite. Die Zeit für Fragen würde kommen, wenn – falls – der Mann genas.

Mittelson war ein erfahrener Heiler, trotzdem hätte er sich in diesem Fall fast geschlagen geben müssen.

Der Arraratfalke half. Er brachte trockenes Holz, damit Mittelson Feuer machen konnte, außerdem Fische, Hasen – genug zu essen. Einmal kam er mit Wolldecken in den Krallen an, die er von irgendeiner Wäscheleine gestohlen hatte.

Süßwasser lieferte eine Quelle ein Stück hangauf. Mittelson ließ das Feuer nie ausgehen, hüllte den Bewußtlosen in Decken und Zauber, und wartete.

In seinen Fieberphantasien murmelte der Mann vieles, auch Namen, und einen Namen rief er immer und immer wieder. Eleanor. Mittelson bedrängte ihn nicht, mehr zu erfahren. Die Zeit dafür würde noch kommen.

Eines Tages kehrte er mit frischen Kräutern und Wurzeln zurück, die er benötigte, und stellte fest, daß die tiefblauen Augen, die ihm in der dunklen Höhle entgegenblickten, endlich klar waren.

»Wer bist du?« fragte der Fremde. Er lag auf der Seite, und sein Kopf ruhte auf dem abgewinkelten Arm. Aus seinen Augen sprach Hunger – nach Wissen? Nach Gesellschaft? Es war unmöglich zu deuten.

Mittelson nannte ihm seinen Namen, seinen Beruf (Arzt, sagte er). Es erfolgte keine Reaktion. Er hielt inne, irritiert vom Blick dieser blauen Augen.

»Wo bin ich?« Die Stimme war klangvoll und hatte einen Akzent, den Mittelson nicht einzuordnen vermochte. Er erzählte ihm von Shelt, von der ganzen Region und ertappte sich dabei, daß er von seinem Herrscher sprach und von den verschiedenen und ungewöhnlichen Schwierigkeiten.

Er konnte nicht erkennen, ob der Mann zuhörte, denn sein Gesicht war auf seinen Arm gesunken und wirkte verschlossen. Aber Mittelson hielt es für das beste, weiterzureden und zu versuchen, ihn von seinen Gedanken abzulenken.

Es mußten Alpträume sein. Mittelson las Leid in den hellen Augen, einen Kummer, den er in seinem Zustand nicht zu verbergen vermochte.

Als er schließlich endete, nachdem er sicher war, daß der Fremde schlief, blickte er auf und sah den Arraratfalken ein Stück entfernt am Strand stehend die Höhle beobachten. Und warten.

Einige Tage später, als er von seinem Gang zur Quelle zurückkam, war die Höhle leer.

Im Sand waren Spuren. Der Fremde konnte unmöglich weit gegangen sein. Rasch folgte Mittelson den Fußabdrükken zum Meer.

Falke und Mann standen am Wasserrand, doch nicht dicht beisammen. Der Mann schwankte ein wenig, aber sein Blick war fest auf die Augen des Vogels gerichtet.

Es herrschte völliges Schweigen, das Schweigen einer Gedankenverbindung. Mittelson blieb im Schatten der Klippe stehen und beobachtete die zwei.

Und dann machte der Mann einen Schritt rückwärts, warf den Kopf zurück und ein gewaltiger Schrei zerriß die Stille.

»*Warum*, Astrella, *warum*?«

Der Falke schwang den Kopf herum, als wolle er die Verbindung abschütteln. Mittelson sah, wie er die Muskeln spannte, bereit, sich in die Lüfte zu heben.

Auch der Mann bemerkte es. Er fing zu laufen an, doch der Falke war bereits in der Luft und schlug mit den schweren Schwingen.

»Komm zurück!« Es war ein Schrei voll tiefer Qual. »Astrella!«

Dann verließ ihn die Kraft. Seine Knie gaben nach, und er stürzte mit dem Gesicht in die leichte Brandung. Mittelson rannte los.

Der Falke kreiste über der Bucht und vergewisserte sich, daß dem Mann nichts zugestoßen war.

Dann entfernte er sich mit schicksalsschweren Flügelschlägen und überließ Lukas Marling in einem fremden Land seinem eigenen Geschick.

Lukas weigerte sich, Mittelson irgend etwas über sich zu erzählen. Doch Mittelson war ein guter Beobachter und machte sich selbst ein Bild von dem, was er über Arraratfalken wußte und was er aus den Fieberphantasien des Fremden gehört hatte.

Demnach war der Mann ein Anhänger von Astret; hatte selbst für das Ende der Stasis gekämpft; ein Krieger, an Gewalt gewöhnt, doch ein treuer, warmherziger Freund und Liebhaber. Auch magische Künste waren ihm vertraut, er hatte Magier gekannt. Mittelsons Zauberkräfte waren ihm nicht verborgen geblieben, hatten ihn aber nicht sehr beeindruckt.

»Wie heißt du?« hatte Mittelson ihn gefragt.

»Du kannst mich – Rosco nennen, wenn du möchtest. Jolin Rosco.«

Es war ein alter, obskurer Name aus der Zeit vor der Stasis. Der Mann lächelte leicht, ein Eingeständnis, daß es nicht sein echter Name war und es ihm nichts ausmachte, daß Mittelson das wußte.

»Du wirst dir etwas über mich ausdenken müssen, wenn du Wert darauf legst, daß ich dir helfe«, sagte er. In der Tat würde sein schwarzes Haar in Shelt, wo die meisten Menschen blond waren, allerlei Fragen heraufbeschwören.

Mittelson hatte ihm von den Fischern und den Seelords erzählt. Diesem Mann schenkte er Vertrauen.

Rosco sagte, daß er helfen würde. Daß er Erfahrung im Kampf und als Anführer habe. Er überließ die Entscheidung Mittelson, drängte in keiner Weise und ließ auch nicht erkennen, wie ihm selbst der Sinn stand. Offenbar war es ihm völlig gleichgültig, was sich tat.

Bei manchen Männern wäre es ein Risiko. Doch Mittelson beobachtete und wartete und verließ sich auf die eigenartige Kombination von Eingebung und Hellsicht, die ihn an jenem Winternachmittag zur Bucht geführt hatte.

Also heilte er den Mann, der sich den Namen Jolin Rosco gegeben hatte, und machte ihn mit den Fischern von Shelt bekannt.

Und während die Ereignisse – von der vorsichtigen

Unterweisung der Fischer in der Kriegskunst, dem geschickten Einsatz von Propaganda und Politik, bis zum Angriff auf das Waffenlager und den Marstall – ihren Lauf nahmen, bezog Mittelson Jolin Rosco mehr und mehr mit ein.

Führte ihn fort von den Schatten der Erinnerung. Von den Ketten der Vergangenheit.

Die Fischer

Als der Mann, der sich selbst Rosco nannte, endlich imstande war, auf den Beinen zu stehen und zu gehen, brachte Mittelson ihn in die Stadt und führte ihn durch schmale Gassen zu der Hütte, nahe dem Fischertempel, in der er mit noch zwei Männern hauste.

Alex und Ferant Aldrich waren Brüder, Mittelsons Vettern und Fischer, die durch die Seelords von Shelt um ihr Auskommen gebracht worden waren. Beide waren jünger als Mittelson, klein, drahtig, mit ledrigen, von Wind und Wetter gegerbten Gesichtern und verkniffenen Augen. Doch damit endete die Ähnlichkeit. Alex Aldrich war ein Fanatiker. Wütend und finsteren Blickes stapfte er ruhelos wie ein Raubtier im Käfig in den engen Zimmern umher und schwang dabei die Arme, als müßte er unsichtbare Hindernisse aus dem Weg schleudern.

Er hatte sich breitbeinig vor die Tür gestellt, als Mittelson mit Rosco ankam.

»Wo zur Hölle warst du?« Sorge und Ärger waren gleich stark in seiner Stimme. »Du wärst *hier* gebraucht worden, Mann!« Sein Blick flog zu dem hochgewachsenen Fremden, der sich erschöpft an die Hüttenwand lehnte. »Und wer, bei allen Teufeln, ist das?«

Ein Nomade, erklärte Mittelson, den er schwer verletzt, von seinen Stammesbrüdern aufgegeben, südlich von Shelt gefunden hatte. Das war eine glaubhafte Geschichte, denn die Eloier waren nicht in der Lage, jemanden mitzuschleppen. Eisiges Schweigen folgte dieser Neuigkeit. Mittelson erklärte: Rosco schien sein Gedächtnis verloren zu haben, verfügte jedoch über gewisse Fähigkeiten ...

Alex explodierte. »Verdammt unwichtig! Du hättest *hier* sein müssen, Olwyn! Es gibt sonst niemand ...«

»Was ist mit Pelham?« fragte Mittelson stirnrunzelnd.

»Wurde vor einer Woche verhaftet. Wegen Aufwiegelung. Was ja auch stimmte.«

»Hundesöhne!«

»Olwyn, unten am Tempel breitet sich Fieber aus, und es hat ganz den Anschein, als hätte es auch Mullen erwischt. Wir werden es ohne frischen Turaik kaum aufhalten können. Und Agatha ist *gestorben* ...«

»Sie war über achtzig ...« sagte Mittelson abwesend.

»Sie ist an eitriger Halsentzündung gestorben, die du in zwei Tagen hättest ausheilen können. Wir hatten keine verdammte Brachwurz, und *du* hast uns nie gesagt, wo man sie finden kann!« Der Strom von Anschuldigungen hörte nicht auf.

Lukas hörte bestürzt und fasziniert zugleich zu. Mit Mittelson und Alex prallten verschiedene Temperamente aufeinander, aber es war klar, wer das Sagen hatte. Trotz seines Aufbrausens und seiner Schimpfwörter war Alex Aldrich wie ein Kind, das sich nicht ohne Grund beschwerte, vernachlässigt worden zu sein. Mittelson reagierte mit Geduld und Ruhe, aber Lukas konnte sehen, daß er sich der Verantwortung bewußt war. Alex hatte recht. Mittelson hätte nicht so lange Zeit von Shelt fernbleiben dürfen – jene Zeit, die er damit verbracht hatte, Lukas Marling gesund zu pflegen.

Ferant sagte überhaupt nichts. Er saß über seine Bücher gebeugt und achtete kaum auf den Fremden. Als ihm Lukas vorgestellt wurde, trommelten seine Finger vor Ungeduld auf den Tisch.

Es war kein vielversprechender Anfang, der sich auch dadurch nicht verbesserte, daß, als Mittelson und Rosco sich gerade in das hintere Zimmer der Hütte zurückgezogen hatten, Patienten in großer Zahl herbeiströmten.

Kinder mit Rachitis, blasse Frauen mit weinenden Babys

und geschwollenen Beinen, alte Männer, verkrüppelt von Rheumatismus, junge Männer mit fürchterlichem Husten und blutbefleckten Taschentüchern. Alle zu mager, alle niedergeschlagen oder zornig oder mürrisch oder erschöpft; fröstelnd im kalten Wind, den die dünnen Lumpen nicht abzuhalten vermochten. Das Feuer im vorderen Zimmer rauchte und gab nicht viel Wärme, aber die Tür war fest, die Fensterscheibe ganz, und der schmale Gang, der als Wartezimmer benutzt wurde, war immer überfüllt.

Rosco sah aus dem Hinterzimmer zu, wie der Magier Pillen und Tropfen abzählte, Verletzungen verband, Rat und Trost gab und, falls die Zeit es erlaubte, zuhörte, wenn die Patienten ihm das Herz ausschütteten. Waren sie zu krank, zu ihm zu kommen, machte er Hausbesuche und eilte im schwarzen Umhang durch die schmutzigen Straßen zu Männern mit hohem Fieber, Frauen in den Wehen, dahinsiechenden Kindern …

Selten daß Olwyn Mittelson dazu kam, sich auszuruhen. Er war tatsächlich zu lange fort gewesen. In jedem freien Augenblick stampfte er Pulver im Mörser, mischte Flüssigkeiten. Er schickte Alex Aldrich auf lange, ermüdende Suche unter dem Schnee nach Kräutern und Mineralen.

Hin und wieder verriegelte er spätnachts die Türen, dann hörte Lukas, wie er die Gebrüder Aldrich mehr als Heilen lehrte. Er brachte ihnen bei, wie man beim Kämpfen Magie einsetzen konnte – die dunklen und gefährlichen Künste der Verformung. Die meisten Magier hielten sie für unter ihrer Würde. Mittelson lehrte die beiden nur wenige Dinge, aber Lukas wußte, daß selbst das gefährlich war. Doch eines Tages würden die Brüder Mittelson gegen die Seelords helfen müssen. Eines Tages …

Mittelson arbeitete unablässig vom Morgengrauen bis Mitternacht und länger. Und während der ganzen Zeit, die der Magier arbeitete, schaute ihm Lukas Marling aufmerksam zu und wartete, daß seine Kraft wiederkehrte.

Er konnte nicht schlafen. Die Luft des engen Hinterzimmers, in dem er lag, roch nach kalt gewordenem Essen, nach Krankheit und fremdartigen Kräutern. Er starrte mit offenen Augen in die Dunkelheit. Er hörte leise Geräusche aus dem vorderen Zimmer und das Huschen von Mäusen und Ratten auf dem Dachgesims. Als sich seine Augen der Dunkelheit angepaßt hatten, sah er Reihen von Flaschen und Gläsern auf den Wandbrettern neben der Tür. Fettige, abgegriffene Bücher lagen gestapelt auf jeder waagrechten Fläche.

Die ständige Betriebsamkeit in der Hütte, die vielen Menschen, die jeden Tag hierherkamen, die besorgten, schmerzgezeichneten Gesichter, die bedrückten Stimmen, das alles nahm er nur vage wahr. Seine Gedanken folgten anderen Pfaden.

Er wußte, was geschehen war. Er war nicht allein in Shelt. Astrella hatte ihn nicht verlassen. Immer wieder stieß er auf ihre Gedanken, darum wußte er, daß sie in er Nähe war, sich in den windgepeitschten Wolken verbarg oder durch die schwarzen Mondschatten segelte.

Des Nachts sandte sie ihm seltsame, bewegende Eindrücke, Bilder aus Gedanken, Gefühlen und Erinnerungen. Eine Bergkuppe, eine grausame Entscheidung, die Eleanor aufgezwungen worden war …

Sie hatte ihn für tot gehalten und hatte die Stasis gebrochen.

Dieses Bild machte ihm zu schaffen. Immer wieder kehrten seine Gedanken zu ihm zurück, und er versuchte zu verstehen, was geschehen war. Er hatte bisher nicht vermocht, es mit seinen eigenen Erlebnissen in Einklang zu bringen. So beherrschte es seine Gedanken.

Er hörte Geräusche im vorderen Zimmer, wo Mittelson arbeitete. Es war die Art von Geräuschen, die jemand verursachte, wenn er sich bemühte, leise zu sein. Lautlos stand Lukas auf und ging zur Tür. Er fand sich in der Dunkelheit immer mühelos zurecht.

Er schob sie auf und sah ein schwaches, waberndes Licht zwischen beschwörenden Händen.

»Konntest du nicht schlafen? Du solltest es noch mal versuchen.« Mittelson hob den Blick von dem Lichtgespinst zwischen den Fingern. Unter seinen Händen entstand eine kleine Pyramide aus Körnern.

»Laß dich von mir nicht stören.«

»Ich bin fast fertig ...« Das Licht von seinen Händen schien auf das Körnerhäufchen hinabzusickern. Ein paar Körner rutschten hinunter und rollten über die Tischplatte.

Das Licht erlosch. Mittelson lehnte sich auf dem Stuhl zurück. Schweiß glänzte auf seiner Stirn.

»Stockst du deinen Vorrat auf?«

»Hundert Körner. Reicht für eine Dosis.« Seine Hände zitterten, als er die Körner in einen Glasbehälter schob. Lukas ging zu dem Becken in der Ecke und schenkte einen Becher voll Wasser.

Mittelson trank es wortlos.

»Ist es die Anstrengung wert? Für eine Dosis?«

Mittelson zuckte mit den Schultern. »Sie ist der Unterrschied zwischen Erfolg und Mißerfolg.«

»Bestimmt riskant. Man sollte solche Fähigkeiten nicht vergeuden ...«

»Ich könnte die Arzneien natürlich mit Seewasser mischen.« Sarkasmus troff aus seiner Stimme.

»Würde das helfen?«

»Wie, glaubst du, hast du überlebt, Jolin Rosco? Ich hatte keine Medikamente am Strand. Ich tauchte deine Verbände in Seewasser und überließ dich dem Drachen«, sagte er unvorsichtig vor Übermüdung.

»Was?«

Schweigen. Mittelson stand auf und griff nach Glasbehälter, Waage und Gewichten, um alles aufzuräumen. »Es ist spät«, sagte er. »Und ich brauche unbedingt Schlaf, auch wenn du darauf verzichten willst.«

»Ein Drache, Olwyn? Was für ein ›Drache‹?«

Mittelson seufzte. »Die Gewässer von Shelt sind für ihre heilenden Kräfte bekannt, richtig? Den Fischern ist ihr Gewerbe verboten, damit die Seelords allein das Meer nutzen können. Das Problem ist, daß sie sich damit einem Drachen verpflichten ...«

»Feuerspeiend? Geflügelt? Ich weiß, er bewacht einen Goldschatz ...«

»Er speit kein Feuer unter Wasser, und Flügel braucht er dort auch nicht. Aber Gold gibt es wahrhaftig«, sagte Mittelson ernst. »Der Schatz, den der Drache hütet, ist die Gabe des Heilens, der Lebensverlängerung. Du verdankst dein Leben einer Seeschlange aus Schaum und Gischt.«

»Und ich dachte, ich verdanke es dir ...« Aber Lukas' Augen blickten ins Leere, und seine Gedanken überschlugen sich. Er trat ans Fenster und blickte hinaus auf die schmutzige Straße, durch die der Wind den Unrat fegte. »Sagtest du nicht, daß du mich dem Drachen überlassen hast?«

Mittelson zuckte mit den Schultern. »Es hat natürlich seinen Preis. Du weißt genug über Magie und Magier, um auch zu wissen, daß immer ein Preis bezahlt werden muß. Ich habe allerdings keine Ahnung, was er sein wird ...«

»Glaubst du, daß ich jetzt besser schlafe?«

»Nein, aber jetzt hast du etwas anderes zum Grübeln.«

»Ja. Danke. Das nächste Mal mache ich lieber einen Spaziergang.«

Mittelson blickte ihn plötzlich eindringlich an. »Du bist aus einem ganz bestimmten Grund hier, verstehst du. Der Arrarat hätte dich sonst nicht hergebracht. Hier wartet eine Aufgabe auf dich.«

»Vielleicht. Aber was das ist, will ich selbst entscheiden.«

»Wenigen Menschen ist es vergönnt, ihr Schicksal selbst zu entscheiden. Es könnte wohl sein, daß du gar keine Wahl hast.«

»Ist das eine Drohung, Olwyn? Oder eine Prophezeiung?«

»Was dir besser gefällt.«

»Keines von beiden. Es ist mein Leben!« Aber das hatte er längst geopfert, um die Stasis zu brechen. Was war dann jetzt noch sein eigen?

Wenn schon nicht Rosco, so waren wenigstens Ferant und Alex Mittelson von Nutzen. Er lehrte sie Zauberformeln und teilte ihnen sein Wissen mit, fast als wüßte er, daß er seine Zeit bald anderen Dingen widmen müsse. Rosco, der auf dem Weg der Besserung war, sah wie die Brüder sich mit fremdartigen Namen plagten, mit Heilmittellisten, der Zusammensetzung von Arzneien. Ferant war der geistig flinkere der zwei, er zog aber auch manchmal vorschnelle Schlüsse, während Alex pedantisch darauf bestand, daß jede Einzelheit peinlich genau erklärt wurde.

Sie waren gehorsame Schüler, und Mittelson bewies unendliche Geduld mit ihnen. Ferant und Alex standen in doppelter Hinsicht in seiner Schuld. Er lehrte sie die geheimen Künste: Heilkraft und ein wenig der schwärzeren Aspekte der Magie. Und er bot ihnen Unterkunft und sorgte für ihren Unterhalt. Mürrisch duldeten sie die Anwesenheit des hochgewachsenen Fremden namens Rosco, und widerwillig teilten sie das Essen mit ihm, das die begüterteren von Mittelsons Patienten ins Haus brachten.

Eine Zeitlang nahm Rosco ihr Mißtrauen und ihre Abneigung schweigend hin. Er war damit beschäftigt zu beobachten, was vorging, wie es den Fischern von Shelt erging. Er beobachtete und wartete und hing seinen Überlegungen nach.

Dann unternahm er seine ersten Spaziergänge. Als seine Kräfte zurückkehrten, streifte er durch schmale Gassen und die engen Durchgänge zwischen den Hütten im Hafenviertel. Inzwischen waren ihm bereits viele Gesichter vertraut, wenngleich die Namen von nur wenigen. Er nickte ihnen zum Gruß zu; manchmal grüßten sie zurück, meistens nicht.

Für sie war er Mittelsons seltsamer Freund. Die Geschichte hatte in der Fischergemeinde ihre Runde gemacht, daß er ein Nomade war, der sich nicht an seine Vergangenheit zu erinnern vermochte und keine Rolle in der Gegenwart zu spielen hatte. Man akzeptierte ihn nur Mittelsons wegen, des unermüdlichen Wohltäters der entrechteten Bürger von Shelt.

Es war ein harter Winter mit eisigem Wind, häufigem Schneefall, bei Tag rutschig oder matschig, des Nachts eisglatt oder harschig. Der Seewind trieb den Schnee in grauen Wolken durch die Straßen, fegte ihn an Mauern und Häuserwänden entlang.

Bei seinen Spaziergängen während der Stunden des kurzen Tageslichts sah Rosco Ratten in den wachsenden Müllhaufen stöbern und hungrige Hunde und Katzen um die kärglichen genießbaren Abfälle kämpfen. Er hörte Kinder quengeln und Männer brüllen. Diesen Leuten wurde Unrecht zugefügt, man machte es ihnen unmöglich, sich ihren Unterhalt zu verdienen. Er zog die Schultern in dem Schneegestöber hoch und fragte sich, was er dagegen tun könnte. Ob er überhaupt etwas tun sollte.

Der Kahn hieß *Sinnlosigkeit*. Die Buchstaben waren ordentlich in Schwarz auf Bug und Heck gemalt. Den früheren Namen in teils abgeblättertem Rot konnte man unter der frischen Farbe kaum noch erkennen. Rosco starrte einen Augenblick darauf und runzelte die Stirn. Dann wandte er sich den anderen Booten zu, die auf den trockenen Sand gezogen waren.

Sie lagen in einer breiten, seichten Bucht, die von den zwei Armen der nördlichen und südlichen Landzunge geschützt war. Von den Wracks von Fischerkähnen abgesehen, die oberhalb der Flutmarkierung lagen, war die Bucht nun fast leer. Jedes Boot, das die Patrouille der Seelords im Wasser entdeckte, wurde sofort zerstört. Nur wenige, höchstens dreißig, waren von der Fischerflotte, die Hunderte gezählt hatte, noch übrig.

Sie verrotteten am Strand, ihre Farbe blätterte ab, ihre Metallteile verrosteten. Im kalten Spätnachmittagslicht wanderte Rosco zwischen den verlassenen Booten herum, strich mit der Hand über die zersplitternden Planken und betrachtete die Boote eingehender.

Klinkerbauart, die übereinandergreifenden Außenplanken großzügig gewölbt, genau richtig für drei bis vier Mann und leicht genug, daß sie auf zwei Rädern von Pferden oder mehreren Männern über den Sand zum Wasser gezogen werden konnten.

Anstrengend und zeitraubend, aber die einzige Möglichkeit, Boote in einer seichten Bucht zwischen zwei gefährlichen Landspitzen ins Wasser zu bringen.

An dieser Küste gab es über hundert Meilen weit keinen anderen Hafen. Unregelmäßige Felsformationen, bröckelnde Klippen, stürmische Gezeiten. Die Bucht von Shelt war die einzig mögliche Stelle, wo man Boote ins Wasser lassen konnte.

Die großen Schiffe mußten weiter draußen ankern, und es blieb ihnen nichts übrig, als ihre Fracht und Passagiere in Flachbooten an Land befördern lassen. Nur drei dieser Flachboote wurden noch benutzt und waren in Scharlachrot und Grau, den Farben der Burg, gestrichen. Ihre Mannschaft bestand ausschließlich aus Angehörigen der Küstenwache, und sie dienten nur zum Transport zwischen dem Hafen und den Schonern und Klippern von weither.

Keinen Schiffen war es mehr gestattet, Meeresfrüchte für die arbeitende Bevölkerung von Shelt zu ernten. Die Flachboote der Fischer waren aufgegeben, aus Lethargie und Hoffnungslosigkeit nicht mehr instandgehalten und schließlich vergessen worden. Aber nicht von allen. Die Schrift an diesem Boot war verräterisch neu.

Rosco fragte sich, wer sich diese Mühe gemacht hatte. Ganz gewiß hätte es keinem der Burggarde so viel bedeutet. Und bestimmt würde kein Fischer sein Boot derart umbenennen, außer er hatte jegliche Hoffnung verloren. Waren sie damit zufrieden, anzunehmen, was immer die Seelords ihnen zuwarfen?

Zufrieden. Er war in seinem früheren Leben nie zufrieden gewesen – außer während jener paar Tage auf einer friedlichen Insel …

»Sieh an, Mittelsons geheimnisvoller Freund. Was machst du hier?«

Ein Mann, den er als Philp Cammish erkannte, Haupt einer der Fischerfamilien, stand mit tief in den Taschen vergrabenen Händen da, die Schultern gegen den Wind gebeugt. Er blickte Rosco gleichmütig an.

»Ich sehe mich um. Hast du ein Boot hier?«

»Das dort.« Der Mann verzog den Mund, als er auf einen der größeren Kähne deutete. Unter der hellblauen Farbe mit den weißen Zierstreifen schaute stellenweise bereits das feuchte Holz durch. *Verflucht* war der Name, der in Schwarz sauber auf die Bugseiten gepinselt war.

Die anderen Boote wiesen ähnliche Namen auf: *Hohn, Eitelkeit, Sturm, Bosheit, Vergeudung, Mitleiderregend, Baufällig, Abstoßend, Müll*. Alle lagen sie aufgegeben auf dem Strand und warfen lange Schatten.

»Wie heißt der Kahn wirklich?«

Der Mann wandte Rosco stumm den Rücken zu und starrte hinaus aufs graue Wasser. Der Wind versuchte vergeblich sein dünnes Haar zu zausen.

»*Verflucht*«, sagte er schließlich. »Es hat keinen anderen Namen mehr.«

»Und damit bist du zufrieden?«

»Zufrieden?« wiederholte Cammish leise und ohne Zorn. Er blickte immer noch aufs Meer.

»Was beabsichtigst du zu unternehmen?«

»Ich?« jetzt schwang er herum und blickte den anderen direkt an. »Ein anderes Handwerk lernen. Stricken vielleicht.« Erst jetzt brach seine Verbitterung hervor.

»Das hat eine große Zukunft, nicht wahr? Und ist gewinnbringend, oder nicht? Wer wird kaufen, Philp Cammish? Torold und seine Freunde? Oder hast du vor, die Seelords zu beliefern?«

Wieder ein langes Schweigen. Rosco dachte schon, der Ältere würde einfach davonstapfen.

»Und was tust du, um deinen Unterhalt zu verdienen? Was ist dein Beitrag zur Wirtschaft von Shelt? Was sind deine Fähigkeiten?«

Ich kann kämpfen, hätte er fast gesagt. Mit einem Pfeil auch im Dunkeln treffen. Auf einem Arraratfalken reiten. Messerwerfen, ein Schwert führen, wie der Teufel reiten. Mir einen Todesengel vom Leib halten, aber nicht zwei ...

»Ich kann Leuten etwas beibringen«, sagte er statt dessen. »Bogenschießen, Fechten. Kennst du jemanden, der Unterricht haben möchte?«

Stumm blickte Cammish ihn an, dann zuckte er mit den Schultern. »Was verlangst du?« fragte er ironisch und schritt davon.

Trotzdem nahm es damit seinen Anfang. In den verschiedensten, wechselnden Schlupfwinkeln – unbenutzten Schuppen, alten Lagerhäusern, versteckten Felsbuchten – hielt er täglichen Unterricht für alle, die kamen. Zeit und Ort der Ausbildungsstunden wurde mündlich weitergegeben. Es wurde alles getan, diesen Unterricht geheimzuhalten. Die Seelords durften unter keinen Umständen von diesen illegalen Aktivitäten erfahren.

Aber jeder konnte an der Ausbildung teilnehmen. Jeder, der Zeit fand: Fischer, Arbeitslose, junge Burschen, junge Frauen. Alter oder Geschlecht spielte keine Rolle. Jeder war willkommen.

Es war besser als Stricken. Zuerst kamen sie allein oder zu zweien, doch als Roscos Ruf wuchs, wurden die Schuppen immer voller mit schwitzenden Leuten, die mit Schwertern, Stöcken, Bootshaken und allem, was als Waffe dienen konnte, das Kämpfen lernten.

Richtige Waffen gab es nie genug. Die Waffenschmiede standen alle im Sold der Burg und hatten zu große Angst, sich auf illegale Arbeiten einzulassen.

Rosco zeigte seinen Schülern, wie man die kurzen, doppelt geschwungenen Bogen der Höhler anfertigte. Eine Konstruktion aus Horn, Tiersehnen und Holz. Einige der älteren Männer wollten Helme wie die Burggarde, aber Rosco gab zu bedenken, daß Helme die Soldaten um den Preis des Schutzes so gut wie blind und taub machten. Wollten sie diesen Nachteil auf sich nehmen?

Sie besprachen sich zweifelnd und gaben den Gedanken schließlich auf.

So lernte Rosco die Shelter allmählich kennen. Natürlich

nicht alle. Es gab manche, die Unterricht für unnötig hielten, die von ihrer Geschicklichkeit überzeugt waren und Fremden mißtrauten. Und es gab auch andere, die das Ganze für sinnlos hielten.

Letztere waren die gefährlicheren. Ihr Sprecher war Philp Cammish' Sohn Hobard. Ferant Aldrich unterstützte ihn. Ferant war es auch gewesen, der die Boote umbenannt hatte.

Sie saßen eines Abends im *Fischernetz*. Die Kneipe war überfüllt, voll Rauch und säuerlichem Biergeruch.

Rosco hatte den Tag damit zugebracht, seinen Schülern die Technik des Schwertkampfs unter Benutzung eines Umhangs, der als Schild eingesetzt wurde, zu zeigen. An den Kampf mit Messern waren sie bereits gewöhnt, und im schnellen Zustoßen und unerwarteten Ausweichen wurden sie immer besser.

Er brachte ihnen bei, ein Tuch oder dergleichen zur Ablenkung zu verwenden, es einem Gegner in die Augen zu peitschen, sich dahinter zu ducken, es sich rasch als provisorischen Schild um den linken Unterarm zu wickeln.

Es hatte Spaß gemacht. Jetzt lachten und tranken sie in hoffnungsvoller und begeisterter Stimmung.

Jarry begann. Sie war eine junge blonde Frau mit blitzenden, leidenschaftlichen Augen und eine geschickte Kämpferin, behende und voll Energie.

»Und was als nächstes?« fragte sie Rosco und lehnte sich über den Tisch.

»Morgen wiederholen wir es. Deine Linksdrehung ist noch zu langsam ...«

»Nein, das meine ich nicht!«

Rosco wußte, was sie meinte, aber das war etwas, worüber er nicht reden wollte.

»Diese Ausbildung, diese Geschicklichkeit! Was sollen wir damit? Jahrmarktsvorstellungen geben?«

Er schwieg und hob sein Glas, um es nachfüllen zu lassen. Es war Mittelson, der antwortete:

»Du kennst die Antwort bereits, Jarry, nicht wahr? Wir

werden kämpfen. Um unsere Rechte, unser Leben, unser Gewerbe. Für Lady Astret, wenn du möchtest.«

Plötzliche Stille setzte unter den Männern und Frauen ringsum ein, eine Stille, die sich im ganzen *Fischernetz* ausbreitete. Aller Augen wandten sich ihnen zu.

»Wir haben keine Chance.« Bitterer Zorn schwang aus Alex Aldrichs gesenkter Stimme. »Es stehen nahezu sechstausend Mann im Sold der Burg ...«

»Die keineswegs alle den Seelords treu ergeben sind.«

»Aber die es nicht sind, genügen nicht, das Blatt zu wenden! Außerdem sind da auch noch die verdammten Seelords selbst mit ihren Spiralstäben und ihrer Magie! Was könnten wir gegen sie schon ausrichten?«

»Als erstes brauchen wir Waffen«, warf nun Rosco, wenngleich widerwillig, ein. »Wir müssen das Waffenlager plündern ...«

Zweifelndes Gemurmel wurde laut. Er achtete nicht darauf.

»Zuerst das Waffenlager. Mit Bootshaken kommen wir nicht weit. Und danach müssen wir uns ihre Pferde holen ...«

»Pferde? Warum? Wir können doch gar nicht reiten!« Jarry starrte ihn an.

»Aber die Eloier. Sie warten nur darauf, sich mit euch zu verbünden. Sie brauchen lediglich Pferde.«

»Du stehst mit ihnen in Verbindung?« Jarry blickte Rosco mit neuem Respekt an.

Wieder antwortete Mittelson für ihn. »So könnte man es nennen ... Und das ist nicht alles.«

Bedächtig begann er in groben Zügen eine Idee zu erklären, eine Möglichkeit, Torolds Aufmerksamkeit zu erlangen und Druck auf die Seelords auszuüben ...

Und so entwickelte sich der Doppelplan, Torolds Nichte zu entführen und die Eloier als Verbündete zu gewinnen.

Und als Mittelson eines Nachts Lichtspiralen zu wirksamer Kraft für seine Heilmittel wob und innehielt, um kurz auszuruhen, drängten sich ihm seltsame Visionen auf.

Bilder schoben sich vor sein inneres Auge und ließen sich

nicht vertreiben. Er versuchte sich auf etwas anderes zu konzentrieren, er ging spazieren, bemühte sich zu lesen, zu schlafen, aber die Bilder wurden immer deutlicher.

Das Bild eines Schiffes, das an der südlichen Landspitze zerschellte. Einer Frau im Mondschein. Und einer Vermählung.

Der Fischertempel lag dicht am Hafen in einer Seitenstraße. Von außen sah er wie ein kleines Lagerhaus aus, mit einer ganz normalen Flügeltür, einem langen hölzernen Pultdach und fensterlosen Wänden.

Dort wurden Eide geleistet, Zeremonien zelebriert, und früher hatte man Astret um die sichere Rückkehr von Schiffen gebeten. Hätten die Seelords geahnt, daß er immer noch von so großer Bedeutung für die Fischer war, würden sie ihn zweifellos geschlossen haben, denn hier spielten immer noch Frauen die traditionelle Rolle der Priesterinnen der Astret.

In Shelt nahmen die Seelords sich heraus, die Riten durchzuführen. Im riesigen Astrettempel in der Nähe der Burg zelebrierten die Schwarzen Priester, und von den Fischern betrat keiner ihn je.

Hier im Fischertempel teilte Jarry Lindels Schwester Rosa das Priesterinnenamt mit drei weiteren Frauen: den Basen Ellen und Githa Lavran und mit Graya Fosse.

Es waren jeweils zwei von ihnen anwesend, die sich in den Pflichten meditativer Gebete und der allgemeinen Tempelsorge abwechselten.

Ellen Lavran, eine abgearbeitete Frau mittleren Alters mit dünnem grauen Haar und krummen Schultern, begrüßte Jolin Rosco eines kalten Morgens dort.

»Wir haben gewartet«, sagte sie, als sie die Tür öffnete. Worauf, fragte er sich. Sie verschwand bereits wieder im dunklen hinteren Teil des Tempels.

Es roch angenehm nach Möbelpolitur und Wacholder mit einem Hauch von Rosmarin. Graugrüne Zweige von immergrünen Pflanzen in Zinnschalen und Vasen schmückten die

Wände unter den Wandgemälden, auf denen in Pastellfarben sturmgepeitschte Boote und Fischer, Segel und Taue, Netze und Angelschnüre, Fische, Muscheln und Tang zu sehen waren.

Auf dem einfachen Altar, über den eine weiße Linnendecke drapiert war, brannten Kerzen, deren Licht auf die darüber hängende Astretikone fiel. Das Gesicht der Göttin war in Silber und Gold gehalten und leuchtete in klarem kalten Licht.

Die andere Priesterin, die jetzt zum Dienst eingeteilt war, Rosa Lindel, kniete betend davor. Sie hatte die Hände gefaltet, den Kopf zurückgelegt und blickte hinauf in die makellosen Augen Astrets.

Rosco blieb im Mittelgang stehen, um die Frau nicht im Gebet zu stören. Er war sich nicht so ganz sicher, weshalb er überhaupt gekommen war. Vielleicht, um sich etwas zu bestätigen. Um sich klar zu werden, wo er stand, was er war.

Die Frau am Altar stand plötzlich auf, ihre Hände fielen hinab. Sie drehte sich um, ganz langsam.

In ihren Augen schien das Licht Astrets, die kalte Klarheit des Mondes.

Ihre Stimme war ihm fremd, sie war so ganz anders als der warme Dialekt von Jarrys hübscher Schwester. Sie sagte nur drei Worte, doch sie genügten, die andere Priesterin durch die Straßen zu schicken, um die Neuigkeit zu verkünden.

Graf von Shelt.

Flucht

Ein Traum schwebte in dieser Nacht durch den Blutpalast.

Er hatte keine Ohren, keine Augen, keine Stimme, überhaupt keine körperliche Gegenwart. Besorgt hielt er über dem Aschenbett an, wo Eleanor bewußtlos mitten in den Ruinen der Liebe lag. Er versuchte ihr einen Augenblick des Friedens zu senden, einen Hauch von Hoffnung, aber es mißlang ihm. Es war noch so weit zu gehen, soviel durchzumachen.

Zitternd, obwohl er keinen Körper hatte, wandte sich der Traum von der wirbelnden Asche im großen Saal des Palastes des Foskakönigs ab und suchte nach Trost. Er schwebte rasch an dem Toten vorbei, der noch auf des Sonnengottes Thron saß. Er hatte Comyn Shreeve einst gekannt und wollte nicht daran denken, was seither passiert war. Von einem Gott besessen. Eine leere Hülle, als Köder benutzt. Der Traum erschauderte. Er verließ den Saal und suchte nach Hoffnung in den stickigen, einsamen Gängen.

Statt dessen fand er eine Scheingestalt, die schreiend den Korridor entlangfloh, nun da der Grund ihrer Existenz durch die Tat des Gottes ausgelöscht war. Flatterndes graues Haar, fliegende Röcke, arthritische Beine mit der Flinkheit des Wahnsinns, so torkelte und taumelte sie mit bizarrer Schnelligkeit dahin, begleitet von absurden Schatten.

Plötzlich sproß eine Blume aus der Korridorwand, Ranken schossen hervor, schlangen sich um die Truggestalt und saugten ihre schwache Essenz auf.

Der Traum, der Nerissa war, schwebte vorbei und sehnte sich nach einer anderen Rolle.

In einem hohen Turm des Blutpalasts fand die Traum-Nerissa einen ehrgeizigen, gewalttätigen Mann: Weard, der zornig die Blütenblätter einer Rose zupfte, sie zerfetzte, Staubgefäß und Kelch zerquetschte und kaum bemerkte, daß Dornen in seine Prankenhände stachen.

Mit einem unterdrückten Fluch stand er auf. Er hatte genug. Die Farce im Saal hatte ihm mehr als gereicht. Er ließ die zerdrückte Blume fallen und riß die Tür seines Gemachs auf, daß sie gegen die Wand krachte.

»Jetzt bin ich an der Reihe!« knirschte er.

Er war sehr lange geduldig gewesen. Aber jetzt wollte er mehr als Versprechen, mehr als Brosamen. Er verließ seinen Turm, um die Kreatur aufzusuchen, die Lefevre gewesen war, die Kreatur, die ihn fast alles gelehrt hatte, was er konnte.

Und der Traum folgte, von entsetzter Neugier beflügelt.

Der Foskakönig war verliebt. Verliebt in den Sonnengott, halb ohnmächtig vor Verlangen, vor fiebriger Erwartung. Er war entzückt, hingerissen von der Art und Weise von Lycias' Rache und befriedigt, daß der Gott sein Schauspiel in den von ihm errichteten Kulissen gegeben hatte.

Er war ein freudig erregter Zuschauer der Ereignisse des Abends gewesen. Gewiß würde der Lord seinen Hohenpriester auferstehen lassen. Nun, da der Gott eine so spektakuläre Rache genommen hatte, würde er seinen treuen Diener bestimmt belohnen.

Der Foskakönig saß in einer Blumenwildnis im Herzen des Blutpalasts und wartete. Bald, sehr bald, würde der Gott kommen. Und der verbannte Priester würde wieder als die getreue, angebetete, hochgeachtete Stimme Gottes auf Erden eingesetzt werden, würde Macht über mehr als das Königreich des Blutes bekommen. Mit sanften Ranken tupfte Lucian Lefevre auf das farbige Fleisch der durch die Luft wirbelnden Blütenblätter und wartete.

Als die Traum-Nerissa erkannte, wohin Weard wollte, wandte sie sich ab. Voll Furcht hastete sie an der Blumenwildnis vorbei und mied die Kreatur, die in ihrer Mitte saß. Zu deutlich erinnerte sie sich an eine Begegnung vor langer Zeit zwischen dem Hohepriester der Sonne und der Priesterin des Mondes. Sie wollte es nicht noch einmal erleben.

In einer Kammer, nicht weit entfernt, hörte sie zu suchen auf und ruhte sich in der Falte eines Linnens im Licht einer schwachbrennenden Lampe aus.

Sie hatte Matthias gefunden, der reglos auf einer schmalen Pritsche lag und wartete.

Auf einen Traum wartete.

»Wie hast du es ertragen, blind zu sein, Nerissa?«

Lautlos sandte sie ihm Liebe durch die Luft.

»Ich habe nie wirklich versucht, mir vorzustellen, wie es sein mußte, für dich oder für Blaise. Aber die Vorstellung allein hätte nicht genügt, nein. Eine Vorstellungskraft, die von Magie und alten Legenden und Riten geprägt ist, hätte es ohnehin nicht vermocht. Doch jetzt weiß ich oder beginne wenigstens zu begreifen, warum meine Vorstellungskraft versagt ...«

Der Traum flackerte bleich am Rand seiner Blindheit, und Matthias verstand, was Nerissa sagen wollte.

»Und hilft es, in die Zukunft zu sehen? Nicht für dich, sonst wärst du auf Cliokest nicht in den Tod gesprungen. Während ich jetzt spreche, brennt die Sonne durch die Nebel, die die Zukunft verhüllen. Ich möchte, daß sie bleiben und verbergen, was dahinter liegt. Ich will nichts wissen, Nerissa! Die Schuld ist auch so schon groß. Muß ich auch noch die Verantwortung für die Zukunft auf mich nehmen? Kann ich mich nicht weigern? Gibt es keinen Ausweg?«

Sie hatte keine Stimme, keinen Atem, keine körperliche Gegenwart, trotzdem verstand er die bedauernde Antwort, die ihm auf andere Weise übermittelt wurde.

Kein Ausweg. Keine Alternative. Kein Trost.

Nicht solange die Götter lügen und die Menschen so unvollkommen sind.

Der Vater verabschiedete sich von seinem Sohn. In Träumen des Lichtes und der Liebe hob er das Kind hoch und tanzte über die Welt.

Wie Babys es gern tun, krähte und juchzte es. Doch als Lycias den Tanz beendete und seinen Sohn auf die Stirn küßte, wirkten die dunklen Augen des Kindes flüchtig ernst.

Es fing zu verstehen an.

Der Sonnengott war bereits davongeschwebt und erschuf Dimensionen im Trillern eines Liedes und feierte den ersten Triumph in seinem gewaltigen Rachespiel.

Er dachte kaum an das, was er im Blutpalast zurückgelassen hatte. An den Foskakönig, der seiner in zitternder Vorfreude harrte, verschwendete er nicht den geringsten Gedanken.

»Wo bleibt meine Belohnung?«

»Woran dachtest du, Weard?« Noch später in dieser Nacht, kurz vor dem Morgengrauen, wurde der Foskakönig aus seinem ungeduldigen Warten gerissen. Er drehte sich seinem Diener zu, und sein Blumenantlitz verriet Enttäuschung.

»An Wissen. Der Stab hätte mir helfen können, aber ...«

»Aber du hast ihn durch deine eigene Unvorsichtigkeit verloren. Ich sehe keinen Grund für eine zusätzliche Belohnung.«

»Lehre mich, Scheingestalten zu erschaffen – und mich ihrer zu bedienen ...«

Weards Prankenhände schwitzten in der Treibhaushitze der Blumenwildnis. Er stand fest wie ein Fels und zermalmte Laub und Blüten unter seinen Stiefelsohlen. Sein langes braunes Haar fiel strähnig vor Schweiß und Schmutz zu den Schultern. Sein mit buntem Garn genähtes und besticktes Lederwams hing offen und gestattete den Blick auf braune Haut und schwellende Muskeln.

Seine Augen verrieten Intelligenz, Ehrgeiz und Habgier. Der Foskakönig betrachtete ihn abfällig. Wahrhaftig hatte der Hohepriester des Sonnengottes weisere Gefährten verdient als diesen!

»Nein«, entgegnete er abwesend. »Ich habe jetzt einen anderen als rechte Hand. Einen echten Magier, jemanden mit Macht ...«

Sein Blick schweifte zu etwas hinter Weard, etwas Unbewegtem in dem dichten Blattwerk.

Weard drehte sich um. Eine schmächtige Gestalt stand dort mit zerstörten Augen und grimmigem Mund. Matthias.

Er stand völlig still, die Hand leicht auf den dicken Stengel einer riesigen Blume gestützt. Ohne Weard zu beachten, wandte er sich an den Foskakönig.

»Lefevre, Blume der Wüste ... Du brauchst mich nicht. Nicht wirklich. Du wartest nur auf die Rückkehr des Sonnengottes, nicht wahr? Um wieder in dein hohes Amt eingesetzt zu werden, um alles zurückzuerhalten, alle Macht, allen Einfluß. Armer Lefevre, armer Foskakönig, wartest auf deinen Gott. Er ist fort, weißt du das nicht? Lord Lycias hat das Königreich des Blutes verlassen. Und ich glaube nicht, daß er zurückkehren wird.«

So leise und ruhig seine Stimme war, klang sie doch absolut überzeugend.

Weard lachte, doch es hörte sich rauh und gezwungen an: »Das also ist deine rechte Hand, dein echter Magier, einer mit Macht?«

Eine grüne Ranke schnellte nach seinem Hals, doch Weard war darauf vorbereitet. Er sprang zur Seite und hieb mit dem Schwert nach dem sich windenden Stengel.

Der Foskakönig achtete nicht darauf. Seine Aufmerksamkeit galt nur Matthias.

»Woher weißt du das?« keuchte er gequält.

Nach kurzer Pause antwortete Matthias: »In Blindheit liegt eine Kraft. Wärst du nicht so völlig in deiner Besessenheit verloren, hättest du dich erinnert. Der Blinde, wenn er wirklich verdammt ist, kennt die Zukunft. Willst du sie hören?«

»Die Zukunft? Du kennst sie? Du hast diese Gabe?« Ein schriller Klang von Wut färbte die Qual.

»Würdest du das eine Gabe nennen?« sagte Matthias schleppend, als fiele es ihm schwer, in dieser neuen Rolle zu sprechen. »Natürlich ist nicht alles klar. Das zumindest ist tröstlich. Aber ich weiß ganz sicher, daß der Gott nie zu dir zurückkehren wird.«

Da er blind war, sah er nicht, wie die monströse Blume vor ihm die Form wandelte, sah nicht, wie sie erschauderte, wie sie anzuschwellen und sich auszubreiten begann.

Aber Weard war darauf vorbereitet gewesen. Im Bruchteil einer Sekunde traf er seine Entscheidung. Er faßte Matthias am Arm, zerrte ihn durch die sich zu regen beginnende Blumenwildnis hinaus auf den leeren Korridor und fort vom Foskakönig.

»Nein!« Matthias kam schlitternd zum Stehen und entwand sich Weard. »Eleanor und das Baby!«

»Dazu ist keine Zeit. Du hast ja nicht gesehen, wozu dieses Ungeheuer imstande ist ...« Weard packte ihn an Armen und Schultern.

»Aber wir müssen sie herausholen!« Matthias kam kaum gegen die Kraft des anderen an, doch er wußte, was er tun mußte.

»Warum, verdammt? Es ist vorbei!«

»Nein, bestimmt noch nicht. Weard, um der Lady willen, warte!« Matthias brüllte jetzt. Er war schweißüberströmt und zitterte am ganzen Leib. Verzweifelt fragte er: »Weard, was willst du, was ich dir geben kann? Wissen, magische Kräfte?«

Endlich hielt der Mann an. Durchdringender Rosenduft füllte den Korridor.

»Bilde mich zu einem vollen Magier aus«, forderte er. »Mit eigenem Stab, eigenen Kräften. Du kannst das. Ich habe dich beobachtet ...«

Matthias lehnte sich an die Wand und versuchte seine neue Gabe zu benutzen. Der Blick war unklar, noch im Nebel der Zukunft verloren. Er würde das Risiko eingehen müssen. Er würde Eleanor nicht noch einmal im Stich lassen. »Gut«, erklärte er sich einverstanden. »Hol sie heraus, und ich mache dich zum Magier.«

Das war keine leichte Entscheidung. Aber was könnte er sonst tun?

Eleanor lag ohne Bewußtsein auf einem Bett aus Asche. Weard riß sie hoch und warf sie sich über eine Schulter. Mit der anderen schob er Matthias vorwärts, ohne ihm zu erlauben, bei Comyns Leiche anzuhalten, ohne ihm zu erlauben, festzustellen, was mit Lycias' Figur geschehen war.

Als sie aus dem Saal rannten, begannen Risse die Wände zu durchziehen. Grüne Farne drückten die Steine auseinander. Aus der Laube um des Sonnengottes Thron wucherten grüne Sprossen, wanden sich Blüten, Knospen, Blätter und Stiele.

Ein Kronleuchter stürzte durch das Gewicht von Laubwerk, das sich um ihn geschlungen hatte, von der Decke, gerade als sie den Saal verließen. Todesengel flohen schnatternd vor ihnen und beachteten sie nicht im geringsten. Blätter streiften ihre Gesichter, Ranken schlangen sich um ihre Beine, Dornen verfingen sich in ihren Kleidern.

Aber Weard war stark und entschlossen und jetzt obendrein von ungeheurem Ehrgeiz getrieben. Er kannte sich gut im Palast aus und ahnte, was der Foskakönig als nächstes tun würde.

Und er wußte, wo sich das Baby befand. Sobald er entdeckt hatte, wer es war, hatte er sich des Kindes angenommen. Der Sohn von Lycias mußte von außerordentlicher Bedeutung sein. Das wollte Weard nutzen. Er hatte keinen Plan, wußte nicht, welche Möglichkeiten in dem Kind schlummerten, nur daß es Lycias' Sohn war und daß Lefevre ihn wollte. Also hatte Weard ihn versteckt.

Und zwar bei den Flüchtlingen aus Smintha, den Leuten der Karawanwe, die sich in der Umgebung des Palasts niedergelassen hatten. Es war nun ein ganzer Haufen, denn Ausgestoßene der Wüstenstämme, Diebe, Mörder, Bettler, Taugenichtse hatten sich ihnen angeschlossen. Sie hatten sich etwas versprochen vom Anblick der riesigen Echsen, die Weard zu lenken verstand. Solcher Macht konnten sie nicht widerstehen. Was sie am Ende des Weges fanden, war der Foskakönig.

Matthias und Weard rannten durch lange Korridore und Galerien, während Eleanor bewußtlos über Weards Schulter hing. Dünne Ranken verfolgten und holten sie ein, sprengten Fliesen, hasteten über Wände und verbarrikadierten Türen vor ihnen.

Immer aufs neue mußte Weard magische Kräfte von Matthias fordern. Doch ohne seinen Stab, ohne sein Augenlicht, tat der Weise sich schwer. Der einfachste Zauber, Türen zu öffnen, wurde zu schrecklicher Anstrengung. Aber Weard war ein gelehriger Schüler, der rasch begriff, und der bereits halb ein Magier war, und die Türen sprangen unter seinen kräftigen Händen auf.

Immer enger wurden die Korridore, je näher sie dem Erdgeschoß. Schließlich waren die Fliehenden im Freien, und die bereits gewaltige Hitze der Morgensonne schlug ihnen entgegen.

Umgeben von blutroter, sengender Wüste erhob sich eine planlos errichtete Siedlung aus Zelten und behelfsmäßigen Unterkünften hinter dem Palast.

Der einzige Laut, als sie sich näherten, war der eines in der Ferne schreienden Babys. Und als sie durch das Gewirr aus schäbigen Zelten und Notunterkünften schritten, überraschte es zumindest Matthias, daß noch Menschen hier waren.

Die da apathisch herumsaßen, sich gegen Wände kauerten, sie gleichgültig anblickten, waren die Reste der Karawane von Smintha. Nur hin und wieder konnte man leises Murmeln hören. Sogar die Männer, die bewaffnet gewesen waren, die Karawanenwächter, schienen jeglichen Antrieb verloren zu haben.

»Sie wissen alle Bescheid«, murmelte Weard. »Sie sollten abhauen, solange sie noch können.« Er brüllte sie an: »Verschwindet! Es ist vorbei! Hier gibt es nichts mehr zu holen ...«

Doch niemand achtete auf ihn. Niemand versuchte sie aufzuhalten, als sie in das Zelt eindrangen, aus dem das Babygeschrei kam. Sie fanden es in der schwülen Enge, in stinkende Lumpen gewickelt in einem offenen Korb.

Matthias hob es auf die Arme und drückte das Köpfchen behutsam an sein heftig pochendes Herz. Sofort hörte es zu schreien auf, und Matthias seufzte erleichtert.

Und Eleanor, die noch bewußtlos über Weards Schulter hing, stöhnte schwach und fiel in einen natürlicheren Schlaf.

Das Baby saugte an seinem Däumchen und kuschelte sich an Matthias.

Sonnenblume

Er lebte! Lukas lebte!

Aber die Götter lügen.

»Matthias!« Schreiend kehrte sie ins Bewußtsein zurück und hob abwehrend die Arme vor dem grellen Sonnenschein. »Matthias! Wo bist du? Wo bist du?«

»Leise!« Er faßte behutsam ihre wild herumtastenden Hände. Sie schwang zu ihm herum. Sie hatte vergessen, was mit seinen Augen geschehen war.

»O Matthias, wie kannst du das nur ertragen?« Doch da erinnerte sie sich an die Dinge, die sie nicht ertragen konnte. Sie keuchte, riß die Hände zurück. Es kostete sie Mühe, nicht wieder zu schreien.

Er berührte sie nicht, versuchte nicht, sie zu trösten. Es wäre sinnlos gewesen. Sie würde nur schaudern, sich an jene andere Berührung erinnern, an das lodernde Feuer. Ihr ganzer Körper schmerzte. Die Erinnerung an das Feuer beherrschte ihre Haut und ihr Fleisch und ihre Knochen.

»Er hat gesagt, daß Lukas lebt. Matthias, Lukas lebt!«

»Du glaubst ihm?« Weards Stimme war schmerzhaft laut.

Sie befanden sich nahe dem Gipfel eines Berges aus rotem Sandstein und kauerten auf einem breiten Sims, von dem aus man die Ebene überblicken konnte und die Felsen, wo der Blutpalast stand.

Sie hatte keine Ahnung, wie sie hierhergekommen waren, wußte nicht, welche Anstrengung es für Matthias gewesen war, das Baby zu tragen, und für Weard, sie zu tragen und Matthias zu führen. Sie waren aus dem Palast gerannt und hatten Sand und Staub aufgewirbelt, während sie über die leere Wüste flohen.

Voll Panik schaute sie sich um, versuchte sich klarzuwerden, wo sie war. Todesengel kreisten am Himmel, waren jedoch glücklicherweise zu sehr an dem Geschehen im Palast interessiert, als daß sie auf die vier Gestalten unter ihnen geachtet hätten.

Eleanor wollte Weard antworten, daß sie Lycias natürlich nicht traute, aber der Anblick raubte ihr die Stimme.

Unten auf der Ebene brach der Palast auseinander, Blätter schossen aus Türen und Fenstern, Ranken sprengten Stein und Mörtel. Türen wurden aus den Angeln gehoben, Zimmerdecken von den Stützwänden. Als das Dach einbrach, sah sie Wurzeln die Grundmauern erschüttern und Fußböden wogen wie das Meer.

Und die monströse Blume in der Mitte wurde immer gewaltiger, brach jeden Widerstand, sproß durch alle Räume des Palasts und ließ alles in Schutt und Trümmer sinken.

Sie wucherte, und roter Stein wich grünen Blättern. Feste Umrisse von Ziegeln und Quadern schienen in Bewegung zu geraten unter dem steten fließenden Wachstum der Blume.

Ranken schnellten gierig über Sand und Stein, wuchsen hinein in die Zelte und Unterkünfte und umschlangen jeden, der nicht so klug gewesen war, rasch und weit genug zu fliehen.

Das weiße Herz der Blume klaffte weit auf, gestützt von einem Netz aus Stielen und Ranken. Die Blume hielt ihre paar Gefangenen in grünen Fesseln hoch oben auf dem Spalier ihrer Glieder fest, als Stärkung während ihrer großen Suche.

Ihr Verlangen war ungebrochen. Wie in jedem Augenblick seiner Existenz zuvor wollte das Wesen, das sowohl Lefevre wie der Foskakönig gewesen war, zur Sonne gelangen. Sie hielt ihren weißen Kopf sehnend empor und folgte der Wanderung der Sonne über den Himmel.

Sonnenopal. Heliotrop.

Sonnenblume.

Weard beschrieb es Matthias mit ausdrucksloser Stimme, denn Eleanor war stumm vor Erschütterung und Angst. Sie ertappte sich dabei, daß sie nach dem Baby griff und es fest an ihr Herz drückte, als die Wüstenrose sich zeigte.

»Wir sollten zusehen, daß wir weiterkommen«, riet Matthias. »Die Blume wird Nahrung brauchen. Und die Todesengel …«

»Fliegen hoch am Himmeln und halten Ausschau.« Weard blinzelte hinauf. »Wie Aasgeier.«

»Aber wohin?« rief Eleanor. Sie fand Worte, solange sie nichts mit dem zu tun hatten, was geschehen war. Die Zukunft war zumindest erträglich. »Wohin gehen wir?«

Matthias drehte sich zu ihr um. Er sah aus, als würde er nie wieder lächeln können.

»Lukas suchen. Was sonst?«

»Aber wenn Lycias gelogen hat? Wie wollen wir das denn wissen?«

»O Eleanor, verstehst du es denn auch jetzt noch nicht?« Er sprach sanft zu ihr, trotzdem strömten ihr jetzt Tränen übers Gesicht. »Lycias hätte sich nicht die Mühe gemacht, würde nicht alles arrangiert haben, wenn er dich nicht auf die Probe hätte stellen wollen. Um dir weh zu tun. Und es wäre keine Probe gewesen, wenn Lukas wirklich tot wäre.«

»Aber ich glaubte es. Für mich *war* er tot. Ich habe gesehen, wie es passiert ist. Ich habe um ihn getrauert, habe geweint ...« Sie hielt inne. Was hatte es für einen Sinn?

»Aber nicht sehr lange. Wie lange, Eleanor? Vergeht die Zeit in deiner Welt auf die gleiche Weise wie hier? Hier sind nur ein paar Monate vergangen, nicht mehr. Du hast nicht lange gebraucht, dich einem anderen anzuvertrauen.«

»Was willst du damit sagen? Hätte ich Timon – Lycias – nicht trauen dürfen? Was hätte ich sonst tun können, Matthias? Er ist ein *Gott!* Welche Wahl hatte ich denn? Du hast mich hierhergeholt, mich dieser Wüste und Lycias überlassen. Ich brauchte jemanden, und es gab nur ihn ... Ohne Timon wäre ich gestorben!« Sie war nun völlig durcheinander.

»Du hattest das Baby. Das Baby war alles, was du brauchtest.«

Das war doch einfach unglaublich! »Wie hätte ich das wissen können? Ich hatte keine Ahnung, daß es Lycias' Kind war, bis er es mir sagte. Das Baby war nur ein weiterer Teil des Alptraums!«

Matthias schwieg. Er hatte die Lippen zusammengepreßt und die Stirn gefurcht.

»Ich dachte, du wärst mein Freund, Matthias! Lukas' Bruder. Wie konntest du nur so etwas tun?«

Er sprach wieder, und sie fragte sich, ob er überhaupt zugehört hatte. Er strich über den Kopf des Babys, das auf seinem Schoß saß, seit er es ihr wieder abgenommen hatte.

»Aber noch schlimmer als dein Trugschluß war, daß du dich nicht vergewissert hast. Du hast in deiner Welt nichts unternommen, um dich zu überzeugen, ob alles wirklich so geschehen war, wie Lycias es dir gezeigt hatte!«

»Matthias, du hast etwas Abscheuliches getan. Ich müßte dich hassen. Vorwürfe sind das letzte, was ich jetzt von dir brauche!«

Er war grau im Gesicht und fuhr fort, als hätte sie überhaupt nichts gesagt.

»Lycias hat dich eine Reihe von Visionen sehen lassen. Er zeigte dir eine Rückkehr zu jener ursprünglichen Party. Du dachtest, daß es wirklich so war, daß du dort Leuten begegnet bist. Nun, hast du mit ihnen gesprochen? Hat dich jemand gesehen oder irgendeine Bemerkung über dein Aussehen gemacht? Sie hätten sich erinnert. Du hättest es als die Täuschung aufdecken können, die es war. Und wenn der Gott dir eine Lüge gezeigt hat, hätte es da nicht auch mehr geben können? Du hättest dann mit gutem Grund an dieser anderen Vision, der von Lukas' Tod, zweifeln können.

Es genügt nicht, sich damit abzufinden, was die Götter sich für uns ausdenken. Zu jammern und zu wehklagen und aufzuhören zu denken. Du darfst nicht mitmachen.«

»Hör auf, Matthias!« Das war zu viel. Warum sagte Matthias das? Mußte sie sich das anhören?

Doch unerbittlich fuhr er fort. »Du mußt verstehen, was geschieht. Das ist wichtig. Du darfst keinen solchen Fehler mehr machen.«

»Und du?« Ihre qualvolle Verwirrung machte sich in Wut Luft. »Machst *du* keine Fehler?«

Er zog die Brauen über den toten Augen zusammen. »Ich mache die schlimmsten von allen, Eleanor. Viel schlimmere als du, weil ich wissen müßte, was ich tue ...«

»Was hast du noch getan?«

Er schwieg, aber er nahm das Baby vom Schoß und wandte sich, die leeren Hände öffnend, Weard zu.

Weard kauerte auf dem Felsen und machte ein kleines Feuer. Trockenes Holz knisterte in der stillen heißen Luft. Er hatte ein Samttuch neben sich ausgebreitet und einige ungewöhnliche Glasstücke – Mondsicheln, Kugeln, Sechsecke – darauf gelegt.

In der kurzen Stille blickte er zu ihnen auf.

»Lektion eins, Matthias«, sagte er. »Glas über Feuer. In drei Stufen zum perfekten Magier.«

»Dreierlei, Weard.« Matthias' Stimme klang ruhig, doch Eleanor sah, daß er die Hände an seinen Seiten verkrampft hatte.

»Erstens. Wie du wissen mußt, bedarf es unendlich viel mehr als drei Stufen. Zweitens, Glas über Feuer kommt am Ende der Ausbildung, nicht am Anfang. Drittens, um ein einigermaßen brauchbarer Magier zu sein, ist nach Astrets Tradition gewöhnlich ein Spiralstab erforderlich. Ich habe aber keinen mehr.«

»Dann fertigen wir einen an.«

»Dazu ist lebendes Holz erforderlich. Am besten von einer Eberesche. Der nächste geeignete Baum befindet sich ... oh, etwa fünfhundert Meilen von hier.«

»Was ist damit?« Weards Pranke deutete auf die Ebene. »Die Wüstenrose. Das ist das lebendigste Holz, das es je gegeben hat.«

Matthias lächelte fast. »Dann geh und schneid dir einen Stock davon ab, Weard. Deine erste Aufgabe als Magierlehrling.«

Einen Moment blickte der kräftige Mann hinunter auf die bewegte Wirrnis aus Blüten und Stielen. Auf die verzweifelt zappelnden Menschlein, die von den Schlingern festgehalten wurden. Auf die Ranken, welche tastend über die weite Ebene glitten.

Dann schwang er heftig herum, packte Matthias am Hals und drückte ihn gegen die Bergwand. »Laß dir was Besseres einfallen, verkrüppelter Magier. Ich bin nicht so dumm.« Er hob die Faust, um sie in das Gesicht zu schmettern, das unter seinem würgenden Griff blau anlief.

Ein Schrei zerriß die Luft. Ein herabschießendes, kreischendes, flammenfarbenes Bündel der Wut, schon fiel Weard gegen den Felsen zurück, und helles Blut spritzte aus seinem aufgeschlitzten Unterarm.

Ein Arraratfalke zog weite Kreise über die Ebene und ließ sich von einem starken Aufwind tragen.

»Arrarat! Arrarat!« Eleanor rannte zu Matthias und half ihm, sich aufzusetzen. »Ist er deiner? Kastanienbraun, goldfarbig – nein, ich erinnere mich ...«

»Adila«, sagte Matthias. »Sie war Comyns Arrarat. Armer Comyn ... Ich möchte gern Näheres von dir über Comyn wissen. Aber nicht jetzt ...«

»Verschwinden wir von hier!« knirschte Weard mit zusammengebissenen Zähnen, während er sich einen Fetzen um den Arm band. »Ruf diesen verdammten Falken.«

»Sie wird nicht kommen.«

»Warum nicht? Ruf sie!« brüllte er.

Matthias zuckte mit den Schultern und legte die Hände als Trichter vor die Lippen. Das kunstvolle Trillern schien um die leeren Weiten der Ebene widerzuhallen.

Der Arrarat achtete überhaupt nicht darauf. Von Wind und Luft getragen, schimmerte er am blauen Himmel.

»Versuch's noch mal! Noch mal!« Weard brüllte heftig. Eleanor erinnerte sich an die Wut in seinem Gesicht, als das Baby den Stab brach, an den Wahnsinn in seinen Augen, als er sie schlug. Was in aller Welt konnten sie in der Gesellschaft dieses Wilden tun?

Matthias spürte es ebenfalls. Er seufzte. »Weard«, sagte er mit ruhiger Stimme, »die Arrarate gehorchen nur ihrem eigenen, von ihnen erwählten Reiter. Sie kommen vielleicht auch zu jemand anderem, wenn sie einen Grund dafür sehen – doch sonst nicht. Wir können Acelet nichts befehlen.«

»Was ist mit deinem eigenen Falken? Du hast doch einen, oder etwa nicht?«

»Asta starb, als die Stasis brach ...«

Diesmal mischte sich der Arrarat nicht ein. Weards Faust krachte ins Gesicht des Blinden, daß er gegen die Felswand schmetterte und fast auf das Baby gefallen wäre, das still im Sand lag.

»Narr!« Weards Stimme war nun hysterisch von Wut. »Du hast einen anderen! Ich weiß alles über dich, Magier! Ich weiß, daß du auf einem Falken geritten bist, als du das Mädchen hierhergeholt hast!«

»Alta«, sagte Matthias durch anschwellende blutige Lippen. »Nicht meiner. Ausgeliehen für die Gelegenheit. Ist nicht mehr hier.«

Die plötzliche Stille vor einem Sturm setzte ein. Eleanor dachte, daß Weard explodieren würde, so rot vor Wut war sein Gesicht. Sie bückte sich über das Baby und hob es auf die Arme, mit dem vagen Gedanken, es zu beschirmen, aus der unmittelbaren Gefahr zu bringen.

Dann hörten sie es alle. Der Boden erbebte, als die gewaltigen Kreaturen darüber stapften. Die Riesenechsen verließen ihre dunkle Höhle. Ihre Mäuler standen in scheinbarem Grinsen offen.

Entlang dem Rand der Felsen, weit entfernt von den gierigen Ranken, standen die Überlebenden der Karawanenleute, die Männer im Sattel, die Frauen mit Beuteln und Bündeln beladen. Irgendwie war es ihnen gelungen ihre Habe und Waffen aus den Ruinen des Palasts zu retten. Irgendwie hatten sie sich zusammengeschart.

Noch ein Auszug. Die Karawane war wieder im Aufbruch.

Weard sagte keinen Ton. Er stapfte zu Eleanor hinüber und langte nach dem Baby in ihren Armen.

»Nein!« Sie wirbelte von ihm zurück und drückte das Kleine fest an die Brust.

»Ich nehme das Kind. Ihr nutzt mir nichts. Ein Magier, der nicht einmal Türen öffnen kann. Eine dumme kleine Schlampe. Aber das Baby, Lycias' Sohn ... Gib ihn her!«

Seine Linke packte ihre Schulter, die Rechte holte bereits zum heftigen Schlag aus. Eleanor hatte den Kopf abgewandt tief über das Kind gebeugt, so sah sie nicht, was geschah.

Sah nicht, wie die Wut in seinem Gesicht zur Verwirrung wurde. Wie alle Farbe daraus wich, wie es leer und ausdruckslos wurde. Hörte das Klingeln von Glöckchen nicht und spürte den Hauch kühler, sanfter Luft nicht, die den Mann einhüllte und alle Gewalttätigkeit davonwusch.

Als sie den Kopf zurückdrehte, hatte er sich bereits weit von ihnen entfernt, kletterte den Berghang hinunter, rutschte über Fels und Sand.

Ungläubig starrte sie ihm nach, sah, wie er die Ebene erreichte und zu laufen begann, mit gleichmäßigen, festen Schritten die Entfernung zur Karawane zurücklegte und dabei einen weiten Bogen um die Ranken der Wüstenrose machte.

»Er ist fort!« flüsterte sie. »Er – er hat sich verändert. Und uns verlassen ...«

Matthias beugte sich über sie und half ihr auf die Füße. Seine Finger strichen sanft über das Köpfchen des Babys.

»Wie nennen sie dich, kleines Geschöpf?« sagte er leise. »Und womit wirst du uns noch überraschen?«

Aber das Baby hatte die dunklen Augen geschlossen und schlief.

Entscheidung

»Wohin geht er?« fragte Matthias ruhig.

»Er rennt über die Ebene. Ich glaube, er will sich dieser Karawane anschließen. Ich kann es nicht glauben, Matthias!«

»Ein unerwartet glücklicher Umstand.« Er wich zurück und tastete vorsichtig hinter sich, bis er einen Sims fand, auf den er sich setzen konnte. Er war nun kalkweiß, und Schweiß glänzte auf seiner Stirn. Die Wunden in seinem Gesicht waren offen und rot.

Zum ersten Mal schaute sie ihn direkt an und verstand nun richtig, was geschehen war. Und obwohl sie ob seiner Worte und Handlungsweise noch wütend auf ihn war, stieg überraschendes Mitleid in ihr auf.

»Matthias – kann ich dir irgendwie helfen?« Sie schaute sich auf dem kahlen Felsen um und hinunter auf die Öde. »Es gibt nirgendwo Wasser. Was sollen wir tun?«

»Eleanor.« Seine Stimme war stumpf vor Erschöpfung. »Ich verdiene deine Güte nicht. Ich muß dir so viel erklären, so viele Alternativen mit dir besprechen – aber nicht jetzt. Es gibt einen Ausweg, glaube ich. Aber im Augenblick ...« Er sackte seitwärts zusammen.

Eleanor sah, wie sein hagerer Körper sich entspannte und sein Kopf auf die Brust sank. Er schlief in der Hitze der Mittagssonne, während Eleanor am Felsrand saß, die Beine hinunterbaumeln ließ und dem Arrarat zusah, der stetig über die Ebene segelte.

Sie hatte so viel zum Nachdenken, zum Erinnern.

Und Hoffnung. Inmitten all des Schreckens hatte sie Hoffnung – denn Lukas war nicht tot.

Eleanor beobachtete das Baby. Es schlief im Schatten eines Felsblocks. Lycias' Sohn. Menschlich und göttlich. Ein Wunderwirker – denn was sonst hätte Weard so plötzlich dazu gebracht, wegzulaufen und zur Karawane zurückzukehren? Und es gab noch anderes, das darauf hindeutete: das Zersplittern des Spiralstabs, die Art und Weise, wie das Baby verschwand und wieder erschien, daß es offenbar nichts zu essen brauchte und nie aus Hunger oder Durst quengelte.

So ein Glück, dachte sie und fragte sich, welchen Namen man ihm geben sollte. Sie hoffte inbrünstig, daß es nicht nach seinem Vater geriet.

Eleanor spürte bereits, daß sie einen Sonnenbrand bekam. Ihre Nase würde glühen, ihre Arme und Beine würden schmerzen und jucken. Sie rutschte ein wenig zurück in das bißchen Schatten, in dem das Baby lag.

Sie haßte die Sonne, hatte sie nie gemocht, hatte in ihrem alten Leben nie Urlaub im sonnigen Süden machen wollen. Sie fand es auf ironische Weise passend, daß sie hier die Protagonistin in einer Fehde mit dem Sonnengott war.

Timon rothaarig wie sie selbst. Lycias rachsüchtig und

grausam. Ihre Gedanken begannen sich bereits von den Geschehnissen im Blutpalast zu lösen. Sie fand nicht mehr, daß sie sich schuldig fühlen mußte. Sie hatte Lukas für tot gehalten, und es hatte keinen Grund gegeben, daran zu zweifeln. Sie war verzweifelt gewesen, hatte nicht gewußt, was sie tat.

Sie war vergewaltigt, ihr Vertrauen zutiefst verletzt worden. Sie hatte Lukas nicht einen Augenblick lang vergessen.

Doch Seelenqual drückte wie ein Alp auf sie und schob sich schattengleich über ihre Freude, daß Lukas lebte. Nichts war leicht, nichts offen und geradlinig. Sie fragte sich, ob sie je imstande sein würde, dieses sengende Feuer zu vergessen, das ihre Haut entflammt hatte und in ihren Nervensträngen bis in ihr tiefstes Inneres gedrungen war. Die wilde Gewalt der Glut, die Erniedrigung!

Sicher konnte sie das nicht, solange die Sonne ihr mit jedem Tag aufs neue Gewalt antat und unerbittlich von einem wolkenlosen Himmel brannte. Es gab keine Verteidigung, keinen Schutz dagegen, keine Linderung. Sie schloß die Augen, lehnte sich an den Felsen neben Matthias und versuchte zu schlafen.

Als sie aufwachte, dachte sie einen Augenblick lang erschreckt, daß sie allein, daß sie wieder in der Wüste verlassen worden war. Sie sprang hastig auf und schrie in Panik: »Matthias! Matthias, wo bist du?«

»Eleanor.« Seine Stimme kam ruhig und aus geringer Entfernung. Er befand sich nur außer Sicht, wahrscheinlich um die Biegung des Simses herum.

Sie folgte seiner Stimme – und blieb abrupt stehen.

Auf der anderen Felsseite wurde der Sims zu einer Hochebene aus dunkelrotem, staubigem Gestein – dort stand der goldene Arrarat Acelet und wartete auf sie. Matthias, der das Baby hielt, lehnte an einen Felsblock daneben. Er hatte einen Streifen von seinem Hemd gerissen und es um die Wunde in seinem Gesicht gebunden.

»Wir können wählen, Eleanor«, sagte er, als sie zu ihm kam. »Acelet wird uns tragen, wohin du willst ...«

»Zu Lukas!« unterbrach sie ihn.

»Ja, natürlich ... Aber da ist etwas, das wir zuvor tun könnten.« Er machte eine Pause und strich abwesend über das dunkle Haar des Babys. »Ich glaube – nein, ich weiß es, daß uns auf der Karawanenreise von Smintha jemand folgte. Ich hatte damals noch gewisse Kräfte. Ich wußte, daß sich Schatten hinter uns befanden. Phinian Blythe ist uns gefolgt.«

»Phin, der arme Phin ... Comyn hat mir von ihm erzählt.«

»Dann wirst du verstehen, worum ich dich bitte. Das Baby könnte ihn vielleicht erlösen. Ich verstehe nicht alles, was Lycias' Sohn tun kann, aber ich weiß nicht, wie Blythe sonst zu helfen wäre.«

»Warum hast du es nicht längst versucht? Du hattest das Baby ja bereits, als ich hier ankam.« Es war nicht, daß sie Phin nicht helfen wollte, sie konnte es nur nicht erwarten, Lukas wiederzusehen. Sie mußte sich rechtfertigen für das, was geschehen war! Sie mußte ihn wiedersehen, mußte sicher sein, daß er ihr noch vertraute.

»Ich wußte damals zu wenig über das Baby. Das ist auch jetzt noch so. Aber damals hatte es eine andere Rolle.«

»Was für eine Rolle?«

Er schwieg, und sie spürte, daß er sich schämte, es ihr zu sagen. »Matthias, warum hast du mir das Baby gegeben? Warum hast du mich zurückgeholt?«

»Lycias – verbrannte das Land. Eine Dürre ungeheuren Ausmaßes verheerte Peraldon. Waldbrände, Vieh ging ein, Ernten blieben aus, Seuchen, Hungersnot ... Es war die Strafe, die Rache für den Bruch der Stasis. Für die Entscheidung, die du getroffen hattest.«

»Ich hielt sie für richtig.« Sie hat mich so viel gekostet, dachte sie, sie muß richtig gewesen sein! Sie hat Lukas das Leben gekostet, und ich habe so lange um ihn getrauert ...

Aber die Götter lügen, und Lukas lebt.

»Die Entscheidung war richtig. Und mutig. Glaube nicht, daß ich es nicht verstehe. Und ich empfinde deshalb Hochachtung für dich.« Wieder eine Verlegenheitspause. Sie sah, daß der Arrarat den Kopf schief legte und die goldenen Augen vor Interesse und Mitleid schimmerten.

»Aber Lycias ist rachsüchtig. Er verheerte unser Land – und so wurde entschieden, daß dein Leben kein zu hoher Preis wäre, wenn es den Sonnengott besänftigen könnte.«

»*Wer* hat das entschieden?« Das war ja ungeheuerlich, unglaublich!

»Die Idee stammte ursprünglich vom Kaiser. Er behauptet, Lycias höchstpersönlich habe ihm eine Vision gesandt. Sein Magier, Imbert Cupere, bestärkte ihn in dieser Idee. Alle glaubten ihm, sie konnten nicht anders, weil es Hoffnung bot, einen möglichen Ausweg. So wurde des Kaisers Plan aufgenommen – von Aylmer, Thibaud, de Mowbray, Thurstan.«

Thurstan? »Und du?«

»Sie waren sich alle einig, Eleanor. Ein Leben gegen so viele. Ich schloß mich an.«

»Du hast mehr getan! Du hast mit ihnen *zusammengearbeitet!* Du hast den Ritus ...«

»Eleanor, alles, was ich seit Beginn der Stasis getan habe, war darauf ausgerichtet, das Leben der Anhänger Astrets auf Peraldon zu verbessern. Dich zurückzuholen, erschien mir als die einzige Möglichkeit, eine furchtbare Lage zu mildern ...«

»Du nimmst zu viel auf dich, Matthias!« fauchte sie wütend. »Siehst du dich als eine Art Gott, der verantwortlich für andere ist, für eine ganze Rasse? Für wen hältst du dich denn?«

»Ich – ich versuchte in einer unmöglichen Situation das Richtige zu tun ...«

»Und Phin? Hat er sich auch ›angeschlossen‹?« Ihre Stimme war hart und bitter. Wie könnte sie Matthias je wieder trauen? Und Thurstan, den sie zumindest für neutral gehalten hatte?

Warum waren sie nicht *dankbar* gewesen? Schließlich hatte sie ihre verdammte Stasis für sie beendet.

»Phin war der einzige, der dagegen protestierte. Dabei hätte er in vielerlei Hinsicht den größten Grund gehabt, sich einen Sündenbock zu wünschen, der Lycias ablenkte ...«

»Die Kinder?« Sie fügte nun alles zusammen, und ihr wurde klar, was geschehen war. Es war einfach unglaublich!

»Pure Scheußlichkeiten, Eleanor. Du würdest sie selbst deinem ärgsten Feind nicht wünschen. Er leidet – mehr als irgend jemand, den ich je gekannt habe.«

»Aber *er* wollte nicht, daß man mich zurückholte!« Sie klammerte sich an diesen einzigen Beweis, daß nicht alle sie nur benutzten.

»Stimmt. Und schon aus diesem Grund sollten wir diesen Versuch unternehmen, ihn von den Kindern der Nacht zu befreien.«

»Du hast mir noch nicht erklärt, warum man mir das Baby gab. Wer war seine Mutter?«

So erzählte ihr Matthias die Geschichte, die schreckliche Geschichte von Coronis' Schwangerschaft und Heirat. Wie sein Freund Haddon sie geliebt, so sehr geliebt hatte, daß er gern bereit gewesen war, dem Kind eines anderen Vater zu sein.

»Lycias hat Coronis getötet«, fuhr er leise fort. »Wegen dieser Heirat. Sie war ihm nicht treu geblieben. Er brachte sie kurz vor der Geburt des Kindes um. Und als das Bestattungsfeuer ihre Leiche verbrannte, die Flammen das tote Fleisch verkohlten, riß er das Kind aus ihrem Schoß. Ich habe es selbst gesehen. Es ist dieses Kind.«

»Und Haddon?« fragte sie betroffen. Ihre Gereiztheit war verflogen.

»Verdammt wie Phin. Unablässig vom Sturm getrieben, streift er ruhelos über das Land und sucht das Kind, das er liebt.«

»Obwohl er nicht sein Vater ist?«

»Er liebte Coronis so sehr, daß sein Herz mit Liebe für ihren Sohn überquillt. Eines Tages, hoffe ich, wird er das Kind finden ...«

Sie blickte das Baby auf seinem Knie an, auf die dunklen Augen, die außerordentliche Wunder verbargen. »Wie bist du zu ihm gekommen?«

»Ich wurde, bald nachdem es zur Dürre gekommen war, von Kaiser Xanthon nach Stromsall gesandt. Die Lage in Peraldon war kompliziert, weißt du. Die Höhler befanden sich in Verhandlung mit den Peraldoniern, sie waren um eine politische Struktur bemüht, die ihnen Sicherheit im Südkontinent gewähren würde.

Du mußt wissen, es gab böses Blut. Die Menschen wollen nicht alt werden und sterben. Es gehört – Reife dazu, zu verstehen, daß Altern ein notwendiges Übel ist. Die Höhler wurden gehaßt, weil sie dazu beigetragen hatten, die Stasis zu beenden. Und dich haßten sie besonders.«

Verständlich. Niemand will alt werden, das ist nur natürlich. Eleanor hatte selbst lange gebraucht, bis ihr der springende Punkt klar geworden war.

Matthias fuhr fort: »Es gab zwei Möglichkeiten für die Höhler. Entweder Peraldon zu verlassen und nach Stromsall im Norden zu ziehen, wo Astret offen verehrt wird. Oder in Peraldon zu bleiben und zu versuchen, den Menschen dort den Wert des Lebens im Schatten des Todes verständlich zu machen.

Der Kaiser sandte mich nach Stromsall, damit ich feststelle, wie die Lage dort ist. Er hatte keine feindseligen Absichten. Er wollte den Frieden so ehrlich wie wir. Ich wollte mich in Stromsall auch umsehen, ob wir dort eine neue Heimat finden könnten, falls es in Peraldon nicht gut ging. Doch bei meiner Ankunft in Stromsall fand ich nur Schrecken. Und in Bilith herrschte Chaos ...

Coronis hatte in Bilith gelebt. Ihr Bestattungsfeuer brannte gerade, als ich dort ankam. Haddon war verschwunden, und Lapith, Coronis' Vater, war auf der Suche nach ihm umgekommen. Nur ein einziger anderer erkannte, was mit dem Baby geschehen war, und dieser eine war ein Eloier ...« Matthias' Finger zeichneten eine Spirale in den Staub neben sich. »Die Eloier sind natürlich nicht ganz vertrauenswürdig. Sie haben keine Achtung vor dem Leben von Städtern und verstehen deren Lebensweise nicht. Auf ihr Wort kann man normalerweise nicht viel geben, aber an diesem Jerr Morrelow war etwas Besonderes.« Matthias machte eine Pause. »Er wußte, wer das Baby war, davon bin ich überzeugt, obwohl er nichts sagte. Und von sonst irgend jemandem in Bilith konnte ich nichts Vernünftiges erfahren. So reiste ich in den Süden Stromsalls, zum Lallonsee, einem Ort, welcher Lady Astret geweiht ist. Dort hatte ich bei meinem ersten Besuch Coronis gefunden.

Dort hoffte ich, Wissen zu erlangen. Statt dessen fand ich das Baby in eine Decke gewickelt schlafend.«

Er zuckte mit den Schultern. »Ich habe keine Ahnung, wie es dorthin gekommen ist. Ich kann nur vermuten, daß Lady Astret es dem Sonnengott entrungen hat. Schließlich war Coronis ihr geweiht, und Stromsall ist der Lady treu ergeben. Ich zweifle nicht daran, daß es einen Kampf um das Kind gegeben hat ...

Ich nahm das Baby mit mir nach Peraldon. Während dieser Reise, wir flogen auf Alta, erkannte ich, daß es ein ungewöhnliches Kind war. Es war mächtig, wie beim Kind eines Gottes zu erwarten war. Doch mehr noch, ich hatte das Gefühl, daß seine Macht eine Kraft des Guten war, des Heilens. Davon sprach ich jedoch mit niemandem; ich wollte nicht, daß noch mehr Streit um das Kind entbrannte. Und als Kaiser Xanthon die Entscheidung traf, dich zurückzuholen, wie Lord Lycias ihn angewiesen hatte, sagte ich, daß ich dabei mithelfen würde, wenn ich dir das Baby geben dürfte. Ich hoffte, du würdest feststellen, daß es dir helfen konnte. Daß es ein wenig des Zornes seines Vaters von dir abwenden würde.«

»Wenn der Kaiser mich als Sündenbock haben wollte, weshalb hat er dann zugestimmt?«

»Er wußte nicht, daß etwas Besonderes an dem Kind war. Ich ließ ihn in dem Glauben, daß ich einen Plan hätte. Das Kind, sagte ich ihm, sollte dich gefühlsmäßig an deine Rolle ketten. Ich überzeugte ihn, daß dich die Liebe zu einem Kind, zu diesem Kind, in den Augen des Gottes besonders verletzlich machen würde. Und das entbehrt nicht einer gewissen Wahrheit. Wir leiden am meisten durch die Dinge, die wir lieben. Du hast das selbst erfahren.«

»Du und der Kaiser, ihr dachtet also, daß ich es lieben würde, nur weil ich eine Frau bin? Ihr macht euch alles so verdammt einfach!«

»Du mußt es auch mit unseren Augen sehen, Eleanor«, sagte er mild. »Jede Frau, die ich seit Beginn der Stasis kannte, sehnte sich nach Kindern. Vielleicht mangelte es uns an Vorstellungsvermögen. Und der einzige von uns, wenn dir das ein Trost ist, der nicht glaubte, daß du dir automatisch etwas aus dem Baby machen würdest, war Thurstan. Er sagte, du wärst absolut nicht diese Art von Frau.«

»Nun, er hat recht!« Aber es ärgerte sie. Wie konnte Thurstan Merauld es wagen, ein solches Urteil über sie abzugeben?

»Nun, wollen wir jetzt aufbrechen?« Er hatte ihr das Gesicht zugewandt, als könne er ihre Miene auch blind lesen.

»Was weißt du, Matthias? Was ist das große Geheimnis?« Sie war plötzlich fest überzeugt, daß es eines gab. »Was verbirgst du vor mir?«

»Alles, was ich dir erzählt habe, ist die Wahrheit.«

»Vielleicht. Aber was hast du ausgelassen?« Da war etwas, daran zweifelte sie nicht.

»Nichts.« Er war ruhig, ungerührt. Bildete sie es sich nur ein?«

»Wohin soll es gehen, Eleanor? Die Entscheidung liegt bei dir.« Seine Stimme klang neutral. Er stand auf und lehnte das Baby an seine Schulter.

»Ich mag Entscheidungen nicht ...« Sie blickte in die goldenen Augen der Falkin und seufzte. »Also gut, suchen wir zuerst nach Phin und dann nach Lukas.«

Sie kletterte als erste auf den Arraratrücken. Sie hatte vergessen, wie es sich anfühlte: die warmen, trockenen Federn, die Muskeln, die sich zum Aufwärtsschwung spannten, der Moschusduft des Vogels.

Matthias reichte ihr das Baby hinauf, dann setzte er sich hinter sie. Er hatte sein Hemd ausgezogen und machte daraus eine Schlinge, die er ihr um den Hals band. Das Baby paßte bequem hinein, und sie hatte so die Hände für den Lederriemen des Arrarats frei.

Ein ungeheures Glücksgefühl bemächtigte sich ihrer. Es war herrlich, wieder auf einem Arrarat reiten zu dürfen.

Lukas lebte, und sie flog durch die Lüfte und würde einen alten Freund wiedersehen. Fast hätte sie gejauchzt.

Sie vergaß Matthias' seltsamen Tonfall, und sein Stirnrunzeln konnte sie nicht sehen. Sie wußte ja nicht einmal, daß er imstande war, in die Zukunft zu sehen.

Sie wußte nicht, daß ihm völlig klar war, wozu diese Entscheidung führen würde.

Astrella

Felicia zeichnete Rosco, was nicht überraschte, als Falken.

Er war entsetzlich wütend.

Bis zur Nacht von Ismays Tod war er fürsorglich und freundlich zu ihr gewesen, hatte ihr Bücher, Papier und Stifte gebracht.

Doch nach dieser Nacht, an die sie sich kaum erinnern konnte, ging er ihr aus dem Weg, soweit das möglich war. Er wich ihrem Blick aus, besuchte sie nicht mehr in ihrem Zimmer und war kühl und distanziert, wenn ein Zusammentreffen unvermeidlich war. Sein Gesicht war hager geworden, seine Augen waren hart und grimmig.

So zeichnete sie ihn als Falken, und er fand die Zeichnung eines Tages auf ihrem Bett, als sie für einen neuerlichen Umzug packten.

»Verdammt«, fluchte er leise und blickte sie auch jetzt nicht an. Er zerknüllte die Zeichnung und warf sie ins Feuer. »Was wißt ihr, Lady Felicia? Was hat Olwyn Euch erzählt?«

Sie hob das Kinn und zwang ihn, sie anzusehen.

»Nichts«, sagte sie tonlos. »Olwyn hat mir nichts erzählt. Genausowenig wie Ihr und mein Vater und mein Onkel und Gawne und Fessil und jeder andere Mann in meinem Leben mir je etwas gesagt hat. Doch das heißt nicht, daß ich nichts *weiß*.«

Sie hörte abrupt auf, denn sein Gesichtsausdruck erschreckte sie.

»Redet weiter«, forderte er sie auf. Er beugte sich über ihr Bett und starrte zu ihr hinunter.

»Ihr glaubt, weil ich krank und schwach bin, weiß ich nichts. Weil man mich wie ein Kind behandelt. Ja, es stimmt, daß ich mich nur vage an die ungewöhnlichen Dinge erinnere, die mir zugestoßen sind, an den Schiffsunfall, oder das Marqun ...

Aber ich halte die Augen offen, und ich habe erfahren, daß Ihr ...« Sie hielt inne. Durfte sie wirklich wagen, es auszusprechen? » ... nicht von hier seid. Daß Ihr nichts mit all dem zu tun habt.« Sie hatte ihn bei jeder Begegnung aufmerksam beobachtet, war fasziniert gewesen von der Art, wie er sprach, von seiner Energie und der Leidenschaftlichkeit, die aus seinen Augen sprach.

Er stieß den Atem aus, und ein ironisches Lächeln zuckte über seine Züge.

»Das kann man wohl sagen ...«

Sie wartete.

Er wandte sich von ihr ab und trat ans Fenster. Es regnete wieder. Ein stetiger, kalter Nieselregen, der auf den Fenstersims tropfte und Lachen draußen auf der schmutzigen Straße bildete. Es war Vormittag, aber dem Licht im Zimmer nach könnte der Morgen oder Abend dämmern. Sie vermochte ihn nicht deutlich zu sehen.

»Und wie ist es mit Euch, Felicia? Warum laßt Ihr zu, daß Männer wie Olwyn Mittelson und Torold und Euer Vater – und ich – Euch so behandeln?«

Sie lächelte und drehte die Handflächen auf der Bettdecke nach oben.

Er runzelte die Stirn. »Nein, es ist nicht nur eine Sache körperlicher Schwäche. Auch Ihr spielt Eure Spielchen. Ihr brauchtet das nicht zuzulassen.«

»Was schlagt Ihr vor? Was könnte ich sonst tun?« Sie lächelte nicht mehr.

»Fangt damit an, Euch nicht um *meinen* Rat zu kümmern!« Und nach einer langen, eisigen Pause. »Oder sagt uns, wir sollen uns zur Hölle scheren, teure Felicia. Jeder einzelne von uns. Überlegt doch. Was könnten wir tun? Ihr seid Lady Felicia Westray, die Erbin von Eldin – und Shelt ebenfalls, wenn ich mich nicht täusche. Ihr braucht Euch von uns nicht herumschubsen zu lassen.«

Sie wollte antworten, als ihr bewußt wurde, was er tat. »Aber wir sprachen doch nicht von mir, oder? Ablenkungsmanöver nennt man so was. Was macht Ihr hier? Warum kämpft Ihr für die Fischer von Shelt, ›Jolin Rosco‹? Auch ich habe Geschichtsbücher gelesen. Ihr seid ein Fremder mit falschem Namen. Was in Shelt passiert, ist nicht Eure Sache. Also, warum seid Ihr hier?«

Er kehrte vom Fenster zurück, blickte sie seit langer Zeit wieder direkt an und lächelte sanft. Da sah sie die verlorene Hoffnung in seinen Augen.

»Das, meine Liebe, möchten wir alle gern wissen.«

Am nächsten Tag, auf dem Weg zum Bäcker, hob Annis ein Pamphlet auf, das auf der Straße lag. Kesters Gesicht starrte ihr darauf entgegen.

Ihre Hände zitterten so sehr, daß sie es fast wieder fallen ließ. Ihr war schwindelig, und sie konnte die Worte darunter kaum begreifen. Sie waren einfach genug:

Dieser Mann wird bis zur Rückkehr von Lady Felicia als Geisel festgehalten. Ihre Entführer werden hiermit informiert, daß er jeden Tag, solange sie nicht zurückgebracht wird, fünfzig Peitschenhiebe erhält.

Falls Lady Felicia nicht vor Ende dieser Woche unbeschadet freigelassen wird, verliert er seine rechte Hand.

Und dabei wird es nicht bleiben.

Unterzeichnet war es mit: »Gawne von Aquile, Erster Seelord.«

Olwyn Mittelson entging ihre Blässe an diesem Abend nicht.

»Ihr werdet bald so sein wie Felicia, wenn Ihr nicht aufpaßt ... Was ist mit Euch, Annis?«

Er war ein Magier wie Gawne. Er hatte Felicia geholfen, aber aus welchem Grund? Sie traute ihm nicht.

»Serethrun«, sagte sie und war froh, daß ihr eine Ausrede eingefallen war. »Was ist mit ihm? Warum ist er noch nicht zurück.«

»Er hat einen weiten Weg«, entgegnete Mittelson. »Ich erwarte ihn in frühestens einer Woche.«

»Wohin ist er?« Annis fragte sich vage, weshalb sie sich bisher nie dafür interessiert hatte.

Mittelson lehnte sich in seinem Sessel zurück. Die Zimmer hier waren vornehmer als alle, in denen sie sich bisher versteckt hatten. Teppiche lagen auf dem Boden, die Möbelstücke waren aus gutem Holz, in den geschnitzten Schränken stand feines Porzellan, und auf den Regalen reihten sich die Bücher.

Es war ihre zweite Nacht in diesem Haus in einem der vornehmeren Viertel der Stadt. Es gehörte Vere Holtbys Familie. Von ihm erwartete man eigentlich nicht, daß er die Fischer unterstützte, aber er war romantisch veranlagt und hatte schon als Junge selbst Fischer werden wollen. Seine entsetzten Eltern hatten versucht, ihm diese Idee auszureden, aber es war ihnen nicht gelungen. Vere hatte sein Elternhaus verlassen und sich mit den Fischern angefreundet. Schließlich war er enterbt worden.

Mittelson kannte Vere Holtby schon lange und hatte sich oft über seine Begeisterungsfähigkeit amüsiert. Der rundliche kleine Mann konnte sich leidenschaftlich für etwas einsetzen, aber er war nicht sehr klug. Er sah das Ganze als heroisches Abenteuer.

»Serethrun holt seinen Stamm. Er hat die Pferde der Burggarde zu den Eloiern gebracht. Sie werden – wertvolle Verbündete sein.«

Seine Erwähnung der Eloier hörte sie kaum. »Eine Woche?« hauchte sie bestürzt. »Eine ganze Woche?«

»Euch macht doch etwas zu schaffen, Annis. Was ist es?«

Mittelsons seltsame Augen beobachteten sie. Sie mußte vorsichtig sein. »Ich – mache mir Sorgen um ihn. Er ist so jung ...«

»Das täuscht bei den Eloiern.« Mittelson lehnte sich wieder zurück und beschäftigte sich, offenbar durch ihre Antwort zufriedengestellt, wieder mit dem Buch auf seinem Schoß. »Serethrun kann sehr gut auf sich selbst aufpassen.«

Felicia blickte sie an. »Ihr müßt mir sagen, was Euch quält.«

Es war später an diesem Abend. Annis saß am Kamin in Felicias Zimmer und starrte blicklos vor sich hin.

Sie hatte schon einmal gesehen, wie ein Mann ausgepeitscht wurde. Dreißig Peitschenhiebe, die Haut hing in Fetzen von seinem Rücken. Und das viele Blut! Er hatte geschrien und die Besinnung verloren. Woraufhin sie Wasser über ihn gegossen hatten. Und das Ganze immer und immer wieder.

Fünfzig Peitschenhiebe, jeden Tag! Kes würde keine Woche durchstehen.

›Durch Eure Torheit habt Ihr Euren geliebten Kester wahrscheinlich umgebracht‹. Das waren Roscos Worte gewesen, gleich nach der Befreiung der Pferde. War es ihre Schuld?

»Sollen wir zurückkehren?«

Annis blickte die geduldige Gestalt im Bett scharf an.

»Wie meint Ihr das?«

»Diese Leute verlassen. Mittelson und Rosco. Das Risiko in der Burg eingehen. Ich bin jetzt viel kräftiger.«

»Und was ist mit Gawne?« Doch noch während sie sprach, stellte Annis es sich vor: die triumphierende Rückkehr auf die Burg, das Willkommen; Kester frei.

»Schaut!« Felicia warf die Bettdecken zurück, schwang die Beine über die Seite und auf den Fußboden.

Langsam, aber stetig ging sie durch das Zimmer zum Kamin. Wenn ihr jeder Schritt weh tat, zeigte sie es zumindest nicht.

Ihre seegrünen Augen glänzten, ihre Wangen waren vor Freude und Triumph gerötet.

Annis beobachtete sie. Wir könnten es tun, dachte sie. Wir könnten fliehen, durch die Stadt zur Burg laufen. Und von jetzt an würde Felicia sich nicht mehr herumschubsen lassen, sie würde stark genug sein, sich gegen Gawne und Fessil zur Wehr zu setzen. Sie hatte sich verändert. In ihr steckten nun Kraft und Entschlossenheit.

Und Kester würde freigelassen werden.

»Heute nacht?« fragte sie.

Sie erreichten das Ende der Straße, ehe Rosco sie einholte. Sie hatten ihn in ihrer Eile überhaupt nicht gehört.

»Macht ihr einen Ausflug, Ladies?«

Annis wirbelte herum. »Wir sind keine Gefangenen! Ihr könnt uns nicht ständig einsperren!«

»Niemand sperrt euch ein. Ich dachte, das hättet ihr verstanden. Doch weder Ihr noch Lady Felicia wären auf der Burg sicher.«

Er sprach gemessenen, ernsten Tones, als wüßte er, was in Annis vorging.

»Felicia, wie geht es Euch?« Er warf einen raschen Blick auf das im Schatten stehende Mädchen.

»Danke, gut. Ich halte mich an Euren Rat.«

»Ihr solltet besser noch warten. Zu solchen Dingen gehört ein wenig Übung. Es ist kein Spaß für einen Anfänger. Ihr könntet damit beginnen, von Olwyn zu verlangen, die Tür zu schließen, wenn er das Zimmer verläßt. Oder von Vere, weniger bröselige Kuchen zu essen. Steigert Euch allmählich, bis Ihr das nötige Rüstzeug habt, Euch von Gawne nichts mehr gefallen zu lassen.« Doch obwohl er zu Felicia sprach, nahm er den Blick nicht von Annis' Gesicht. Die freundliche Stimme fuhr fort:

»Habt Ihr in letzter Zeit irgendwelche interessanten Pamphlete gelesen, Annis?«

Sie spürte, wie sie errötete. Und dann quollen die Tränen aus ihren Augen, und sie sackte gegen die Hauswand.

»Was habt Ihr, Annis?« Felicia beobachtete sie besorgt.

Da ging Rosco auf sie zu und zog ein zerknittertes Blatt Papier aus einer Tasche seiner Jeans.

»Es geht um das hier, glaube ich.« Er reichte Felicia das Pamphlet.

Sie überflog es und wandte sich rasch an das weinende Mädchen.

»Das ist Kes – Euer Kester?«

Annis nickte. Sie legte die Hand auf Felicias Arm.

»Bitte, können wir nicht zurückkehren?«

»Zur Burg?« Felicia blickte über Annis hinweg Rosco an.

Er betrachtete sie nachdenklich. »Ich hole ihn heraus, wenn Ihr möchtet.«

»Ihr wißt natürlich, daß es eine Falle ist«, sagte Felicia ruhig.

Er zuckte mit den Schultern. »Ich hole ihn heraus«, wiederholte er.

»Sie werden Euch erwischen!«

»Nein, das werden sie nicht.«

»Wie könnt Ihr so sicher sein?« fragte Annis hitzig.

»Ich – weiß, was geschehen wird. Wenigstens zum Teil.«

»Wie könnt Ihr das? Wie könnt Ihr das?« schrie Annis, zu verängstigt, ihm zu glauben.

»Weil mir in all dem eine Rolle aufgebürdet wurde. An der Küste, erinnert Ihr Euch? Es wird nicht so leicht sein, sich davor zu drücken.«

Felicia starrte ihn an. »Der Tod in der Burg wäre leicht?«

Er ignorierte ihre Bemerkung und sagte zu Annis: »Habt keine Angst, ich hole Euren Kes heraus. Kehrt jetzt zu Olwyn zurück. Er wird es euch erklären.«

Olwyn Mittelson tat nichts dergleichen. Er schürte lediglich das Feuer im Kamin.

»Paßt auf.« Er warf eine Handvoll Pulver ins Feuer.

Es flammte plötzlich hoch auf und beleuchtete vier Gesichter. Annis, voll Angst und Hoffnung. Vere Holtby mit bleichem Gesicht und herausquellenden Augen.

Mittelson verschlossen, geheimnisvoll.

Felicia ruhig wie die Ebbe.

Im flackernden goldenen Glühen sahen sie Rosco wie in einem Traum. Er stand allein auf der Klippe nördlich der Burg, die Hände hatte er vor dem Mund zum Trichter geformt, er rief. Da stieß aus dem tiefblauen Himmel ein Arraratfalke und ließ sich neben ihm auf dem Felsen nieder.

Annis keuchte laut auf, Vere fluchte verhalten, und Felicias Augen füllten sich unerklärlicherweise mit Tränen. Olwyn Mittelson wußte, wie es weiterging, doch nicht einmal er hätte jetzt einen Laut hervorgebracht.

»Fliegt er fort?« Felicias Stimme klang plötzlich schrill und besorgt in dem dunklen, engen Zimmer.

»Nein«, antwortete Mittelson fast bedauernd.

Da schwang sich der Mann, den sie als Jolin Rosco kannten, auf den Rücken des Vogels, der sogleich zur Burg hinauf flog.

Sie sahen ihn auf einem der höchsten Türme landen, über Torolds Privatgemächern – dann sanken die Flammen zusammen, und das Bild verschwand.

Astrella hatte eine gute Wahl getroffen. Der Turm war verlassen und hatte einen Dachgarten mit ungewöhnlichen Koniferenbüschen und Bäumen. Das war eine der exzentrischeren Liebhabereien Torolds. Leise bahnte Rosco sich einen Weg durch die Zweige zum Kopf der Treppe.

Die Tür war verschlossen. Er hatte sich im Lauf der Jahre viel geheimes Wissen angeeignet, sowohl von seinem Bruder wie auch von Mittelson. Hier war es jedoch nicht nötig, Magie einzusetzen.

Er holte einen merkwürdig geformten Schlüssel mit biegsamem Draht ringsum hervor. Nach kurzer Konzentration und ein wenig Fingerspitzengefühl war die Tür offen.

Wenn nur alles so leicht sein würde ...

Seine einzige Chance bestand darin, so lange wie möglich unbemerkt zu bleiben. Er mußte quer durch die Burg hinab zu den Verliesen und dann wieder zurück zu Astrella.

Als er die unterste Stufe erreichte, hörte er, wie ein Stück entfernt eine Tür am Korridor zugeschmettert wurde, dann schwere, unsichere Schritte. Er drückte sich lautlos in die Dunkelheit eines tiefen Türeingangs und hoffte, daß, wer immer es war, nicht ausgerechnet hierher kommen würde.

Eine andere Tür schwang auf, neue Schritte erklangen. Dann brüllte jemand wütend:

»Esmond, um der Lady willen! Geh mir aus dem Weg! Ich hab' schon genug Sorgen auch ohne dich!«

Der andere sprach leise, deshalb konnte Rosco ihn nicht verstehen.

Die erste Stimme wurde nun ebenfalls leiser. »Oh, zur Hölle damit. Was soll ich tun?«

»Überlaß es Gawne ...«, riet die andere, ein heller, melodischer Tenor.

Rosco drückte sich tiefer in den Eingang und musterte die beiden, als sie vorbeigingen. Torold, nahm er an, in weiter, schwerer Samtrobe, weichen Lederstiefeln, weiten Seidenärmeln unter smaragdgrünem Stoff. Sein Gesicht war gerötet, sein dunkles Haar feucht von Schweiß, sein Schritt unsicher. Ein Kelch, aus dem die letzten Tropfen dunklen Weines auf den Boden tropften, hing achtlos von seiner Rechten.

Der andere Mann war von zarterem Körperbau, kurze goldene Locken rahmten einen feingeformten Kopf ein. Ein gepflegter, schmaler Schnurrbart zierte sein Gesicht. Er trug ein weit geschnittenes blaues Hemd aus weicher Seide und eine Kniehose aus geschmeidigem beigefarbenem Leder. An seiner Linken glitzerte ein Saphirring.

Während sie weitergingen, sah Rosco, wie Torold den Arm um die Taille des anderen schlang und sein Kopf zum Haar des zierlicheren Mannes sank.

Dann waren sie verschwunden.

Rosco folgte dem Korridor und huschte in das Gemach, das Torold verlassen hatte.

Ein Diener, der auf dem Bett liegende Kleidungsstücke zusammenlegte, kam nur noch dazu, über die Schulter zu blicken, ehe ein Hieb ihn zu Boden schickte. Er blieb ruhig atmend zwischen den scharlachroten und elfenbeinfarbenen Gewändern liegen.

Rosco riß den Kleiderschrank auf, wählte rasch, aber bedacht etwas für sich aus. Jeans und Trikot waren auf der Burg nicht bekannt. Prunkvolle Staatsgewänder würden auffallen. So nahm er einen leichten hellgrauen Reitumhang, eine dunkelgraue Hose, ein goldgelbes Hemd, dazu schnallte er sich einen schwarzen Schwertgürtel mit Scheide um. Es war ihm zwar alles etwas weit, doch das fiel nicht auf.

Er nahm sich die Zeit, in den Spiegel zu blicken. Das offenbare Selbstvertrauen des blonden Fremden, der seine Musterung erwiderte, war verblüffend. Der perfekte Edelmann, der vollkommen hierher paßte, elegant in jeder Beziehung. Sogar extravagant.

Ja, er sah wahrhaftig so aus, als gehörte er hierher zwischen die dichten Samtvorhänge und die kostbaren Möbelstücke. Ungeduldig wandte er sich ab und verließ das Gemach des Grafen von Shelt.

Je tiefer er in die Burg vordrang, desto mehr Personen begegnete er. Ein Ball fand statt. Die gesamte Aristokratie von Shelt war vertreten, schimmernd in Seide und Satin, glitzernd mit Geschmeide. Auf der Haupttreppe saßen Feiernde wie exotische Schmetterlinge auf dem rostroten Läufer. Sorglos hielten sie Kristallkelche mit bernsteinfarbenem Wein in den Händen, und es sah ganz so aus, als warteten sie auf den Beginn der Unterhaltung.

Rosco mußte den Weg zum Burgkeller finden, wo sich die Verliese befanden. Er machte sich daran, Entschuldigungen murmelnd einen Weg um die ausladenden Seidenröcke herum die Treppe hinab zu suchen, doch da sah er im Großen Saal eine Gestalt in wäßrigem Grau.

Gawne. Er stand ganz still und beobachtete kühl die Menge. Niemand näherte sich ihm, niemand lenkte ihn ab. Er musterte einen nach dem anderen, als wolle er das Geheimnis eines jeden einzelnen ergründen. Zu versuchen, an ihm vorbeizukommen, wäre ein törichtes, unnötiges Risiko.

Es gab noch andere Treppen hinunter. Mittelson hatte ihm Pläne gezeichnet. Er mußte zusehen, daß er ins Freie gelangte und den Garten zum Küchentrakt durchquerte.

So kehrte er um und folgte einer der langen Galerien, vorbei an einer Schar Gäste, die einer kleinen Musikkapelle lauschten. Er schritt rasch durch Räume, in denen sich allmählich immer weniger Leute aufhielten, bis er schließlich zu einem völlig menschenleeren Raum an der Westseite der Burg gelangte. Dieser Raum hatte einen Balkon, von dem eine Treppe in den Garten führte.

Auch dort, unter den Lampions, hielten sich Leute auf: Gäste, Musiker und Diener mit vollen Tabletts. Er bemerkte zwei weitere Seelords – sie fielen durch ihre grauen Seidenroben auf –, die sich unter die Menge gemischt hatten.

Er hielt sich im Schatten und hastete die Steintreppe hinunter.

Hyazinthen in Töpfen verliehen der Frühlingsnacht ihren eigenen Duft. An der anderen Seite der breiten Rasenfläche sah er eine Tür in einer hohen Mauer. Er wußte, daß sie zum Küchengarten führte. Entlang der Mauer waren Soldaten postiert, bewaffnet und kampfbereit.

Nun, er wußte, daß es eine Falle war, genau wie Felicia gesagt hatte. Doch er war vorbereitet gekommen. Astrella kreiste hoch über der Burg.

Er sah gut im Dunkeln, er hatte die Zeitlosigkeit der Stasis in immerwährender Finsternis zugebracht. Er wartete im Schatten, huschte mit dem Wind von Deckung zu Deckung, behielt die Menge im Auge, die Burg, dachte darüber nach, wie er die Menschen ablenken könnte.

Er sah, daß auf einem Turm, hoch über dem Garten, Kerzen brannten. Koniferenbüsche und -bäume verhinderten, daß von unten etwas zu erkennen war, aber Astrella übermittelte ihm Bilder.

Ja, so müßte es gehen! Torold in panischer Angst um Esmond ...

Astrella, bat er sanft. *Fang mir einen Paradiesvogel, ein Turteltäubchen ...*

Er empfing den Eindruck von Tannenduft und Luxus. Seidenkissen auf einem hohen Turm unter den Sternen. Eine Liebeslaube.

Ja, bat er. *Bring mir den Zierlichen mit den goldenen Locken und der süßen Stimme. Ganz behutsam, meine Liebe, füg ihm keinen Kratzer zu ...*

Ein plötzlicher Schrei am Himmel, ein Schrei puren Entsetzens. Und dann Torolds Stimme, schrill vor Panik.

Und Astrella segelte hinab zu dem frischgemähten Gras und setzte den nackten, blondlockigen Liebsten am hinteren Ende des Gartens ab.

Mit seinem scharfen Nachtblick sah Rosco, wie Esmond aus dem Griff der gefährlichen Krallen taumelte, ohne auch nur ein Blutströpfchen am Körper, aber vor Angst wimmernd. Er versuchte zu laufen, doch mehr als ein Torkeln brachte er nicht zustande. Astrella war sogleich wieder aufgestiegen und nur noch ein Schatten am Himmel.

Rosco schritt los, als das hysterische Geschrei begann. Die Soldaten rannten auf Esmond zu. In der Burg schwangen Türen auf. Torold raste bestimmt bereits die Treppe vom Turm herunter und schlug Alarm.

Unbemerkt schob Rosco die Tür zum Küchengarten auf. Im Innern hielt er sich an die Mauer, zertrat ungewollt Thymian und Rosmarin, bis er einen Weg zwischen den ordentlichen Beeten fand. Dieser Weg führte direkt zur Küchentür.

Sie war zwar verschlossen, wurde jedoch nicht bewacht. Roscos Schlüssel öffnete sie mühelos.

Er trat ein und war wieder in der Burg.

Fragen

Es war spät. Die Küchen waren verlassen, die Reste der Hauptgänge des Abends längst abgetragen. Rosco huschte zwischen blankgescheuerten Tischen und riesigen Herden hindurch und umging eine kleinere Küche, wo Kaffee gekocht und Kuchen auf Teller gelegt wurden. Er hörte das Klirren und Klappern von Porzellan sowie leise Stimmen.

Sein Glück hielt an. Niemand sah ihn, niemand hielt sich auf dem Korridor vor der Küche auf. Und auf dem Gang, der zu den unteren Geschossen führte, drängten sich die einzigen Soldaten, die er sah, an die Fenster und schauten der Pantomime im Garten zu.

Er wußte, wohin er jetzt mußte. Mittelson hatte ihm den Plan der Burg schon damals gezeigt, als sie sich auf den Überfall auf die Stallungen und das Waffenlager vorbereitet hatten.

Er hatte mit Wachen in jeder Ecke gerechnet, mit verschlossenen Türen und vergitterten Durchgängen und hatte sich darauf mit Waffen, Sprengmitteln, Tricks und Verkleidung vorbereitet.

Doch nichts davon erwies sich als notwendig. Die kahlen Gänge waren still und verlassen. Es gab natürlich Türen und

Durchgänge, doch sie waren alle unverschlossen. Dafür fiel ihm der immer stärker werdende Gestank von etwas auf.

Parid! Sein Schritt stockte. Er hätte Mittelson mitnehmen sollen. Lukas versuchte, sich zu erinnern, was er über die Parid aus eigener Erfahrung und vom Hörensagen wußte.

Mißglückte Götter hatte Phin sie einmal genannt. Lefevres Schöpfungen mit götterähnlichen Kräften. Er dachte an die goldene Frau, die im Handumdrehen zur Monstrosität geworden war. An das Netz, das sie zwischen den Bäumen gespannt hatte. An beißende Zähne. Und an einen Riesenhai, der vor Cliokest aus dem Wasser gesprungen war.

Es war ihm bisher nie geglückt, sie allein zu schlagen. Stets hatte es der Kräfte eines Magiers bedurft oder der Hilfe eines Arrarats.

War einen einzelnen zu retten das Risiko wert?

Helles Licht schien um eine Biegung des Ganges. Lukas ging auf Zehenspitzen weiter über den warmen, trockenen Steinboden.

Er vernahm leises Singen, sanft wie ein Schlaflied. Es hörte sich an, als käme es aus weiter Ferne.

Er drückte sich an die Wand, setzte lautlos Fuß vor Fuß und spähte um die Biegung. Der Korridor weitete sich zu einem Gewöbe. An der Wand brannte eine Fackel. Zunächst dachte er, es sei niemand da, doch dann fiel das flackernde Licht auf feucht schimmerndes Blut. Ein Mann lag mit dem Gesicht nach unten auf einem Strohsack an der Wand. Sein Rücken war blutverschmiert. Es gab keine Gitter, keine Türen. Aber er hätte sich ohne Hilfe auch gar nicht bewegen können.

Das Singen verstummte. »Wie schön, dich wiederzusehen, Lukas Marling.« Die kühle Stimme hinter ihm war ihm sowohl aus eigenen Erlebnissen wie aus Alpträumen nur allzu gut in Erinnerung.

Goldflecken färbten und verwischten die grazilen weiblichen Umrisse Sharraks.

Er holte tief Atem. »Du bist weit von Zuhause«, sagte er und beobachtete sie wachsam.

»Genau wie du. Armer kleiner Höhler. Hast deine Herzallerliebste verloren, nicht wahr? In mehr denn einer Hinsicht ...«

»Was meinst du damit?« Er mußte es fragen, obwohl er wußte, daß man ihr selten glauben konnte.

»Sie hat dich dem Tod überlassen, weißt du. Hat sich geweigert, dir eine Chance zu geben. Hatte zu große Angst vor Lord Lycias. Du warst der Preis für ihre Freiheit.«

Er schwieg. Astrella hatte ihm die Bilder übermittelt, das schreckliche Wissen. Der schneebedeckte Berghang, Eleanors Entscheidung. Sie hatte sich entschlossen, die Stasis zu brechen, auf Kosten seines Lebens ...

Dieses Wissen gab ihm nun die Freiheit, sein Leben wegzuwerfen, wenn er es wollte.

Er stand in dem ungewöhnlichen Verlies, blickte auf die Parodie eines Gottes und zuckte mit den Schultern. Sein Tod war der Preis für die Beendigung der Stasis gewesen. Das wußte er sehr wohl. Der dunkle Kristall, der in jedem seiner Gedanken, seit er nach Shelt gekommen war, Stunde um Stunde, Tag um Tag schimmerte.

Und doch war er am Leben geblieben. Es erfüllte ihn mit schrecklicher Vorahnung. Jeder Akt ritualer Magie forderte seinen Preis. Er war gestorben, um die Stasis zu brechen, und dieser Preis war nicht zu hoch gewesen. Aber dann kam die Wiederbelebung. Vielleicht wartete die Stasis nur darauf, zurück an ihren alten Platz zu gleiten; vielleicht war dieser Tod immer noch notwendig, immer noch eine zu begleichende Schuld.

Vielleicht war jetzt der Augenblick zu bezahlen. Es machte ihm nicht wirklich etwas aus, denn Eleanor war in ihre eigene Welt zurückgeschleudert worden und unerreichbar. Sie hielt ihn für tot und würde nie zurückkehren.

Es spielte keine Rolle, was er tat, wohin er ging, wie er lebte. Er hatte sich Olwyn Mittelson angeschlossen, weil er nichts Besseres zu tun hatte. Er wartete auf seinen Tod.

Aber hatte er etwas gegen Zwang.

»Was willst du?« fragte er die goldene Erscheinung und senkte sein Schwert. Es war gegen Parid nutzlos. »Das übliche?«

Sie schürzte die Lippen, und einen Augenblick lang schwankte ihre Gestalt zwischen der Gottesanbeterin/Spinnen-Form und gesponnenem Gold. Er wandte den Blick ab und schaute hinauf zu dem staubigen Steingewölbe.

»Macht«, beantwortete er seine eigene Frage. »Darauf sind die Parid doch scharf, nicht wahr? Echte Götter verlangen nach anderen Dingen. Moralische Werte wie Reinheit, Liebe, Glauben, Loyalität. Aber ihr Parid, Möchtegerngötter, dürstet nur nach Macht.«

»Warum nicht?« sagte sie ruhig. »Das gibt dem Leben Reiz.«

»Aber es macht euch zu Geringerem, als wir sind. Manchmal können sogar Menschen hehre Ideale erstreben. Doch nichts kann so sehr nach Macht gieren wie der Mensch. Lefevre, Gawne, Torold ...«

»Und wie ist es mit dir?« Sie war nun dicht bei ihm und lächelte nicht mehr.

»Ich – möchte frei sein. Von niemandem und nichts benutzt werden.«

»Warum läßt du dich dann hier benutzen? Astret, die Fischer von Shelt, was tun sie denn anderes?«

»Aber ich habe mich dafür entschieden.« Warum erzählte er ihr das?

Sie schien sich in sich selbst zurückzuziehen. Die goldenen Flecken kräuselten und dehnten sich. Und dann: »Hole deinen Freund. Hole ihn und geh!«

Er starrte sie an. Ihr Gesicht hatte einen seltsamen Ausdruck, den er nicht deuten konnte. Er dachte, daß dieser Ausdruck in seinen Alpträumen wiederkehren würde. Aber Sharrak trat zur Seite und ließ ihn vorbei.

Ungläubig trat er zu der reglosen Gestalt auf dem Strohlager und beugte sich über sie. Vorsichtig berührte er sie. »Wenn ich dir aufhelfe, kannst du dann gehen?« fragte er.

Kester Robart öffnete schmerzverschleierte Augen und nickte. Er hatte keine Kraft zu sprechen.

Behutsam zog Lukas ihn auf die Füße und achtete darauf, die offenen Rückenwunden nicht zu berühren. So gut es ging, zog ihn Lukas durch die stillen Korridore zurück.

Die Parid hatte aufgehört, ihr eigenartiges Schlaflied zu singen. Er hörte nur drei Worte der hellen süßen Stimme auf dem Gang hinter sich herhallen:

»Vergiß mich nicht ...«

Astrella wartete im Schatten der Küchengartenmauer auf ihn. Während er Kester, der halb besinnungslos war, auf den Vogelrücken half und sich hinter ihm hinaufschwang, fragte er sich stirnrunzelnd:

Warum?

Am nächsten Tag, während Mittelson Kesters Wunden versorgte und Annis angstvoll zuschaute; während Felicia aufstand und im Haus herumspazierte, und Vere Holtby eine törichte Frage nach der anderen stellte, wanderte Lukas Marling über die Klippen nördlich der Stadt Shelt.

Er hatte wieder nicht geschlafen.

Astrella war zu ihm gekommen, von hoch über den angeschwollenen Fluten herab zur windumtosten Klippe. Sie wußte mehr, als sie mitteilen wollte. Er konnte sie nicht bewegen, ihr Wissen mit ihm zu teilen.

Darüber, was in Peraldon geschah? Wie es den Höhlern erging? Was aus Phin, aus Matthias, aus Thurstan und Stefan, aus seiner ganzen Familie und seinen Freunden geworden war? Sie wollte ihn nicht heimbringen. Liebevoll bedauernd, aber standhaft und rätselhaft hatte sie sich geweigert, ihn von Shelt fortzutragen.

Er lebte im Exil, in einem Limbus, wo er darauf wartete, mit seinem Tod die Schuld zu tilgen, die noch offen war.

Und Felicia. Er hatte keine Wahl. Astret zwang ihn. Ihre Macht. Ihr Wille.

Aber was spielte es schon für eine Rolle? Eleanor war fort. Und so, wie es aussah, waren auch seine Familie und seine Freunde für ihn unerreichbar.

Was könnte er also sonst tun?

Der Flug

Eleanor hatte vergessen, wie wild es war. Wie unruhig, wie ungleichmäßig. Das schwindelerregende Auf und Ab, wenn man unerwartet vom Aufwind erfaßt wurde. Und dann die Schwerelosigkeit des Gleitfluges, während tief unten ihr Schatten über die endlose rote Wüste dahinjagte.

Die Luft war heiß und trocken. Ein feiner Dunst verschleierte die sandbedeckten Felsen am Horizont. In Minutenschnelle hatten sie die Ebene und die in die entgegengesetzte Richtung ziehende Karawane hinter sich gebracht.

Sie kannte Acelet nicht, so war eine Verbindung mit Comyns Falken schwierig. Sie bedauerte es zutiefst, die Wärme und Freude, die Treue und den Mut des Arrarats nicht direkt miterleben zu können. Sie fragte sich, ob es Matthias mit seiner größeren Erfahrung besser erging. So rief sie diese Frage über ihre Schulter.

»Ja, ich verstehe Acelet. Nicht völlig natürlich, aber seine Absicht, seinen Willen, kann ich schon verstehen.«

»Weiß er, wo wir Wasser bekommen könnten?« Sie vermochte sich schon nicht mehr zu erinnern, wann sie das letzte Mal genug zu trinken bekommen hatte. Während des Fluges peitschte der heiße Wind alle Feuchtigkeit aus dem Körper. Ihr Zunge war geschwollen und wund, ihre Kehle ausgedörrt. »Ich habe entsetzlichen Durst, Matthias!«

Kurzes Schweigen setzte ein, während er Gedankenverbindung zu dem Falken aufnahm. »Ja«, sagte Matthias schließlich. »In ein oder zwei Stunden werden wir Rast bei einer Quelle machen. Vielleicht fließt noch Wasser ...«

Gerade noch, daß ein Rinnsal zu finden war. Ein wenig robustes Gras fristete sein karges Dasein am Fuß eines Felsens, über den spärlich Wasser tropfte und im Sand darunter versickerte.

Eleanor fiel fast von Acelets Rücken. Hastig legte sie das Baby in den Schatten des Felsens, dann warf sie sich in den roten Staub und versuchte, ein wenig Wasser mit den Händen aufzufangen. Es tröpfelte kaum genug, ihren Handteller zu füllen.

Sie seufzte. »Wir brauchen irgendein Gefäß, im dem sich ein bißchen sammeln kann. Es ist so wenig.«

Matthias streckte ihr etwas entgegen: ein Stück abgesplitterten Stein mit einer Mulde. Sie hielt es unter das dünne Rinnsal. Es dauerte lange, bis die Mulde voll war.

Sie legte den Stein in Matthias' Hände.

»Eleanor«, rügte er milde. »Was ist mit dem Baby?«

Sie schaute nach ihm. Es lag sichtlich zufrieden im Schatten. »Mit ihm ist alles in Ordnung. Es ist göttlich, und ich habe es noch nie etwas essen oder trinken gesehen.«

»Das ist keine Entschuldigung, ihm nichts anzubieten. Du darfst es dir nicht so leichtmachen. Wenn es menschlich ist, braucht es zu trinken, und wenn es göttlich ist, muß man ihm zumindest ein wenig Achtung zollen.«

Sie sah noch einmal nach dem Baby. Es spielte vergnügt mit seinen Händchen. Sie hob es auf die Arme und hielt das Steinstück vorsichtig an seine Lippen. Es trank in langsamen Schlücken das ganze Wasser.

Dann füllte sie den Stein erneut und gab ihn Matthias. Er sieht schrecklich aus, dachte sie. Bestimmt schmerzt die Wunde furchtbar. Wortlos trank er das Wasser.

»Möchtest du ...«, begann sie. »Soll ich mir jetzt dein Gesicht anschauen? Es müßte wahrscheinlich gesäubert werden.«

»Schon gut, Eleanor.« Er grinste schwach. »Das schaffe ich allein. Sieh du lieber zu, daß du noch ein bißchen Wasser aus der Quelle bekommst.«

Sie hielt das frisch gefüllte Steinstück, während er mit einem weiteren Streifen seines in Fetzen hängenden Hemdes die Wunde säuberte. Sie sah nicht so schlimm aus, wie Eleanor erwartet hatte.

»Es heilt überraschend schnell, Matthias«, stellte sie erstaunt fest.

»Ja. Ich glaube, das liegt an dem Baby. Es zieht Harmonie und Frieden an. Krankheit und Böses können in seiner Gegenwart offenbar nicht existieren.«

Da erinnerte sie sich an etwas. »Es hat deinen Stab zerbrochen. Zumindest nehme ich an, daß es deiner war. Weard hatte ihn, als die Karawane Smintha verließ. Kurz bevor man uns gefangennahm.«

»Ein Spiralstab in den falschen Händen ist gefährlich. Ich bedaure nicht, daß er vernichtet wurde.«

»Aber was ist mit dir? Brauchst du ihn denn nicht?«

»Irgendwann finde ich einen anderen. Oder etwas anderes. Ich bin nur froh, daß Weard ihn nicht mehr hat.«

»Warst du in der Kiste auf der Echse hinter uns? Wußtest du, daß ich da war?«

»Ich befand mich schon Tage in der Kiste, ehe ihr dazugekommen seid. Ja, ich wußte, daß du da warst. Man hatte Comyn zu mir gesteckt, weißt du. Er erzählte mir, was geschehen war.«

»Ich verstehe das mit Comyn nicht. Er war doch gewiß nicht die ganze Zeit von Lycias besessen, oder?«

»Nein, nur hin und wieder. Er sagte mir, daß er an manche Gespräche und Ereignisse, die ihr anderen erwähnt habt, nicht die geringste Erinnerung hatte. Das machte ihm sehr zu schaffen. Aber keiner von uns ahnte, was wirklich vorging. Lycias kann alles tun, was er will.«

»Wie kann man sich da noch auf *irgend etwas* verlassen?«

»Das kann man wohl auch nicht. Es ist alles Trug ...«

Das verriet ihr einen ungeheuren Zynismus und eine abgrundtiefe Verzweiflung, über die sie lieber nicht nachdenken wollte. Nicht, wenn das Baby friedlich in der Sonne schlief und Lukas lebte!

Sie beschlossen, erst am Morgen weiterzuziehen, denn der Himmel wurde bereits dunkler und keiner von ihnen wollte die Quelle verlassen.

Die Nacht brach rasch herein, und es wurde sehr kalt. Eleanor fröstelte und drückte das Baby wieder an sich, während sie im Sand saß und sich der Wärme wegen an Acelet schmiegte. Es lachte leise.

»Nennen wir es Coron«, sagte sie plötzlich. »Nach seiner Mutter.«

»Ja. Sie sollte nicht vergessen werden.« Matthias streckte die Hand in die Richtung aus, wo er Eleanor vermutete. Sie rutschte ein wenig näher und nahm seine Hand in ihre.

»Es tut mir so leid, Eleanor, daß ich dich zurückgeholt habe. Es sollte nicht notwendig sein, die Verantwortung einem anderen aufzubürden.«

Nein, wahrhaftig nicht, dachte sie. Und doch ... »Mach dir keine Gewissensbisse, Matthias. Wenn ich nicht zurückgekommen wäre, würde ich Lukas immer noch für tot halten.«

Da sagte er nichts mehr, und weil es jetzt pechschwarz war, konnte sie auch seinen Gesichtsausdruck nicht sehen.

Sie wußte längst nicht alles. Sein Zukunftsblick war keineswegs eindeutig. Er wußte, daß vieles im Dunkeln blieb, und dafür war er dankbar. Doch immer wieder blitzten Bilder durch die Finsternis seiner erloschenen Augen, und so sehr er sich auch dagegen verschließen wollte, sah er doch immer wieder die Vorbereitungen für eine Hochzeit in einer kalten, windigen Stadt am Meer ...

Es lag noch ein weiter Weg vor ihr, ehe sie Lukas wiedersehen würde, und dieses Wiedersehen würde anders sein, als sie erwartete.

Wie sehr er sich wünschte, er wüßte nicht, was in dieser nördlichen Küstenstadt geschah.

Am nächsten Tag wurden die endlosen Meilen Sand ein einziges Mal unterbrochen. Ein nur allzu bekanntes schwarzes Gebilde kauerte in der Dünenlandschaft.

Das Taxi. Doch es war offenbar verlassen.

»Sehen wir es uns an«, schlug Eleanor vor. »Vielleicht finden wir etwas Brauchbares.«

Etwas zu essen oder trinken, meinte sie.

Acelet setzte sie daneben ab, und Eleanor öffnete die glühende Tür. Ein Schwall heißer Luft schlug ihr entgegen.

Das Taxi war leer. Die Ledersitze rochen muffig in der Hitze. Auf dem Boden lag Bonbonpapier, und um die Pedale herum hatte sich Sand angehäuft. Der Zündschlüssel steckte.

Sie drehte ihn. Der Motor sprang an, stotterte und starb mit einem häßlichen scharrenden Laut.

»Was ist los?« erkundigte sich Matthias, der an der offenen Wagentür stand. »Ist er kaputt?«

Sie lehnte sich gegen das brennendheiße Leder zurück. »Verdammte Autos! Immer das gleiche! Der Tank ist leer!«

Sie öffnete das Handschuhfach und zog einen Beutel mit fast zerfließenden, mit Schokolade überzogenen Karamelbonbons heraus. »Bonbons, Matthias!« rief sie erfreut.

»Ohne Wasser nicht gerade das richtige«, meinte er. »Fliegen wir weiter. Vielleicht hat Blythe Proviant.«

»Wahrscheinlich nicht genug für uns alle.« Sie blieb hinter dem Lenkrad sitzen.

»Matthias, wer waren diese Leute? Der Mann mit den blonden Locken und dieses Mädchen? Die zwei, die in einem Pub in London auftauchten und mich verschleppten?«

»Ah ja. Imbert Cupere und Edine Malreaux. Ein schlaues Paar, nicht wahr?«

»Das habe ich nicht gemeint. Sind sie Höhler?«

»Nein.« Er verheimlichte ihr wieder etwas. Sie wurde ärgerlich.

»Matthias, du bist mir ein paar Erklärungen *schuldig*. Wer sind sie?«

Er seufzte. »Na gut. Imbert ist Kaiser Xanthons Berater. Er studierte unter Lefevre im Peraldonischen College. Und als Xanthon beschloß, den Siebenten Ritus durchzuführen, um dich zurückzuholen, bestand er darauf, daß ich mit Imbert zusammenarbeite. Er hatte volles Vertrauen zu Imbert, zu mir wohl nicht so ganz.«

»Und wo hast du studiert?«

»In Peraldon. Mit Lefevre und Imbert und Blaise, Thibaud, Aylmer ... Wir alle, alle Weisen und Magier.«

»Und Edine?«

»Frauen sind am College für Magier nicht zugelassen, was aber nicht heißt, daß nicht auch sie nützliche Kräfte haben können ...«

»Einen Moment, Matthias! Das kann ich nicht glauben. Euer Volk betet Astret an, die doch zweifellos weiblichen Geschlechts ist. Eure Religion hat Priesterinnen statt Priester. Der Sonnenkaiser und die Mondkaiserin sind an Macht und Kräften ebenbürtig. Willst du wirklich und wahrhaftig behaupten, daß Frauen von *allem* ausgeschlossen sind, was mit Magie zu tun hat?«

Er zuckte mit den Schultern. »Es ist von eben dieser Religion verboten. Die Kabbala – die überlieferten geheimen Bräuche sind nur Magiern und Priestern bekannt – ist in dieser Beziehung sehr strikt.«

»*Warum?*«

»Männer und Frauen – sind verschieden. Sie werden einander in ihrem Wesen nie verstehen. Unser Leben macht das deutlich, diese strenge Trennung ...«

»Biologische Bestimmung. Ich glaube nicht, daß das so einfach ist, Matthias. Jeder Mensch hat sowohl weibliche wie männliche Züge. Überleg doch selbst: Männer können intuitiv sein, Frauen aggressiv. Frauen werden Wissenschaftler, Männer Krankenpfleger. Niemand kann in eine bestimmte Rolle gezwängt werden.«

»Unsere Welt wird von einem Sonnengott und einer Mondgöttin beherrscht. Es hat nie eine Möglichkeit gegeben, daß die beiden Gegensätze sich vermischen.«

»Ich glaube, du übersiehst da etwas. Wenn Mann und Frau einander lieben, können sie etwas erschaffen, das über starre Trennungen hinausgeht. Jeder von uns hat etwas vom anderen. Wir brauchen einander, in jeder Beziehung, überall ...«

»Vielleicht hast du recht. Zweifellos ist es in deiner Welt anders. Vermutlich gibt es bessere Möglichkeiten, die Dinge zu organisieren. Ich versuche nicht, uns zu rechtfertigen, aber es ist hier eben, wie es ist.« Es genügte ihm, es dabei zu belassen.

»Edine ist Imberts ständige Gefährtin, und er hat ihr viel beigebracht. Ihre besondere Fähigkeit ist die Flexibilität. Sie versteht viel von Tarnung und Verkleidung. Sie und Imbert geben ein beachtliches Gespann ab, das mußt du doch zugeben.«

»Wie meinst du das?«

»Nun, hat man sie in deiner Welt etwa für Fremde gehalten? Oder schienen sie sich wie zu Hause zu fühlen?«

»Wie zu Hause, das stimmt.« Sie hatten sich im Pub amüsiert, waren durch Staus gefahren, hatten geflucht, wenn sie bei Rot anhalten mußten. »Dann war die Durchführung des Ritus also ein Gemeinschaftsprojekt? Du und Imbert mit Edine als Handlangerin.«

Das überging er. »Es bedurfte jedenfalls mehr als nur eines Magiers für dieses Ritual. Und der Kaiser traute keinen Magiern, die Astretanhänger sind. Imbert war der mächtigste seiner eigenen Magier. Trotzdem war es nicht einfach. Ich hatte geglaubt, die Synchronizität, um deine Welt zu finden, würde zu schwierig sein, oder unmöglich ...«

»Das hast du mir gesagt.«

»Das hatte ich damals auch geglaubt. Aber Imbert ist mit Wissensgebieten vertraut, die ich nicht kenne. Und ich – ich fand heraus, daß ich nach der Befreiung des Benuvogels neue, ungewöhnliche Kräfte hatte. Es war, als hätte diese eine Tat eine ganze Reihe bedeutende Möglichkeiten eröffnet. Es war nicht einfach, dich zu finden«, wiederholte er, »aber es war möglich. Imbert, Edine und ich arbeiteten zusammen, um dich aufzuspüren. Auf Anweisung des Kaisers.«

»Und was hatte der Foskakönig mit all dem zu tun?« Ihre Stimme wurde wieder hart. So viele Pläne, so viele aufeinanderprallendeHoffnungen, die alle von ihrer Rückkehr abhingen. Sie verstand die Verbindung zu der Kreatur nicht, die im Blutpalast lebte.

Sie blieb still sitzen, erinnerte sich an die monströse Blume, deren Blütenkopf besessen der Wanderung der Sonne über den Himmel nachschaute – voll Liebe, voll Sehnsucht, voll Verlangen.

Das war ihr nur allzu vertraut.

O Lukas! Ein tiefer, wühlender Schmerz in ihr. Wann werde ich dich wiedersehen?

Es war selbst bei offenem Fenster viel zu heiß im Wagen. Sie stieg aus, ohne Matthias anzublicken.

»Komm«, forderte sie ihn auf. »Suchen wir Phin, bringen wir es hinter uns.« Sie ging zum Arrarat, der geduldig im Sand stand, und hob das Baby auf, das im Schatten seines Flügels lag.

Sie hielt es flüchtig an ihre Schulter. Kühle Wogen des Behagens flossen von ihm über. Wieder stahlen sich Tränen aus Eleanors Augen. Es war solch ein Trost, das Gesicht auf Corons Köpfchen sinken lassen und jemanden an sich drükken zu können, der Liebe und Vertrauen ausstrahlte.

Hier gab es viel zu wenig Liebe und Vertrauen.

Die Tränen halfen. Und der Flug auf dem Arrarat.

Das Baby entwickelte sich auf eine Weise, die einzigartig auf dieser Welt war. Im Augenblick war es damit zufrieden in der Enge eines schwachen, weichen Körpers zu existieren. Es gefiel ihm, schützende Arme um sich zu fühlen, den Schlag eines Herzens und Stimmen über seinem Kopf zu hören. Manchmal war es verwirrt vom Ärger und Schmerz in den Stimmen. Es verabscheute jegliche Gewalt.

Es wollte nichts mit Falschheit zu tun haben. Mit Unwahrheit oder pervertierter Magie. Es fing an, sich Gedanken über das Wesen seines Vaters zu machen. Bis jetzt hatte die absolute Pracht von Licht und Feuer nur Liebe und Freude in ihm geweckt.

Doch als die Tränen auf sein Köpfchen fielen, entdeckte es etwas Neues. Mitleid. Es erinnerte sich an die Heilkraft von Wasser. An die Stimme seiner Mutter, die wie das sanfte Geräusch von Regen gewesen war. An die Bewegung von Wasser, das über die Haut floß, an den Rhythmus von Wellen. An den Lauf der Gezeiten, mondbestimmt, mondbeflügelt. Seine Mutter war nicht unwichtig oder vergessen.

Und als es hoch über der Wüste dahinflog, auf dem Rükken eines großen Falken, lernte es Macht kennen.

Fliegen war Leben. Hoch über die Welt dahinzubrausen war die Essenz. Glücklich tanzte es mit jedem Flügelschlag tiefer durch die Dimensionen, auf Pfaden, die seinem Vater bekannt und unbekannt waren. Atemlos vor Staunen und Entzücken flog das Baby über den Himmel.

In dieser Nacht, während Eleanor und Matthias hungrig, durstig, einsam und frierend im Sand neben dem Falken schliefen, hielt das Baby die Zeit für gekommen.

Phinian Blythe erreichte Smintha in der Abenddämmerung. Sein Blick war von den Schatten, aber auch vor Schwäche verschleiert. Er hatte schon vor Tagen aufgehört zu essen. Er hatte gedacht, das wäre vielleicht ein Ausweg. Aber die Kinder tobten um ihn herum und liehen ihm ihre eigene, hektische Energie. Sie bewegten seine Beine, zwangen ihn zu ruhelosem Wandern, solange er bei Bewußtsein war.

Vom Kamm einer Düne blickte er hinunter auf die Stadt. Die langen Schatten des Abends lagen in breiten Streifen über dem Straßennetz. Er sah die Ruinen von Häusern entlang mehrerer der breiten Straßen im Zentrum, erkannte jedoch den Pfad des Sturmbringers nicht. Ihm fehlte die Kraft für Gedanken an jemand anderen.

Thursten folgte ihm nun in einer Entfernung von mehreren Meilen. Allmählich hatten die Schatten Thursten doch zugesetzt, und er war immer weiter zurückgefallen. Blythe war nicht traurig darüber. Es war eine Erleichterung, sich unbeobachtet seiner Qual und seinen Schmerzen überlassen zu können.

Lange hielt er es bestimmt nicht mehr durch. Sein Verstand begann bereits, sich in die Labyrinthe des Wahnsinns zurückzuziehen. Er vergaß immer öfter, wer er war und wohin er wollte. Er erinnerte sich vage an etwas über einen Sturm und ein Kind, aber selbst diese Erinnerung war von Grauen verschleiert, und er wußte, daß auch sie bald in den Alpträumen um ihn verloren sein würde.

Er stolperte rutschend durch den heißen Sand einer Düne auf den Stadtrand zu. Thurstan würde seiner Fährte folgen, bis er anhielt. Sie würden ein paar Worte wechseln, dann würde Thurstan Wasser und etwas zu essen für ihn bereitlegen, bevor er sich selbst ein Plätzchen für die Nacht suchte.

Er folgte einer stillen Straße mit leeren Häusern an beiden Seiten, ohne eines zu betreten. Er wußte, daß er auch dort keine Ruhe finden würde. Thurstan dagegen würde sich bestimmt über ein Bett freuen.

Die Nacht senkte sich rasch und kalt herab. Gewöhnlich hatte er um diese Zeit Halt gemacht und wenigstens versucht, ein wenig Schlaf zu finden. Manchmal war es ihm gelungen, doch heute sah es nicht so aus. Wie sollte er auch in Lycias' Stadt willkommenes Vergessen finden? Aber anhalten könnte er trotzdem, um Thurstan die Chance zu geben, ihn einzuholen. Dann ein paar Worte mit ihm wechseln, um ihn zu beruhigen, daß er noch lebte.

Doch er ertrug nicht einmal den Gedanken daran.

Karis' Gesicht sagte ihm Lebewohl, ließ ihn immer und immer wieder den Schmerz des Verlustes durchleben. Er wünschte sich jetzt schon, daß er sie nie geliebt hätte, daß er sie nie gekannt hätte, daß sie nie geboren worden wäre. Trotzdem mußte er zusehen, wie Würmer aus ihren Augen krochen, Maden aus ihrem Mund, als sie sich vorbeugte, um ihn zu küssen.

Er schleppte sich weiter. Es war ein langer Weg bis zur Stadtmitte. Die Straßen wurden enger und wanden sich zwischen den hohen Häusern dahin, als er die vornehmeren Viertel verließ.

Marial wimmerte hinter seiner Schulter, flehte ihn an, auf ihn zu warten. Es war immer das gleiche: die qualvollen Rufe, das Zupfen eisiger Finger an seinem Haar, seiner Kleidung, das Zerren an ihm, das Umklammern, das Wehklagen.

Blythe wünschte sich, er wäre umgekehrt und hätte auf Marial gewartet. Dann hätte auch er den Tod gefunden und wäre jetzt nicht hier.

Leere Augen zogen ihn vorwärts. Idas wartete darauf, seine Seele zu verschlingen, seinen Geist, der schon benommen von Entsetzen war, mit unvorstellbarem Grauen zu peinigen. Er wünschte sich, das wäre schon lange geschehen, ehe er Peraldon verlassen hatte. Er wünschte sich, er wäre all seiner Menschlichkeit beraubt worden, bevor er sich auf diesen so schrecklichen, so sinnlosen Feldzug gemacht hatte.

Alles wäre besser als dies, wirklich alles.

Die schmale Straße führte zu einer großen Arena umgeben von einem Ring Kolonnaden. Obwohl die Sterne klar und hell waren, blickte er nicht zum Himmel. Ihm blieb der Anblick von Lycias' Antlitz erspart, das auf die Stadt herabschaute.

Blindlings, gleichgültig, plagte er sich weiter, von Schatten niedergedrückt, da schien es ihm, als verschwimme der Umkreis, verliere sich. Als müsse er für immer über harte Steine schreiten, durch weite Räume, von der Dunkelheit verschleiert.

Sein Schritt stockte, als die Kraft ihn verließ. Er stolperte und fiel auf die Knie, den Kopf vornüber geneigt, die Hände lose an den Seiten. Er schaffte es nicht weiter.

Es war auch nicht notwendig.

Ein goldener Arrarat segelte herab und landete neben dem Tempeltor. In seinen Schatten verloren, hatte Blythe keinen Blick mehr für ihn.

Der Reiter rutschte von seinem Rücken. Als er den Mosaikboden berührte, klingelten Glöckchen. Blythe hörte sie nicht.

Dann Stille. Tiefe Stille unter den Sternen.

Phinian!

Eine so sanfte Stimme erklang in seiner Seele. Sie war sanft und kühl wie heilendes Wassers. Doch als Blythe mühsam aufblickte, öffnete der goldene Arrarat plötzlich die Schwingen und richtete sich hinter der schlanken Gestalt auf, die dort stand.

Engelgleich war sie von goldenen Flügeln eingerahmt, Sinnbild aller Macht des Fluges.

Das ist genug, sagte die lautlose Stimme. Aber Blythe konnte nicht klar erkennen, wer es war. Da war ein Gesicht, aber er wußte nur, daß dunkle Augen bestürzt blickten. Die Schwingen des Falken falteten sich hinter dem Kind.

Die Gestalt hob kleine anmutige Hände, deren Finger weit gespreizt waren. Die Schatten zuckten, zogen sich um Blythes Schultern zusammen, als machten sie sich zur Flucht bereit.

Blythe blickte in dunkle Augen. Die Schatten hatten ihn schon einmal verlassen, doch nur um zu verstümmeln und zu morden.

Dies war anders.

Phinian — soll ich sie dir abnehmen? Soll ich sie für dich tragen?

Blythe weinte. Er brachte kein Wort hervor.

Das war ein Kind, ein unschuldiges Kind. Schwarzes Haar und schwarze Augen, die in goldenem, wunderschönem Licht leuchteten. Große Augen, eine sanfte Stimme. Offene Hände, die Frieden anboten. Ein Angebot der Vollkommenheit, in reiner Liebe gemacht.

Von Schatten bekränzt? Von Grauen behangen? Besudelt mit Übel und Qual?

»Sie sind nicht für dich gedacht«, sagte er schließlich. Es war also doch noch etwas von ihm übrig.

Auch nicht mehr für dich, entgegnete das Kind. Und als Blythe zusah, verwandelten die dunklen Schatten sich an seinen Fingerspitzen in Raben und hoben sich in die schwarze Nacht.

Es gab keine Worte. Nichts, was er hätte sagen können, keine Möglichkeit, sich auszudrücken.

Es war nicht nötig. Er spürte, wie er fiel, wie er durch die Luft sank, leicht wie eine Feder, frei wie ein Vogel.

Lange ehe er den kalten Stein berührte, schlief er bereits.

Zauber

Zuerst hielt sie es für eine Fata Morgana.

Kälte und Hunger hatten Eleanor kurz vor dem Morgengrauen geweckt. Sie streckte die steifen Arme und Beine und hielt die Fetzen von Comyns Hemd zusammen.

Das Baby war verschwunden, ebenso der Falke. Ritt Coron auf Acelet? Eine erfreuliche Vorstellung, aber wie sollte er? Er war ganz gewiß noch nicht groß und geschickt genug, sich auf dem Rücken eines Arrarats zu halten. Doch wo waren sie dann?

Zwar machte sie sich keine Sorgen mehr um das Leben des Babys, weil sie von seiner Fähigkeit, sich selbst zu schützen, überzeugt war, aber sie fühlte sich nun verlassen. Was nutzen Arme, wenn niemand da ist, den sie halten können?

Sie entfernte sich von der dunklen Stelle, die der noch schlafende Matthias war. Sie hatten bereits eine weite Strecke vom Blutpalast und der Wüstenrose zurückgelegt und waren natürlich viel schneller vorangekommen als die Karawane.

Vielleicht sind wir sogar schon in der Nähe von Smintha, dachte sie, als sie die Dünen ringsum betrachtete. Smintha hatte zwischen sanften Sandhügeln gelegen. Sie beschloß, auf den Kamm der nächsten Düne zu steigen und sich umzusehen, ob es irgendwo eine Spur von den Gefährten gab.

Die Sonne stieg empor und brannte durch die eisige Luft, während Eleanor sich die Dünenseite hinaufplagte. Als sie oben ankam, war ihr warm geworden, teils von der Anstrengung, teils von der zunehmenden Kraft der Sonnenstrahlen.

Im Westen waren tatsächlich Türme durch den Dunst zu sehen.

Sie waberten und schimmerten, und zwischen ihnen funkelte und gleißte Licht.

Sie beschirmte die Augen und blinzelte in die Helligkeit, während der Dunst sich auflöste. Es müßte Smintha sein, aber das grelle Schimmern gab ihr zu denken.

Kein Zweifel, es befand sich eine Stadt dort. Ihre Grundmauern waren noch im Dunst verborgen, so sah es aus, als schwebe sie über der Wüste. Weiße Türme und Kuppeln glitzerten. Brückenbogen spannten sich, und von ihnen plätscherte Wasser in glitzernden Kaskaden.

Wasser!

Es war wunderschön, doch das Wasser bedeutete noch viel mehr. Kühl und sprudelnd, bereit zum Trinken, zum Baden. Sie mußte ganz schnell dorthin. Und während sie das dachte, sah sie den großen goldenen Falken zwischen den Häusern aufsteigen und auf sie zusegeln. Acelet kam, um sie zur Stadt zu bringen!

Sie rannte rutschend und stolpernd die Düne hinunter und erreichte ihr Lager in dem Moment, als der Falke dort im Sand aufsetzte.

»Matthias, Matthias! Erstaunliches ist passiert! Schnell, da ist *Wasser*!«

Er wachte eben erst auf, bewegte sich langsam, schwerfällig, wie sie zuvor. Er hob die Hand zum Kopf, zu dem groben Verband, dann ließ er sie fallen.

»Wasser? Wo soll Wasser sein, Eleanor?«

»Über den Dünen, im Westen. Eine Stadt, eine ganze Stadt. Sie sieht aus wie Smintha, kann es aber nicht sein, weil sie auf Wasser erbaut ist. Es hat den Anschein, als schwimme sie darauf! O Matthias, ich wünschte, du könntest sie sehen!«

»Das wünschte ich auch!« Seine Stimme klang grimmig. »Ich will dir ja die Freude nicht verderben, Eleanor, aber du kannst nur eine Fata Morgana gesehen haben! Ich habe zwar etwas die Orientierung verloren, aber nach meiner Schätzung müßte Smintha noch Meilen entfernt sein. Und es gibt keine menschliche Behausung zwischen Smintha und dem Königreich des Blutes. Es ist bestimmt eine Täuschung.«

»Nein, es ist keine! Ich weiß es bestimmt. Komm, Acelet wird uns hinbringen. Matthias, es ist Magie!«

»Eines weiß ich genau. Es gibt kein Wasser in Smintha. Und Luftspiegelungen sind in der Wüste alltäglich.«

»Komm, sehen wir es uns an.« Sie faßte ihn am Arm und zog ihn zu dem Arrarat. Der Falke beobachtete sie mit schräggelegtem Kopf. Eleanor hätte schwören können, daß er sie beide auslachte.

Matthias blieb hinter ihr stehen. »Wo ist das Baby?« erkundigte er sich. »Hast du es?« Sie konnte den Grimm über seine eigene Hilflosigkeit spüren.

»Nein. Acelet wird es dir zeigen, Matthias, mach dir keine Sorgen. Du wirst sehen, daß das Baby in der Stadt ist.«

Wo könnte es auch sonst sein? Wie ließe sich eine so außerordentliche Verwandlung anders erklären?

Sie flogen hoch über den Dünen auf die schimmernde Stadt zu, und der goldene Sand war trocken und unfruchtbar unter ihnen.

Er schwieg zunächst, dann lachte er sanft. »Du hast recht, Eleanor. Es ist keine Fata Morgana ...«

Acelet hat es ihm gezeigt, dachte sie. Er konnte mit den Augen des Falken sehen.

Aus purer Freude segelte der Arrarat langsam über die Stadt, ehe er die beiden absetzte. Eleanor sah Straßen voll glitzernden, plätschernden Wassers. Ein Fluß säumte die Stadt. Sie schwamm nicht, sondern war durch das rauschende Wasser an allen Seiten von der Wüste getrennt.

Das Wasser aus diesem, einen Schutzgraben bildenden Fluß ergoß sich durch jede Straße, jede Gasse, auf jeden Platz. Klares, kräuselndes Wasser bedeckte den Boden. So, wie die Glasscheiben auf den Dächern im Sonnenschein blitzten, funkelte Wasser auf Straßen, Gassen und Terrassen. Sie konnte darunter das Muster von Mosaikfliesen, Kopfsteinpflaster, Marmor und Fischgrätenziegel sehen.

Und das plötzliche Aufleuchten von Farben auf verlassenen Wegen und leeren Straßen.

Acelet landete neben einem Springbrunnen vor einem größeren Gebäude. Der Brunnen war ein kunstvolles Gebilde aus Marmor und Messing in vielen Stufen, von denen das Wasser überrauschte und auf springende Delphine und Nixen brauste.

Lachend sprang Eleanor von Acelet, faßte Matthias am Arm und zog ihn mit sich.

Kühles Wasser, in dem man waten, tanzen, rennen und hüpfen konnte – und das nach einem Monat in der Wüste. Wasser, mehr als sie trinken konnte und wollte. Genug, um mit dem Staub und dem Sand Elend und Erinnerung abzuwaschen. Sie sang, lachte und planschte glücklich.

Matthias saß am Brunnenrand, hörte ihr zu und hielt die Hände unter das herabströmende Wasser. Das hatte er nicht vorhergesehen und verstand seine Bedeutung nicht. Erst allmählich wurde ihm bewußt, daß da noch jemand war, der sie beobachtete. Er drehte den Kopf der Sonne zu, und dem Mann, der dastand.

»Hallo, Matthias.« Eine Hand auf seiner Schulter, eine vertraute Stimme.

»Thurstan!« Er seufzte vor Erleichterung. Einen Augenblick lang legte er seine Hand auf die des anderen. Fragen konnten warten.

Auch Eleanor hatte ihn gesehen. Wasser spritzte regenbogenschimmernd, als sie herbeilief. »Wo ist Phin? Ist er auch da?«

»Es ist natürlich eine große Freude, dich wiederzusehen, Eleanor Knight. Es ist lange her.«

Sie hatte ihn immer schwierig gefunden. Aber er lächelte, so schluckte sie ihren flüchtigen Ärger. »Entschuldige. Aber ist Phin bei dir?«

Er zuckte mit den Schultern. »Er ist irgendwo hier, glaube ich. Wir – haben uns aus den Augen verloren.«

»Dann suche ich ihn.« Ehe er sie aufhalten konnte, rannte sie durch die kühlen, wasserüberfluteten Straßen.

Es war wirklich Smintha. Eleanor erkannte die Straßenanordnung, die Form der Häuser wieder. Eine müde, verlassene Wüstenstadt, von Sand und Hitze verunstaltet, aber jetzt in einen wundersamen Spielplatz für Fische verwandelt.

Das war Coron zu verdanken. Es mußte so sein! Niemand sonst könnte ein solches Wunder vollbringen! Er war irgendwo hier, umgeben von Regenbogenfontänen. Doch so außergewöhnlich das Kind auch war, Eleanors Aufmerksamkeit galt jetzt nicht ihm. Sie wollte nur Phin finden.

Sie glaubte zu wissen, wo er sich aufhielt, und suchte nach dem Lyciastempel mit seiner riesigen kolonnadenumgebenen Arena und dem Brunnen, wo sie Comyn und Timon zum erstenmal begegnet war.

Die Erinnerung hatte ihren Stachel verloren. Hier war nun ein Ort der Verwandlung, der Erneuerung, der Wiedergeburt. Hier konnte niemand zu Schaden kommen.

Ein zarter Duft lag über dem Wasser, als sie den Tempel endlich fand.

Die Arena war ein Lilienfeld. Blütenköpfe in kremigem Weiß, blassem Rosa und weichem Gold und große grüne Blätter bedeckten die ganze Fläche. Eine Libelle schwirrte darüber.

Eleanor watete durch Wasser und Lilien. Bis sie Phin fand.

Er saß auf den Stufen am Rand des Lotusfelds, fuhr mit der Hand durch das Wasser, hielt sie den Fischen entgegen, die neugierig danach schnappten.

Eleanor stand einen Moment lang ganz still, beobachtete wie das reflektierte Licht über die dunkel umrandeten Augen, die tief gezeichneten Furchen spielten und über die Narben seiner reglosen linken Hand.

Er spürte ihren Blick und schaute auf.

Seine Augen, schwarz wie Samt, hießen sie stumm willkommen. Er war frei von Schatten.

Sie rannte die letzten paar Schritte, und er fing sie auf, drückte sie liebevoll und erleichtert an sich. Der Ausdruck seines Gesichts und die pure Freude, es zu sehen, ließen sie wieder in Tränen ausbrechen. Sie hatten so viel zusammen durchgemacht und einander so lange nicht mehr gesehen.

»Also, wo ist Lukas?«

Das war viel später. Thurstan hatte noch einigen Proviant. Sie aßen Dörrfleisch und Trockenfrüchte, und mit klarem, sprudelndem Wasser erschien es ihnen wie ein Festmahl.

Sie hatten sich fast den ganzen Tag unterhalten, es gab allerdings auch viele Augenblicke des Schweigens und Unglaubens, vor allem von Thurstans Seite.

Manches war für Eleanor zu viel gewesen, und einmal, als Matthias beschrieb, was sich im Blutpalast zugetragen hatte, war sie aufgestanden und in der Stadt herumgewandert.

Wo sie Acelet zurückgelassen hatten, fand sie das Baby, das zufrieden im Schatten des Falken lag.

Der kleine Coron war nackt. Sie hob ihn auf die Arme, strich sanft über seinen Kopf. Er roch so angenehm, so kühl, so frisch.

Sie setzte sich mit ihm auf den Brunnenrand, spritzte Wasser auf seine Beinchen und lachte, als er quietschte und die Händchen zusammenpatschte.

»Wie hast du es gemacht, Coron?« flüsterte sie und hielt ihn dicht an sich. »Wie bist du auf Acelet geritten und hast die Stadt verwandelt?«

Sie blickte in seine Augen und fand dort Lachen, eine Erinnerung, die spitzbübisch funkelte, vielfältige Geheimnisse, einen außergewöhnlichen Charakter. Sie sah, daß er unvergleichlich war, und es erschien ihr wie ein Wunder, daß sie an seinem Dasein Anteil haben durfte.

Aus Bequemlichkeit behielt Coron die meiste Zeit diese Gestalt, seine primäre Inkarnation bei. Sie war jedoch nicht ausschlaggebend. Sein Wesen war von kindlicher Unschuld, doch war er an kein bestimmtes Alter und auch an keinen bestimmten Reifegrad gebunden. Er könnte alles und jeder sein. Alles Erdenkliche für alle Menschen ...

Und damit wurde Eleanor auch die Möglichkeit der Hoffnung bewußt. Mit Corons Hilfe könnte sie vielleicht der drohenden Rache entgehen. Einen Herzschlag lang drängte sich die Erinnerung an funkelnde grüne Augen und die kalte höhnische Stimme auf: *Ich habe erst angefangen* ...

Aber schon lachte das Baby wieder und streckte die Händchen nach den schillernden Fontänen aus.

Sie schaute ihm zu und lächelte über sein Jauchzen. Es war eine Zeit ganz besonderer Gunst für sie, die sie nie vergessen würde.

Als sie schließlich zu den anderen zurückkehrte, hatten sie ihren Weg fortgesetzt. Phin erkundigte sich nach Lukas.

»Astrella brachte ihn nach Norden, ziemlich weit nach Norden ...«

Matthias lehnte sich an eine Wand im Schatten.

»Warum?« Die naheliegendste Frage, die sie bisher jedoch nicht gestellt hatte. »Weißt du es, Matthias?« Sie saß neben Phin, hielt das Baby auf dem Schoß und konnte kaum glauben, wie gut es ihr jetzt ging.

Sie befand sich in einem sprudelnden Paradies mit alten Freunden, mit Phin und dem Baby, und sie unterhielten sich darüber, wie sie Lukas finden würden. Und doch verbarg Matthias immer noch etwas. Ganz deutlich spürte sie, daß er ihnen nicht mehr erzählen wollte.

Widerwillig antwortete er: »Ich glaube, daß Lady Astret Lukas für etwas auserkoren hat.«

»Dann wäre er besser gestorben«, sagte Blythe leise. Doch Eleanor hörte es.

Sie schwang den Kopf herum und starrte ihn an. »Wie meinst du das?«

»Das weißt du ganz genau, Eleanor. Besser als sonst jemand. Es ist wahrhaftig kein Vergnügen, nach göttlichen Plänen handeln zu müssen, oder?«

Sie öffnete den Mund, um ihm beizupflichten, schwieg dann aber doch.

»Vergnügen, nein«, sagte sie schließlich. »Aber ich weiß nicht ... Mir ist, als hätte ich gar nicht wirklich gelebt, bevor ich hierhergekommen bin. Zumindest ist das hier real.«

Matthias' blindes Gesicht war abgewandt, deshalb bemerkte sie die Qual nicht, die er nicht verbergen konnte. Phin hatte die Stirn gerunzelt und beobachtete sie.

»Außerdem gibt es nun Coron. Er kann Wunder wirken, auch wenn er Lycias' Sohn ist. Wie sonst hätte Smintha zum Paradies werden können? Zweifellos war es Coron, der Phin von den Schatten befreit hat, niemand sonst hätte diese Art von Macht. Er – verändert ganz einfach alles, überall. Wer weiß, was er sonst noch tun kann? Wie können wir da wissen, daß alles schiefgehen wird?«

Thurstan stand auf und streckte ihr die Hand entgegen. »Eines habe ich während der etwas stürmischen Bekanntschaft mit dir gelernt, Eleanor: daß du deine eigene Art hast, dich zu wehren. Und es hat doch keinen Sinn, sich Sorgen über die Zukunft zu machen. Wir können ja doch nichts daran ändern.«

Matthias zuckte zusammen, und Eleanor blickte ihn an. »Was weißt du, Matt? Was ist los?«

»Sei nicht – sei nicht zu optimistisch, Eleanor. Hoffnung, während wir uns auf dem göttlichen Spielplatz des Kindes ausruhen, ist ja schön und gut und scheinbar vernünftig.

Aber das hier ist *nicht* real, auch wenn es sich so anfühlt. Fische schwimmen nicht auf Straßen in Wüstenstädten. Es ist nicht wirklich so. Und es wird nicht anhalten ...«

»Die Zukunft, Matthias? Was siehst du?« fragte Blythe leise.

»Nichts klar, nichts genau. Ich kann euch nichts sagen, fragt mich nicht ...« Er hatte die Hände verkrampft und schwitzte.

Eleanor drehte sich um und blickte über das den Sonnenuntergang spiegelnde Wasser. Matthias log, daran zweifelte sie nicht im geringsten. Er wußte etwas über die Zukunft, über das er nicht reden wollte.

Aber Thurstan hatte recht. Sie hatte ihre eigene Art, sich zu wehren, und dazu gehörte, unerfreuliche Gedanken zur Seite zu schieben. Wenn Matthias Schreckliches vorhersah, wollte sie es gar nicht wissen. Diesmal jedenfalls ließ sie sich nicht von irgend jemandem ausnutzen. Ebensowenig würde sie sich eine vorbestimmte Rolle aufzwingen lassen, gleichgültig was Matthias' Alpträume verrieten. Sie drückte das Baby an sich und war überzeugt, daß alles gut werden würde.

Thurstan zuckte lächelnd mit den Schultern. »Dann sollten wir vielleicht überlegen, was wir als nächstes tun. Ich persönlich würde gern nach Cliokest zurückkehren und sehen, wie sie mit dem Brunnen vorankommen.«

»Ich will nach Norden! Thurstan, komm mit uns!« Eleanor war großzügig. In ihrer prächtigen Stimmung war ihr sogar der unberechenbare Thurstan willkommen. Auch er war besserer Laune, als sie ihn je erlebt hatte; sein goldenes Haar schimmerte in der Sonne, seine Haut war jetzt bronzegetönt, die blauen Augen blitzten klar in den letzten Sonnenstrahlen.

Sie wandte sich Unterstützung heischend an Matthias, doch er war weggegangen, ohne daß sie es bemerkt hatte. Er folgte dem Wasserlauf zum Wasserlilienplatz. Hier war die Blindheit nicht die Behinderung, die sie zuvor gewesen war. Es war, als verliehe fließendes Wasser den Menschen innerhalb der Stadt mit dem schützenden Graben ringsum seine eigene Klarheit.

»Ich finde auch, daß Thurstan nach Cliokest zurückkehren sollte«, sagte Blythe nun. »Er war ein großartiges Kindermädchen, und ich weiß nicht, was ich ohne ihn getan hätte ...« Ein rascher Blick, der von einer Dankesschuld sprach, die zu groß für Worte war. »Weiß der Himmel, was sie in der Zitadelle anstellen. Würde mich nicht wundern, wenn sie einander an die Gurgel gehen.«

Das war nicht humorvoll gemeint. Sie waren sich alle der

Schwierigkeiten bewußt, Höhler und Peraldonier miteinander auszusöhnen. Die Jereniten hatten in dieser Beziehung eine Vorrangstellung, da sie weder Anhänger Lycias' noch Astrets waren.

»Was mich betrifft, ich würde mich freuen, Lukas wiederzusehen«, fuhr Blythe fort und lächelte Eleanor an. »Ich könnte helfen, das Baby zu tragen.«

Auch das war ernst gemeint. Denn wenn er Thurstan dankbar war, so war er es dem Kind gegenüber noch mehr.

Es wurde beschlossen, daß Thurstan nach Cliokest zurückkehrte und die anderen in den Norden reisten.

Die Nacht verbrachten sie noch an dem verzauberten Ort, den das Kind für sie erschaffen hatte, und fanden Ruhe im beruhigendem Murmeln des fließenden Wasser.

Foska

Im Morgengrauen, während die anderen noch schliefen, traf Blythe noch einmal das Kind. Nun, da er wieder in Frieden schlafen konnte, war es wundervoll, wach zu liegen, dem Plätschern des Wassers zu lauschen und zum klaren Sternenhimmel aufzublicken.

Er hatte es vorgezogen, sich ein Stück abseits der anderen zur Ruhe zu legen, und zwar in einem kleinen gepflasterten Innenhof eines der vornehmen Häuser. Er war es noch nicht wieder gewöhnt, Freunde um sich zu haben, und allein zu sein war ihm momentan ein Bedürfnis.

Wasser floß über die Einfassung eines ovalen Brunnens und Fische tummelten sich über Marmor und altem Stein. Statuen von Lycias, Kriegern, Kindern und schönen Frauen schimmerten bleich im weichen Mondlicht.

Er saß auf einer Steinbank an der Hauswand und beobachtete voll innerer Zufriedenheit das Spiel des silbernen Mondscheins auf kräuselndem Wasser und glattem Stein.

Da bewegte sich eine der Statuen. Ein Kind durchquerte die fließenden Bäche und streckte die Arme nach Blythe aus.

In Coron waren an diesem Tag Zweifel erwacht. Die verzauberte Stadt war wunderschön, und er wanderte durch das Straßenlabyrinth, in dem mondsilberne Fische schwammen. Aber es gab andere Wirklichkeitsebenen, andere Pfade, die er nehmen könnte. Die multidimensionalen Reiche lockten, in denen sein Vater und andere warteten.

Er war so jung; die Macht war erst in ihm erwacht, daß er nicht wußte, was er tun, wem seine Treue gehören sollte.

Er kam zu Blythe als kleiner nackter Junge mit brauner Haut und ebenholzfarbenem Haar, und Blythe schloß ihn in die Arme, strich über seine glänzenden Locken und freute sich über sein Vertrauen.

»Was soll ich tun? Was kann ich tun?«

Die Augen des Kindes waren nicht mehr ganz unschuldig. Einsicht begann ihren Preis zu fordern. Das Wissen um Schatten ließ sich nicht so ohne weiteres abstreifen.

»Es gibt so viel Leid ...«

Blythe war den Tränen nahe. Der Preis für die Befreiung von Schatten dürfte nicht verlorene Unschuld sein.

Und doch hatte Coron die Macht, Gutes zu tun und zu heilen. Wo sollte er anfangen? Bei so einem Vater, so einer Geburt? Aus dem verbrennenden Schoß seiner Mutter gerissen durch den König der Flammen, den Sonnengott!

Wie leicht könnte dieses Kind Falsches tun! Vielleicht sollte Blythe, der keine Frau, keine eigenen Kinder hatte, Coron zu helfen versuchen. So, wie Coron ihm geholfen hatte. Es wäre eine Freude, für dieses Kind zu sorgen. Ja, vielleicht konnte er das tun ...

Doch da erinnerte er sich an jemanden mit einem größeren Anrecht.

»Der Sturmbringer – Haddon.« Er blickte in die tiefen, dunklen Augen, hauchte die Worte furchtsam. »Der Sturmbringer braucht Hilfe. Er liebte deine Mutter; er wüßte, was zu tun ist.«

Coron starrte ihn mit großen Augen an. Blythe versuchte zu erklären.

»Er brachte mir Hoffnung, als ich keine mehr hatte. Wie du, möchte er helfen. Aber dein Vater ... Es wird nicht leicht sein.« Die Worte waren unzulänglich.

Das Kind nickte zufrieden. Es rutschte von Blythes Schoß und summte sanft.

Da hörte das Wasser ringsum allmählich zu rauschen auf, die Brunnen überzurinnen, die Bäche zu fließen. Coron drehte sich noch einmal Phin zu.

Und war verschwunden.

Und Blythe blieb in der ganz gewöhnlichen Wüstenstadt Smintha zurück, und das einzige Wasser, das rann, war das seiner Tränen.

Die plötzliche Stille weckte Matthias. In einem Augenblick dunkler Verzweiflung, einer Verzweiflung, der er sich jetzt nicht hingeben durfte, wurde ihm bewußt, daß der Zauber zu Ende, daß Coron fort war.

Sie waren wieder allein. Lycias' Sonne und Rache ausgeliefert. Thurstan würde nach Cliokest zurückkehren, vielleicht standen die Dinge dort besser. Aber Eleanor war unbesonnen vor törichter Hoffnung; Blythe ausgelaugt, erschöpft; er selbst schuldbeladen, gefangen in einer Blindheit, in die nur von vereinzelten, erschreckenden Blicken in die Zukunft Licht fiel.

Während er frierend und unbehaglich im frühen Morgengrauen unter den Bogen einer der Kolonnaden um die Mosaikarena saß, drängte sich wieder ein Traum an die Schwelle seines Bewußtseins.

Sie hatte außerhalb der Stadt gewartet, solange das Wasser floß, hatte nicht gewagt, sich einzumischen. Doch nun, da das Kind die Stadt verlassen hatte, konnte Nerissa das bißchen Trost bringen, zu dem sie fähig war.

Eine Erkenntnis, für die es keines Blickes in die Zukunft bedurfte. Ein Wegweiser in eine andere Richtung.

Unter der Oberfläche wären sie sicher vor der Sonne und dem Mond.

Unter dem Wüstenboden würden sie sich in einem völlig anderen Bereich befinden, in dem andere Bedingungen herrschten. Vielleicht würden sie sogar eine Möglichkeit finden, die Vermählung zu verhindern ...

»Dann siehst du es also ebenfalls, Nerissa?« sagte er schließlich, als er sich ihrer Anwesenheit bewußt geworden war. »Nicht einmal der Tod bietet Schutz vor dieser Vision ...«

Keinen Schutz, nein. Aber sie hatte ihr Bestes getan, hatte die wenige Hoffnung gegeben, die sie geben konnte. Dann schwand sie hin mit dem letzten Wasser, trieb mit den Bächen zurück in den Fluß, der schließlich im Sand versikkerte.

Matthias war allein.

Sie glaubten ihm nicht gleich.

Später an diesem Morgen war Thurstan aus dem Lyciastempel gekommen und hatte ihnen etwas von einer erstaunlichen Entdeckung zugebrüllt.

Unter der Arena befand sich ein gewaltiger, kreisförmiger Schacht. Es gab dort zwei Treppen, erzählte er, Wendeltreppen, die in entgegengesetzte Richtungen führten. Der Abgrund schien bodenlos zu sein. Thurstan hatte nichts gehört, als er einen Stein hinunterwarf. Es erinnerte ihn an Sharraks Schacht.

Doch da es Treppen gab, mußten diese auch irgendwohin führen.

Er hatte bereits angefangen, den Proviant und die Ausrüstung auf die beiden Pferde zu packen. Es war beschlossen worden, daß Thrusten eines zurück nach Cliokest mitnahm und das zweite den anderen überließ, damit sie die lange Strecke in den Norden abwechselnd auf dem Ararat, dem Pferd und zu Fuß zurücklegen konnten.

Viel Proviant war nicht mehr übrig gewesen, deshalb hatte Thurstan beschlossen, ihn mit Nahrungsmitteln aufzustocken, welche die ehemaligen Bewohner möglicherweise in der Stadt zurückgelassen hatten. Er fand Mehl, Reis, Trockenfrüchte und Dörrfleisch. Und die Neugier hatte ihn schließlich in den Lyciastempel am Ende der Mosaikarena getrieben.

Es gab jetzt keine Wasserlilien mehr dort, keine leuchtendbunten Fische, die über den Steinen schwammen. Das Mosaik zeigte nur noch ein flaches Muster blaßgoldener Blumen mit dunkelgrünen Blättern. Es wirkte jetzt seltsam leblos und matt. Sand hatte wieder durch die Straßen zu wehen begonnen, und eine Schicht feiner Körnchen lag bereits auf dem frischgewaschenen Stein und Marmor.

Keiner war von der Aussicht auf eine Reise von vielen hundert Meilen durch Wüste und andere unbekannte Gebiete angetan. Doch die Alternative, über eine dieser scheinbar endlosen Treppen zu den unterirdischen Gängen hinabzusteigen, war noch viel schlimmer.

»Es ist ein verdammt großes Risiko, Matthias.« Thurstan blickte ihn an. Sie befanden sich jetzt alle in der Arena. Eleanor hatte sich standhaft geweigert, den Tempel zu betreten. »Es kann nur schwieriger sein. Überleg doch! Niemand weiß, wie weit die unterirdischen Gänge führen, wenn es sie überhaupt gibt. Man kann sich verlaufen. Es wird Verschüttungen geben, Sackgassen ...«

»Hast du schon darüber nachgedacht, was uns da unten alles begegnen könnte?« warf nun Eleanor ein. »Ich meine, diese Riesenechsen sind doch unter die Erde verschwunden, nicht wahr? Und – erinnert das nicht alles an Sharraks Schacht? Was ist, wenn dort unten andere Parid hausen?«

Den wahren Grund ihrer Angst sprach sie nicht aus. Sie sah sich selbst von Blumen umwunden zu Asche verbrennen. Ihre Zuversicht war durch das Verschwinden des Babys arg ins Wanken gekommen. »Ich sehe lieber, wohin wir gehen.«

»Ich glaube, keiner von euch versteht, wie die Alternative aussieht.« Matthias bemühte sich ruhig und vernünftig zu ihnen zu reden. Er spürte die Angst in Eleanors Stimme, erkannte jedoch den Grund dafür nicht und neigte dazu, es für unwichtig zu halten. Sie hatte in letzter Zeit Schreckliches erlebt, da überraschte es nicht, daß sie nervös war.

»Es handelt sich nicht nur um eine Frage von Licht und Dunkelheit. Auf der Oberfläche sind wir jeder Gefahr ausgesetzt, die uns der Sonnengott schickt. Todesengeln, Truggestalten, Feuer, Krankheiten und Dürre. Die Wüstenrose darf auf keinen Fall außer acht gelassen werden. Weards Karawane ist irgendwo zwischen hier und dem Norden unterwegs und wird nach uns Ausschau halten. Und ich weiß mit absoluter Sicherheit, daß wir keine Chance haben, Lukas zu erreichen, wenn wir unsere Reise an der Oberfläche fortsetzen.«

»Woher weißt du das?« fragte Thurstan.

»Ich habe gesehen, wie die Zukunft aussieht, wenn wir durch die Wüste weiterreisen. Weard wird uns finden, der Tod wird uns begleiten ...« Das war natürlich Erfindung. Er hatte nur Eindrücke dessen, was geschehen würde, nicht irgendwelcher Alternativen. Und er sah sie alle unter der Oberfläche in einer Reihe von Bildern, die ihn erschaudern ließen.

Doch das konnte er ihnen nicht sagen. Vor allem nicht Eleanor, denn sie durfte nicht verzweifeln, und sie war schon nahe daran.

»Woher weißt du das?« wiederholte Thurstan kühl und ignorierte Matthias' Unwilligkeit.

»Es hängt mit der Blindheit zusammen, hast du das nicht gewußt?« Matthias' Stimme klang selbst in den eigenen Ohren ätzend. »Blaise konnte manchmal die Zukunft sehen. Nerissa ebenfalls, kurz bevor sie starb. Wenn du mir nicht glaubst, kann ich es auch nicht ändern, aber es ist die Wahrheit, ob sie dir gefällt oder nicht.«

»Können wir das klarstellen, Matthias?« fragte Blythe ruhig. »Glaubst du wirklich, daß wir den Weg durch die unterirdischen Gänge nehmen sollten, weil das am sichersten für uns ist, oder rätst du es uns nur, weil du gesehen hast, daß wir es tun werden?«

»Na gut. Wir nehmen die unterirdischen Gänge, weil es so sein wird. Wir werden es tun. Möchtest du dazu gezwungen werden?«

»Was passiert da unten? Du mußt es uns sagen, Matthias«, verlangte Thurstan heftig.

»Ich weiß es wirklich nicht. Ich weiß lediglich, daß wir diesen Weg nehmen werden ... Die Zukunft, die ich sehe, ist die der Welt, die von Sonne und Mond gelenkt wird. Andere

Bedingungen ergeben sich, wenn Sonne und Mond keinen Einfluß nehmen können.«

Unter der Oberfläche, dachte er, werde ich vielleicht nicht mehr wissen, was geschehen wird. Möglicherweise werde ich diese Last loswerden und vielleicht gibt es sogar eine Chance ...

Eine Chance, daß die Verzögerung durch die Suche nach Blythe sie nicht zu viel kostete.

Sie argumentierten immer noch und versuchten die Zusammenhänge zu begreifen, als Matthias plötzlich brüllte: »Keine Zeit mehr! Foska!«

Als Prophezeiung wäre es nützlicher gewesen, wenn sie es etwas eher erfahren hätten.

Einen Augenblick starrten sie alle zum brennenden Himmel, wo die Sonne zurückfunkelte. Dann plötzlich schoben sich dunkle Schatten vor die goldene Scheibe. Die Luft pfiff unter der Kraft gewaltiger, ledriger Flügel, und die klare Luft stank.

Eine messerscharfe Kralle schnitt durch die Luft und verfehlte Eleanors Gesicht nur um Haaresbreite, als Blythe sie hastig zur Seite stieß. Dann faßte er sie am Handgelenk und zog sie zur Seite der Arena.

Thurstan hatte Matthias am Arm gepackt und zog ihn zur nächsten Deckung, dem Tempel. Die beiden Pferde bäumten sich auf und stampften vor Panik.

Matthias befand sich an der Tempeltür, bereits im Innern, aber die drei geflügelten Ungeheuer kreisten über der Arena, an deren hintersten Seite sich Eleanor und Blythe befanden.

Thurstan rannte zu den Pferden, sprang nach den Zügeln, doch ein langer Fangarm mit Haken schwang von oben herab und drang unmittelbar vor seinen Augen in den Hals des Pferdes.

Der Haken verkeilte sich im Fleisch und hob das Tier halb vom Boden, ehe es sich blutspritzend unter ungeheueren Qualen losreißen konnte. Thurstan rollte im Staub, um an die Waffen zu gelangen, die noch auf dem Rücken des Pferdes befestigt waren.

Es war fast unmöglich. Das Pferd hatte aufgehört sich zu bewegen und verendete. Die Schwerter waren beinahe in seiner Reichweite, aber die Haken und Krallen der kreisenden Foska schnitten um Thursten durch die Luft.

»Lauf!« brüllte Blythe Eleanor zu. »Schnell! Lauf zu Matthias!«

Er schob sie in die Kolonnade. Er wartete nicht, um zu sehen, ob sie wirklich rannte, sondern hastete hinaus auf die Arena, wo Thurstan inzwischen ein Schwert gezogen hatte und sich gegen die kreisenden Kreaturen wappnete.

Eine davon schoß zu dem sprintenden Blythe hinab, und er spürte eine Kralle über seinen Rücken kratzen, während eine andere auf sein Gesicht zuschwang. Er blockierte die schwingende Kralle mit seiner nutzlosen Linken und spürte die Wucht des Aufpralls bis zur Schulter.

Blasse, lidlose Augen funkelten ihn an. Faulige Hautfetzen hingen wie Blätter um die graue, gierige Fratze. Ein gellendes Brüllen zerriß die Luft, als Blythe Thurstan erreichte und das andere Schwert zu fassen bekam.

Die Foska setzten ihre Reiter ab.

»Matthias! Kannst du denn nichts tun?« Eleanor hatte ihn erreicht. Sie umklammerte seinen Arm und brüllte in das blinde Gesicht, das dem Zentrum des Kampfes zugewandt war.

»Wie tapfer bist du, Eleanor?«

»O nein!«

»Du kannst es!« sagte er und meinte damit: Du wirst es tun!

Er wußte auch, was hier geschehen würde. Darum ließ er sie wieder hinaus auf die Arena laufen. Und sie schrie immer wieder in das Getümmel und den Gestank von Blut: »Foska! Foska!«

Von den schrillen Schreien abgelenkt drehten sie sich um und kamen über den Mosaikboden auf sie zu.

Es war wie immer. Sie war das Opferlamm und weit und breit kein Mond, der ihr half.

Blythe und Thurstan waren schneller. Sie rasten um die Kolonnaden, gaben das letzte Pferd auf, stürzten sich fast auf sie und zogen sie hastig in den Tempel außer Reichweite von Haken und Krallen.

Die Foskareiter waren nicht weit hinter ihnen, sie folgten mit diesem halb tänzelnden, ungleichmäßigen Schritt.

Aber es spielte keine Rolle: Eleanor hatte nicht vor, wieder diese Stufen hinunterzusteigen. Sie widersetzte sich, rasend vor Panik.

»Nicht da hinunter!«

Sie erreichten eine der verriegelten Türen neben dem Altar.

»Komm schon!« Thurstan hatte sie am Arm und zerrte sie zur Tür.

Phin und Matthias waren nicht mehr zu sehen. Sie riß sich los und rannte zum Tempeleingang zurück.

Sie starrte einen Arm entgegen, der messerscharfe Haken schwang. Selbst das erschien ihr besser, als noch einmal diese Treppe hinunterzusteigen.

»Verdammt!« Thurstan hatte sie eingeholt und an der Schulter gepackt. Er schwang die andere Faust. Dann wußte Eleanor nichts mehr.

Sie schoben den Riegel vor und stiegen hinab. Matthias sagte, daß keine Eile bestand. Die Foskareiter waren zu Fuß unbeholfen und würden ihnen nicht hierher folgen. Er schritt voran in die Finsternis. Thurstan trug Eleanor, Blythe ihre Schwerter. Sonst hatten sie nichts mehr.

Anfangs vermochten sie überhaupt nichts zu sehen.

Der Abstieg war ein Alptraum. Ihre Schritte hallten in ungeheurer Leere, ihre Stimmen klangen kümmerlich und hohl. Sie hielten sich dicht an die Außenwand und tasteten sich am trockenen Stein entlang.

»Hier ist etwas – eine Tür ...«, erklang Matthias' Stimme von weiter unten. Sie blieben auf der Treppe stehen, während er sich mit dem Verschluß abmühte. Schließlich schwang die Tür auf, und sofort schwand die Dunkelheit.

Ein seltsames, düsteres Licht fiel aus dem leeren Gang hinter der Tür in den Schacht.

Es reichte aus, daß sie sich umsehen konnten. Der Schacht war so breit wie die Grundfläche des Lyciastempels zusammen mit der Mosaikarena: ein weiter Abgrund in scheinbar bodenlose Schwärze.

Niemand wollte lange in diese Tiefe blicken. Die Treppe war aus schwarzen Steinplatten und verlief in einem weiten Bogen. Sie wurde von kunstvoll gearbeitetem Schmiedeeisen getragen, das zu beiden Seiten Geländer bildete. Nachdem ihre Augen sich angepaßt hatten, sahen sie eine zweite Wendeltreppe an der anderen Seite des Schachtes. Sie kreuzte sich weiter unter ihnen mit ihrer, doch die schmiedeeiserne Konstruktion schloß jede Treppe vollkommen von der anderen ab, so daß es unmöglich war, von einer auf die andere überzuwechseln. Es hätte vermutlich auch nicht viel gebracht, denn die Treppen waren völlig gleich. Beide führten an mehreren Stellen an Türen vorbei.

Thurstan blickte den Korridor entlang und sah einen Durchgang. »Gut«, sagte er. »Wenn wir keine Lust mehr haben, weiter hinunterzusteigen, brauchen wir unser Glück nur mit einer dieser Türen versuchen.« Es war eine Erleichterung zu wissen, daß sie die Treppe nach Belieben verlassen konnten.

»Mir ist der Abstand zur Oberfläche noch nicht groß genug«, sagte Matthias. »Steigen wir tiefer hinunter.«

In diesem Augenblick kam Eleanor wieder zu sich. Als ihr bewußt wurde, wo sie sich befanden, mußte ihr Thurstan wieder mit Gewalt drohen, um sie von der Rückkehr zur Oberfläche abzuhalten.

Phin nahm ihre Hand und zog sie zu sich. Sie zitterte am ganzen Körper. Er fragte sie weshalb.

»Als ich das letzte Mal hier war, stieg ich eine dieser Treppen ein Stück hinunter – nicht sehr weit, aber ... Oh, Phin, das ist ein grauenvoller Ort!«

»Nicht unbedingt.« Matthias hatte es gehört.

»Was ist mit den Parid?« fragte Blythe ihn. »Ich weiß, daß sie am liebsten irgendwo in der Tiefe hausen. Mißlungene

Götter können es natürlich nicht mit echten aufnehmen. Unter der Erdoberfläche oder unter Wasser befinden sie sich außer Reichweite von Sonne und Mond. Gefährlich sind sie trotzdem ... Gegen Magier mit Stäben und Zauberkräften kommen sie nicht an. Aber mit allem Respekt, Matthias, bei unserer gegenwärtigen Verfassung hätten sie ein leichtes Spiel mit uns.«

»Sie sind alle weit entfernt«, entgegnete Matthias schroff. Lügen, nichts als Lügen, und es würden immer mehr werden, je tiefer sie kamen. Das war einer der Gründe, weshalb die Parid den Aufenthalt in der Unterwelt vorzogen. Phin hatte recht. Da es hier weder die Leuchtkraft der Sonne noch die Klarheit des Mondes gab, fiel es leicht, die Wahrheit zu verschleiern. Er selbst nahm ja bereits Zuflucht zu Lügen. »Wer oder was uns auch immer hier unten begegnet, ganz bestimmt wird es nicht Sharrak sein.« Seine Stimme klang fest, sie würden ihm wahrscheinlich glauben.

Thurstan ließ nicht locker. »Es gibt mehr als eine Parid.«

Matthias zuckte mit den Schultern. »Ein Weiser verfügt über mehr als eine Möglichkeit, sich magischer Kräfte zu bedienen. Ich bin nicht auf ein Stück verdrehtes Holz angewiesen.« Aber es hilft, dachte er. Was würde ich jetzt für einen Spiralstab geben!

Die Stufen waren breit, glatt und ein wenig staubig. Die Gefährten blieben dicht beisammen, ohne jedoch viel zu reden. Die Luft war stickig.

Eleanors Kinn schmerzte von Thurstans Schlag. Er hatte sich nicht entschuldigt. Und ihre Beine wurden immer schwerer. Gewiß, wieder hinaufzusteigen wäre noch schlimmer, aber sie wußte, daß dieser Abstieg ein entsetzlicher Fehler war. Nur zu gut erinnerte sie sich an Sharraks Schacht und an die grauenvolle Vision, die sie fast ihrer Hoffnung beraubte, als sie fiel ... Sie keuchte und schwitzte vor Anstrengung und Angst.

Wenigstens Phins Gegenwart war beruhigend. Es war das einzige, das sie davon abhielt, wieder hinaufzulaufen. Er schritt ruhig und zuversichtlich dahin. Sie hatte sein hartnäckiges Durchhaltevermögen vergessen. Er hatte die Schatten überlebt und machte weiter. Von Alpträumen und ungewissen Blicken in die Zukunft ließ er sich nicht unterkriegen.

Obwohl es heiß und fast luftlos war, schallten ihre Stimmen im Dämmerlicht. Die Geräusche, die sie verursachten, hatten einen tiefen Nachhall. Der Raum ringsum war von gewaltigen Ausmaßen. Die Windungen der Treppe waren weit, die Stufen niedrig.

»Wie lange noch?« fragte sie Matthias. Aus reiner Gewohnheit erwarteten sie immer noch, daß er alles erkläre.

»Ich habe keine Ahnung.« Es klang nicht, als mache er sich Sorgen. »Aber ist euch ebenfalls aufgefallen, daß die Luft frischer wird? Es muß hier unten irgendeine Art von Austausch geben. Vielleicht stehen noch mehr Türen offen.«

Er hatte recht. Es war immer noch schwül, eine unangenehm feuchte Wärme, aber die Luft wirkte nicht mehr abgestanden.

Nach weiteren zwanzig Minuten ermüdenden Abstiegs blieb Matthias stehen. »Riecht ihr es ebenfalls?«

Der Duft war zwar schwach, aber zweifellos ein Hauch von Sommer. Eleanor konnte es nicht glauben.

»Gras«, sagte sie staunend. »Frisch gemähtes Gras.«

Es war so völlig unerwartet, untergrub ihre ohnehin wacklige Selbstbeherrschung. Es fehlte nicht viel und sie wäre wieder in Tränen ausgebrochen. Dieser Duft gehörte zu ihren Lieblingsgerüchen, er erinnerte sie an Ballspiele auf dem Schulrasen, an Kränze, die sie aus Gänseblümchen geflochten hatte, an Erdbeeren mit Sahne, an Tennisschuhe mit frischen grünen Flecken.

»Nein, es ist Wasser, Salzwasser. Angeln in Peraldon ...« Blythe erinnerte sich an seine Kindheit, an den Hund an seiner Seite, seinen besten Freund. Es war lange her, fast vergessen.

»Kerzen«, sagte Thurstan. »Schminke. Gaslampen im alten Theater – vor der Stasis. Du erinnerst dich doch an das alte Theater in Sarant, Matthias. An die Ballettänzerinnen!«

Matthias schwieg. Er roch Moschus. Den Geruch der

Arraratinsel mit den großen Feuern, die unten brannten, während die Falken in gemessenen Spiralen durch die Luft segelten. Und er wartete am Rand der Höhle darauf, erwählt zu werden.

Er wartete darauf, daß Asta neben ihm landete und ihren Kopf sanft an seine Schulter schmiegte.

Unwillkürlich murmelte er: »O Asta ...«

Einen Augenblick waren sie alle in Erinnerungen verloren.

Und als die Treppe sich unter ihren Füßen aufzulösen begann, befanden sie sich zu weit voneinander entfernt, als daß sie einander festhalten hätten können.

Ein Schrei von Eleanor, eine Verwünschung von Thurstan, während sie in die schwarze Leere hinabfielen.

Versprechen

»Du trinkst zu viel!«

»Das hat nichts mit dir zu tun.«

Eine Hand fuhr über Torolds Haar und strich die schweißfeuchten Locken zurück.

Es war viel zu warm im Zimmer. Das Feuer prasselte im steinernen Kamin und immer wieder wurde trockenes Holz nachgelegt.

Torold mochte die Hitze. Es war, als wollte er eine Welt erschaffen, die nichts mit dem kalten Meer vor der Burg zu tun hatte, nichts mit der eisigen Ablehnung der Arbeitslosen in seiner Stadt. Die dichten Gobelins und dicken Teppiche verstärkten die stickige, glühende Hitze noch.

»Doch für mich bedeutet es alles. Was wäre ich ohne dich? Du bist meine Seele, mein Herz, mein ganzes Glück.« Esmonds Atem war süß, seine Lippen weich und sanft.

»Verdammt, Esmond, was soll ich tun?« Torold lehnte sich in seinem Sessel zurück und blickte zu der schlanken Gestalt an seiner Seite auf.

Es war die alte Frage. Doch diesesmal ging Esmond mit mehr als Mitgefühl und Zärtlichkeit darauf ein. Er nahm Torold das Weinglas aus der Hand und stellte es außer Reichweite auf den Tisch.

»Was ist denn wirklich das Problem?«

»Das weißt du doch!« schnaubte Torold. Er starrte auf das Weinglas und wich Esmonds Blick aus.

»Es hat nichts mit Felicia zu tun!«

»Natürlich hat es was mit ihr zu tun oder vielmehr mit ihrer Abwesenheit. Was denkst du, was Javon ...«

»Das Problem ist, daß du keinen Erben hast!«

Esmonds klare, wohlklingende Stimme schnitt durch die drückende Hitze im Gemach.

Torold senkte die Augen und grub das Gesicht in die Hände. »Ich weiß ...«, murmelte er.

»Und du wirst wahrscheinlich auch nie einen bekommen ...«

»Nicht, solange ich dich habe.« Torold griff nach der zarten Hand seines Liebsten.

»Es würde mir nichts ausmachen, weißt du. Du könntest durchaus eine Vernunftehe eingehen. Halte die Farce solange durch, bis ein Kind unterwegs ist. Ich würde warten ...«

»Ich weiß. Glaubst du, ich habe nicht daran gedacht. Vor sechs Monaten war ich nahe daran, einen Gesandten zu Chan zu schicken. Aber es würde nicht gehen.« Er sprach so leise, daß seine Stimme über das Prasseln der Flammen fast nicht zu verstehen war. »Ich – ich könnte niemand anderes ertragen. Eine Frau!«

Schweigen setzte ein. Der Wind peitschte gegen die Burg, der Regen trommelte an die Scheiben. Die schweren Brokatvorhänge bauschten sich schwach auf, als das viel zu lose Fenster ratterte. Und Torold küßte die schmale Hand in seiner.

»Warum machst du dir solche Sorgen wegen eines Erben? Du wirst ja nicht mehr hier sein, wenn sich dieses Problem ergibt.« Esmonds Stimme war immer noch ruhig, vernünftig.

»Es trägt zur Unzufriedenheit in der Stadt bei. Beunruhigt die Bevölkerung. Gawne sagt ...«

»Gawne! Da hast du es!« Esmond hatte sich inzwischen auf den Teppich vor Torolds Knie gesetzt und blickte zu ihm auf – mit diesen himmlischen Augen, der zierlichen Nase, den sinnlichen Lippen. Sein Gesicht war vor Hitze und Ärger gerötet.

»Es gäbe keine Unruhen in der Stadt, wenn die Fischer ihr Gewerbe betreiben dürften!«

»Aber der Reichtum Shelts hängt davon ab, daß die Seelords das Meer nach ihrem Belieben benutzen dürfen. Das weißt du doch.«

»Und was hast du von ihrem Wirken? Oder ich? Was nützt dieser ganze Reichtum, wenn es keinen Frieden gibt? Was haben sie je für *uns* getan?«

Ihnen verdanke ich meine Sicherheit, dachte Torold. Ohne sie hätte ich Javon nicht beweisen können, daß ich imstande bin, über eine Stadt zu herrschen. Die Seelords haben mir einen Grund gegeben, im Norden zu bleiben, die Freiheit, mein eigenes Leben zu führen, zu lieben, wen ich will. Und Javon weiß nicht ...«

Sein Blick wanderte über das goldene Haar seines Liebsten.

»Vieles hat sich verändert. Du machst dir jetzt Sorgen, schläfst zu wenig und trinkst zu viel.« Esmond las seine Gedanken, verstand, wie es in ihm aussah. »Du hast deinen Seelenfrieden verloren. Javon wird es bald herausfinden, wenn er nicht von seiner Tochter hört. Die Seelords verlangen viel zu viel von dir und den Sheltern.«

»Also, was soll ich tun? Was kann ich tun?«

»Mach dich frei von ihnen.« Esmond wisperte nun, er kam näher und schaute unwillkürlich über die Schulter. »Überwältige die Seelords. Das dürfte nicht so schwer sein. Deine Truppen, die Rebellen – dieser Falke ...« Er schauderte beredt, aber seine Augen glänzten vor Erregung. »Sie haben die wirkliche Macht. Gerüchte gehen um, daß die Eloier ...« Er machte eine Pause, aber Torold ging nicht darauf ein. »Es gehört schon was dazu, Felicia zu entführen, sie *gefangenzuhalten*! Diesen Falken einzusetzen, um deine Geisel zu befreien, diesen Gardisten, wie heißt er doch gleich?«

»Kester Robart«, antwortete Torold, der abwesend ins Feuer starrte.

»Kester ... Ihr Führer ist ein Magier, weißt du. Olwyn Mittelson. Erinnerst du dich an ihn?«

»Ja.«

»Er ist ein mächtiger Magier. Die Seelords sind nicht in der Lage, die Rebellen zu finden. Was nutzen sie uns? Die Rebellen haben Javons *Tochter*. Überleg doch, was passieren wird, wenn er dahinterkommt! Es hängt alles von Olwyn Mittelson ab. Könnte es sein, daß er über noch größere, ungewöhnlichere Kräfte verfügt als Gawne?«

Die Frage hing in der überhitzten Luft. Torold nahm den Blick vom Feuer und wandte ihn Esmond zu.

»Was sollen wir tun?« fragte er.

»Ein Turteltäubchen, ein Paradiesvögelchen, goldenhaarig, schlank und rank.« Intelligente, eindringliche Augen betrachteten Esmond kühl.

Der Mann hatte entweder getrunken oder den Verstand verloren. Esmond blickte unbehaglich von Rosco zu Vere Holtby, dem Barden der Soldaten.

Es hatte Mut dazu gehört, dieses Treffen zu arrangieren, sich an Holtby zu wenden, den er trotz seines scheinbar milden Wesens nicht unterschätzte. Esmond hatte ihn schon länger beobachtet, wußte, woher er kam. Etwas an der Art, wie er sich bewegte, war ihm aufgefallen, und an seiner Musik.

Menschen und ihre Beziehungen interessierten Esmond, so war ihm auf der Burg überhaupt mehr aufgefallen, als irgend jemand vermutete. Die Seelords waren ganz mit ihrer Magie beschäftigt, die Gardisten mit ihren Pflichten, und Wein raubte Torold den klaren Verstand. Esmond Crinnion war ein Höfling ohne eine besondere Rolle, und er genoß eine privilegierte Stellung wie sonst keiner, wodurch er sich ungestört überall hinbegeben konnte. In Vere Holtby hatte er ein Rätsel gefunden, das ihn reizte.

Das Treffen kam so leicht zustande, daß Esmond vermutete, sie hätten darauf gewartet.

Was natürlich stimmte.

Drei von ihnen saßen an einem Tisch im *Fischernetz*. Vere Holtby kannte er natürlich. Auch an Olwyn Mittelson erinnerte er sich – aus der Zeit, als er noch Seelord gewesen war, und auch aus neuerer durch seinen Ruf. Der dritte, der sich ihm als Jolin Rosco vorgestellt hatte, war ein Fremder.

Und schwierig. Unter seinen glitzernden Augen und der ätzenden Zunge war Esmond das Blut in den Kopf gestiegen, und das Ganze hatte nicht sehr glücklich angefangen.

Er beschloß, Rosco zu ignorieren und sich auf Olwyn Mittelson zu konzentrieren.

»Ich habe eine Botschaft«, begann er zögernd.

»Von dem edlen Lord Torold zweifellos?« Rosco konnte seinen Spott nicht zügeln.

»Rosco.« Mittelsons Stimme war ruhig, geduldig. »Hör auf. Du hast dich damit einverstanden erklärt.«

»Deshalb muß es mir aber nicht gefallen!«

»Du machst es nicht leichter.«

»Dann überlasse ich es am besten euch allein.« Er stand auf, nickte Holtby zu und machte bereits den ersten Schritt zur Tür, als er sich wieder umdrehte. Seine Lippen verzogen sich in einem seltsamen Lächeln. »Ich hoffe doch, daß Euch der Flug nicht geschadet hat?«

»Dann war es also Euer verdammter Falke?« Esmond hob das Kinn und blickte ihm in die Augen.

»Ja, mein verdammter Falke.« Sie starrten einander an. dann zuckte Rosco mit den Schultern, seufzte und setzte sich wieder an den Tisch.

»Also gut, Olwyn, ich werde mich zusammennehmen. Macht weiter.«

Es bedurfte schließlich mehr als eines Treffens, doch nicht ein einziges Mal sah Esmond Felicia oder ihre Kammerzofe. Er mußte ihnen ohne Beweise vertrauen, so wie sie ihm.

Ob das klug war, wußte er nicht. Er wollte nur, daß sein Liebster des Nachts gut schlief und den Kopf beruhigt an seine Schulter schmiegte.

Ihm gefiel die Vorstellung, daß Rosco sich unter den Sorgen der Regierungsgeschäfte im Schlaf herumwälzte. Daß er mit dem bleichen zerbrechlichen Püppchen verheiratet sein würde und die Pflicht hatte, einen Erben für Shelt zu zeugen. Daß Rosco sich für Gawne und Dederic und die übrigen etwas einfallen lassen mußte, wenn ihre Macht hier gebrochen war.

Welch ein dorniger Weg das sein würde!

Esmond lächelte, als er zu Torold zurückkehrte.

Die Frühjahrsstürme brachten Überschwemmung und wahre Schlammlawinen mit sich. Mehrere Häuser am Hafen wurden von dem flüssigen Morast erfaßt, der vom Burggarten herabspülte, und wie Streichhölzer zermalmt. Die Gegend am Fluß wurde unbewohnbar, als das Wasser stieg und die Vagabunden, die Rauschgiftsüchtigen, die Diebe und Aussätzigen vertrieb. Und durch das Wasser aus ihren natürlichen Unterschlüpfen vertrieben, wanderten die Ratten in die besseren Stadtviertel aus.

In einer Sturmnacht rissen die tosenden Fluten mehrere der verwahrlosten Fischerboote von ihrer Vertäuung und trugen sie hinaus aufs Meer, noch ehe irgend jemand wußte, was geschah. Ihre Besitzer betrachtetem am nächsten Tag die zersplitterten Überreste und zuckten nur mit den Schultern.

Der Regen fiel unaufhörlich. Es war wie zu den schlimmsten Zeiten während der Stasis. Wie damals wurden die paar Pflanzen, die zu blühen wagten, von der Gewalt des Sturms niedergewalzt, der auch das junge Laub von den gebeugten Bäumen riß. Und in den Hausern und Läden hoben die Menschen schon von den unwichtigsten Kleinigkeiten aufgebracht die Stimmen, und die Spannung entlud sich in Wutausbrüchen.

Vielleicht kommt die Stasis zurück, sagten sie. Vielleicht würde das Ganze wieder von vorn anfangen, die Kämpfe, die Belagerung, die Überfälle ...

Der Groll und die Furcht in der Stadt suchte ein Ventil in

Gewalttätigkeit. Ein Burggardist wurde eines Nachts erstochen in einer Gasse gefunden.

Auf Befehl Gawnes wurden sechs Fischer aufgehängt. Es war immer die gleiche Methode: Die Bestrafung mußte abschreckender sein als die Untat. Schuld oder Unschuld waren unwichtig, irgendwelche Sündenböcke genügten. Rosco war jede Nacht unterwegs, nahm an Versammlungen teil, besprach Taktiken. Die Ausbildung in den verlassenen Schuppen und Bauernhöfen südlich der Stadt waren nun nicht mehr nur Zeitvertreib. Alle diese Zusammenkünfte waren verboten, und man mußte ständig mit Verrat und Entdeckung rechnen.

Manchmal entgingen sie der Festnahme gerade noch. Die Treffpunkte wurden mit voller Absicht im letzten Moment geändert, Parolen und Verschlüsselungen benutzt, falsche Information wurde verbreitet. Für Mittelson, die Frauen und den allmählich genesenden Kester waren die ständigen Umzüge eine große Belastung.

Felicia erwachte eines Nachts schreiend. Annis eilte zu ihr und nahm sie tröstend in die Arme.

»Schon gut, meine Lady, es ist nur ein Traum ...« Dieselben nutzlosen Worte, die nicht einmal Kinder beruhigen können.

»Nein, nein, nein ...« Felicia fuhr im Bett auf. Sie starrte mit weit aufgerissenen Augen blicklos vor sich hin und ihre Hände machten schwache, abwehrende Gesten.

»O nein, nein, nein!« Sie träumte immer noch, und ihre Stimme war schrill.

Plötzlich schlug die Tür zu und Mittelson war mit einer Laterne da. Annis hatte die Hand zu einem sanften Schlag erhoben, der Felicia wecken sollte, aber Mittelson hielt sie zurück.

»Nein!« zischte er. »Seid still!«

Felicia zitterte. Es sah aus, als lausche sie einem Lied, das die anderen nicht zu hören vermochten.

Dann fiel sie, plötzlich von ihrem Alptraum befreit, auf ihr Kissen zurück.

Mittelson hatte sich über das Bett gebeugt und schaute mit seinen seltsamen blassen Augen auf das Mädchen hinunter. Annis machte einen Schritt näher, blickte ihn voll Mißtrauen an.

Seine Stimme war leise, aber beschwörend. »Felicia, Lady Felicia, wacht auf!«

Sie rührte sich unter seinen Händen, dann öffnete sie aufs neue die Augen weit, doch diesmal blickte sie die beiden direkt an und runzelte verwirrt die Stirn.

»Olwyn – Ihr hier? Oh, ich hatte einen schrecklichen Traum!«

»Zeichnet ihn!« Mittelson drückte ihr den Block vom Nachttischchen in die Hände. »Zeichnet ihn, solange er noch klar ist.«

Sie blinzelte noch halb im Schlaf. Dann zeichnete ihr Stift fast automatisch Umrisse auf das Papier.

Ein Drache mit einem geschwungenen Schädel aus Gischt, zahllose Klauen, die sich in einer Woge krümmten, ein gewundener, geschmeidiger Körper, der in einem Strudel verschwand.

»Ja ...«, hauchte Mittelson. »Was ist bei dem Marqun passiert?«

Wie hypnotisiert starrte sie auf die Zeichnung in ihren Händen.

»Sie fragten, Gawne fragte, ob Ladon eine Braut annehmen würde, eine menschliche Gefährtin ...« Ihre Stimme war so leise, daß sie sich fast im Wind vor dem Fenster verlor. »Ich war ihr Opfer. Ihr Unterpfand, damit sie ihre Macht weiterbehielten. Die Gabe des Heilens, eines langen Lebens ...« Sie blickte Mittelson mit ausdruckslosem Gesicht an.

»Und Ladon?« fragte er unendlich behutsam, trotzdem las Annis die Erregung in diesen blassen Augen, die Erwartung, Wichtiges zu erfahren.

Felicia schüttelte den Kopf. »Nein, ich kann nicht! Fragt mich nicht!« Sie schlug die Hände vors Gesicht und zitterte am ganzen Körper.

»Felicia! Sagt es mir!« schrie er nun und zog ihre Hände

von den Augen. »Felicia, ich muß es wissen! Wie können wir kämpfen, wie können wir irgend etwas erreichen, wenn wir es nicht wissen?«

»Er – hat mich – berührt! Diese Mäuler, diese Lippen, wie Hände – strichen sie über mich ...« Sie würgte, und Annis rannte, eine Waschschüssel zu holen.

Sie lief an Rosco vorbei, der an der Tür stand. Er hatte alles mitgehört. Er wartete, bis das Mädchen etwas ruhiger wurde, dann sagte er ohne erkennbare Gefühlsregung:

»Habt keine Angst, Felicia. Ladon wird Euch nicht bekommen. Olwyn und Lady Astret haben etwas anderes vor. Ihr und ich, teure Felicia, wir sind für den sanften Bund bestimmt, die Bande der Ehe, feingesponnen und unentrinnbar.«

Sie blickte zu ihm auf und es schien, als gäbe es für sie niemand anderes im Zimmer.

»Wäre das so furchtbar?« Ihre Stimme klang seltam in der plötzlichen Stille.

»Ich – weiß es wirklich nicht.«

Rosco bemerkte kaum, daß Mittelson das Zimmer verließ.

»Würdet Ihr mich heiraten, teure Felicia, wenn Veranlassung dazu bestünde?«

»Unfair.« Ihre Stimme klang kühl, obwohl sie anders empfand. »Es ist unmöglich, diese Frage *hypothetisch* zu beantworten, wie Ihr sehr wohl wißt. Was ich auch sage, bringt mich in Bedrängnis.« Ihr müßt es schon besser machen, war die Kritik, die sie nicht laut aussprach. »Außerdem«, fügte sie hinzu, »weiß ich nicht einmal, wer Ihr seid.«

Er saß am Fußende ihres Bettes und blickte durch das Fenster in den peitschenden Regen, der die Scheibe verwischte.

Sein Profil wirkte streng. Eine gerade Nase, ein festes Kinn. Schwache, komplizierte Fältchen, die sowohl von Lachen wie Zorn herrühren mochten, um die hellen Augen. Tiefere Linien zwischen Nase und Mund. Dunkle Stoppeln brachen durch die Haut. Er sollte vorsichtiger sein, dachte sie. Es gab überall Spitzel.

»Mein richtiger Name ist Lukas Marling. Ich bin tief im

Süden geboren, nahe der Stadt Peraldon, in einer Gemeinschaft, die später als Höhler bekannt wurde. Auf der anderen Seite der Mauer versuchten wir nach den Geboten der Göttin zu leben. Wir kämpften darum, die Stasis zu beenden, die von unserer Lady so verabscheut wurde. Es gelang uns.«

Nach einer langen Pause fügte er hinzu: »Ich bin nicht frei, Felicia. Ich kann Euch nicht lieben.«

»Eine andere?«

»Sie ist aus einer anderen Welt, einer anderen Dimension. Ich weiß nicht, ob Ihr das verstehen könnt. Ich bin nicht einmal sicher, ob ich es kann ... Ihre Rückkehr hierher ist unmöglich. Sie war wesentlich für die Beendigung der Stasis. Der Gott ist rachsüchtig. Sie darf nicht zurückkommen!«

»Dann seid Ihr doch frei?«

»Sie lebt. Und es besteht immer die Möglichkeit ...«

»Daß sie zurückkommt?«

»Ich kann nur hoffen – und beten –, daß dies nie geschieht. Aber sie lebt, existiert irgendwo, irgendwie.«

Eine neuerliche lange Pause. Er hatte das Gesicht abgewandt, so konnte sie nicht länger die Schatten der langen dunklen Wimpern auf seinen Wangen sehen.

»Ich bin nicht frei, Felicia. Doch wenn unsere Vermählung der Preis für den Frieden in Shelt ist, bin ich dazu bereit. Aber Ihr sollt wenigstens wissen, was Ihr auf Euch nehmt.«

Sie schwieg und zerknüllte das Linnen zwischen den zitternden Fingern. Ein Chaos von widersprüchlichen Gedanken und Gefühlen tobte in ihr. Und dann hörte sie sich wie aus weiter Ferne sprechen:

»Ich bin bereit, diese Chance zu ergreifen – daß sie nicht zurückkehrt. Ich würde Euch heiraten, obwohl Ihr nicht frei seid.«

Sie hatte es gesagt, hatte sich mehr entblößt, fühlte sich nackter, als sie sich in der gischtenden Umarmung Ladons gefühlt hatte.

Lukas stand auf. Sein Gesicht war immer noch im Schatten, als er ihre Hand vom Linnen nahm. Seine Berührung war kalt wie Eis, aber fest wie Eisen, während sie immer noch zitterte, ein Zittern, das seit dem Traum nicht mehr aufgehört hatte.

Er beugte sich über ihre Hand und hauchte einen Kuß darauf. »Ich hoffe, Felicia, daß du nie einen Grund haben wirst, es zu bedauern.«

Der Regen warf sich immer noch gegen das Fenster. Plötzlich sprang es auf und schwang krachend gegen die Wand. Kalte, feuchte Luft drang in das dunkle Zimmer.

Lukas schloß es rasch, ohne auf die tobende See hinauszublicken.

»Gute Nacht, Felicia. Schlaf gut.«

Dann war er fort und sie starrte auf die Hand, die er geküßt hatte.

Und neben dem Bett lag eine Bleistiftskizze, ein Drache namens Ladon, der nicht nur in Alpträumen lebendig war.

Träume

Es war Gras. Kurzes Gras mit nur wenigen Gänseblümchen. Kühl und feucht unter ihren Füßen.

Eleanor wanderte durch einen dunklen Garten. Weder Mond noch Sterne standen am Himmel, trotzdem konnte sie ihre Hände und Füße sehen, sie schimmerten bleich im Dämmerlicht. Ringsum erstreckte sich leere Luft, die sich im Nichts verlor. Es gab nur das süß duftende Gras unter ihren Füßen und den Rhythmus ihrer Schritte.

Sie war ruhig und gelassen. So wenig machte sie sich Sorgen um ihre Freunde, daß sie ihre Existenz fast vergessen haben könnte. Es war alles in Ordnung mit ihnen, das wußte sie. Phin fischte an der Küste. Thurstan befand sich in einem alten Theater. Matthias war wieder mit seinem Ararat vereint.

Diese kleinen Wissensfetzen waren mit dem Duft des Grases zu ihr gekommen. Sie könnte für immer durch die kühle Wiese wandern, sie fühlte sich sicher. Ihre Freunde waren in Sicherheit. Und Lukas lebte!

Sie blieb stehen. Dieser Gedanke veränderte alles. Ihr Verstand wich immer noch vor dem Grauen des letzten Mals zurück, als sie sich von äußerem Schein hatte täuschen lassen. Sie hatte sich von Timon/Lycias lieben lassen, weil sie Lukas für tot gehalten hatte. Wie konnte sie nun so töricht sein, das hier zu glauben? Hatte sie denn nichts gelernt?

Glaub nicht, was du hier siehst. Fall nicht auf eine Täuschung herein. Die Götter lügen!

Es gab hier keine Götter. Weder Sonne noch Mond oder ein lachendes Baby.

Doch das machte es irgendwie nur schlimmer. Es gab nichts Stabiles, auf das sie sich verlassen könnte.

Der Duft des Grases war künstlich süß, widerlich und viel zu aufdringlich. Jetzt erst bemerkte sie, daß die Wiese sich nicht endlos erstreckte. Eine Reihe dunkler Bäume, Zypressen, vermutete sie, säumten sie ein. Nebel hing über den Bäumen, Schwaden griffen auf das Gras herab wie Finger. Der Geruch und die Wiese selbst schienen aus den dünnen Wolkenfetzen zu kommen.

Das Gras unter ihren Füßen fühlte sich jetzt wie Kunststoff an. Sie blickte hinunter. Es war gar nicht mehr da! Sie stand nun auf kränklichen, fahlgelben Blumem. Ihre sternförmigen Blüten füllten eine riesige Ebene, die nur von den hohen, alten Bäumen begrenzt wurde. Der Nebel kam hinter den Bäumen hervor, er breitete sich aus, kam auf sie zu und verbarg Zweige und Blumen. Nicht der leiseste Laut war zu hören.

Das hier war eine unwirkliche Welt, mit der sie nichts zu schaffen haben wollte. Sie wandte sich von den unheimlichen Wolken ab und fing zu laufen an.

Phinian Blythe betrachtete die Wellen, die auf den Strand rollten, und zweifelte. Es war die Küste außerhalb von Peraldon. Er erkannte die Biegung der Bucht, die Form der entfernten Landzunge. Aber es gab keinen blauem Himmel darüber, keine Stadt zu seiner Linken.

Statt dessen verlor sich stille Luft in leerer Dunkelheit auf allen Seiten. Er hätte nicht zu sagen vermocht, woher das Licht kam. Seine Hand an der Seite schimmerte. Die Gischtkrone auf den herbeispülenden Wellen spritzte.

Ein Hund berührte seine Hand.

Triss. Ohne zu überlegen, streichelte er den glatten Kopf, die seidigen Ohren.

Er blickte hinunter und griff nach ihm. Er sah und fühlte sich genau an wie Triss. Aber er hatte so lange mit Schatten gelebt, daß er den Unterschied kannte.

Es war unlogisch, daß dies Triss war, den er schon in seiner Jugend verloren hatte. Genau wie die Schatten ihm nicht die wahre Karis gezeigt hatten, den echten Marial und Idas. Er hatte genug von Lügen und Täuschungen. Er fragte sich, ob es je eine Alternative gab.

Jemand rannte den Strand entlang auf ihn zu.

Eleanor.

»Phin!« schrie sie. »Das ist nicht wirklich, glaub es nicht!«

»Ich weiß.« Er breitete die Arme für sie aus und lächelte erleichtert. Er drückte sie an sein Herz, und sie war warm und lebendig und echt. Wie er hatte sie viel durchgemacht und erkannte die Täuschungen um sie herum.

»Schau, es kommt von da drüben!« Sie deutete, und er sah, wie sich die Dunkelheit zu wallendem Nebel vertiefte. Irgendwie schien sich dieser jedoch einer Beobachtung zu entziehen. Er ertappte sich dabei, daß sein Blick daran vorbeiwanderte und über Eleanors Kopf hinunter zu der Kreatur, die Triss sein sollte.

Der scheinbare Hund grinste ihn töricht an, und das Grinsen wurde immer breiter, bis es den Schädel spaltete, den Körper, das Fell, so daß Düsternis durch die sich weitenden Lücken zu sehen war. Fetzen seiner Substanz schwebten davon wie Dunst, vermischten sich mit dem Schaum am Wasserrand und verloren sich darin. Eine Welle brach an der ganzen Länge der Küste, ihre Krone kippte einwärts, und die See schob sich in einem gischtenden Bogen heran, der ins Leere rollte, als ob er sich selbst verschlang.

»Es ist ein schrecklicher Ort«, sagte Eleanor, während sie auf der weiten Ebene kränklicher Blumen standen. Die

Nebelschwaden, vielleicht war es aber Rauch, schienen nun plötzlich viel näher zu sein.

Phin spürte etwas vor seinen Füßen. Er bückte sich und hob aus den zerdrückten Blütenblättern eines der Schwerter auf, die sie während ihres Sturzes in die Tiefe verloren hatten.

»Komm, suchen wir die anderen«, forderte er Eleanor auf.

Matthias stand am Rand einer Höhle, und die Arrarate kreisten ringsum. Hier war er nicht blind. Er konnte die Reihen von Höhlenöffnungen im Felsen der Arraratinsel sehen, das Feuer unten auf der breiten Talsohle. Aber er wußte, daß der Felsen ebenso eine Täuschung war wie das Feuer. Er hatte keine Augen mehr, deshalb mußte alles, was er sehen konnte, ein Trugbild sein.

Mit den Arraraten war das anders. Niemals waren sie Teil der Lügen der Unterwelt, Teil von irgend jemandes scheinbar Wirklichkeit gewordenen Tagträumen. Niemals verrieten sie sich und ihre erwählten Reiter. Er vermochte sie nicht zu sehen, und deshalb wußte er, daß sie wahrhaftig hier waren.

Einer von ihnen würde ihn erwählen.

Matthias' Herz war voll Hoffnung und Sehnsucht. Das hatte es seines Wissens noch nie gegeben, daß jemand ein zweites Mal erkoren wurde. Es war eine einzigartige Ehre.

Er war sie nicht wert. Bescheidenheit, doch nun war sie nicht mehr bitter. Er spürte den Luftzug, hörte das Rauschen schwerer Schwingen, dann stand ein Arrarat neben ihm. Blind streckte Matthias die Arme aus, ertastete das weiche Gefieder, die bebende Kraft.

Die Falkin neigte den Kopf zu ihm, und er lauschte dem andersartigen, so vertrauten Herzschlag. Amery hieß sie. Er zitterte vor Glück und Erleichterung.

Die Höhle und das lodernde Feuer waren verschwunden. Zumindest für den Augenblick gab es keine Täuschung. Er stand allein mit seinem echten, wirklichen Arrarat Amery und konnte sich wieder mit diesem anderen Bewußtsein verständigen. Er fand einen Geist, der leichtschwingig über

Blindheit und dumme Visionen segelte und Lügen mit unendlicher Liebe vertrieb.

Amery würde ihn zu den anderen bringen. Dann würden sie mit ihr zu Lukas fliegen, und alles würde gut werden.

Das Theater um Thurstan war dunkel. Er saß hoch aufgerichtet, eingekeilt zwischen einem Koloß von Frau und einer Säule. Er machte sich keinerlei Sorgen, denn er wußte, daß es den anderen gutging. Er erinnerte sich an ihre Beschreibungen des Duftes auf der Treppe. Da war nichts, was irgend jemanden ängstigen könnte. Und obwohl Thurstan nicht zur Leichtgläubigkeit neigte, war etwas am Theater, das alle Bedenken vertrieb.

Wo immer dieser Ort auch sein mochte, was immer auch geschah, es würde bald vorüber sein. Jede Aufführung hatte ein Ende. Schon allzu bald mußte der Vorhang fallen, dann hieß es wieder zurück in die langweilige, gefährliche alte Wirklichkeit. Theater war Thurstans einzige Schwäche.

Deshalb verdrängte er, als er sich so unvermittelt eingepfercht auf der Galerie fand und hinunter auf die hell beleuchtete Bühne blickte, für den Augenblick den Unglauben und lehnte sich zurück, um die Vorstellung zu genießen.

Er kannte das Stück. Es war eines dieser altmodischen Lustspiele, in denen es drunter und drüber ging und immer die falschen Paare zusammenkamen.

Nach allem, was er und seine Gefährten durchgemacht hatten, war er dankbar für ein wenig Ablenkung. Vielleicht waren auch die anderen hier? Er beugte sich über die Brüstung, aber es war zu dunkel; er konnte in der samtigen Schwärze nichts sehen.

Es hatte eben erst angefangen. Die Ouvertüre war nicht besonders ausdrucksvoll, und die Kulissen knarrten. Es störte ihn nicht. Er sah, wie ein schiffbrüchiger Seemann auf einer Palmeninsel nach seinen Kameraden suchte. Künstlicher Donner grollte. Der Seemann war verwirrt, ein Luftgeist hatte es auf ihn abgesehen …

Es gab einen Magier, einen Bösewicht, ein Ungeheuer, ein paar Clowns und ein schönes Mädchen. Thurstan nahm zumindest an, daß sie als die Schöne gedacht war (goldblondes Haar, blaue Lidschatten), aber ihm gefiel sie nicht. Sie quiekte und floh vor dem Ungeheuer in die Arme des Schiffbrüchigen. Das Ungeheuer stampfte über die Bühne, blieb in der Mitte stehen und funkelte hinaus auf die Zuschauer.

Es trug eine grüne Maske mit riesiger Knollennase, eine schwarze, zottelige Perücke und war angetan mit Rupfen und Blättern und Ranken. Mit betont rauher Altstimme sprach es Worte von großer Schönheit. Unter dem Rupfen konnte Thurstan anmutige Umrisse von Fußgelenk und Wade erkennen.

Es wurde gesungen und gekämpft. Das Liebespaar spielte Schach, der Magier gab seine Zauberei auf und kehrte an den Hof zurück.

Als die Schauspieler die Ovationen entgegennahmen, zog das Ungeheuer die Maske vom Kopf.

Bronzefarbene Haut, dunkle, melancholische Augen, lange Wimpern und schwarzes Haar, das weit über den Rükken fiel.

Thurstan warf ihr eine Rose zu, eine blaßgelbe Blüte, die er in seinem Knopfloch fand, und sie blickte zu ihm hinauf. Sie lächelte nicht, aber es genügte.

Das Theater leerte sich allmählich. Er war allein. Die Lichter wurden gedämpft. Er blieb auf seinem Platz neben der Säule sitzen und wartete. Hinter der Bühne waren Stimmen zu hören, dann wurde der Vorhang hochgezogen, und ein schmächtiger alter Mann kehrte zusammen und entfernte die Palmen und die Wellenmaschine. Schließlich ging auch er, irgendwo schlug eine Tür zu, und ein Riegel wurde scharrend vorgeschoben.

Thurstan saß allein in der warmen Stille und wartete. Er fühlte sich seltsam entspannt und wollte sich keine Gedanken über seine Lage machen.

Er war sich bewußt, daß sich die Dunkelheit ringsum vertiefte. Sie war mit den üblichen Theatergerüchen geschwängert: Gaslampen, Politur, Schminke, Tabak, Parfüm, Orangen, Sägespäne. Er mochte die kunstvollen schwarzen Höhlen, die ins Nichts führten, die Logen. Die Möglichkeiten, die sie boten. Die verborgenen Geheimnisse der Dunkelheit, die Rätsel und Verzauberung versprachen.

Ein Lichstrahl, der durch ein Oberlicht hinter die Bühne fiel, zeigte die Vielfalt von Requisiten. Ein Thron, Wellen aus Pappe, eine Vase mit Papierblumen, die hintere Hälfte eines Pferdes, verschiedenerlei Masken, ein Sarg, ein Kissenberg mit einer glänzenden Decke darüber.

Thurstan erhob sich und ging zur Tür der Treppe, die zur Bühne führte.

Es war völlig still im Theater. Er war ganz allein. Die Tür schloß sich lautlos hinter ihm. In der Dunkelheit stieg er die Treppe hinunter. Es erschien ihm nun viel weiter zu sein, als er gedacht hatte. Die Wendeltreppe nahm kein Ende. Bestimmt war er längst an der Bühnentür vorbeigekommen?

Endlich sah er sie schwach in einem Licht aus nicht erkennbarer Quelle. Er stieß sie auf, ging vorsichtig hinter die Kulissen. Das Licht, das von oben herabfiel, war rotgelb, von einer Straßenlaterne, vermutete er. Auf einem Regal neben den Hebeln für den Vorhang fand er einen Kerzenstummel auf einer Untertasse und daneben Streichhölzer.

Er zündete die Kerze an und fand in ihrem weichen Schein noch weitere, die er ebenfalls anzündete.

Die Straßenlaterne draußen ging aus. Einen Moment lang war er verwirrt. Das Kerzenlicht flackerte, und in seiner Unachtsamkeit stieß er gegen den Papierblumenstrauß.

Er fiel auf den Boden. Die Glasvase zerbrach, und Splitter flogen über und um die Kerze.

»Verdammt.« Nach dem Klirren des zerspringenden Glases klang seine Stimme schwach, fast geisthaft.

Er schaute sich nach dem Besen um, mit dem der alte Mann zusammengekehrt hatte, aber die Bühne war nun in viel tieferer Dunkelheit, und er konnte nichts sehen. Es war unsagbar still.

Er kniete sich nieder und begann die Papierblumen aus den Glasscherben aufzusammeln. Seine Hände bewegten sich flink in der schwarzen Stille. Sie zitterten nicht. Und er weigerte sich, wahrzuhaben, daß etwas geschah.

Er konzentrierte sich. Räum die Scherben auf, dann ist alles in Ordnung.

Der Boden war staubig und trocken. Eine rote Papierblume, dann eine weiße, er hob sie mit der Rechten auf, hielt sie dann mit der Linken. Seine abgewetzten und schmutzigen Stiefel scharrten auf den Dielen. Seine Augen folgten wie besessen jeder Bewegung, jedem Gegenstand.

Er konnte nicht aufblicken, konnte nicht aufhören, auf die Papierblumen, den Boden, seine Hände, die Glasscherben zu starren. Er konnte nicht aufblicken, weil da jemand war.

In der noch tieferen Dunkelheit an der Seite der Bühne stand jemand, und Thurstans Hände wurden langsamer und hielten schließlich inne.

Er kniete auf den Holzdielen und wagte sich nicht aufzublicken.

Wer immer es war, bewegte sich leichtfüßig, nahm eine Maske von dem Haufen und streifte sie über.

Nein. Nicht das!

Bist du ein Kind, Thurstan, daß du dich so trotzig widersetzt? Die Stimme unter der Mondmaske hallte in der Stille des Theaters.

»Ich will nicht«, sagte er laut.

Die sich nicht erhöhen lassen, erniedrigen sich selbst.

»Ich werde mich nicht benutzen lassen!« rief er.

Eine neue Stimme erklang hinter ihm voll Bedauern. Eine vertraute Stimme.

»Thurstan. Mein einziges Kind. So hart, hart und streng! So engstirnig!«

»Mutter!« Er stand auf, wirbelte herum, wandte der maskierten Gestalt den Rücken zu.

Er sah sie in der Seitenkulisse stehen, sah die vertrauten wissenden Augen, den traurigen Mund, das hochgesteckte Haar.

»Du warst nicht liebevoll«, sagte Martitia.

»Das konnte ich mir nicht leisten! Für Liebe war kein Platz!«

Du beraubst dich selbst.

Jeder Schritt dieses Weges macht dich ärmer und kleiner!

»Laßt mich in Ruhe!« Er drückte die Hände auf die Ohren, preßte die Lider zusammen. Das war nicht wirklich, nicht echt. Es hatte nichts mit ihm zu tun. Es war ein Traum, nur ein Traum.

Eine neuerliche, schwindelerregende Veränderung. Zu der körperlosen Stimme gesellte sich eine zweite, und das war der Moment, da er dachte, er würde sterben. Aus Angst. Allein aus Angst.

Maskiert traten sie auf die Bühne. Sie achteten gar nicht auf ihn. Er war zu unbedeutend.

Es war dunkel rund um ihn, aber die Dunkelheit blendete, blendete unter seinen geschlossenen Lidern, blendete überall.

Die Stimmen der beiden Maskierten schallten durch die Korridore von Traum und Wirklichkeit. Ihr Haß hallte über die Äonen, überbrückte Universen.

Er glaubte, daß einer fast dem anderen die Hand in Freundschaft entgegenstreckte. Doch er mußte sich getäuscht haben. Diese beiden waren Feinde.

Sonne und Mond. Frau und Mann. Licht und Dunkelheit.

Ihr Schlachtfeld war die Menschheit, unter der Sonne, unter dem Mond. Hier unter der Erde waren sie bloß Schauspieler. Hier konnten sie sich nur maskiert auf einer Bühne begegnen.

Es war mehr als genug.

Die Lichtexplosion schleuderte Thurstan zu Boden.

Die Bitterkeit des Hasses, die Unerbittlichkeit der Rache, der wilde Groll, der unbeschreibliche Zorn peitschte seinen Geist in die Dunkelheit.

Es war zu viel.

Etwas streifte sein Gesicht. Er rührte sich. Ein Geräusch, ein spöttischer Laut. Ein langsames Klatschen.

Er öffnete die Augen und war mit einer geschmeidigen, katzenartigen Bewegung auf den Beinen.

Jemand hatte ihm eine Rose zugeworfen.

Er befand sich immer noch auf der Bühne. Allein. Es war

ihm gleichgültig, wer ihm da draußen im Publikum zuschaute. Er ging ruhig hinter die Seitenkulissen und übergab sich.

Danach stand er eine Zeitlang mit dem Gesicht zur Wand völlig still da und stützte das schweißnasse Gesicht auf den Unterarm. Der säuerliche Geruch des Erbrochenen füllte das Theater. Der Hausmeister würde sehr verärgert sein.

Es spielte keine Rolle.

Die junge Frau hatte zu klatschen aufgehört. Sie kam durch den Mittelgang zur Bühne. Der weite kremfarbene Leinenrock wirbelte bei jedem Schritt.

»Warum ...?« Seine Stimme war rauh. Was konnte er sagen. »Warum habt Ihr mir die Rose zugeworfen?«

»Das Ungeheuer bekommt selten Blumen.«

Da erinnerte er sich, wer sie war: die hübsche Schauspielerin in der häßlichen Maske. In dem Stück, das er sich angesehen hatte. Vor so langer Zeit.

»Kommt mit«, forderte sie ihn auf und streckte ihm die Hand entgegen.

Es war gleichgültig. Also ging er mit ihr und verließ das Theater.

Rückkehr

Serethrun kehrte am nächsten Morgen nach Shelt zurück.

Schon auf den weiten Hängen im Westen der Stadt trug ihm der Wind ihre Gerüche entgegen: Kochdüfte, Holzfeuer, stinkende Kanäle und salzige Seeluft. Als er näher am, konnte er Shelt auch hören: Marktschreier, Straßenhändler, das Poltern von Karren und Wagen. Wie seine Sinne sich mit den Geräuschen und Gerüchen der Stadt füllten, wußte er, daß er wieder zu ihnen gehörte. Den *Mereths*! Den Stadtbewohnern. Er war zwischen den beiden Lebensweisen hin und her gerissen und wußte nicht mehr, welche ihm lieber war.

Seine Rückkehr zu den Eloiern hatte ihm eine Erkenntnis gebracht. Sie waren nicht so, wie er sie in Erinnerung gehabt hatte.

Ein harter, drei Tage währender Ritt von Shelt westwärts hatte ihn an den Rand des Barentwaldes gebracht. Er hatte eine gute Wahl getroffen: Die Pferde waren seiner braunen Stute ohne Zaudern gefolgt. Die schwarz-braune Herde brauste wie eine Flutwelle über die Ebene.

Am Abend des dritten Tages hatte Serethrun am Waldrand angehalten und sich vom Rücken des Pferdes geschwungen. Die Stute stampfte und schüttelte die Mähne. Abwesend streichelte er den Nacken des Hengstes. »Ruhig, meine Liebe«, sagte er sanft. »Warte hier, es passiert dir nichts ...«

Die Eloier mußten irgendwo hier sein. Seit ihnen die Pferde geraubt worden waren, brauchten sie den Wald, sein Holz, seine Beeren und Nüsse, um zu überleben. Sie lebten im Schutz riesiger Bäume, verborgen durch dichtes Unterholz. Hier im Wald zogen sie durch niemandes Land. In den weiten Prärien konnten sie sich ohne Pferde nicht mehr aufhalten.

Keiner fand sie je im Wald, aber es suchte sie ja auch kaum jemand. Die Stadtbewohner interessierten sich nicht für die Eloier, sie hatten andere Sorgen. Es würde sich nicht einmal lohnen, sie zu überfallen, denn sie besaßen nichts von Wert.

Uralte Bäume trennten den Wald von der Prärie; eine Reihe Eichen, Buchen und Eschen hoben sich hoch aus einem dichten Dorngestrüpp.

Serethrun war überzeugt, daß er sie finden würde, daß er immer noch genug Eloier war, die Spuren zu erkennen und ihnen zu folgen. Aber er brauchte dazu viel länger, als er erwartet hatte. Schließlich fanden sie ihn.

Bei Anbruch der Nacht wand er sich durch Dornengestrüpp, watete durch reißende Bäche, folgte den Wildpfaden. Die Eloier benutzten nie andere Wege. Es war ein klarer, heller Abend. Durch das Netz der Äste waren der silbrige Halbmond und zahlreiche Sterne zu sehen.

Es war sehr still im Wald. Der Gedanke zu rufen kam ihm

gar nicht in den Sinn, denn nichts würde mehr darauf hinweisen, daß er kein echter Eloier mehr war. Er achtete darauf, Zweige lautlos zur Seite zu schieben, und wich den Schößlingen aus, die aus dem Morast wuchsen. Wir wandern still durch den Wald, erinnerte er sich, und die Ahnungslosen wissen nichts von uns ...

Bei einer Buche blieb er stehen und stützte die Hand an ihren Stamm. In diesem Augenblick der Stille wurde ihm bewußt, daß er nicht mehr allein war. Er drehte weder den Kopf, noch machte er sonst eine Bewegung. So leise wie ein Blatt auf den Boden fällt, hauchte er ein paar Worte:

»Seid gegrüßt, meine Freunde ...«

Das Rascheln von Laub verriet ihr Lachen. Er konnte sie jetzt sehen. Sie standen so still wie er zwischen den Bäumen, ihre Kleidung in gedämpften, gesprenkelten Farben, Grautöne im Mondschein. Ihre Gesichter waren mit Holzfarben bemalt, ihr Haar mit Blättern und Gräsern durchflochten.

Sie waren unbeschreiblich fremdartig, eine andere Spezies, eine andere Rasse. Serethrun sah, daß dunkle Mandelaugen ihn abfällig beobachteten.

»Irian?« Er konnte sie in der Düsternis nicht finden. »Irian, ich muß mit dir reden.«

»Du kommst, um mir den Tod von Renferell Maryn mitzuteilen.« Ihre Stimme war kalt und abweisend. Sie trat zwischen zwei jungen Buchen hervor, und er sah, daß sie sehr dünn und knochig war wie ein junger Vogel.

»Nein. Dir das zu sagen wäre unnötig, du weißt es bestimmt schon. Ich habe nicht vergessen, wie es ist, eloisch zu sein.« Er hielt inne. »Nein, es geht um etwas anderes. Ich habe ein Geschenk für euch alle mitgebracht.«

»Wir brauchen nichts von dir.«

»Nein?« Er schaute sich um und ließ den Blick flüchtig auf einzelnen haften. Er vermochte sie jetzt alle zu sehen, seine Augen hatten sich angepaßt. Einige saßen hoch oben in den Bäumen, andere hatten sich an einen liegenden Stamm gelehnt.

Am entfernten Ufer eines Baches stützte sich Brianne auf

einen Ellbogen und betrachtete Serethrun nachdenklich. Sie und Jerr Morrelow lagen eng umschlungen und halb verborgen unter einem Laubhaufen. Während ihr Blick noch auf Serethrun ruhte, sagte sie etwas zu Jerr. Er lächelte und begegnete Serethruns Augen, während er lässig Briannes schmale schmutzigen Schultern streichelte. Er schwieg.

»Was ist aus euch geworden?« fragte Serethrun. »Seid ihr wahrlich Waldbewohner geworden; habt ihr vergessen, was ihr seid?«

»Es sieht – nur – so aus«, entgegnete Jerr Morrelow gedehnt. »Könnte es sein, daß du es vergessen hast? Die Stadt hat dir den Blick getrübt und dein Gedächtnis. Wir waren immer so ...« Er löste sich von Brianne und stand auf.

»Im Norden waren wir nicht so. Wir ritten über die Prärie, durch die Tundra. Das Leben war anders, härter und wilder ...« Er wurde sich nicht klar, was schiefgegangen war, weshalb sie so anders waren.

»Aber dieses Leben ist vorbei«, sagte Brianne.

Irian beobachtete ihn stumm, wartete darauf, daß er weitersprach.

»Ich habe Pferde mitgebracht. Genug für uns alle. Wir können wieder reiten ...«

»Welchen Preis müssen wir dafür bezahlen, Serethrun?« fragte Irian ruhig.

»Eine Schlacht. Einen Kampf, um die Seelords von Shelt zu stürzen. Es ist eine gute Sache.« Er hörte ein widersprüchliches Murmeln unter den Eloiern.

»Eine *Mereth* Sache. Sie geht uns nichts an.«

»Die Pferde, die ich mitbrachte, gehören der Burggarde. Es sind Merethtiere. Lehnt ihr es ab, auf ihnen zu reiten?«

»Wir brauchen sie nicht.«

Das war schlimmer, als er erwartet hatte. Er suchte nach Argumenten.

»Dann wollt ihr also hierbleiben? Euch verkriechen wie die Füchse, wollt Sonne und Schnee vergessen ...«

»Es gibt hier Sonne und Schnee, Serethrun.« Irian kam auf ihn zu. Er sah, daß sie noch schwarz bemalt war. Sprach sie in Trance?

Ihre Augen waren ruhig, aber sie blickten ins Leere. »Nein, Merethbruder, du hast dich verändert. Liegt es an der Stadt? Oder ist es etwas anderes?« Ein langer Seufzer, ihre Augen wurden weit mit geheimen Visionen. »Vielleicht bist du nicht mehr frei, armer Serethrun, armer verlorener Bruder, und es hat nichts mit der Stadt zu tun. Ein doppelter Zauber hält dich ...«

»Hör mir zu, Irian!« Er wollte ihr Mitleid nicht und achtete kaum auf ihre Worte. Er legte die Hände auf ihre Schultern, sofort wurden ihre Augen klar. Sie seufzte, da wußte er, daß sie zurück war. »Wir können frei sein, wir können den Wald verlassen, überall hingehen, durch die weite Welt streifen, wenn wir wollen!« Er hob die Stimme, damit ihn alle hören konnten.

»Warum müßt ihr in der Dunkelheit des Waldes leben? Habt ihr den freien Himmel vergessen, die Farben des Sonnenuntergangs am weiten Horizont? Wie haltet ihr es in dieser Enge aus?«

Sie schwiegen nun, beobachteten ihn, erinnerten sich an den Wind in den Haaren, die Weite, die Freiheit ...

»Du sprachst von einer Schlacht«, sagte Irian nachdenklich. »Es würde Leben kosten ...«

»Wir würden unsere Freiheit zurückgewinnen!«

»Und du hast uns Pferde gebracht? Genügend?« Lara Valde, Archon der Eloier, stand neben ihm. Er hatte sie nicht kommen gehört.

Eine andere Stimme vom hohen Bachufer hinter ihm: Enthor, sein alter Freund.

»Mehr als genug! Es gibt jetzt bestimmt nur noch wenige Pferde in Shelt!«

Enthor rannte das Ufer herunter, das Laub wirbelte in einer Wolke um ihn auf.

»Serethrun, du bist wahrhaftig zu uns zurückgekehrt!« Enthor faßte Serethrun bei der Hand und zog ihn in der traditionellen, liebevollen Umarmung der Eloier an sich. »Ein herzliches Willkommen unserem lieben Bruder!«

Jerr schloß sich ihnen an. Seine Augen glitzerten. »Wir wollen nichts überstürzen. Wir könnten die Pferde einfach nehmen und losreiten. Es ist nicht nötig, daß wir bei einem Merethkampf mitmachen ...« Ein aufgeregtes Murmeln breitete sich unter den Wartenden auf.

»Und wir würden verfolgt werden, gehetzt, gefangen und gedemütigt. Aufs neue. Nein, die Seelords müssen abgesetzt werden. Und ich für meine Person will daran teilhaben ...« Auf das war Serethrun vorbereitet.

Jerr lächelte beifällig. »Natürlich, Rache ist süß. Ich möchte mir die Gelegenheit auch nicht entgehen lassen, sie auf ein paar Dinge aufmerksam zu machen, die ich ihnen nicht verzeihe ...«

Schließlich hatten sie ihn akzeptiert – und seinen Vorschlag angenommen. Als sie die Pferde gesehen hatten, wie ihm bewußt wurde. Die Tiere hatten die halbbegrabenen Erinnerungen der Eloier wachgerufen, Erinnerungen an Grenzenlosigkeit und Geschwindigkeit.

Serethrun war geblieben, sie hatten ihr Essen mit ihm geteilt und er hatte eine Zeitlang mit ihnen im Wald gelebt, während sie geplant und Entscheidungen gefällt hatten.

Er erzählte ihnen fast alles, was er erlebt hatte, alles, was sich in Shelt tat. Seine Schwester Irian beobachtete ihn, sagte jedoch wenig.

Erst später, auf dem Rückweg nach Shelt, erinnerte er sich an ihre seltsamen Worte. Ein doppelter Zauber. Er wußte nicht, was sie meinte.

Es spielte keine Rolle. Sie würden alle kommen. Sie würden bereit sein, mit ihren neuen Pferden, bereit für die Schlacht, die Seelords zu stürzen, die Macht zu stürzen, die sie so gedemütigt hatte.

Mittelson hatte keine Ahnung, welche Kräfte sich entladen würden.

Serethrun mischte sich unter die Bauern von den südlichen Höfen, die mit ihren Produkten zur Stadt kamen, und begab sich mit tief ins Gesicht gezogener Kapuze in die vollen Straßen.

Er wußte nicht, ob er erkannt werden würde, ob das

Pamphlet mit seinem Bild noch im Umlauf war. Aber alle trugen Kapuzen bei diesem Regen, der nicht aufhören wollte. Der Wind zerrte an triefenden Umhängen, und Serethrun sah niemanden, den er kannte.

Er wollte zum Hafenviertel, zu den Hütten und Elendsunterkünften, wo die von der Gesellschaft Vergessenen hausten. Es gab dort Personen, denen er traute, Bekannte, die ihm sagen konnten, wo er Mittelson, Felicia und Rosco finden würde.

Aber die Hütten und notdürftigen Unterkünfte gab es nicht mehr. Statt dessen spülte braunes, übelriechendes Wasser durch die Straßen, die er gekannt hatte, Unrat schwamm und verrottete auf der öligen Oberfläche. Das Wasser breitete sich in der Stadt aus, verwüstete den Menschen, die immer von der See gelebt hatten, das Zuhause.

Serethrun mied die überschwemmten Straßen und folgte den engen Gassen zum Hafen. Er sah hin und wieder ein bekanntes Gesicht, aber er wagte es nicht, jemandem zu trauen. Obwohl es bereits Vormittag war, brannten überall Laternen, denn der tiefhängende Himmel war grau und die Wolken regenschwer.

Wohin er schaute, Soldaten, deren rote Umhänge sich in dem dämmrigen Licht deutlich abhoben. Sie trieben die Leute auseinander, die sich in kleinen Gruppen an jeder Ecke, in jeder Schenke zusammengefunden hatten. Er sah, wie die Männer nach Waffen durchsucht wurden, wie sie Ausweise vorzeigen mußten. Er bemühte sich, den Soldaten nicht aufzufallen, ging gebückt, schlurfte dahin, scheinbar ziellos, wie viele andere auch.

Er war nur wenige Wochen fortgewesen, aber alles hatte sich verändert. Nun, da die Erinnerung an sein Leben als Eloier frisch in ihm war, da er noch vor wenigen Stunden mit dem Wind um die Wette geritten war, erschien ihm die Stadt als ein unnatürlicher stinkender Ort hemmender Mauern und blasser, schwerfälliger Menschen. Grau und schmutzig umgab sie ihn, und fast vergaß er, weshalb er hier war.

Der Hafen war kaum noch zu erkennen: ein großer See schmutzigen Meerwassers, das sich gegen die Häuser warf und in dem die Boote wie Spielzeugschiffchen schaukelten und durch ihre Vertäuung an einem Ende unter die Fluten gezogen wurden. Mehrere hatten sich losgerissen und waren zerschmettert worden, wovon treibende Holzteile kündeten.

»Unseren Freunden, den Seelords, wächst die Arbeit wohl über den Kopf«, ertönte eine kühle Stimme hinter Serethrun.

Mittelson. Er drehte sich zu ihm um, ohne die Hände aus den Hosentaschen zu nehmen.

»Hallo, Olwyn, was ist hier passiert?«

»Sei gegrüßt, Serethrun Maryn.« Die blassen Augen glommen flüchtig. »Sieh selbst! Die Seelords kümmern sich nicht mehr um die Kontrolle des Wetters.« Er wartete.

»Sie sind hier«, sagte Serethrun übergangslos. »Alle Eloier. Zehn Meilen östlich von hier. Sie sind bereit und warten.«

»Fein. Gut gemacht, Serethrun.« Olwyn Mittelson drehte sich um und ging in die Stadt zurück, und Serethrun folgte ihm in einigem Abstand.

Ich hoffe, du weißt, was du tust, dachte Serethrun. Und obwohl es regnete und schreckliche Zustände in Shelt herrschten, war er froh, wieder zurück zu sein. Hier gab es ein Ziel. Und Felicia natürlich. Er freute sich, sie wiederzusehen.

Doch zuerst stieß er auf Kester Robart, der ruhelos in einem engen Zimmer über einer Stallung im besseren Viertel der Stadt hin und her stapfte. Serethrun beobachtete ihn einen Augenblick unbemerkt. Mittelson hatte ihm von Kesters Befreiung und dem Grund dafür erzählt.

Er mochte Kester Robart nicht.

Robart war einer der Männer gewesen, deren Freundschaft Serethrun sich einst gewünscht hatte. In seiner ersten Zeit in der Kaserne, als er sich darum bemühte, von den anderen Gardisten als Kamerad anerkannt zu werden, hatte sich Kester Robart als beachtliche Barriere erwiesen.

Nicht, weil er unfreundlich gewesen war oder rücksichtslos oder sich über ihn lustig gemacht hatte, wie viele andere. Nein, sondern weil er ihn überhaupt nicht beachtete. Er hatte sich mit seinen eigenen Freunden amüsiert, war der Beste in allen Übungen gewesen, hatte Freunde in der Burgverwaltung. Es gab zahllose Frauen, die ihn anhimmelten.

Er war hochgewachsen, gut gebaut, hatte hellbraunes, gewelltes Haar. Er bewegte sich selbstsicher, mit einer bewußten, fast sinnlichen Lässigkeit. Er sprach bedächtig, lakonisch. Seine haselnußbraunen Augen waren immer gleichmütig über Serethrun hinweggeglitten, hatten nie innegehalten, nie Notiz von ihm genommen. Und deshalb hatte sich lange Zeit niemand die Mühe gemacht, festzustellen, wer Serethrun Maryn war und was er für ein Freund sein könnte.

Diesmal jedoch hielt Kester mitten im Schritt an und musterte Serethrun interessiert.

»Na, so etwas«, sagte er ruhig. »Strandräuber Maryn höchstpersönlich!«

Serethruns erster Gedanke war, das Zimmer zu verlassen, Shelt zu verlassen, aus allem auszusteigen und zu den Eloiern zurückzukehren. Aber ihm entging nicht, daß der Mann sich schwerfällig bewegte, da erinnerte er sich an Mittelsons Worte. Ausgepeitscht. Schwerverletzt. Nur um Haaresbreite bleibender Verkrüppelung entgangen. Und das alles hatte er wegen Annis und Felicia durchgemacht.

»Ich bin kein Strandräuber«, entgegnete er ebenso ruhig. »Man hat mich hereingelegt.«

»Tatsächlich?«

Serethrun schwieg und schenkte sich eine Tasse Kaffee aus dem Topf am Herd in der Ecke ein. Seine Stiefelsohlen ließen feuchte Flecken auf den groben Dielen zurück. Seine Kleidung begann zu dampfen.

»Ich habe einen weiten Weg hinter mir«, sagte er. »Erzähl mir das Neueste.« Wo blieb Mittelson? Er hatte angenommen, daß er ihm folgen würde. Und was war mit Rosco? Den Frauen?

Er hörte, wie unten eine Tür zuschlug. Aus dem Fenster sah er Mittelson in den Regen hinausgehen.

»Was hast du mit diesen Leuten zu tun?« Kester Robart war stehengeblieben und stützte eine Hüfte auf die Kante des einfachen Tisches am Fenster. In seinen Augen war ein verächtlicher Ausdruck.

»Vermutlich dasselbe wie du.« Serethrun trank den Kaffee und würgte fast, so bitter war er. »*Mich* hat die falsche Beschuldigung meinen Posten gekostet, und bei *dir* war es die Beziehung zu Annis. Wir sind beide nicht gerecht behandelt worden.«

»Glaubst du, du wirst Gerechtigkeit von Mittelson bekommen? Von Rosco?« Es war unmöglich zu erkennen, worauf Robart hinaus wollte, denn seine Stimme war kühl, gleichmütig und distanziert.

»Es gab keine Gerechtigkeit in der Burg.« Serethrun starrte düster auf den dampfenden Kaffee in seiner Tasse. »Und sie waren dabei, Felicia umzubringen.

»Oder sie zu heilen ... O Lady, du hättest hören müssen, wie sie vergangene Nacht schrie!«

»Was?« Serethruns Kopf ruckte hoch.

»Die Königin der Alpträume, unsere Lady Felicia. Ich glaube nicht, daß Mittelson ihr sehr hilft.«

»Gawne war schlimmer ...«

»Und was hältst du davon?« Robart zog ein Bündel auffallender Kleidung aus einem Schränkchen.

Ein scharlachroter Umhang der Garde.

»Dein Umhang.« Serethrun starrte ihn verständnislos an.

»Nein. Weder meiner noch deiner.« Einen Moment lang herrschte absolute Sille in dem kleinen, staubigen Zimmer. »Serethrun ... Ich war bei der Anhörung. Mit Niall, erinnerst du dich? Ich hörte deine Geschichte und die Lambards. Ihr habt beide die Wahrheit gesagt.«

»Nein. Lambard hat gelogen. Er muß gelogen haben!«

»Vielleicht ist ein anderer, der nur wie Lambard ausgesehen hat, in jener Nacht auf der Klippe an dir vorbeigeritten. Ein großer Mann mit glattem blonden Haar, in einem roten Umhang, ein Mann, der dir etwas anhängen wollte. Hast du denn nie Rosco verdächtigt?«

»*Rosco?* Warum? Was hätte er für einen Grund?« Es war undenkbar.

»Sie brauchten dich. Überleg doch, Maryn. Ein Nomade, einer der Eloier! Jemand, der mit fragwürdigen Kräften vertraut ist, mit einer ungewöhnlichen Lebensweise. Welch ein Fang für Aufrührer! Ein Eloier, der sich in der Burg auskennt, auf den Klippen! Ein Reiter. Einer, dessen Wort nicht viel galt! Sie haben dich benutzt, Mann! Ein verrückter Magier und ein Haufen Fischer. Armseliges Gesindel. Zauber, Spiralen, Verrat, die Lady weiß was noch. Sie haben deine unsicheren Verhältnisse ausgenützt ...«

Im Nebenzimmer krachte ein Fenster gegen die Wand. Felicia schrie schrill vor Panik: »Annis! Olwyn!«

Serethrun und Kester rannten in ihr Zimmer. Kester griff nach dem wild schwingenden Fenster, Serethrun nach Felicias Händen.

»Felicia! Lady Felicia, was ist los?«

Endlich war das Fenster wieder verriegelt, und Robart drehte sich zu ihnen um.

»Wieder Alpträume, Lady?«

»Ich schlief nicht ...« Sie richtete sich auf, entzog Serethrun die Hände und strich sich das Haar aus dem Gesicht. »Serethrun! Ihr wart so lange weg! Wo seid Ihr gewesen?«

Er vermeinte, Freude in ihrem Gesicht zu lesen, aber sie wandte es rasch ab und schaute zur Tür. »Wo ist Olwyn? Ich muß mit ihm reden!«

Serethrun blickte Kester an, der mit den Schultern zuckte. »Was ist passiert, Lady Felicia? Was hat Euch so erschreckt? Es war nur der Wind, der das Fenster gegen die Wand schmetterte.«

»Ein Sturm ...« Ihre Stimme war nur ein Wispern. »Ihr – beide wart bei der Küstenwache, nicht wahr? Wann fängt die hohe Frühjahrsflut an?«

Serethrun blickte von ihr zum Fenster. Zwischen den regenglänzenden Dächern konnte er die Wirbel braunen Wassers unten am Hafen sehen, wo Kopfsteinpflaster sein sollte.

»Bald«, sagte er schließlich bedächtig. »Und der Schnee auf dem Hochmoor hat erst angefangen zu schmelzen. Es wird schlimm werden für Shelt.«

Doch keiner bemerkte, daß jetzt mehr als Besorgnis Felicias Gesicht zeichnete. Die Panik, die tief in ihr steckte, war eine wilde, vernichtende Gewalt.

»Wo ist Olwyn?« fragte sie erneut, und ihre Stimme war in dem tobenden Sturm kaum zu hören.

Mittelson kam Minuten später, ehe Serethrun und Kester eine Gelegenheit hatten, ihr aufwühlendes Gespräch fortzusetzen. Er trug einen Stapel Pamphlete.

»Da, Felicia, wie gefällt Euch Euer Werk?«

Die Schlangengestalt Ladons in leuchtender Farbe vor schwarzem Hintergrund stierte ihr entgegen.

DER VERBÜNDETE DER SEELORDS war die Überschrift. Der Text auf der Rückseite war simpel und eindringlich.

Der Drache Ladon herrscht über unsere See. Er stiehlt uns den Fisch, den Lebensunterhalt und die Kraft. Er gibt den Seelords die Macht zu heilen und das Leben zu verlängern, dafür verlangt er das Alleinrecht auf die See. Wegen dieses ruchlosen Bündnisses wurden wir enteignet und entmündigt. Damit die Seelords profitieren.

Damit die Seelords ewig leben.

Bei der Frühjahrsflut wird uns allen die Macht des Drachen klarwerden. Aber wir sind nicht allein. Lady Astret ist mit uns. Ihr Wille gibt uns allen Kraft.

Die Göttin wird siegen!

Und auf der unteren Hälfte war Felicias Gesicht zusammen mit Jolin Rosco in einem Muster aus Linien und Spiralen abgebildet.

Das hatte sie nicht gezeichnet. Sie blickte zu Mittelson auf.

»Das ist sinnlos«, sagte sie müde und deutete auf die zwei Gesichter. »Dafür wird keine Zeit bleiben.«

»Vertraut mir, Felicia.« Er war nicht sehr anziehend mit seinem schmalen Gesicht und den langen fettigen Strähnen, aber seine Stimme war absolut überzeugend.

Serethrun hatte nach dem Pamphlet gegriffen und drehte es jetzt in den Händen. Dann holte er aus seiner Hosentasche ein anderes, zerrissenes und zerknittertes Blatt Papier hervor. Die Skizze seines eigenen Gesichts, unter dem stand: *Strandräuber Maryn*. Die Verleumdungen, die sein Leben ruiniert hatten. Alles war gleich: das Schriftbild, das Papier, die Formulierung, die Grammatik – alles!

Wortlos legte er die beiden Pamphlete vor Felicia auf das Bett. Dann blickte er auf.

»Dir vertrauen, Mittelson? Lieber verrecke ich!«

Seine Stimme war eisig, sein Gesicht bleich vor Zorn. Plötzlich wich er zurück und zog seine Klinge, bereit, den dünnen Mann zu durchbohren.

»Wenn du wissen willst, ob das eine abgekartete Sache war, dann ist die Antwort ja«, sagte Mittelson ungerührt. »Ob wir dich hereingelegt, dich um deinen Posten gebracht, dich in Verschwörungen verwickelt haben, dann ist die Antwort ebenfalls ja. Wir brauchten dich verwundbar, wütend und ausgestoßen.«

»Ihr dreimal verdammten ...!« Er war nahe daran, zuzustoßen, aber die sanfte Stimme fuhr fort.

»Es gab keine andere Möglichkeit, Felicia zu retten. Ich sah – ich wußte, daß das Schiff aus Edin auf die Felsen laufen würde. Es gibt einen Verräter in der Burg. Er ist kein Freund von uns, Torold und Javon. Lammon heißt er, ein erst kürzlich ernannter Seelord. Es war sein Sturm, der in jener Nacht tobte, sein Plan, Javons Erbin umzubringen. Jemand mußte dort sein, um Felicia zu retten. Jemand, der die mittlere Streife, den Klippenpfad, ritt.«

»Wir zogen Strohhalme. Es war reiner Zufall!« Das war einfach unglaublich, unvorstellbar!

»Ich war es, der die Halme hielt.« Eine neue Stimme, ebenso ruhig. »Und als du die Südroute gezogen hast, meinte ich, wenn du dich erinnerst, daß es eine schlechte Nacht für die Alten und Einsamen sei. Daraufhin hast du Lambard Bowen gebeten, mit dir zu tauschen.« Der Flötenspieler Vere Holtby, der an jenem Nachmittag in der Kaserne für sie gespielt hatte! Er stand jetzt mit Rosco an der Tür.

»Warum ich?« fragte Serethrun gepreßt. »Warum habt ihr mich ausgewählt?« Aber er kannte die Antwort bereits während er sprach. Kester hatte es ihm gesagt. Jemand, der Verbindung zu den Nomaden hatte; jemand, der sowohl mit der

Burg wie mit den Klippen vertraut war; jemand, der sich mit Pferden auskannte; jemand, den man leicht anschwärzen und benutzen konnte. Ein Eloier!

Er zwang sich, den Blick von dem Magier zu nehmen, und wandte sich Rosco zu, der sich an die Tür lehnte.

»Warst *du* das auf der Klippe in jener Nacht?«

»Ja.«

»Warum habt ihr es mir nie gesagt?«

»Du hast nicht gefragt.«

»Hört auf!« Felicias Stimme scnnitt durch all den Zorn und Groll. »Hört auf, alle! Serethrun, ohne Euch wäre ich *tot*! Zweimal habt Ihr mir das Leben gerettet ...«

»Und im *Fischernetz* habt ihr Spiralen benutzt ...«, fuhr Serethrun fort, ohne auf ihre Worte zu achten.

Niemand leugnete es.

»Ein Zaubertrick. Mehr war es nicht.«

Stille. Dann schob Serethrun die Männer an der Tür zur Seite, rannte die Treppe hinunter und hinaus auf die regennasse Straße.

»Wohin geht er?« fragte Felicia erschrocken.

»Zu den Eloiern, um sie wegzuschicken, nehme ich an«, antwortete Mittelson ungerührt.

»Dann halte ich ihn wohl besser auf.« Rosco stürmte aus dem Zimmer.

Als die Haustür zuknallte und die Schritte nicht mehr zu hören waren, blickte Mittelson Kester Robart an, der stumm am Fenster stand.

»Das war gute Arbeit, in der Tat. Ein kleiner Dank dafür, daß wir dich befreit haben.«

»Ich wäre nie im Verlies gelandet, wenn ihr Lady Felicia nicht entführt hättet.«

»Sie hätte in der Burg nicht überlebt. Nicht mit Lammon als Seelord.«

»Es ist alles meinetwegen, nicht wahr?« sagte Felicia leise, und keiner bemerkte den Ausdruck ihrer Augen. »Kester, ich wäre gestorben, wenn sie mich dort gelassen hätten! Olwyn hat recht!«

»Und ist Eure Lage jetzt so viel besser?«

Da sagte sie nichts mehr. Sie sah müde aus, deshalb ließen sie sie allein.

Nicht viel besser. Denn die Frühjahrsflut stieg, und der Drache wartete.

In der Tiefe

Alle Wege führten in Smintha zu einem Ort. Alle Straßen, Gassen, Promenaden und Häuserzeilen Sminthas führten mehr oder weniger regelmäßig von einem zentralen Punkt strahlenförmig nach außen. Dieser Mittelpunkt war der Tempel des Lycias und erstreckte sich viele Stockwerke tief ins Innere der Erde. Das bedeutete, daß alle Wege auch in die Tiefe führten. Man könnte sagen, daß alles in Smintha zum Zentrum strebte.

Alle Lebenslinien laufen in eine Richtung.

Die Häuser von Smintha hatten Keller, die öffentlichen Gebäude ihre Gewölbe und Verliese. Doch unter diesen Häusern waren Treppen und Brunnen und Schächte und Leitern, Tunnels und Gänge und Höhlen: eine ganze unterirdische Stadt. Nur ein kleiner Teil Sminthas lag unter der Glut der Sonne ausgebreitet. Entfernung wurde nicht nur in Länge, sondern auch Tiefe gemessen.

Im sechsten Stockwerk, wie sie es nannten, lagerte Getreide, wurden Gewürze getrocknet, reifte der Wein in großen Fässern. Das alles war noch da, aber es gab niemanden mehr, der sich daran hätte gütlich tun können.

Viertes Stockwerk. Die Galerien. Tausend Statuen, viele hundert Bilder und Porträts. Szenen aus dem Leben und der Phantasie, deren Farben hier vor der Sonne geschützt waren. Blasse Aquarelle weckten Erinnerungen an eine lebendigere Welt. Und Puzzles und Spielzeug, ausgestopfte Tiere und Tafeln mit aufgespießten Schmetterlingen. Mechanische Puppen und Zerrspiegel, Musikautomaten und Orgeln. Staubwolken hüllten alles ein.

Das Licht gelangte über ein Spiegelsystem in den Brunnenschächten in die Korridore. Aber auch von den Wänden selbst ging ein schwaches Leuchten aus, das von Sekreten der großen Echsen herrührte, welche ursprünglich die Gänge schufen, aus denen die Katakombenstadt der Stiegen wurde.

In einem anderen Stockwerk wohnten die Diener in einer eigenen kleinen Welt von dicht gedrängten Häusern, schmalen Gassen, Schenken und Märkten.

Weiter oben waren die vornehmeren Wohnstätten mit gewölbten Decken und marmorverkleideten Hallen, in denen die Reichen lebten. Die kühlen großen Räume hallten verlassen.

Im ersten Stockwerk, direkt unter den sonnenheißen Tempeln, wohnten die Priester. Die Wüstenstadt Smintha war eine Scheinstadt. Wir leben hier, sagten ihre Bürger, zur Ehre des Sonnengottes. Wir wandeln im Licht seiner Liebe und verehren sein strahlendes Gesicht …

Aber es war zu schwierig. Zu hart und zu heiß. Nach und nach erforschten sie die Höhlen unter dem Sand. Sie entdeckten Hallen und Gänge, kühle Quellen und Bäche, eine natürliche Stadt, in die sie nur einzuziehen brauchten. Erleichtert zogen sie sich unter die Erde zurück.

Am tiefsten Grund sind die Tore verschlossen.

Alle Wege führen zu einem Ort, alle Stiegen erreichen das Zentrum. Alles Leben hat nur ein Ende.

Zwei Menschen standen auf der weiten Wendeltreppe und blickten hinab auf ein von schmiedeeisernen Gittern umschlossenen Vorplatz. Das Gitterwerk war ein Ausläufer der kunstvollen Treppenkonstruktion und umgab den leeren Platz wie einen Käfig.

Gegenüber der Treppe bildete das kunstvolle Gitterwerk zwei Tore von der Form der Flügel eines Vogels. Alles außerhalb des schmiedeeisernen Käfigs lag im Halbdunkel.

In dem Rest von Licht, der nach der Reise über all die Spiegel durch all die leuchtenden Schächte noch übrig war, hätte man die beiden reglosen Gestalten auf der Treppe für Statuen halten können. Doch die Falten ihrer Gewänder waren in steter Bewegung wie unter einem unsichtbaren Wind. Die Frau hatte eine Hand leicht auf die Schulter des Mannes gelegt. Sie zitterte und ihr Atem kam rasch.

Es war die einzige Bewegung. Nichts deutete darauf hin, daß sich die Welt um ihre Achse drehte, daß Zeit verging, daß Tag und Nacht aufeinanderfolgten und der Sommer dem Winter. Gewaltig war das Gewicht über ihnen, Stockwerk um Stockwerk, Häuser und Straßen und Sand, und über allem die grimmig herabbrennende Sonne. Aber hier war es beinahe möglich, die Sonne zu vergessen, so tief unter der Erde waren sie.

Und dennoch flatterten die Falten ihrer Seidengewänder in einem leichten Wind.

Sie hatten ihre Fackel in eine Halterung an der Wand des Treppenschachts gesteckt. Sie brannte leise knisternd, es war ein verlorenes Geräusch in der Düsternis. Da war nur noch ein anderer Laut: Imbert Cuperes ununterbrochen murmelnde Stimme. »Herr, beschütze uns, Herr, vergib uns, Herr, beschütze uns …«

Sein monotones Gebet schien unbewußt, eine Art Reflex, zu sein, denn sein Blick war ruhig und konzentriert auf die Düsternis jenseits der Tore gerichtet. Edine schmiegte sich an ihn.

»Wir werden sie dort herausholen müssen.«

»Allerdings … Aber es liegt eine seltsame Schönheit in diesen zerfallenden Träumen, meinst du nicht auch? Erinnerungen wecken so vieles. Ich kann jetzt verstehen, warum Lefevre soviel Zeit hier verbrachte. Wäre es nicht interessant, zu sehen, was geschehen würde, wenn wir sie hier ließen?«

»Du weißt, was geschehen würde. Aber wir haben eine Aufgabe vor uns, und die Zeit bleibt nicht stehen …«

»Du hast ja recht.« Imbert blickte sie an und berührte sanft ihre Wange. »Warte hier«, sagte er.

»Nein.« Sie griff nach seiner Hand. »Laß mich gehen. Sie werden sich von einer Frau weniger bedroht fühlen.«

Einen Moment lang betrachtete er sie, prägte sich jede Linie ihres Gesichtes ein, als fürchte er, es zu vergessen. Dann nickte er. »Sei besonders vorsichtig, mein Liebling ...«

Eleanor Knight und Phinian Blythe standen nebeneinander in einem Blumenfeld in der unheimlichen Stille einer Gruft, und in der Ferne wuchs die Finsternis. Sie blickten in die Düsternis ringsum und versuchten zu begreifen, was geschah. Sie hatten weder den vergitterten Platz noch Imberts und Edines Anwesenheit bemerkt. Das leise Klicken des Schlüssels im Schloß ließ sie herumfahren. Sie sahen Edine in der Ferne in einem Eisenkäfig, dessen Gitterwerk im schwachen, flackernden Licht einer Fackel schimmerte. Sie sah so hilflos wie ein gefangenes Tier aus, aber im nächsten Augenblick stieß sie das schwere Flügeltor auf.

Dann trat sie rasch zurück hinter die Gitter. Selbst aus der Ferne konnten sie an ihren hektischen Bewegungen erkennen, wie beunruhigt sie war.

Phin fröstelte plötzlich. »Wenn sie das Tor für uns geöffnet hat, dann sollten wir sie nicht enttäuschen. Mir gefällt dieser Ort ganz und gar nicht.«

Sie waren von einem Teppich von süßlich duftenden, blaßgelben Blumen mit schmalen, zierlichen Blättern und sternförmigen Blüten umgeben. Es war düster und still.

Es gab nichts wirklich Bedrohliches weit und breit. Und Eleanor mochte Edine nicht. Sie traute ihr nicht. Edine und Imbert hatten sie aus ihrer Welt entführt und Lycias und seiner Rache überlassen. Sie war kein Freund, würde niemals einer sein.

Aber sie konnten nicht hierbleiben. Eleanor wußte nicht, welche Gefahr ihnen drohte, aber sie hatte gelernt, Illusionen zu mißtrauen. Und hier war die Heimstatt von Illusion und Traum und Phantasie. Sie mußten ausbrechen.

Sie blickte Phin an, und er erwiderte ihren Blick mit einem flüchtigen, ermunternden Lächeln. Er nahm ihre Hand, und zusammen schritten sie auf das Tor zu.

Die Blumen hielten sie nicht zurück, nichts verfing sich in ihren Kleidern, nichts behinderte sie. Und doch war es, als ob sie durch einen Sumpf wateten, sich durch ein unsichtbares Dickicht kämpften. Die Blumen wollten sie nicht gehen lassen.

Es war wie eine Erlösung, die Augen von der stillen Düsternis zu wenden und die wartende Frau anzublicken. Sie trat zur Seite, um sie vorbeizulassen, doch Eleanor hatte auf der Schwelle angehalten.

»Edine.« Ihre Stimme war kühl und unfreundlich. Sie entdeckte den Mann hinter Edine auf den Stufen. »Und Imbert. Ihr seid wohl ziemlich viel unterwegs.« Sie drehte sich zu Blythe um. »Die beiden haben mich hergebracht. Ich habe dir von ihnen erzählt. Sie fuhren das Taxi ...«

»Diese Wagen taugen nicht viel. Was ist das doch für eine armselige Welt, Eleanor Knight, in der man mit Maschinen reist!« Edines Stimme klang längst nicht so spöttisch wie die Worte, sie war unsicher, drohte fast zu versagen. Edine hatte Angst, tödliche Angst. Eleanor zog die Brauen hoch.

»In der Wüste wart ihr ganz froh darüber.«

Ein kurzes Schweigen folgte. Eleanor sah, daß Imbert über das endlose Blumenfeld blickte.

»Was wollt ihr von uns? Warum seid ihr hier?« fragte Blythe scharf. Imbert warf ihm einen kurzen Blick zu.

»Macht euch lieber Gedanken darüber, warum *ihr* hier seid.«

»Nichts geschieht zufällig«, sagte Edine. Sie tat einen Schritt auf das Blumenfeld hinaus und griff nach dem Gitter des Tores. Ihr Atem flog. »Ihr müßt diesen Ort schnell verlassen. Glaubt mir. Ihr seid bereits zu lange hier.« Wie Imbert blickte sie an ihnen vorbei auf die Finsternis am Horizont. Eleanor und Blyth wandten sich um und sahen die tiefschwarzen Wolken, die über die dunklen Zypressen auf sie zuwirbelten. Die blaßgelben Blüten waren diesem unheimlichen Geschehen zugewandt. Das ganze Feld wogte sanft, obgleich kein Wind wehte.

Ein feuchter Nebel hing schwer in der Luft, und während sie starrten, wallte er auf sie zu, obgleich kein Lüftchen, kein Hauch sich regte.

Es war ein absolut faszinierender Anblick. Die Schwaden wiegten sich mit solcher Anmut. Der Verstand begann vage Formen zu sehen. Ein Gesicht? Eine Hand? Etwas Vertrautes … Eleanor tat einen Schritt darauf zu, um die wogenden Umrisse deutlicher zu sehen. Sie dachte, sie könnte jemanden entdecken im Herzen des Nebels, jemanden, den sie kannte. Es ließ sie nicht mehr los.

Phin griff nach ihrer Hand und zog sie zurück. Er war in panischer Angst, als er sie anblickte.

»Nein! Keinen Schritt mehr!«

»Phin, was hast du, was ist los?«

»Wenn ich einen Vorschlag machen darf – es wäre besser, wenn ihr dort weggeht …« Imbert hatte die Treppe verlassen und stand jetzt in der Mitte des Vestibüls, und der Lichtschein der Fackel umhüllte ihn.

Sie sahen sein Gesicht. Es war glatt und vollkommen wie das einer Statue. Seine Augen waren klar, eisgrau, sein Haar fiel in weichen wunderschönen Locken. Er stand ruhig da, stolz und mächtig, fast entspannt, aber doch nicht völlig. Er trug ein loses Gewand aus dunkler roter Seide.

Er wirkte wie neugeboren, unschuldig, im flackernden Licht.

»Wo ist dieser Ort? Und wo sind Matthias und Thurstan?« fragte Blythe, ohne seiner Aufforderung Folge zu leisten.

»Matthias wird bald Gelegenheit haben, eine alte Bekanntschaft aufzufrischen«, antwortete Edine ironisch. Imberts Nähe schien ihr die Selbstsicherheit wiedergegeben zu haben. »Und Thurstan Merauld ist auch ziemlich beschäftigt. An eurer Stelle würde ich mir keine Sorgen um die beiden machen …«

»Eine alte Bekanntschaft? Wen meinst du?« Eleanor störte das ironische Lächeln.

Imbert warf einen Blick hinter sich auf die düstere Treppe. Hoch über ihnen stand ein Mann. Er ragte klobig und häßlich über das schmiedeeiserne Geländer. Er war vermutlich die ganze Zeit über dagewesen. Langsam kam er die Stufen herab. Ohne zu zögern, schritt er durch das vergitterte Vestibül zum Tor, als wolle er seinen Mut beweisen. Dort blieb er stehen und musterte sie alle mit einem breiten, unerfreulichen Lächeln. Eleanor erkannte ihn sofort wieder.

Weard. Er begrüßte sie mit einer angedeuteten ironischen Verbeugung. »Erlaubt mir, Euch in Euer Gemach zu geleiten, Lady. Hier wollt Ihr sicher nicht bleiben.« Sie gab keine Antwort. Sie sah, was er in seiner Linken hielt.

Einen Spiralstab.

Imbert und Edine beobachteten sie. Es war etwas Raubtierhaftes in der Starre ihres Blickes.

Eleanor hob das Kinn. »Was wollt ihr?« fragte sie. »Was geht hier vor?«

Sie blickten einander wissend an und lächelten.

»Du wirst schon sehen«, sagte Edine.

Weard führte sie aus dem vergitterten Vestibül, und sie begannen die Wendeltreppe emporzusteigen. Die Düsternis der fremdartigen Blumenlandschaft blieb nach und nach in der Tiefe zurück. Es war ein unerklärlich befreiendes Gefühl. Ein bleiches Schimmern ging von der nackten Erdwand aus. Edine und Imbert schritten mit der Fackel voran.

Ihre Gewänder flatterten noch immer in einem unspürbaren Wind. Und noch immer schien es, daß ein unsichtbarer Strom an ihnen vorbei zum Blumenfeld hinabfloß.

Worte waren in den Stein jeder einzelnen Stufe gemeißelt, eine endlose Zahl an Worten, dicht aneinandergereiht. Weder Eleanor noch Phin kannten diese Schrift.

Die Treppe wand sich viele Stockwerke hinauf in ihrem schmiedeeisernen Gitterwerk. In regelmäßigen Abständen kamen sie an eisernen Toren mit unlesbaren Worten und Zeichen vorbei. Einige waren verschlossen, andere öffneten sich auf Berührung. Edine schritt mit einem Schlüsselbund voran. Während des Weges nach oben schwand nach und nach der Druck der unsichtbaren Abwärtsbewegung, bis er völlig aufhörte.

Auf jedem Stockwerk gab es andere Eisentore und Türen, die aus dem Treppenschacht hinausführten. Phin und Eleanor sahen Straßen und Häuserreihen tief in die Erde hinein führen.

Sie verließen die Treppe an einer breiten Hauptstraße. Eine Gruppe dunkelhäutiger Männer gesellte sich zu ihnen. Sie waren in Lumpen gekleidet und mit Messern bewaffnet. Eleanor erkannte keine Gesichter, aber die Art und Weise war ihr vertraut. Karawanenleute, dachte sie freudlos. Es gab keinen Zweifel mehr: Sie waren Gefangene.

Leere Gänge, verlassene Gebäude. Die Männer waren schweigsam, und Weard war nie gesprächig gewesen. Schließlich hielten Imbert und Edine vor der eleganten Fassade eines Palastes an. Sie standen in einem marmornen Eingang und blickten Eleanor und Blythe mit einer Art klinischem Interesse nach, einer wissenschaftlichen Neugier. Sie sagten nichts, aber ließen den Blick nicht von ihnen, als Weard sie die Straße entlangschob, vorbei an kunstvollen Fassaden und leeren Fenstern.

Weard ging neben ihnen her, begleitet von zwei Wachen. In regelmäßigen Abständen ragten Säulen zur gewölbten Decke empor, an denen gewinkelte Spiegel das schwache Licht reflektierten.

»Wo sind wir hier?« Eleanor fand endlich Worte, um das Schweigen zu brechen. Es fiel ihr schwer, die Situation stumm zu ertragen. Sie war erleichtert, daß sie das unheimliche Blumenfeld und die Wendeltreppe verlassen hatten, aber nun waren sie Weards Gefangene, und Weard hatte einen Spiralstab ...

»Zwei Städte in einer, das ist Smintha«, erklärte Weard bereitwillig. »Der höllische Backofen an der Oberfläche, in dem die Fanatiker zu leben versuchten. Und der Teil hier unten, wo alle anderen vor der Sonne geschützt lebten. Die Stadt ist Lycias geweiht. Das Problem ist, daß niemand die Sonne aushalten konnte. Und das schon vor der Hitzewelle!« Er lachte.

»Wo sind sie alle?« Es war offensichtlich, daß seit längerer Zeit niemand mehr in diesen hallenden Gängen gelebt hatte.

»Das Wasser wurde schlecht. Es gab eine Seuche. Die Überlebenden hatten genug von Smintha. Sie packten zusammen und formierten sich zu einer Karawane. War es nicht so, Krell?«

Der Mann an Eleanors rechter Seite, ein dünner, drahtiger Kerl mit einem Stoffstreifen um die Stirn, brummte zustimmend.

Weard hielt einen Augenblick inne und blickte ihn an. Ein Ausdruck war in seinem Gesicht, den Eleanor nicht zu deuten vermochte.

»Krell«, sagte er ruhig, »warum erzählst du nicht der Lady, was aus der Karawane geworden ist? Ich bin sicher, unser Goldstück kann es kaum erwarten, das zu erfahren.« Er lachte grimmig. »Ich bin auch sicher, daß sie ihre Tage bei der Karawane nicht so rasch vergessen wird, nicht wahr?«

»Die Karawane gibt es nicht mehr«, sagte Krell scheinbar gleichmütig. »Es ist niemand mehr am Leben. Außer uns ...«

»Was ist passiert?« Sie konnte diese Frage nicht unterdrücken.

Das Gesicht des Mannes verlor alle Farbe. Sie sah, wie sich seine Faust um den Dolchgriff schloß. »Besser, Ihr erfahrt es nicht, Lady ...«

Weard lachte auf. »Ja, vielleicht ist es besser. Vielleicht wollt Ihr es lieber selbst herausfinden, Eleanor Knight.« Lachend setzte er seinen Weg fort, und die Wachen schoben Eleanor und Phin wieder vorwärts.

»Wohin bringt ihr uns? Was geht denn Geheimnisvolles vor hier unten?«

Weards dicke Lippen öffneten sich zu einem Lächeln. »Etwas außerordentlich Interessantes. Es ist etwas da unten verborgen, in den Blumen, unter dem Lyciastempel. Habt ihr es nicht bemerkt? Die Priester haben nie jemanden die zweite Treppe betreten lassen, denn sie führt direkt hinab ... Aber jetzt ist keiner mehr da. Keine Priester, keine Soldaten, keine Diener und keine Dirnen. Nur Imbert Cupere und die hübsche Edine ... Imbert interessiert sich für den Ort da unten, das Zentrum, wo sich die Dinge verwandeln, wie es den Anschein hat. Etwas lauert dort ...«

Davon war sie auch überzeugt. Etwas Unbekanntes befand sich tief im Blumenfeld, in den wogenden dunklen Wolken. In der Finsternis, die nach ihnen zu greifen, soviel zu versprechen schien.

Sie wollte nicht darüber nachdenken. »Wer hat das alles geschaffen? Diese großen Tunnels?« Sie durchquerten eine gewaltige Säulenhalle. Die Wände strebten hoch empor und wölbten sich weit über ihnen. Reihen großer, dunkler Fenster starrten auf sie herab.

Weard lachte. »Ihr habt ihre Bekanntschaft schon gemacht, Goldstück. Seid auf ihnen geritten. Die Echsen des Lycias. Sie sind die Baumeister.«

Bei genauerem Hinsehen verrieten die Wände noch da und dort Spuren der mächtigen Klauen. »Und die Säulen?«

»Wurden später von den Bewohnern von Smintha aufgestellt, um das schwache Licht gegen die Wände zu spiegeln. Die Erde ist von Echsenspeichel durchdrungen, der schwach leuchtet. Es war eine Welt in sich mit Läden, Ämtern, Theatern ... Und hier ...«, er hielt vor einem unscheinbaren Gebäude an und stieß die Tür auf, » ... haben sie ihre Gefangenen eingeschlossen.«

Bevor sie noch ganz begriffen, was geschah, hatte er sie durch einen schmalen Gang in einen düsteren Raum geschoben und die Tür hinter ihnen verschlossen.

Matthias

Hoch über dem düsteren Blumenfeld, viele Stockwerke über dieser allerletzten Stätte, stützte Matthias sich auf die weichen Seidenkissen im ehemaligen Haus eines Edlen und wandte das Gesicht Weard zu.

»Wie hast du ihn dir beschafft?«

Es war nicht leicht, sich mit jemandem zu unterhalten, der trunken vor Macht und Siegesbewußtsein war. Matthias konnte nicht sehen, daß sich Weards grobes, schwitzendes Gesicht immer wieder zu dummem Grinsen verzog, es bestürzte ihn schon genug, den hämischen Triumph in seiner Stimme zu hören.

»Das war *einfach*! Und du, Magier Matthias, hast mir

selber gesagt, was ich tun muß. Hältst dein Wort, eh? Lehrst mich deine Magie ...«

Etwas an Weard war anders, aber es hatte nichts mit der Macht des Stabes zu tun.

Weard war immer brutal und skrupellos gewesen, doch jetzt schwang ein Hauch Angst in der lauten, großspurigen Stimme.

»Wie hast du ihn bekommen, Weard? Was mußtest du tun?«

»Die Wüstenrose ... Erinnerst du dich, Matthias? ›Geh und schneid dir einen Stock davon ab‹, hast du gesagt. ›Dazu ist lebendes Holz erforderlich.‹ Ich habe deinen Rat befolgt.«

»Und der Preis dafür?« Das war immer der kritische Punkt.

»Preis? Gar keiner!« Doch unter dem Triumph verbarg sich etwas Schreckliches. Matthias wollte gar nicht mehr wissen – Unwissenheit war eine so große Erleichterung –, aber er hatte keine Wahl.

Er sah allmählich klar. Er wußte, wo er war und wer hier bestimmte. Wenn die Welt auf der Erdoberfläche von Sonne und Mond gelenkt wurde, so stand die Welt unter der Oberfläche einem jeden mit Ehrgeiz und Geschicklichkeit frei zur Verfügung. Magiern. Parid. Die Welt war wie ein leeres Blatt Papier, das darauf wartete, von jemandem beschrieben zu werden.

Wie hatten die Bürger Sminthas fern von ihrem Gott hier gelebt? Was hatte die Leere gefüllt? Eine vage Erinnerung regte sich. Vielleicht war es gar nicht einfach ein leeres Blatt? Hier war noch etwas anderes! Er forschte in seinem Gedächtnis nach den Geheimnissen in Blaises Tagebüchern. Er hatte sie vor langer Zeit auswendig gelernt und sie dann gut vor neugierigen Blicken versteckt. Er hatte das Risiko nicht eingehen wollen, daß ein solches Wissen Unbefugten in die Hände fiel.

Es hatte eine Eintragung über Smintha gegeben, kaum viel mehr denn einen vorsichtigen Hinweis, als hätte Blaise nicht so recht daran geglaubt. Smintha war ein Portal. Smintha stand auf einem der Durchgänge, war eine der letzten Schwellen ...

Sie hatten bereits alle sehr lebensechte, aber irreführenden Halluzinationen gehabt. Amery hatte ihm gezeigt, daß das Blumenfeld von dunklen Zypressen und unfruchtbaren Weiden umgeben war. Eine Nebelwolke wogte in seiner Düsternis ... Davon ging die Faszination aus, der Zauber, der für jene, die es vorzogen, unter der Erdoberfläche zu leben, Sonne und Mond ersetzte.

Das erschütterte ihn tief. Er verstand die Bedeutung eines solchen Ortes nicht ganz, verstand nicht, wie sich die Halluzinationen aus den Gedanken und Erinnerungen der Menschen ergaben, die in diesem Blumenfeld standen.

Aber er erkannte die gewaltige, geheimnisvolle Macht dieses Ortes, die sich ruhelos in seiner Mitte aufhielt. Er spürte ihre tödliche Tätigkeit, roch in ihrer Nebelhaftigkeit etwas Finsteres, Gieriges. War es der Tod? Die letztendliche Auflösung, das Ende eines jeden Pfades, jeden Lebens?

Eines war sicher. Imbert und Edine wußten nicht viel mehr als er über das, was hinter den Toren lag. Sie hielten sich gewöhnlich auf den oberen Stockwerken auf, hatte Weard gesagt, und sahen sich in den Bibliotheken und Werkstätten um.

Wonach suchten sie? fragte sich Matthias. Was hofften sie hier zu finden, wo Sonne und Mond keinen Zugang hatten?

Es gab so viele unbeantwortete Fragen. Weard hatte gesagt, daß Eleanor und Phinian sich in der Nähe in Sicherheit befanden. Sie würden gebraucht werden. Aber er hatte nicht erklärt, wozu. Das war ein weiteres der vielen Rätsel unter Smintha.

Wo Thurstan war, wußte Matthias nicht, und das beunruhigte ihn. Natürlich konnte Thurstan auf sich selbst aufpassen, aber es gab hier zu viele Unbekannte, zu viel Okkultes. Thurstan war ein praktischer Mann, ein Mann der Tat, der keinen Gott anerkannte. Die Stadt der Treppen mit ihren leeren Palästen und das Blumenfeld mit seinen unheimlichen Illusionen mußten unbegreifliche Rätsel für ihn sein.

Dann dachte Matthias an Amery, seine neue, wunderbare

Falkin. Er hatte sie gebeten, ihn zu den anderen zu bringen, woraufhin sie ihn auf einer der breiten, hallenden unterirdischen Straßen zwischen den verblaßten Fassaden prächtiger Paläste absetzte. Doch dann hatte sie ihn verlassen, war durch die leeren Prunkstraßen verschwunden, und Weards Wachen hatten ihn gefunden. Er nahm an, daß sie wiederkommen würde, wenn er sie brauchte, aber er hatte keine Ahnung, wohin sie verschwunden war.

Er konnte auch nicht verstehen, wie Weard in Imberts und Edines Welt paßte und was sie mit ihm vorhatten.

Doch daß Weard jetzt einen Spiralstab besaß, beunruhigte ihn momentan am meisten. Matthias ertappte sich dabei, daß er die Hände um die geschnitzten Sessellehnen verkrampfte.

»Die Wüstenrose würde dir doch nicht einfach einen Stab geben.«

»Ich habe sie gefüttert.« Die ganze Großspurigkeit war verschwunden. Weards Stimme war sehr leise.

»Womit?«

Nach einer langen Pause sagte Weard schließlich: »Ah, Matthias, wenn du nur jetzt das Königreich des Blutes sehen könntest! Du würdest es nicht wiedererkennen. Es ist keine unfruchtbare, trockene Wüste mehr, sondern eine Blumenwildnis. Die Wüstenrose bedeckt bereits viele Meilen und schickt ihre Ranken in alle Richtungen über den trockenen Sand ...«

»Womit hast du sie gefüttert?«

»Mit der Karawane ...« Die Antwort war nicht viel mehr als ein Flüstern. »Ich führte sie in ihre Reichweite. Echsen und alles andere. Nur ein paar Männer behielt ich zurück. Und dann schnitt ich mir einen lebenden Ast ab.«

Er erzählte weiter. Er hatte die Blätter abgestreift und dabei unentwegt die magischen Sprüche aufgesagt. Er hatte das lebende Holz über ein Feuer gehalten, bis es sich qualvoll zur verjüngenden Spirale gedreht hatte, während die Rose jenseits des Rauches Tiere und Menschen in ihre tödliche Umarmung zog. Er hatte die Schreie kaum gehört, sagte er, obwohl sie lange andauerten. Vernommen hatte er das

Rascheln bewegter Blätter, und er hatte auch gesehen, wie Ranken über den Sand schnellten. Aber er war in sicherer Entfernung von ihnen gewesen, und es hatte ihn nicht abgelenkt.

Matthias dachte an die Karawane, an die beklagenswerten Opfer, die erschöpften alten Männer, die sich dahinschleppenden Frauen. Sie waren die letzten Bürger von Smintha gewesen. Ihnen hatte die prächtige Einrichtung gehört, wo er sich jetzt ausruhte, sie waren ihrer Arbeit und ihrem Vergnügen in den vielen Stockwerken nachgegangen. Vielleicht hatten sie gar gewagt, durch das Blumenfeld zu wandeln, sich den treibenden Nebelschwaden auszusetzen ...

Die riesigen Echsen, diese Geschöpfe, deren Vorfahren die gewaltigen Tunnels der Unterwelt ausgehöhlt hatten, lebten nicht mehr. Auch sie hatte die Wüstenrose in ihrer unersättlichen Gier verschlungen.

Und das alles für einen Spiralstab! Matthias fühlte dessen Gegenwart. Er lehnte an der Wand, dicht neben Weard. Doch während seiner für des Magiers ausgebildete Vorstellungskraft Träume hatte formen können, würde dieser Stab nur Alpträume verstärken – und Schlimmeres.

»Und über wen gebietest du nun, Weard?« Matthias bemühte sich, gleichmütig zu klingen.

»Die Stadt der Treppen ist *sehr* interessant«, wich Weard aus.

»Kein Sonnengott zu beschwichtigen? Keine Angst vor der Mondgöttin?«

Auch darauf ging Weard nicht ein.

Matthias versuchte es noch einmal. »Was hast du mit Imbert und Edine zu tun?«

»Wir arbeiten an einem gemeinsamen Projekt, wir Magier.«

Imbert und Weard? Das konnte er sich nicht vorstellen.

»Was für ein Projekt? Was in aller Welt kann dich und Imbert zusammenbringen?«

Weard empfand es nicht als Beleidigung. »Sie kamen nach Smintha, um nach etwas zu suchen, ohne zu wissen wonach. Ich war bereits hier. Wohin hätte ich auch sonst gehen sollen? Ich bin hier zu Hause, die Sminther waren meine Landsleute ...«

»Und trotzdem hast du sie zur Rose geführt?«

»Und einen Stab gefunden. Es war ein fairer Handel. Imbert sagte, daß er das wert war ...«

»Das macht es entschuldbar?«

»O ja! Wenn wir zusammenarbeiten, wird das Projekt ein voller Erfolg. Imbert Cupere besaß nie einen Stab, er ist ja schließlich ein Peraldonier, aber er kennt sich gut aus. Und *ich* habe einen Stab, der so mächtig ist, daß er ganz Smintha in die Luft jagen könnte – wenn ich nur wüßte wie. Imbert wird es mir beibringen. Du warst absolut von keinem Nutzen ... Aber trotzdem brauchen wir deine Hilfe, Matthias.«

»Wozu kann ich euch schon nutzen? Jetzt, wo du deinen Stab hast und Imbert dich anweist, wie du ihn einsetzen kannst? Was bezweckt ihr mit eurer überraschenden Zusammenarbeit?«

Weard lachte. »Eine neue Stasis natürlich. Wir wollen sie errichten, damit wir ewig leben können.«

Matthias schauderte, obwohl es im Zimmer heiß und stikkig war. Er hatte es fast erwartet.

»Der Benu, der Vogel der Zeit, ist frei«, sagte er geduldig. »Es ist unmöglich, ihn wieder einzufangen.«

»Wenn es einmal gelungen ist, wird es auch ein zweites Mal gelingen. Und es gibt eine Macht, die wir einsetzen können ...«

»Wo? Welche Macht?« Doch noch während er fragte, kannte Matthias die Antwort.

Imbert, brillant und skrupellos. Edine, schlau und unbekannt. Weard selbst, ein halb ausgebildeter Magier, gewalttätig und unberechenbar.

Ein Spiralstab. Kein gewöhnlicher Spiralstab, durch lange Jahre fleißigen Studiums erworben, sondern ein Stab aus der Substanz des größten Magiers von allen. Aus der Wüstenrose Lefevres, dem Hohenpriester der Sonne. Aus dem ursprünglichen Baumeister der Stasis. Wille, Vorstellungskraft und Fähigkeit, alles in einem Stück gequälten Holzes eingefangen. Es würde ein Instrument unvorstellbarer Kraft sein.

Weard schwieg, und Matthias wußte, daß er genau beobachtet wurde. Ihm war plötzlich bewußt, weshalb er hier war, weshalb sie ihn getrennt von den anderen festhielten.

Auch er war ein Kraftquell. Er verfügte über das gesammelte Wissen aus Blaises Tagebüchern und noch viel mehr. Der Mann, der es fertigbrachte, das Ende der Stasis herbeizuführen, hatte jenen, die sie wiederherstellen wollten, viel zu bieten.

Ihm wurde übel. Er fragte sich, inwieweit es ihm gelingen würde, sich zu widersetzen: Was würde er aushalten müssen, wenn er nicht mit seinem selbsternannten Schüler zusammenarbeiten wollte?

Da war auch noch etwas anderes. Die Stätte am Ende der Wendeltreppe, am Ende einer jeden Reise ins Innere. Die Pforte befand sich im Zentrum von Smintha. Wenn er recht hatte, so war das düstere Feld der Rand der wahren Unterwelt, das letzte Ziel eines jeden.

Er fragte sich, wie sie es anstellen wollten, die Macht dieses Nebels da unten mit seinen Halluzinationen für sich einzuspannen. So dumm konnten sie nicht sein, bestimmt nicht, dachte Matthias. Sein Atem stockte. Diese Macht in die Welt zu entlassen wäre schlimmer als die Wiederkehr der Stasis.

Ewiger Tod statt ewigen Lebens.

Amery, ich werde dich brauchen. Bitte bleib in der Nähe!

Aber sie war fort, und Matthias war allein mit Weard.

Thurstan rollte sich im Bett herum und griff nach dem geschmeidigen Körper der Frau, die er liebte.

Diese überwältigende Leidenschaft hatte sich schnell entwickelt. Er hatte sich ihr völlig hingegeben, weil sie so schön war, so aufregend mit ihrer rauchigen Stimme, den langen Beinen und den rabenschwarzen Locken. Er war seit sehr langer Zeit nicht mehr mit einer Frau zusammengewesen.

Das erklärte das kaum bezähmbare Verlangen. Aber alle Vorsicht, alle Vernunft hatte er abgestreift, weil er den Gedanken nicht ertrug, was im Theater geschehen war. Er brauchte Ablenkung.

Irgend etwas, das ihn davon abhielt zu denken. Er wußte nicht, wo er war oder was er tat. Er wollte nur die Erinnerung an diesen unendlichen Haß auslöschen.

Sie war sanft und betörend, ihre Stimme die süßeste Musik, die er je gehört hatte. Und ihr Körper war schlank und schmiegte sich samtweich an ihn.

Allein die Erinnerung an die vergangene Nacht ließ ihn schneller atmen.

Er streichelte ihren Rücken, und sie rührte sich im Schlaf und drehte sich auf den Rücken.

In dem schäbigen Zimmer einer einfachen Pension begann er sie aufs neue zu lieben und sich ganz der Lust zu ergeben. ie Erinnerung entglitt immer mehr.

Die Seelords

Serethrun gelang es, Rosco eine Zeitlang abzuschütteln, indem er in den nassen Straßen in der Menge untertauchte. Er war wütender, als er je zuvor in seinem Leben gewesen war. Selbst sein Zorn nach der Anhörung war nichts verglichen mit diesem.

Wie hatte er sich nur mit diesen Männern zusammentun können? Er war von Sinnen gewesen, Mittelson und Rosco zu trauen. Von einer wirbelnden Spirale getäuscht und beeinflußt. Und warum hatte er noch weiter mitgemacht, wenn er sie doch kaum kannte?

Weshalb hatten sie ihn nicht in ihre Pläne eingeweiht? Das nagte an ihm. Von Männern getäuscht worden zu sein, denen er getraut und die er schließlich sogar gemocht hatte. Sie hätten offen zu ihm sein sollen.

Aber im Grund seines Herzens wußte er, daß er sich, solange er Gardist gewesen war, nie mit den Fischern eingelassen hätte. Dazu war er viel zu froh gewesen, daß man ihn anerkannt hatte, daß er Teil der großen Maschinerie der Garde war. So sehr, daß er fast vergessen hatte, wer er war.

Ein Eloier. Und schon deshalb ein Außenseiter. Er konnte sich nicht länger von ihnen trennen, von diesem Volk, das verächtlich auf die Lebensweisen der übrigen Menschheit herabsah. Es besaß keine Häuser, keine Reichtümer, nur geringe Habe. Es war frei von den üblichen Famililienbanden. Wir haben Wichtigeres, dachte er: frei durch die Prärie zu streifen, dem Wind zu folgen, dem Wild und dem Flug der Vögel. Wir nehmen niemanden mit und machen keine Konzessionen.

Nicht, daß Serethrun jeglicher Magie mißtraute. Magie gab es überall. Vor der Stasis waren die Eloier den Herden gefolgt wie alle anderen Nomadenstämme auch. Doch während der heftigen Unwetter waren viele Eltierherden und alle Wildpferde eingefangen und in bewachten Gehegen außerhalb von Shelt und den anderen Städten gehalten worden. Die Eloier hatten ihre Schamaninnen, die dafür sorgten, daß sie Beute auf andere Weise fanden. Sie benutzten den Wind und die Gewitter und überfielen in ihrem Schutz die Gehege.

Kein Wunder, daß die Eloier gehaßt wurden. Kein Wunder, daß es für Serethrun nicht leicht gewesen war, in Shelt Anerkennung zu finden. Es hatte so lange gedauert, bis man ihn wenigstens ein wenig akzeptiert hatte. Und Mittelson und Rosco hatten gleichmütig, aber brutal, alles zunichte gemacht. Warum sollte er ihnen helfen? Was gingen ihn die Fischer an?

Aber es hing alles miteinander zusammen. Die Ungerechtigkeit, welche die Eloier zu den härtesten Lebensbedingungen verdammte, weil die wilden Herden eingefangen und alle Pferde geraubt worden waren. Dafür waren die Seelords verantwortlich und führende Männer in den anderen Städten. Die Nomaden waren durch Soldaten immer weiter nord– und westwärts gehetzt worden. Sie hatten wahrhaftig guten Grund, die Seelords von Shelt und ihre arrogante Mißachtung des Lebens anderer zu hassen und zu fürchten.

Deshalb hatte Olwyn zu diesen zweifelhaften Mitteln gegriffen und Serethruns Stellung in der Garde untergraben. Das war nicht aus Böswilligkeit geschehen. Sie stritten für die Rechte der einfachen Leute. Serethrun konnte nicht leugnen, daß die Fischer für eine gerechte Sache kämpften.

Rosco und Mittelson waren darauf bedacht, das Gleichgewicht der Kräfte in Shelt zu ändern. Das war etwas, das ihm nicht gleichgültig sein durfte.

Er hatte seine ganze Vergangenheit für sie aufs Spiel gesetzt. Schließlich hatten die Eloier ihm vertraut. Sie hatten die Zuflucht des schützenden Waldes verlassen, um vor Shelt auf sein Signal zu warten. Sie hatten ihm verziehen, daß er ihre Lebensweise aufgegeben, daß er versucht hatte, das Leben seines Vaters zu retten, denn auch sie erkannten die Ungerechtigkeit, die ihr aller Leben so hart machte.

Doch da war auch noch anderes. Wie gut er sich an das Gesicht des Seemanns auf dem sinkenden Schiff erinnerte. An das bewußtlos in den Wellen treibende Mädchen, das für die Ambitionen Machtgieriger geopfert werden sollte.

Felicia. Die andere Verzauberung, eine, der er nicht entfliehen wollte. Endlich wußte er, was Irian gemeint hatte. Er erinnerte sich, wie er hinter den Bettvorhängen gestanden hatte, als Gawne mit einem neuerlichen Marqun drohte. Die Seelords benutzten Felicia für ungeheuerliche Zwecke, verglichen mit denen die von Mittelson und Rosco harmlos waren, wie er zugeben mußte.

Er machte einen Bogen um die überfluteten Stadtteile und begab sich westwärts zum Prärietor. Irgendwie überraschte es ihn nicht, als er eine leichte Hand auf der Schulter spürte.

»Serethrun.« Roscos Stimme klang ungewohnt sanft.

Serethrun blieb stehen, ohne sich umzudrehen, und vergrub die Hände in den Taschen. »Also gut«, sagte er bitter. »Vielleicht, aber wirklich nur vielleicht, ist es die Sache wert. Ich mache mit.«

»Das ist mehr, als wir verdient haben«, entgegnete Rosco ernst.

Serethrun drehte sich zu ihm um. Nach längerem Schweigen sagte Rosco bedächtig: »Ich hätte es dir nicht verdenken können, wenn du jetzt verschwunden wärst.«

»Warum? Würdest du gerne verschwinden?« Es war eine Eingebung, und sie traf unerwartet ins Schwarze.

Sie schritten zurück durch die hastende Menge, zurück zur wachsenden Überschwemmung durch Fluß und See.

»Ja. O ja! Aber wie du habe ich erkannt, daß es hier um mehr geht als persönlichen Stolz. Das ist zumindest ein Trost.«

»Komm, trinken wir was«, sagte Serethrun abrupt. Er überquerte die Straße zu der Schenke auf der anderen Seite, ohne sich zu vergewissern, daß Rosco ihm folgte.

In der Tiefe begann ein Drache sich zu regen. Er streckte sich genußvoll auf Sand und Steinen und schnappte nach unvorsichtigen Fischen. Seine Gelüste waren nicht dieselben wie die dieser zerbrechlichen Menschlein, die sich bemühten, ihn zu besänftigen. Er hatte Hunger, o ja, aber nicht nur nach Nahrung und Macht.

Seine vielen Münder hatten Fleisch berührt, die süßen, sanften Formen. Und jetzt wollte er mehr. Nicht irgend jemanden, nicht die törichten Schwimmer oder die Vergnügungsbootbesitzer, die gelegentlich Opfer der unsicheren Strömungen wurden.

Nein, er begehrte den glatten weißen Leib des Mädchens. Es war ihm zum erstenmal während eines Sturms begegegnet, als er auf Ersuchen der Seelords ein Schiff zerschmettert hatte. Damals hatte Ladon dieses junge Geschöpf gesehen, doch nur als in den Wellen treibende, schimmernde Form in der Ferne, einen Augenblick ehe jemand sie aus dem Wasser zog.

Dieselbe Frau hatten sie ihm ein zweites Mal angeboten, in einer dieser dummen Zeremonien, um ihn für ihre Pläne zu gewinnen.

Er hatte sie angenommen, denn er hatte etwas Seltsames in ihr erkannt, als er mit seinen zahllosen Lippen über ihre Haut gestreift war. Er hatte ihren Atem gekostet, hatte bewundert, wie sich ihr Haar im Wasser fächerte, und hatte den Hauch einer größeren Gottheit, als er eine war, an ihr gespürt.

Der Mond schien aus ihrem Wesen, weiß und kühl und klar. Es war etwas Reines, Klares, Mächtiges.

Er begehrte sie. Er wollte sie aus der Stadt holen, damit sie mit ihm im Meer lebe, ein Seekind, eine Seegefährtin. Er würde sie in Wellen und salzigen Gischt hüllen, seine hundert Münder würden sie anbeten, ihre Glieder würden eins werden. Er würde das Mondkind an sich drücken und mit ihm durch das Meer treiben. Eine vollkommene Paarung von Licht und Bewegung. Welch ungewöhnliche Kinder sie haben würden!

Der richtige Augenblick war nicht mehr fern. Mit jeder Flut griff er suchend tiefer in die Stadt.

Voll Liebe, voll Verlangen. Und nichts würde ihn aufhalten können.

An diesem Nachmittag stieg die Flut höher, als irgend jemand vorhergesehen hatte. Selbst in die Keller der großen Häuser an den Hängen des Burgberges drangen stinkender Schlamm und trübes Wasser.

Ratten rannten offen durch schmutzige Gassen zum Prärietor, durch das ein steter Strom von Bewohnern aus der Stadt floh. Sie hatten ihre Habe in Schubkarren und Leiterwagen gestopft oder trugen sie in Bündeln bei sich, um in der Sicherheit der Anhöhe nördlich der Stadt zu lagern.

»Olwyn, können denn nicht auch wir die Stadt verlassen?« Annis stand am Fenster und blickte hinunter auf die Massen, die sich durch die schmalen Straßen zum Tor zu bewegten. »Es ist doch gewiß gefährlich, oder? Wir werden immer näher zur Burg gedrängt. Wir könnten eine Woche, bis die Frühjahrsflut zurückgeht, auf dem Hügel lagern.«

»Nein, noch nicht. Wir können nicht aus der Stadt hinaus. Alle, die durch das Tor wollen, werden kontrolliert. Wir hätten keine Chance.«

»Was ist mit Roscos Arrarat? Kann er uns denn nicht hinausbringen?«

»Die Arraratfalken tragen Fremde nur, wenn der Anlaß auch ihre Sache ist. Astrella wird niemanden aus der Stadt tragen.«

»Warum nicht?« Das klang gereizt.

»Das müßt Ihr Rosco fragen, nicht mich. Er wird später herkommen.«

Olwyn Mittelson blickte von seinem Entwurf des nächsten Pamphlets auf. Das Bild stellte wieder Ladon dar, dazu die Seelords, die am Rand eines Flutbeckens standen. Felicia hatte es gezeichnet, doch diesmal sah Gawne nicht wie ein Ziegenbock aus. Als Totenschädel beschwor er den Drachen.

Auch Felicia stand am Fenster, dicht neben Annis, als könne die körperliche Nähe der Kammerzofe ihr Kraft geben.

Es war undenkbar, daß sie jetzt noch durch die Straßen schreiten, sich gegen ihren Onkel und seine Minister durchsetzen und ihre Unabhängigkeit erringen könnte. Ein Alptraum hatte sie im Griff, ein Alptraum, der sie immer wieder zum Fenster zog, um zu sehen, wie hoch die Flut gestiegen war.

Sie versuchte, nicht mehr zu schlafen, denn Ladon war in all ihren Träumen. Sie konnte nichts mehr essen, ohne sich zu übergeben. Ihr Magen verkrampfte sich vor Panik und sandte Wogen der Schwäche durch ihren Körper. Sie war seekrank an Land, denn das Meer war bereits tief in der Stadt. Sie spürte, wie ihre ohnehin so schwachen Kräfte und ihr Mut dahinebbten. Selbst das bißchen Vertrauen, das zwischen Rosco und ihr gewachsen war, drohte in den Fluten zu versinken.

Sie wartete darauf, daß die See sie wieder holte.

Sie war nicht ganz ohne Mut. Sie bemühte sich, nicht zu denken, die See nicht zu hören, die durch die Straßen spülte. Sie zeichnete Bilder für Mittelson, denn sie vertraute darauf, daß er wußte, was er tat, und daß er ihr nicht schaden wollte.

So, wie die Überschwemmung durch die Stadt flutete, so fanden die Pamphlete ihren Weg überall hin, in Schenken, Läden, Privathäuser und an Gebäudemauern. Sie fielen in

Pfützen, wurden ins Meer geweht, auf dem Pflaster zertrampelt, eingesammelt, verbrannt.

Aber einige wurden gelesen, einige hinterließen ihren Eindruck.

Torold und Esmond saßen in einem hohen Turm und blickten durch ein regenbespritztes Fenster auf einen Dachgarten mit Nadelbäumen und Immergrün, die der Wind zauste. Esmond hielt ein Bündel Pamphlete in den Händen, die er von Dächern, Pflaster, aus Mülltonnen und der Gosse gesammelt hatte. Sie waren schmutzig, zerrissen, aufgeweicht. Aber ihre Botschaft war klar. Die Seelords waren einem gefährlichen Ungeheuer hörig.

Torold hatte die Pamphlete gelesen, und seine Hände zitterten, als er nach der fast leeren Weinflasche griff. »Wie lange noch, Esmond? Müssen wir noch lange warten?«

»Mittelson – der Magier – sagte, daß sich alles zur Frühjahrsflut entscheiden würde.«

»Wie kann er das wissen?« Torold schrie es fast. »Ich halte das nicht mehr lange durch. Ich bin sicher, daß Gawne etwas ahnt. Ich bin kein guter Schauspieler ...«

»Beruhige dich, Liebster. Nur noch zwei Tage ...«

»Und dieser – Rosco, können wir ihm trauen?«

»Er reitet auf einem Arraratfalken.«

»Na und? Die Eloier reiten mit dem Sturm. Sie sind nicht unsere Freunde ...«

»Sie könnten es vielleicht sein. Unter anderen Umständen. Torold, erinnere dich doch an deine Kindheit, an die Kinderreime, die alten Sagen und Geschichten. Von den goldenen Falken, die zum Benuvogel, dem Schrittmacher des Universums gehören? Sie waren immer gut, immer edel und stark. Ich kann einem Arraratreiter nicht mißtrauen.«

Vielleicht würde Torold einmal erkennen, wie sehr Esmond ihn belog. Doch Esmond hoffte inbrünstig, daß sein Liebster sich dann bereits in Sicherheit befand, daß sie gemeinsam durch Tannenwälder wanderten, während der Schnee unter ihren Sohlen knirschte und ihr Atem warm in der Luft dampfte. Daß sie fern von lästigen, ermüdenden Regierungsgeschäften und aller Politik sein würden, fern von Javons Einfluß.

»Gawne hat für den Nachmittag eine Krisensitzung einberufen. Notmaßnahmen für die Stadt. Ich fürchte, ich werde teilnehmen müssen.« Torold fuhr sich mit schweißfeuchter Hand über die Stirn und seufzte müde.

Esmond beobachtete ihn voll Mitgefühl. Wenn Torold je auch nur ein einziges Mal wirklich den Wunsch gehegt hätte, den Bürgern von Shelt zu helfen, hätte Esmond es sich bestimmt zweimal überlegt, seine Abdankung in die Wege zu leiten. Aber Torold interessierte sich nicht im geringsten für die Macht, die sein Bruder für ihn errungen hatte. Bei all dem Pomp und dem luxuriösen Leben hatte es ihm anfangs gefallen, Graf von Shelt zu sein; immerhin war er in Shelt frei von der Bevormundung durch seinen Bruder.

Aber die Seelords hatten ihm die Freude daran allmählich vergällt. Zuerst mußten die Grenzen im Westen gesichert werden. Die Nomaden, die in diesem Gebiet umherstreiften, wurden mit Waffengewalt verjagt. Shelt sollte frei von jeglichem eloischen Einfluß bleiben. Die Seelords wollten nicht, daß die Schamaninnen Einblick in ihre magischen Fähigkeiten gewannen.

Shelts Militärmacht war unübertrefflich, und die Nomaden waren weiter gen Westen und Norden geflohen und hatten die Ebenen vor Shelt verlassen.

Anfangs hatten diese Feldzüge Torold Vergnügen bereitet. Er war ein guter Soldat, ein großartiger Schwertkämpfer, ein ausgezeichneter Reiter, ein begabter Führer. Seine Männer blickten zu ihm auf und folgten ihm. Er hatte keinen Gedanken daran verschwendet, darüber nachzudenken, wie vielen Nomaden es das Leben kosten würde.

Schließlich war er mit den Pferden, die er den Eloiern geraubt hatte, nach Shelt zurückgekehrt. Torold hatte gefeiert, war glücklich gewesen, daheim und in den Armen seines neuen Liebsten zu sein.

Doch dann hatten die Seelords seltsamere Ansprüche gestellt. Nichts, was mit den Grenzen zu tun hatte, sondern etwas, das zunächst wie ein Segen für alle geschienen hatte.

Die Seelords fingen an, ihre Heilkräfte feilzubieten. Die im Feldzug Verwundeten, die befürchtet hatten, zum Krüppel zu werden, wurden wieder heil und gesund. Die an unheilbaren Krankheiten sterbend daniederlagen, wurden ins Flutbecken beim Marqun getaucht und genasen wundersam. Greise gewannen ihre Jugendfrische wieder. Wenn sie bezahlen konnten!

Die Reichen von nah und fern sandten ihre kranken Freunde und Verwandten nach Shelt. Diese brachten Geld und Geschenke, Abkommen und Versprechen mit. Shelt und Torold Westray wurden reich und bewundert. Glücklich gab Torold sich ganz einem Leben des Luxus und der Bequemlichkeit hin.

Das Ende der Fischindustrie war der Preis für all diese Heilungen. »Sie werden andere Arbeit finden«, hatte Gawne zuversichtlich gesagt. »Die Landwirtschaft im Süden und Westen könnte viel intensiver betrieben werden. Keine Angst, niemand wird hungern.«

Falsche Zuversicht. Menschen, die seit Generationen mit der See verbunden waren, konnten sich nicht so einfach auf Landarbeit umstellen. Sie waren Shelter, Anhänger der Göttin, nicht nur mit Worten. Ohne die Fischer hätte es Shelt überhaupt nicht gegeben!

Sie hatten den Hafen errichtet, auf die Gezeiten geachtet und zur Lady gebetet, damit sie über den Rhythmus ihres Lebens wache. Und bis zu der Stunde, da die Seelords die Macht an sich rissen, hatte sie das auch getan.

Warum sollten sie die See verlassen, Landarbeit betreiben, nur damit ausländische Fürsten von ihren Krankheiten befreit würden? Keiner zog aus. Einige verhungerten. Unruhen breiteten sich in der ganzen Stadt aus.

Torolds Nächte wurden durch Aufruhr, durch Gewaltmaßnahmen, durch lautstarke Empörung gestört. Tagsüber mußte er sich mit Gesuchen und Abordnungen beschäftigen, die Gerechtigkeit und Freiheit forderten. Er suchte Ablenkung, indem er die Garde exerzierte, sie verstärkte und eine Eliteeinheit sondergleichen aus ihr machte. Tief innerlich wußte er, daß ein Bürgerkrieg unvermeidbar war.

Dann war Felicia eingetroffen, und damit hatte seine Lage ein kritisches Stadium erreicht. Denn seine Scheu vor Gawne und seine Besorgnis über die Unruhen in Shelt verblaßten vor der Angst vor seinem Bruder.

Er war tapfer auf dem Schlachtfeld, ein ausgezeichneter, mutiger Offizier. Doch vor der schneidenden Zunge, dem eisernen Willen seines Bruders hatte er Todesangst. Und er scheute die Art von Verantwortung, die nicht mit dem Schwert oder Pfeil zu tragen war.

Er wollte alles aufgeben, als Hauptmann in die Garde seines Bruders zurückkehren oder irgendwo in friedlicher Abgeschiedenheit mit Esmond und einer kleinen Gruppe Freunde leben. Sie könnten in einem abgelegenen Wald jagen und zechen und sich austoben, fern von der See und allen Regierungssorgen. Dann würde seine Liebe zu Esmond so frisch bleiben wie das Immergrün der Bäume ringsum.

Er zerknüllte die feuchten Papierfetzen und warf sie ins Feuer, wo sie in beißendem Rauch zu Asche zerfielen. Dann lehnte er sich über den Tisch und nahm Esmonds Hand.

Ihm graute vor der Sitzung am Nachmittag.

Gawne, Dederic, Quass, Manton, Lammon, die ganze Meute saß um den großen ovalen Tisch. Sogar der Arzt Fessil war da, um als Unbeteiligter zu unterstützen, was immer die Seelords wollten.

Torold marschierte in die Ratskammer. Er straffte die Schultern und wünschte, er hätte zum Mittagmahl nicht so viel getrunken. Esmond hätte ihn ablenken können, aber er hatte ihm nicht Gesellschaft geleistet. Er habe Migräne, hatte er ihm ausrichten lassen. Das war nicht ungewöhnlich, so hatte Torold sich auch nichts weiter dabei gedacht.

In der Ratskammer war es so warm, wie er es liebte, die Fenster vor Wind und Regen fest verriegelt. Durch die Scheiben sah man den eisengrauen Himmel mit den regengeschwollenen Wolken. Obwohl es noch früher Nachmittag war, brannten rundum Fackeln in ihren Wandhalterungen.

Die Seelords standen auf, als Torold die Kammer betrat. Ihre graugrünen Seidengewänder schimmerten im Fackelschein. Sie waren immer so still, so dünn, so blutlos. Ungeduldig ließ er sich in seinen schweren geschnitzten Sessel fallen und forderte mit einer ungeduldigen Handbewegung alle auf, sich zu setzen. Gawne, der Erste Lord von Aquile, blieb stehen.

»Nun, Gawne?« fragte er brüsk. »Worum geht es diesmal?«

Die Liste der beim bevorstehenden Marqun zu Behandelnden. Wie weitere Besucher untergebracht werden könnten, nun da durch die steigende Flut ein so großer Teil von Shelt unbewohnbar war.

Er fuhr fort mit Aufstellungen und Gebühren, Satzungen und Steuern. Torolds Befürchtung schwand. Und dann, nach einem besonders umständlichen Punkt, begann es.

»Lord Torold, uns kam ein außerordentlich bestürzendes Gerücht zu Ohren.« Gawne legte mit voller Absicht eine Pause ein.

Torold spürte, wie sein Pulsschlag schneller wurde.

»Es würde uns sehr interessieren, ob Esmond Crinnion sich mit Eurem Wissen und Eurer Billigung mit dem abtrünnigen Magier Mittelson und seinen Verschwörern getroffen hat.«

»Unsinn! Natürlich nicht, er ist mir absolut treu ergeben ...«

»Seine Loyalität Euch gegenüber steht nicht zur Debatte. Es geht um seine Loyalität gegenüber den Seelords.«

»Es hat den Anschein, Ihr beschuldigt mich!« Torold war nicht dumm, er hatte sich auf einen solchen Fall vorbereitet. Ein halbes Dutzend seiner Leibgarde hatte Posten vor der Tür bezogen, und das Schwert in der prunkvollen Scheide an seinem Gürtel war nicht nur zur Zier. Die Seelords waren alte Männer und ohne Erfahrung in Kampf und Gewalt.

Er mochte den kleinen Magier, Lammon, nicht. Es war bekannt, daß er sich gegen die Übernahme durch Javon und Torold gestellt hatte. Und Esmond hatte ihn gewarnt, daß Brice Lammon gefährlich war. Er täuscht Loyalität nur vor, hatte Esmond gesagt, er führt etwas im Schild ... Im Falle eines Kampfes müßte er sich vor ihm als einzigem in diesem Zimmer in acht nehmen.

Gawne blickte Torold mit diesen eigenartig verschleierten Augen an. »Lord Torold, es besteht kein Zweifel, daß Crinnion an einer Verschwörung beteiligt ist. Vielleicht habt Ihr auf unklugen Rat gehört. Wenn Ihr seiner entsagtet, würden wir vielleicht über Eure – Fehleinschätzung hinwegsehen.«

»Was – genau – meint Ihr mit ›entsagen‹?« Wagten sie gar, ihm zu drohen?

»Er ist ein Verräter. Ihr kennt die Strafe.«

»Ich treffe meine Entscheidungen selbst, Gawne.« Das war keine leere Drohung. Er hatte die Hand auf den Schwertgriff gelegt.

»Dann habt auch Ihr mit diesem Hochverrat zu tun?«

Es war still im Zimmer, so still, daß sich der Regen wie tausend unentwegt pochende Trommeln anhörte.

»Habt Ihr den Verstand verloren, Gawne? Welcher Hochverrat? *Ich* bin der Graf von Shelt! Ich treffe meine eigenen Entscheidung, ich wähle meine Freunde selbst!«

Gawne lächelte, doch nicht seine Augen. Abwegige Gedanken schossen Torold durch den Kopf, während er ihn beobachtete. Gawnes Lächeln war nie echt. Dieser blutlose Mann war eiskalt.

Dederic stand nun ebenfalls, ebenso Quass, ein kleiner, ältlicher Mann mit schütterem Haar.

Torold schob abrupt seinen Sessel zurück und stand ihnen mit dem blanken Schwert in der Faust gegenüber.

Gawne sagte ungerührt: »Ihr irrt Euch, Torold Westray. Der wahre Graf von Shelt herrscht über die See vor diesen Fenstern ...«

»Dieser *Drache*!« schrie Torold. »Er soll über Shelt herrschen? Was für eine Schauermär!«

»Keineswegs, Lord«, warf Dederic voll Unbehagen ein.

»Was kümmert es Euch auf einmal, Lord Torold? Ihr habt Euch nie um die Bürger von Shelt gesorgt!« rief der wieselige Magier Lammon in bitterem Zorn.

»Wir halten heute heute abend ein Marqun. Bei der ersten

Frühjahrsflut. Ihr sollt selbst sehen, wer über Shelt herrscht. Ihr werdet teilnehmen, Lord Torold.« Gawnes Stimme war immer noch ruhig und verriet keinerlei Gefühlsbewegung.

»Ich denke nicht daran! Ich ...«

»Die Zeremonie dient der Heilung.«

»Heilung? Was meint Ihr damit? Wessen Heilung?«

Eine plötzliche Stille setzte ein. Dann klopfte Gawne als Antwort mit seinem Spiralstab auf den Boden, und die Tür zum Korridor schwang auf.

Torold erkannte die Gestalt dort zuerst gar nicht. Die Augen des Mannes wirkten so bizarr, so fremdartig, aller Persönlichkeit beraubt. Der zierliche, blondhaarige Mann, an dem ihm alles vertraut war, außer diesem schrecklichen Ausdruck, stand geistlos vor ihm.

»Esmond!« Der qualvolle Schrei entsprang Torolds Herzen. Er stolperte auf die Tür zu, doch die geistlose Gestalt zog sich in die Düsternis des Ganges zurück.

Ihr Kopf baumelte bei ihrer Bewegung, der Mund hing schlaff offen, und Speichel sickerte aus den Winkeln. Die Augen von klarem Himmelblau waren offen, aber blicklos. Und plötzlich stand zwischen Torold und seinem Liebsten die ineinanderverschwimmende Form einer Spinne, einer Gottesanbeterin und einer Frau mit goldenem Haar und gefalteten Klauen, abwechselnd aus Licht und sprödem Chitin.

»Esmond!« Torold fiel auf die Knie, vor Grauen gelähmt.

Eine Hand legte sich auf seine Schulter.

»Kommt«, forderte Gawne ihn auf. »Nur das Marqun kann ihn wiederherstellen.«

»Was habt Ihr getan? Was ist passiert? Was ist *das*?« Torold schüttelte die Hand ab und starrte, als die Tür sich schloß, auf die gräßliche Form.

»Eine Verwandlungskünstlerin hat sich uns angeschlossen. Eine Parid aus dem fernen Süden. Sie hat uns geholfen, Esmond allerlei zu entlocken. Wir haben herausgefunden, wo sich die Rebellen versteckt halten, welche Pläne sie haben und welche Ihr habt. Er war Euch wahrhaftig treu, Euer kleiner Esmond. Das Ergebnis habt Ihr gesehen. Aber vielleicht kann ein Marqun ihn heilen – und Euch.«

»Mich? Wovon redet Ihr?«

»Ihr seid in gefährliche Häresie verfallen, Torold, indem Ihr Eurem eigenen Rat, den Seelords, nicht vertraut. Wir wollen Euch beweisen, daß wir Eures Vertrauens würdig sind. Nur die See vermag einen solchen Vertrauensbruch zu heilen.«

»Was ist mit Esmond?« Das war alles, woran er denken konnte, was ihm etwas bedeutete.

Gawne zuckte mit den Schultern. »Wenn Ihr Crinnion verleugnet, Euch einverstanden erklärt hättet, daß er die Strafe für Hochverrat bezahlt, wären wir von Eurem guten Willen überzeugt gewesen. Dann hätte es keine Notwendigkeit für ein Marqun gegeben.«

Gawne zog die krummen Schultern hoch. Seine Augen glänzten.

»Jetzt bleibt uns keine Wahl!«

Der Geheime Ritus

»Für den Ritus ist es erforderlich, daß verschiedene Bedingungen erfüllt sind. Für die meisten können wir selbst sorgen. Für die anderen brauchen wir deine Hilfe, Matthias.«

Das klang so vernünftig, so verständlich, so einfach. Matthias erinnerte sich an die schwierigen Besprechungen mit Imbert und Edine, als es um das Wissen und die Macht ging, um den Siebenten Ritus zu wiederholen, der Eleanor zurückbrachte.

Und er dachte noch weiter zurück, an die Zeit vor der Stasis, als er mit ihnen im College auf Peraldon zusammengearbeitet hatte. Imbert war damals das leuchtende Vorbild gewesen, brillant, mit ungeheurem Einfallsreichtum und Lefevres ganz besonderer Schützling. Mit Lefevres Unterstützung hatte Imbert es auch durchgesetzt, daß Edine als seine Gefährtin auf dem Magiercollege geduldet worden war.

Das sei nicht reine Selbstsucht, hatte er behauptet. Sie wecke in ihm Ideen und Theorien, die in Magischer Philosophie ungewöhnlich seien. Er würde die Auswirkung studieren. Und er versprach, darauf zu achten, daß ihr keine kabbalistischen Geheimnisse offenbart würden.

Sie waren ein ideales Paar: zurückhaltend und elegant, doch mit einem überraschenden Faible für theatralische Effekte. Imbert hatte sich entschieden, sich auf Verwandlung und Illusion zu spezialisieren, und er brauchte Edine für seine Experimente. Matthias wußte, daß sie Truggestalten erschaffen und benutzen konnten. Die beiden waren allein durch Gedankenkraft imstande, Parid und Läufer zu lenken.

Die zwei waren weder Mystiker noch Weise. Sie waren Peraldonier durch und durch. Der Spiralstab, dessen sich Astrets Anhänger bedienten und dessen Form die Mondphasen symbolisierte, war ihnen fremd. Was noch einschränkender war, sie verstanden kaum etwas von Synchronizität. Sie benutzten ihre Magie lediglich für praktische Zwecke. Aber was könnte praktischer sein als der Wunsch, ewig zu leben?

Sie würden viel von Matthias fordern, und obwohl ihr Wissen nicht vollständig war, befürchtete er, daß er sich kaum gegen sie schützen könnte.

Er konnte natürlich nicht sehen, in welcher Art von Raum sie sich befanden, aber es gab hier geschnitzte Sessel und Tische und einen glatten Steinboden unter den Teppichen. Das Zuhause eines reichen Mannes; eines Priesters vielleicht, denn es befand sich nahe der Oberfläche. Es war heiß und stickig. Die Sonne fühlte sich sehr nahe an. Voll böser Ahnung fragte Matthias sich, ob er wohl je wieder frische, kühle Luft auf seiner Haut spüren würde.

Sie boten ihm Wein an, doch er lehnte ab, aus Angst, sie könnten etwas hineingetan haben.

Imbert lachte. »Matthias, wir brauchen dich nicht betäubt, ganz im Gegenteil!«

Trotzdem hatte er auf den Wein verzichtet und um Wasser

gebeten. Er brauchte einen absolut klaren, scharfen Verstand, um sich gegen die beiden zu behaupten.

Weard war anders, weder subtil noch raffiniert. Matthias hatte seine Heftigkeit zu spüren bekommen und hütete sich davor, sie zu unterschätzen.

Da war auch noch die Abmachung. Er hatte Weard versprochen, ihn in Magie zu unterrichten, als Preis dafür, daß er Eleanor und das Baby aus dem Blutpalast brachte.

Sie hielten Eleanor und Blythe ganz in der Nähe fest, hatte Imbert gesagt. Matthias solle vielleicht auch ihre Lage in Betracht ziehen.

Er seufzte. Sie hatten recht. Sie brauchten ihm keine Drogen zu geben, sie verfügten über genügend Druckmittel, alles von ihm zu erfahren, was sie für den Geheimen Ritus benötigten.

»Wir sagen dir jetzt, was wir bereits wissen, Matthias.« Imberts Stimme klang gütig und zuvorkommend. »Dadurch vergeuden wir keine Zeit mit Erklärungen von Dingen, die wir ohnehin beherrschen.«

Sie zählten alles auf, Zeremonien, Schriften, Sprüche, Beschwörungen, und er mußte feststellen, daß sie viel mehr wußten, als er für möglich gehalten hätte. Hatte er sie unterschätzt?

»Ein Feuer, natürlich. Ein gewaltiges Feuer«, sagte Edine.

»Ein Feuer, wie das der Sonne auf der Außenwelt, das mit seinem Glanz lockt und erfreut ...«

»Und vernichtet«, unterbrach Matthias Imbert grimmig.

»Der Vernichter ist der Benu. Er bringt Tod, den Tod für jeden ...«

»Und die Erneuerung der Menschheit als Ganzes.«

»Was nutzt das *mir*? Und Edine? Würde unsere Inkarnation zur selben Zeit, am selben Ort stattfinden? Und werden wir Augen zum Sehen, Haut zum Fühlen, Herzen zum Lieben haben? Würde ich meine Liebste in einem anderen Leben, in einer anderen Gestalt überhaupt wiedererkennen?« fragte Imbert leidenschaftlich. »Wir werden den Zyklus des Seins und Nichtseins verbrennen. Wir werden ihn zu Nichts versengen, ihn von Unreinheit befreien, den Fluch des Todes ausbrennen ...«

»Wir werden ein Feuer entfachen.«

»Das größte aller Feuer.«

»Es wird den Benuvogel auf seinen vorbestimmten Pfad locken.«

»Er wird nicht entkommen ...«

»Was wollt ihr als Brennstoff für ein solches Feuer verwenden?« unterbrach Matthias die Litanei der beiden Stimmen.

Imbert und Edine blickten ihn an, das spürte er. Er schluckte, denn er kannte plötzlich die Richtung ihrer Gedanken.

»Die Wüstenrose, Matthias. Wir werden die Wüstenrose verbrennen.«

»Die äußeren Wurzeln trocknen aus. Nur die mittleren Stengel sind grün und saftig. Alles übrige wird brennen.«

Sie erklärten es Matthias ruhig, als wäre es ein absolut logisches Vorgehen. Er hörte mit wachsendem Unglauben und Grauen zu.

Das war unmöglich, ging über jegliche Gefahr, über jegliche Vorstellung hinaus. Er suchte nach Worten. »Ihr müßt wahrhaftig den Verstand verloren haben! Ihr könnt doch nicht vergessen haben, was die Wüstenrose ist, welcher Geist sie lenkt! Habt ihr ernsthaft vor, aus dem Großen Magier ein Feuer zu machen?«

»Was immer die Rose jetzt ist, von Lucian Lefevre ist nur wenig übrig. Und es kann bloß zum Erfolg des Ritus beitragen.« Imbert klang völlig selbstsicher.

Edine warf ein: »Und falls wirklich etwas von Lefevre übrig ist, um so besser! Die Essenz des Großen Magiers, freigesetzt in Feuer und Rauch! Wie könnte es da schiefgehen?«

»Es war ja immerhin Lefevre, der den Benuvogel das letzte Mal gefangen hat!«

Matthias hörte die Besessenheit in ihren Stimmen, den ununterdrückbaren Eifer. Da wußte er, daß ihnen mit Vernunft nicht beizukommen war. Was hatte sie dazu gebracht, sich auf so unsicheres Terrain zu begeben?

»Wir haben viel Zeit damit zugebracht, alles vorzubereiten, das Glas, die Kräuter, das Opfer …«, fuhr Edine fort.

»Opfer? Wer?« Woher wußten sie etwas von dem Opfer? Matthias konnte seine Besorgnis nicht mehr verhehlen. Vielleicht spielte es auch keine Rolle mehr.

»Ah, du mußt dich schon noch ein wenig gedulden. Aber sei versichert, Matthias, unser auserwähltes Opfer wird durchaus von Bedeutung für den Ritus sein.«

Wen haben sie dazu bestimmt? fragte er sich bestürzt. Eleanor? Blythe? Beide würden dem ganzen Symmetrie verleihen. Coron? Nein, der war inzwischen weit von hier. Thurstan, wo immer er war? Er selbst?

Wie war es mit dem Opfer? Es mußte bei Bewußtsein und passiv sein. Dafür würde Eleanor sich nie hergeben, auch Blythe nicht, dessen war er sicher. Coron war unbekannt, aber es schien unmöglich, daß er zu Bösem beitragen würde. Und Thurstan kam bestimmt ebenfalls nicht in Frage.

Und was ihn selbst betraf, er würde sein Leben nur geben, um so etwas zu verhindern.

Wenn das Feuer brannte, würde das Opfer auf dem Scheiterhaufen der Rose sterben …

Ihm wurde bewußt, daß Schweigen eingesetzt hatte. Sie beobachteten ihn. Er rutschte unbehaglich auf den dicken Kissen. »Und weiter?« fragte er müde. »Was noch?«

»Jetzt bist du an der Reihe, Matthias. Sag es uns. Was noch?«

Nein. Er brauchte seine Weigerung nicht laut äußern. Sie wußten, daß er ihnen nicht freiwillig helfen würde, den Benu einzufangen, die Stasis neu zu errichten und Astret zu verraten.

Es interessierte ihn auch, herauszufinden, welche Überzeugungsmethoden sie anwenden würden. Er rechnete damit, daß sie subtil vorgingen.

Er täuschte sich.

»Komm mit!« Imbert faßte ihn an der Hand und zog ihn auf die Füße. »Erkenne, was auf dem Spiel steht, Matthias, warum es notwendig ist, die Stasis wieder zu errichten.«

»Gib dich nicht der Täuschung hin, daß du das für irgend jemand anderen tust, Imbert. Ich kenne dich. Das ist eine persönliche Sache.«

Sie schritten durch eine der oberen Straßen. Imbert sprach ruhig, nachdenklich. »Nun, du hast ja auch nie die Liebe einer Frau gekannt, nicht wahr? Astrets Magier lieben nicht. Sie haben keine Gefährtinnen. Deshalb ist ihr Blickwinkel begrenzt, außerhalb der wesentlichen menschlichen Bedürfnisse.«

»Frei von menschlichen Bedürfnissen … Wie die Lehre sagt.«

»Die Lehre!« Imbert blieb einen Augenblick stehen, und Matthias hörte, daß ein Tor aufschwang. »Eine Treppe, Matthias. Vorsicht.«

Sie stiegen eine schmale Treppe hinunter. Imbert hatte seine lenkende Hand zurückgezogen, doch Matthias spürte statt dessen ein glattes Geländer unter den Fingern. »Liebe ist keine Beschränkung, kein behindernder Faktor. Edine und ich …«

»Ja?« Matthias spürte plötzlich Imberts Hand wieder an seinem Arm.

»Vorsicht! Nur noch ein Stückchen weiter, dann die Wendeltreppe …«

»Das Blumenfeld. Ist das unser Ziel?« fragte Matthias. Nach weiterem Schweigen schlug ein Tor gegen die Wand. Es hallte hohl wider, wie aus unendlicher Leere.

»Ja. Doch erst die Wendeltreppe. Ich glaube, Matthias, daß dir ihre Bedeutung nicht voll bewußt wurde, als du zum erstenmal in diese Tiefe gefallen bist …«

Matthias schwieg. Imberts Stimme klang gepreßt, als ob er etwas Schreckliches vor ihm verbergen wollte. Er war anders gewesen, als sie zusammengearbeitet hatten, um Eleanor zurückzuholen. Imbert hatte sich verändert.

Oder etwas hatte ihn verändert.

»Imbert, wir brauchen nicht weiter hinunterzusteigen. Es

gibt dort nichts, was mich meine Meinung ändern ließe. Ich weiß, was dort lauert.«

»Angst, Matthias? Fürchtest du, die dunklen Nebel könnten etwas in deinen Gedanken finden, das sie neugierig macht? Daß sie von dieser mysteriösen Essenz Besitz ergreifen könnten, aus der ein mächtiger Magier schöpft?«

»Lachst du nicht selbst über das, was du sagst?«

Sie setzten den Abstieg fort. Es war schwer, abzuschätzen, wie tief sie bereits gekommen waren. Weitere Tore klirrten, Stockwerk um Stockwerk. Hin und wieder spürte Matthias einen Hauch modriger Luft von der gewölbten Wand zu seiner Linken her, wo Gänge in die Stadt der Treppen hineinführten.

Schließlich gab es keine weiteren Mündungen, kein Entkommen von der Treppe mehr. Stumm stiegen sie abwärts. Noch einmal hörte Matthias ein Tor klirren, und dann legte Imbert die Hand auf seinen Arm. »Nun, Matthias, spürst du es? Fühlst du, wie es verlangend lauert? Die Treppe schützt uns noch, der Eisenkäfig bietet uns einige Sicherheit. Aber das Blumenfeld rührt sich, und die Schatten erwarten uns ...«

Zwei Magier, zwei flackernde Wesenheiten von unbestimmter, schwankender Kraft. Sie denken daran, den Schritt in die einsame Ebene zu wagen, in das Gebiet des unerschaubaren, blicklosen Gottes.

Ich warte, beobachte sie. Einer zaudert, der andere ist begierig. Ich breite meine Schwingen weit aus, greife ihnen entgegen, von ihrer Wärme angezogen. Das Gitter schwarzer Bäume hält mich noch, doch meine Blumen drehen sich, geweckt durch die Gegenwart Lebender.

Was suchen sie hier? Einen Hauch Vergessen? Erlösung? Meine Schwingen heben und senken sich, weich und schwer wie Atem, dunkler als Vergessen.

Ihre Gedanken rufen nicht. Ihre Worte bedeuten nichts. Einer gehört schon fast mir, aber es ist noch zu früh. Sie sind nicht zu ihrer Auflösung hier, so sinke ich wieder zwischen die Bäume zurück.

Warum sind sie hier? Wollen sie Träume? Erinnerungen? Visionen? Das alles kann ich geben, wenn ich will. Sie selbst haben nichts zu geben und sind nichts …

Einer von ihnen wird von Schuld gepeinigt. Meine Kinder sind um mich, sind wieder mein. Vielleicht sollte ich sie ausschicken?

Die schwarzen Raben rascheln unter meinen Schwingen. Ich wende mich von den Eindringlingen ab, aber die Kinder sind unzufrieden.

Ich lasse sie gehen. Sucht eure Beute, sage ich. Er ist nah genug.

Matthias, der durch das eiserne Tor in das duftende Blumenfeld getreten war, zitterte. »Imbert! Wir müssen weg von hier!« Sein Gesicht war fahl, und Schweiß glitzerte an seinen Schläfen. Imbert beobachtete ihn neugierig.

»Zukunftsvisionen, Matthias? Der Fluch des blinden Magiers! Dabei dachte ich, daß du unter der Erde dagegen gefeit wärst.«

»Das dachte ich auch.« Matthias stapfte los, bahnte sich einen Weg durch die Wolken gelber Blumen, dorthin zurück, wo er das Tor wähnte. Er streckte die Hände aus und suchte die erlösende Berührung kalten Eisens. Imbert holte ihn ein und faßte ihn an die Schulter.

»Verstehst du es *jetzt*? Es geht nicht nur darum, daß ich Edine immerdar lieben, daß ich ewig *leben* will … Was hier wartet, darf keinen Platz in der Welt haben …«

»*Schnell*. Weg von hier, bevor es anfängt …«

»Anfängt? Was? Wir sind noch nicht an der Reihe!«

»Der Tod ist hier nicht die einzige Gefahr. Welche Träume hast du hier gesehen, Imbert? Warum kommst du immer wieder her?«

Matthias war durch das Tor getreten und stand auf festem Boden, der frei von Blumen war. Verzweifelt sehnte er sich nach seinem ganz gewöhnlichen Augenlicht. Er mußte sehen, was sich hinter Imberts Augen verbarg. Seine Stimme verriet zu wenig, nur Augen verrieten alles.

Er fragte sich, ob Imbert unter einem Bann stand. Ob er sich den dunken Schwingen des unerschaubaren Wesens ergeben hatte, das über die Unterwelt herrschte. Ob sein Verlangen, die Stasis wieder zu errichten, im Grund genommen nicht ein Versuch war, einem vorbestimmten Los zu entgehen.

»Sag mir, Imbert, was zieht dich hierher?« Matthias konnte sich jetzt nur noch nach Stimmen richten, darum mußte er dafür sorgen, daß Imbert redete. Sie stiegen inzwischen die Wendeltreppe wieder hinauf und ließen das Zentrum hinter sich.

»Anfangs – wußte ich nicht, was es war. Ich wollte es nur herausfinden – natürlich hatte ich einen Verdacht. Auch ich habe die Kabbala studiert, Matthias. Ich habe meine Zeit im College nicht vergeudet. Und Lefevre hat mir viel erzählt. Er sagte, daß er hierhergekommen war, um Parid zu erschaffen. Hast du das gewußt? Die Parid sind aus Fetzen gemacht. Fetzen von Persönlichkeit, kurz vor ihrer endgültigen Auflösung aus dem Nebel gerissen. Lefevre benutzte die Läufer, um Form und Substanz zu geben, und übertrug auf sie, was immer er von diesen dunklen Schwingen bergen konnte.«

»Ein Pakt mit dem Unerschaubaren? Oder Diebstahl? Kein Wunder ...« Er hielt inne. »Kannst du das auch? Hast du auch eine Parid erschaffen?«

»Es ist nicht leicht.« Imbert antwortete nicht direkt. »Ich glaube, deshalb hat Lefevre sich hauptsächlich an Tierformen gehalten. Diese sind einfacher zu bearbeiten und zu formen.«

»Was benutzt du?«

»Was immer ich finde.«

»Imbert.« Matthias blieb auf der Treppe stehen. »Das ist unvorstellbar gefährlich. Du bildest dir doch nicht ein, daß du den Unerschaubaren um seinen Anspruch betrügen kannst und unbestraft davonkommst?«

»Lefevre hat es geschafft.«

»Und was ist Lefevre jetzt? Eine kriechende Wildnis unbefriedigter Wünsche ... Willst du auch so sein?«

»Nein. Aber ich liebe auch keinen Gott. Ich liebe einzig und allein Edine. Ich erstrebe ewiges Leben, damit wir für immer beisammenbleiben können.«

»Aber hier gehst du das Risiko ein, den Tod zu finden, statt Leben!«

»Vielleicht brauchen wir dich, Matthias. Damit du uns zeigst, wie es getan werden kann, ohne die Unterwelt herauszufordern. Du kennst die Details, du weißt, wie der Ritus ablaufen muß ...«

»Es birgt unabsehbare Gefahr! Eine Zusammenballung von Macht und Kräften! Es könnte keinen schlimmeren Ort dafür geben!«

»Wir brauchen dich, damit du uns zeigst, wie man das Ritual gefahrlos durchführen kann. Denn stattfinden wird es auf jeden Fall! Hier! Unter Lycias' Tempel.«

Matthias konnte diese Tollkühnheit nicht verstehen, diese Arroganz, diese bewußte Verachtung der Vernunft!

»Bist du völlig wahnsinnig? *Warum?* Warum hier?«

»O Matthias! Dann weißt du also doch nicht alles. Es ist ganz einfach, absolut logisch! Wir führen den Ritus hier durch, weil wir in die Fußstapfen des Meisters treten. Wußtest du das nicht? Hier hat Lefevre den ursprünglichen Ritus durchgeführt. Hier ist alles schon einmal geschehen, hier hat Lefevre den Benu eingefangen, damit Lycias Mariana ewig lieben könnte.

Hier, am Lyciastempel, hat es stattgefunden. Über dem Portal. Wo wir jetzt stehen.«

Nötigung

Imbert und Edine hatten Matthias in das Gemach mit den weichen Teppichen und geschnitzten Möbeln zurückgebracht. Sie stellten Essen, sowie Wein und Wasser für ihn auf den Tisch, dann verschlossen sie die Tür hinter sich.

Matthias saß reglos am Tisch.

Welch ein Wahnsinn! Sie spielten mit dem Feuer, unbekümmert wie Kinder! Nur daß sie so viel wußten und wirklich schlau waren. Indem sie sich der Foska bedienten, war es ihnen gelungen, Eleanor, Phin und ihn selbst, sowie den Stab aus der Wüstenrose an einem Ort zu versammeln. Und die Rose selbst würde das Opferfeuer sein. Es könnte vielleicht sogar funktionieren, wenn sie vorsichtig genug vorgingen ... Es könnte sogar die Tore der Unterwelt aufreißen, wenn sie tollkühn genug waren.

Die wallenden Wolken verbargen den Geflügelten, den Unerschaubaren. Den letztendlichen Sieger, der die Überreste des Lebens nahm und die Fäden entwirrte. Wie ein Weber Wolle zu Fäden spinnt, so hüllt die Wolke jeden einzelnen ein und trennt das Gewirk von Erinnerungen, Gedanken und Gefühlen auf – zu Nichts.

Es war die endgültige Auflösung im dunklen Reich des Vergessens unter der Ägide eines unbekannten Gottes. Es gab keine Möglichkeit, zu dem Unerschaubaren vorzudringen, keine Riten, keine Priesterschaft, keine Gebete oder Zeremonien, überhaupt keine Möglichkeit. Sein Wesen war vor allen verbogen, für alle Zeit. Die Priester der Sonne, die Priesterinnen des Mondes waren sich in diesem Punkt einig.

Imbert war mächtig, aber seine Kenntnisse der kabbalistischen Riten waren nicht vollständig. Er und Edine hatten Matthias gebraucht, um Eleanor zurückzuholen. Und es war keineswegs sicher, daß Imbert bereits selbst eine Parid erschaffen hatte. Dieser Frage war er ausgewichen. Nur Lefevre war je imstande gewesen, Parid zu kreieren; nur Lefevre hatte je dieses schreckliche Blumenfeld unbeschadet überqueren können ...

Nur Lefevre hatte den Geheimen Ritus durchgeführt.

Imbert und Edine waren unersättlich ehrgeizig. Sie waren schlau, klug, ausgebildet, listig. Aber sie waren nie in die mystischen Tiefen vorgedrungen, hatten nie alles aufgegeben, um der Liebe eines Gottes oder einer Göttin willen. Wie könnten sie auch, da sie einander liebten? Ihnen mangelte es an unerschütterlicher Zielstrebigkeit.

Matthias fand sich in einem doppelten Dilemma. Sie wußten nicht alles; sie hatten ihn gebraucht, Eleanor aus ihrer Welt zurückzuholen. Aber weil sie nicht alles wußten, würden sie Matthias wieder brauchen – um den Benu einzufangen. Ohne Matthias war die Gefahr groß, daß alles aus den Fugen geraten und die Macht entfesselt würde, die jenseits dieses Affodilfeldes lauerte. Er konnte diese Möglichkeit aus Imberts Stimme hören. Imbert gefiel diese Vorstellung beinahe ...

Es könnte sein, daß sie den Unerschaubaren auf die Welt losließen. Falls der Ritus versagte, würde das geschehen.

Matthias war an diesem Abend nicht auf Weard vorbereitet. Die Tür schwang auf und krachte gegen die Wand. Er hörte den Tisch umkippen und das Klirren von zerbrechendem Porzellan und Glas.

»Verdammt, Magier, du wirst es tun! Der Ritus hängt von dir ab ...« Prankenhände hoben ihn vom Bett, schnürten ihm die Kehle zu. Weards Atem roch nach Alkohol, seine Zunge war schwer. Er hatte die Beherrschung über sich verloren.

Matthias versuchte ihn zu beruhigen. Er sprach besänftigend auf ihn ein. Der Tod ist nicht das Schlimmste, was passieren kann; du bist noch jung; die Gefahren des Ritus sind viel größer als jeder mögliche Gewinn ... Doch nichts, was er sagte, brachte Weard zur Vernunft.

»Ich war unten. Ich habe gesehen, was dort lauert!« Weards Stimme war nicht nur schrill vor Wut. Auch Furcht und Schuldbewußtsein schwang in ihr. »Du wirst mich da herausholen! Ich habe nicht vor, mich diesem ... Ungeheuer dort unten zu stellen. Du wirst den Ritus ermöglichen und mir ewiges Leben verschaffen!«

Seine Stimme schwoll. Matthias bemühte sich weiterzureden, langsam, bedächtig, aber was konnte er dieser Gier nach Unsterblichkeit, dieser Furcht vor der Auflösung entgegensetzen? Er stand mit dem Rücken zur Wand, wappnete sich, töricht zitternd, und wartete, daß Weard begann.

Matthias wußte, was geschehen würde. Weard war nicht

subtil. Er hörte ein schwaches Knistern in der Luft. Jetzt würde Licht um den Spiralstab wirbeln und stärker werden. Weard murmelte unaufhörlich vertraute, gefährliche Worte.

Matthias verhielt sich ganz still. Seine Arme hingen schlaff an den Seiten herab. Er konzentrierte sich, versetzte seinen Geist in eine Zuflucht, fern von diesen häßlichen, schrillen Worten, dem Zischen bösartiger Macht aus dem Stab. Es war unwesentlich, nicht wichtig.

Er konnte das grüne Glühen zwar nicht sehen, das von der Spirale durch die Luft auf ihn zusprang und sich um ihn wand, aber er fühlte es.

Er schauderte, gab jedoch keinen Laut von sich. Der Stab war stark, eine Waffe purer Macht; glücklicherweise war Weards Geist in seiner Benutzung weder ausgebildet noch geschickt. Matthias kam dagegen an. Er spürte, wie die Lichtspirale zu schwanken begann, ihre Form verlor, sich auflöste und verschwand.

Weards Stimme war tief und heftig. »Wie kannst du es wagen, dich zu widersetzen, Magier Matthias? Warum weigerst du dich jetzt? Du warst doch bisher bei allem dabei. Du hast das Mädchen zurückgebracht, oder nicht? Nichts von all dem würde geschehen, wenn sie nicht hier wäre. Du steckst vom Anfang an in dieser Sache und wirst bis zum Ende mitmachen müssen! Du wirst bezahlen ...«

Matthias fühlte, wie ihm die Kontrolle wieder entglitt.

Weard hatte ausgesprochen, was Matthias quälte. Der Weise war für immer und unabänderlich von Schuld gezeichnet, weil er sich damit einverstanden erklärt hatte, Eleanor zurückzuholen.

Dunkle Schatten wisperten jenseits der Schwelle seiner Hörgrenze. Wir kommen, drohten sie.

Er verstand jetzt, woher das Grauen rührte, das in Weards Stimme schwang. Weard hatte die Karawane in den Tod geführt. Er wußte, was Schuld bedeutete. Mit tödlicher Sicherheit hatte er auf Matthias Gewissensqualen gezielt.

Die Schatten waberten, bereit, sich niederzulassen. Eine Lichtspirale bohrte sich in seinen Körper, drang glühend Nerven und Sehnen entlang. Es spielte keine Rolle, denn die

Kinder waren so nahe. Trotzdem erbebte sein Körper heftig, bäumte sich gegen die Kraft der Spirale auf, und ein tiefes Stöhnen entquoll seinen Lippen.

Unerbittlich fuhr Weard fort: »Du weißt, was du ihr angetan hast, was sie hier erwartet, nicht wahr? Sie wird natürlich das Opfer sein, und das wird den Benu herbeilocken. Er muß kommen, wenn Eleanor Knight das Ritusopfer ist, weil sie ihn einmal befreit hat. Er steht in ihrer Schuld ...«

Ein kreischender Schrei. »Jeder bezahlt, es gibt kein Davonlaufen. Die Falle hat längst zugeschnappt! Wer etwas tut, muß *bezahlen*!«

Matthias hatte das Gefühl, daß die Spirale seine Arme und Beine auf schreckliche Weise verdrehte. Er rang um seinen Verstand, der sich aufzulösen schien, versuchte sich an Abwehr- und Meditationsmethoden zu erinnern, irgendeine Zuflucht zu finden, ein sicheres Fleckchen, von dem aus sein Geist unbeeinflußt von den Martern seines Körpers beobachten konnte.

Aber er hatte weder Stab noch Augen, keinen Einfluß, keine Macht, keine Weisheit, keine Geschicklichkeit. Die Kinder warteten auf ihn. Er wurde nun von seiner Verwundbarkeit, seinem Schuldbewußtsein geschlagen. Er hatte Eleanor hierher zurückgeholt. Und er hatte die Zukunft gesehen.

Was konnte er tun, das zu verhindern. Gab es überhaupt einen Ausweg?

Die Falle war zugeschnappt. Er erinnerte sich, an seinen Blick in die Zukunft, als sie noch unter freiem Himmel gewesen waren: an Eleanors gequälte Züge, an den Falken, der in die Flammen stürzte, an das Ende aller Hoffnung. Und an die gierigen Schatten, die sich erhoben, sich an die Lebenden hefteten, auf ihn warteten.

In schwärzester Verzweiflung verlor Matthias den Willen, sich zu widersetzen. Was würde es nutzen?

»Wo sind wir?« Etwas später, nachdem sie sich in dem schäbigen Zimmer wieder geliebt hatten, stand Thurstan auf und ging über den staubigen Dielenboden zum Fenster.

Sein Blick wanderte über eine langweilige Seitenstraße mit ein paar Läden, einem Flickschuster, einer Bäckerei, einer Apotheke ... Doch nirgendwo eine Menschenseele. Die Auslagen waren leer, die Türen standen offen. Überall war Unrat, Papierfetzen, die dem grauen Pflaster ein bißchen Farbe verliehen.

Er drehte sich wieder zu der Frau auf dem Bett um. Sie beobachtete ihn.

»Ich kenne nicht einmal deinen Namen«, sagte er.

Sie lächelte ihn an. »Eine etwas verspätete Vorstellung, findest du nicht?«

Er setzte sich neben sie, strich ihr dunkles Haar aus dem Gesicht. »Vielleicht ... Ich heiße Thurstan Merauld. Ich weiß nicht, wo wir sind.«

Vor dem Fenster herrschte seltsames Zwielicht, anders als Sonne oder Mond oder Dämmerung. Eher ein schwaches künstliches Licht, das stumpf auf alles fiel.

»Wir sind tief unter der Erdoberfläche«, sagte sie und streichelte seine ausgestreckte Hand. »Es gibt viele Stockwerke, und jedes hat seine eigene Art.«

Sie hielt inne und blickte in seine harten, klaren Augen. »Mein Name ist Lily Herrys. Meinen Beruf kennst du. Was möchtest du noch gern wissen?«

Er starrte in ihre großen dunklen Augen, auf den leicht geöffneten Mund mit den weißen, gleichmäßigen Zähnen, die in dem trüben Licht schimmerten, und konnte sich nicht vorstellen, was sie meinte.

»Ich – ich hatte ein paar Freunde bei mir«, sagte er schließlich. Es fiel ihm schrecklich schwer, sich zu erinnern. »Wo sind sie?«

»Keine Ahnung. Wer sind deine Freunde?«

Doch als er ihre Namen nannte, zu beschreiben versuchte, wer sie waren, woher sie kamen, schien ihm die Erinnerung an sie zu entgleiten, in einer unwichtigen Vergangenheit zu versinken.

Sie brachte ihm Kaffee, während er redete, und er trank ihn sofort. Der Kaffee war heiß und aromatisch, aus einem Kessel auf einem primitiven Ofen neben dem Frisiertischchen.

Der Kaffee vertrieb die letzten Erinnerungsfetzen. Er trank ihn, während er auf einem zerknüllten Bett in einem fremden Haus an einer unbekannten Straße in irgendeiner Stadt saß, und er war unendlich zufrieden.

Die Frau war schön und warm und zärtlich.

Er beschloß zu bleiben. Wo hätte er hingehen sollen?

Verrat

Der Mann auf dem Bett regte sich nicht. Nur das unendlich schwache Heben und Senken seiner Brust verriet, daß Matthias Marling noch lebte – und seine leise Stimme.

»Es hängt von der Reihenfolge ab. Ihrer Synchronizität. Euer Verstand muß klar sein, damit ihr die Strukturen erkennen könnt. Dafür sind die Anrufungen. Es sind nicht wirklich Beschwörungen, sondern im Grund genommen eine Technik, den Verstand von allem anderen zu befreien.«

Das Sprechen fiel Matthias in seiner ungeheuren Erschöpfung unendlich schwer. Weard stand gierig lauschend neben ihm.

»Hat es einmal begonnen, kann es nicht unterbrochen werden. Es könnte mißlingen ...«

»Das wird es nicht!«

»Nun, wie gesagt, vor dem Ende wird es nicht aufhören. Eine solche Ansammlung von Macht an einem Punkt muß ihrem eigenen Lauf folgen. Sie kann nicht mehr aufgelöst, sondern lediglich innerhalb des Ritus unter Kontrolle gehalten werden.«

Die Stimme war immer schwächer geworden und verstummte nun. Imbert, der an der anderen Seite des Zimmers stand, stieß Verwünschungen aus.

»Verdammt, Weard, du hast ihn fast umgebracht! Du und

dein verfluchter Stab ... Du warst nahe daran, das Ganze zu zum Scheitern zu bringen ...«

Matthias plagte sich fortzufahren. »Und das Opfer – Eleanor ...« Er unterbrach sich. Wie konnte er das nur tun! Wie weit war es mit ihm gekommen!

»Sprich weiter, Matthias«, bat Imbert eindringlich.

»Sie braucht nur passiv zu sein, nicht unbedingt einverstanden. Es ist nicht nötig, Gewalt anzuwenden. Mit Drogen ginge es, solange sie sich nicht wehrt, denn das könnte ablenken, den Rhythmus stören ...«

Die müde Stimme flüsterte weiter, gab Anweisungen, erklärte, skizzierte einen Plan, der die große Liebe seines Bruders in tödliche Gefahr führen würde.

Verrat und Niedertracht, wabernde Schatten hinter den Schultern, das war alles, was Matthias Marling geblieben war.

Später stand Weard an der offenen Tür von Eleanors und Phins Zelle und lachte.

»Ihr seht also«, sagte er, »wie außerordentlich hilfreich Matthias ist. Es wird jetzt nicht mehr lange dauern ...«

Immer noch lachend verbeugte er sich ironisch. Eine Meute Läufer huschte in ihr Gefängnis und hielt die Tür zu, bis sich außen ein Schlüssel im Schloß drehte.

Die Läufer waren ständig um sie und versorgten sie mit nicht sonderlich wohlschmeckenden kleinen Mahlzeiten. Es war immerhin genügend klares, frisches Wasser da. Hin und wieder wurden Phin und Eleanor den Korridor entlang zu einer Art öffentlichem Badehaus geleitet. Überraschenderweise war auch dort das Wasser rein. Das war dem Baby zu verdanken, meinte Phin, das die ausgetrockenten Flüsse und Bäche der Stadt mit seiner Magie eine Weile wieder zum Fließen gebracht hatte. Sie wurden nicht schlecht behandelt.

Sie hatten angefangen, das Feuer vorzubereiten, hatte Weard hämisch erzählt. Eine gewaltige Feuersbrunst, die von kleineren Feuern überall rund um die Wüstenrose entzündet werden sollte. Sie probten unter Matthias' Anleitung den Geheimen Ritus in seiner ganzen Komplexität. Es sollte ein Opfer dargebracht werden. Der Benu würde wieder eingefangen werden, und dann konnten sie für immer leben.

Ewiges Leben, ewige Macht!

Nachdem er gegangen war, sagte Eleanor zu Phin: »Ich kann es einfach nicht glauben! Er ist Lukas' Bruder! Wie kann Matthias das nur tun? Wie kann er mit diesem grausamen Burschen zusammenarbeiten? Wie kann er den Benu wieder einfangen wollen? Wie kann er es überhaupt nur *versuchen*?«

»Wir müssen uns darauf verlassen, daß Matthias weiß, was er tut.«

»Aber er ist nicht mehr der alte! Es hat etwas mit seiner Blindheit zu tun und daß er dadurch die Zukunft sieht. Er hat nicht einmal mehr einen Stab!

»Matthias' Kräfte haben nichts mit seinem Augenlicht oder einem Stab zu tun. Er ist über solche Hilfsmittel hinausgewachsen. Er verfügt nun über Kräfte, die wir nicht verstehen. Wir müssen ihm vertrauen.« Blythe schien von dem, was er sagte, überzeugt zu sein. Sein Blick wanderte müßig über die Kritzeleien an den Wänden. »Matthias spielt ihnen etwas vor, dessen bin ich ganz sicher. Nie würde er ihnen helfen, eine neue Stasis zu errichten. Bedenk doch, was er getan hat, um die Stasis zu brechen!«

»Du hast mehr getan!«

»Es war kein Wettkampf.« Er hielt kurz inne. »Hör zu, Eleanor, Matthias ist unendlich mächtig, unendlich weise. Er hat ganz bestimmt einen Plan.«

»Wieso nimmst du das an?« Sie beobachtete ihn neugierig. Obwohl sie beide so viel durchgemacht hatten, traute sie seinem Urteilsvermögen.

»Es ist nicht leicht zu beschreiben. Man sollte meinen, ein geblendeter Magier ohne Stab würde sich aufgeben, würde schlimmer als nutzlos werden. Matthias hat sich sein Leben lang auf seine Augen und seinen Stab verlassen, und trotzdem, denk doch, was er jetzt ist ...«

»Schwierig und verbittert«, erwiderte Eleanor mürrisch.

»Aber nicht niedergeschlagen. Nicht ohne Ideen und Pläne ...«

»Nein, offenbar nicht. Und er kennt die Zukunft, aber er will mir nicht sagen, was sie bringt ...«

»Dafür hat er sicher gute Gründe. Ich habe den Eindruck gewonnen, daß er diesen Blicken in die Zukunft nicht immer traut. Vermutlich sind sie Änderungen unterworfen.«

Es war wie ein Hauch frischer Luft, sich jetzt mit Phin zu unterhalten. Eleanor spürte, wie ihre Zweifel und Ängste schwanden.

Er hat sich verändert, dachte sie. In jeder Beziehung. Physisch sah er entsetzlich aus, erschöpft und ausgemergelt durch die Schatten; verkrüppelt durch die Narben seiner Linken. Doch die größte Veränderung hatte nichts mit seinem Aussehen zu tun. Er strahlte eine Sicherheit aus, eine Stärke, die über gewöhnlichen Mut hinausging. Als hätte die Erfahrung mit den Schatten all seine Schuldgefühle und Furcht zu etwas Ungewöhnlichem geläutert, zu etwas, das sie nicht deuten konnte. Er schien alles mit einer erstaunlichen Klarheit zu sehen, und seine Stimme verriet eine ungewöhnliche Ausgeglichenheit.

Während in ihr die Gefühle wild tobten, von Freude zu Leid schwankten und alle Nuancen von Schuldbewußtsein, Ärger, Liebe und Furcht durchtobten. Sie war besessen von dem Bedürfnis, Lukas zu suchen, und gleichzeitig hatte sie schreckliche Angst vor dem, was sie vielleicht finden würde. Matthias hatte so viele halbverborgene Andeutungen gemacht, daß es nicht gutgehen würde, daß ihre Nerven am Zerreißen waren.

»Phin, glaubst du – meinst du, daß Lukas auf mich warten wird?« Ihre gegenwärtige Lage – sogar die ruhelosen Formen der Läufer rundum – wurde unwichtig.

Blythe dachte nach. »Als Lukas dich an jenem Berghang für tot gehalten hatte, kurz vor dem Ende, erkannte ich, was er durchmachte. Es war das gleiche, was ich empfand, als Karis starb. Das ist nichts, was sich so leicht überwinden oder vergessen läßt. Deshalb denke ich, daß er auf dich warten wird, Eleanor.«

Sie wollte es glauben; sie wußte, daß er einfühlsam und vernünftig war. Aber ihr eigener Kopf schien voll Watte zu sein. Was ist, wenn Lukas glaubt, daß ich auch tot bin? Was ist, wenn er, genau wie ich, zu etwas anderem überlistet wird?

Obwohl ihre Zelle nicht kalt war und Phin voll Zuversicht sprach, fröstelte sie.

Rache, sagte Lycias. Ich werde mich rächen.

Hatte er der Rache noch nicht genug? (*Ich habe erst angefangen*, erinnerte sie eine bohrende Stimme. *Ich habe erst angefangen ...*)

Phin legte den Arm um sie. Sie hätte am liebsten geweint. »Du weißt doch, daß es hier nur eines gibt, das wirklich wesentlich ist?« sagte er. »Daß das Kind Coron frei ist und auf einem Arraratfalken fliegt. Es gibt keinen Grund, jetzt aufzugeben. Das Kind ist frei. Der Benu ist frei. Es besteht Hoffnung!«

Sie schmiegte den Kopf an seine Schulter und legte die Hand über die Narben an seinem linken Handgelenk. Aber ihre Gedanken folgten den immer gleichen Bahnen. Matthias kann die Zukunft sehen, und er sagt nichts.

»Wir müssen wissen, wie groß sie ist, wie weit die Wüstenrose sich bereits ausdehnt.«

Matthias' Stimme war nur wenig stärker. Edine hatte ihm Arznei gegeben, die allerdings nur wenig geholfen hatte. Seine Kräfte und seine Hoffnung schwanden in gleichem Maß. Er erkundigte sich nicht mehr nach Eleanor und Blythe, auch nicht danach, was mit Thurstan geschehen war. Unter so vielen Lügen und Täuschungen war es einfacher, sich ganz auf das zu konzentrieren, was sie von ihm verlangten. Er wollte sich nicht wieder an die Zukunft erinnern. Er beantwortete ihre Fragen, hörte sich ihre Ideen an, korrigierte ihre Theorien und gab ihnen Anleitungen für jeden Schritt des Geheimen Ritus.

Die Kinder waren an ihm vorbeigezogen. Sie warteten auf jemand anderes, eine andere schuldbeladene Seele. Er wußte nicht, wer sie sein würde, und er hatte keine Kraft übrig, sich darüber Gedanken zu machen.

Ganz im Bann des Ritus fiel Imbert die Gleichgültigkeit in Matthias' Stimme nicht auf. Er blickte die schmächtige Gestalt, die reglos auf dem reichverzierten Diwan lag, nur flüchtig an und zuckte mit den Schultern.

»Schwer zu sagen. Meilen. Zehn, zwanzig, wer weiß?«

»Sie muß völlig von Feuer umringt sein. Es darf sich keinerlei Wasser in der Nähe befinden. Wir müssen ihren genauen Umfang kennen. Weard oder sonst jemand muß ihn feststellen. Er muß an die Oberfläche und sich umsehen.«

»Auf keinen Fall Weard. Die Wüstenrose hat ihm den Verlust einer ihrer Gliedmaßen bestimmt nicht verziehen. Und sonst gibt es niemanden. Die Rose kann Läufer und Foska lenken. Was ist mit deinem Arrarat?«

»Amery trägt nur mich.« Eisige Angst griff nach ihm. Sie würden ihn nach oben schicken, dann würde er wieder die Zukunft sehen.

»Dann mußt du es eben tun«, sagte Edine.

»Was würde das nützen? Ich kann nichts sehen.«

»Du wirst die Augen des Arrarats haben. Du wirst es tun!«

Woher wußten sie von dem Band zwischen Arrarat und Reiter?

»Ich kann nicht hinauf!« Er schauspielerte jetzt nicht. Schweiß perlte auf seiner Stirn. Er ballte die Fäuste und suchte nach einem Argument, das sie akzeptieren würden. »Die Foska würden uns sofort überfallen!«

»Dann müßt ihr eben vorsichtig sein«, entgegnete Imbert ungerührt. »Matthias, ich glaube, du willst nicht einsehen, daß der Ritus *stattfinden wird*. Und er wird gelingen. Das weiß ich genau, ebenso wie du es weißt!«

Dann kannst auch du in die Zukunft sehen, Imbert? dachte Matthias. Dabei bist du nicht geblendet, nicht in blindem Fleisch gefangen. Wie kannst du dich auf deine Vision verlassen? Oder ist es nur ein Bluff?

Imbert fuhr fort: »Ich fürchte, ich werde Miss Knight als Bürgen für deine Mitarbeit in dieser Sache nehmen müssen.«

Ob Visionär oder Scharlatan, diese Worte waren ernst zu nehmen. Matthias übertrieb seine Schwäche, versuchte Imbert umzustimmen, aber vergebens. Und wenn sie auch nur ein Teil des Ritus durchführten, mußten sie es wissen.

Das Feuer mußte die ganze Rose verschlingen. Würde selbst nur das geringste verschont, wäre es schlimmer als nutzlos. Sie konnten es sich nicht leisten, die Wüstenrose, den Großen Magier Lefevre, lediglich zu verwunden. Sie mußte völlig vernichtet werden.

Am dritten Tag, nachdem sie das erste Mal ins Reich des Unerschaubaren Gottes gefallen waren, flog Matthias auf Amery, seiner neuen Falkin, ins Freie. Sie segelten hoch über der Wüste, hoch über dem üppigen Rosendschungel.

Amery zeigte ihm schlängelnde Ranken, fächelnde Stengel, Dornen und Wurzelsprossen. Der tiefe Schatten im Herzen dieses Dschungels beherbergte keinerlei Tiere, keine Schmetterlinge, keine Schlangen. Keine Vögel sangen in den grünen Zweigen, keine Mücken tanzten im Sonnenschein der Lichtungen.

Blumen, kleine weiße und scharlachrote Blüten, ragten überall in die Luft. Matthias erkannte sie als Augen, die Ausschau nach Beute hielten. Aber in der Mitte hob sich eine gewaltige Blume mit leuchtender Blüte über den Dschungel und folgte mit der Neigung ihres Kopfes unentwegt der Sonne über den Himmel.

Auch sie hatte Augen, blasse, wilde Augen, tief in ihrer Mitte, knapp über der gähnenden Öffnung, die ihr Mund war. Eifrige Ranken fütterten den breiten Rachen, reichten die Kadaver unvorsichtiger Eidechsen und Wüstenratten meilenweit heran. Unentwegt wuchs die Wüstenrose, breitete sich immer weiter aus.

Je mehr Raum sie beanspruchte, desto größere Teile trockneten unter der glühenden Sonne aus. Es gab nicht genug Wasser, den Durst einer Pflanze dieser Größe zu stillen. Ganze Morgen innerhalb der Pflanze waren dürr, und Zweige brachen unter ihrem eigenen Gewicht. Wo ihr Holz abgestorben war, würden von unten Feuer entzündet werden.

Foska flogen dicht über ihre Oberfläche und wagten sich in ihrer Suche nach Nahrung für sie weit in alle Richtungen. Sie überfielen Nomadenlager, stießen die Krallen in ihre Opfer und schleppten die Schreienden zum Zentrum der Rose.

Amery flog in größerer Höhe und achtete darauf, den Augen sowohl der Foska als auch der Blume zu entgehen.

Allein mit den Augen hätte Matthias keine Einzelheiten zu erkennen vermocht, doch jetzt war seine Sicht die eines Arraratfalken, der eine Maus in einem Feld aus größter Höhe sehen konnte.

Imbert hatte gut geschätzt. Ein Durchmesser von zwanzig Meilen hatte er gesagt. Zwanzig Meilen fleischfressenden, gierigen Dschungels, unterbrochen von größeren Gebieten abgestorbenen Holzes. Matthias fragte sich, inwieweit die Rose noch über die Kräfte eines Magiers verfügte. Ob sie Truggestalten erschaffen und Parid lenken konnte. Ohne Zweifel hatte sie noch die Kontrolle über die Foska.

Matthias konzentrierte sich auf Amerys Sicht, auf das Flugmuster der Foska. Er wollte die Zukunftsvisionen ausschließen, die das Leben im Freien so qualvoll für ihn machten.

Trotzdem sah er Szenen von Verzweiflung und Tod.

Ein tosendes Feuer und einen Falken, der hinabstürzte ...

Nur wußte er nicht, ob es unabänderlich war oder eine von mehreren Möglichkeiten.

Amery glitt kraftvoll und gleichmäßig dahin, und der heiße Wüstenwind blies durch Matthias' Haar. Die Rose war nur ein beweglicher Fleck tief unten am Wüstensand. Der Flug durch den Himmel machte auch seine Gedanken frei, ließ seinen Verstand in neue Höhen der Vorstellung gleiten.

Wie genau sind Erinnerungen? Gibt es eine Wahrheit, die frei ist von Gefühlen und Zwängen? Selten, dachte er und klammerte sich an einen Hoffnungsschimmer. Vielleicht war trotz allem noch nichts wirklich entschieden. Vielleicht war das, was er sah, nur wahrscheinlich oder möglich. Er durfte sich davon nicht lähmen lassen.

Auf diese Weise versuchte Matthias seinen Geist vor den bestürzenden Visionen der Zukunft zu verschließen. Aber er war nicht sehr erfolgreich.

Er strich über das warme Gefieder und notierte sich in Gedanken die Maße des monströsen Dschungels, das Muster der kriechenden Ranken, die Verteilung der Todesengel über seinen Grenzen, die Gebiete des dürren und abgestorbenen Holzes.

Verzweifelt und taumelnd vor Schwäche teilte er Edine und Imbert nach jedem Flug die erforderliche Information mit.

Drei Tage beschrieb er den Grundriß und hörte den zweien zu, wie sie den Läufern und den wenigen Überlebenden der Karawane Anweisungen erteilten. Nachts, während die Foska schliefen, huschten Läufer hinauf und ertasteten die toten Bäume der Alleen von Smintha und der Olivenhaine entlang des kahlen Tales der Weißrute. In der unterirdischen Stadt schafften sie alles aus den Häusern, was aus Holz war, auch Papier und Stroh. Gewaltige Holzhaufen wurden in den Tunnels aufgeschichtet und mußte nur noch angezündet werden.

Matthias durchforschte sein Gedächtnis nach obskuren Einzelheiten des Geheimen Ritus, durch den der Benu gefangen werden sollte. Er mußte selbst in den geringsten Details absolut richtig durchgeführt werden. Das Feuer würde den Kontext für eine sorgfältig ausgewogene Sequenz von Ereignissen bilden. Er besprach es mit Imbert und Edine, diskutierte jeden Zug, jede Berechnung, jede Windung der großen Spirale.

Etwas behielt er für sich, doch mit der Zeit erschien es ihm zusehends aussichtsloser.

Widerwillig wuchs sein Respekt vor Weards Intelligenz. Er hatte ein beängstigend gutes Gedächtnis, verfolgte unbeirrbar sein Ziel und war überzeugt von seiner Fähigkeit und seinem Plan, den Vogel der Zeit gefangenzunehmen.

Und es würde funktionieren. Imbert hatte recht. Der Geheime Ritus würde stattfinden und der Benu wieder eingefangen werden.

Und es würde alles Matthias' Schuld sein.

Frühjahrsflut

Die erste der drei höchsten Flutwellen toste an diesem Abend heran. Felicia beobachtete sie durch die hohen Fenster eines vornehmen Hauses.

Mittelson war nicht da. Er hatte sich mit Serethrun zur Bucht des Marqun begeben. Sie beabsichtigten von der Klippe aus die Zeremonie zu beobachten, die stattfinden sollte. Mittelson wollte herausfinden, was die Seelords planten; was Ladon bei der höchsten Flut am nächsten Abend tun würde. Er glaubte, daß dann alles entschieden würde.

Er täuschte sich.

Kester und Annis tanzten im Ballsaal ihrer gegenwärtigen Zuflucht. Vere Holtby machte Musik für sie auf seiner Flöte, und zwei andere Männer standen an der Tür und schauten zu. Beide trugen ein Messer in ihrem Gürtel. Die Spiegelwände zeigten die beiden unbewegten Männer und das lachende schöne Paar, das den Tanzboden ganz für sich hatte und sich im Walzertakt auf dem Parkett drehte.

In dieser Nacht hatten sie das palastähnliche Haus für sich. Sein Besitzer hatte es für die Dauer der Frühjahrsflut verlassen und sich mit seiner Familie auf Einladung Torolds, mit dem er gut befreundet war, auf die Burg begeben. Die gesamte Dienerschaft hatte er mitgenommen.

Das Haus war riesig und leer. Die prunkvollen Säle der beiden unteren Stockwerke blickten auf Stadt und Meer. Es hatte Balkone und Treppen zum Garten, der von wirbelndem grauem Hochwasser überschwemmt war.

Es gab auch einen Dachgarten, dem Lord Torolds nachgeahmt, mit Nadelbäumen und Immergrün, der in der feuchten Luft nach Fichtennadeln duftete. Für blühende Pflanzen war es noch zu früh.

Felicia wandelte auf der langen Galerie umher. Sie hatte nicht viel Energie, irgend etwas zu tun, aber passiv zu warten ertrug sie nicht. Vere Holtbys Flöte trillerte hinter der geschlossenen Flügeltür, und Annis lachte scheinbar unbeschwert.

Doch Felicia lauschte nur dem Wasser, das gegen die Grundmauern spülte und immer höher stieg.

»Schließ doch das Fenster«, riet der Mann, dessen wahrer Name Lukas Marling war. Er saß in einem Sessel am Kamin und blätterte in einem Buch auf seinem Schoß.

Sie blieb still am Fenster stehen und blickte auf den Schein der Lampen, der auf das Wasser fiel. Ausnahmsweise regnete es momentan nicht.

»Ich möchte wissen, wie hoch die Flut ist«, entgegnete sie. Wieviel Zeit ich noch habe, meinte sie.

»Olwyn sagte, daß heute nacht nichts zu befürchten ist. Er wird mehr wissen, wenn er zurückkehrt. Wir werden auf die höchste Flutwelle vorbereitet sein.«

Aber sie wußte, daß man sich darauf nicht vorbereiten konnte, nicht auf die steigende Flut, die ins Herz der Stadt vordringen würde – und nicht auf das, was sie mit sich tragen würde.

Er stand auf und stellte sich neben sie, blickte mit ihr über die Stadt.

»Felicia«, fragte er nach kurzem Schweigen, »möchtest du heute nacht auf Astrella reiten?«

»Deine Arraratfalkin reiten? Könnte ich das denn?«

»Sie würde gern mit dir fliegen.«

Felicia hatte die Gedankenverbindung vergessen. »Warum?« fragte sie erstaunt.

Er zuckte mit den Schultern und blickte noch einmal aus dem Fenster. »Es ist etwas sehr Beruhigendes, einen Arrarat zum Freund zu haben.«

Damit hatte er natürlich recht. Sie stellte sich vor, wie die gewaltige Falkin mit ihr hoch über dem klammen Griff der

See dahinflog. Astrella würde sie außer Gefahr bringen, aus der Reichweite von Ladon.

»Jetzt gleich?« fragte sie mit großen Augen.

Er lächelte ganz leicht. »Warum nicht? Komm, Felicia.«

Er führte sie durch weite, hallende Korridore und die Treppe zum Dachgarten hinauf. Sie sicherte die Spange ihres Umhangs, als sie in den Wind hinaustraten. Es war kalt, aber sie bemerkte es kaum.

Astrella mit den warmen, intelligenten Augen wartete dort.

Ohne zu zaudern, obwohl sie ein derartiges Geschöpf noch nie zuvor aus der Nähe gesehen hatte, trat sie vor die Falkin und schlang die dünnen Arme um ihren Hals.

Einen Moment lang spürte sie ein fremdartiges Herz neben ihrem schlagen, in einem Rhythmus, nach dem sie, ohne es zu ahnen, ihr ganzes Leben gelebt hatte.

Es war das Gleichmaß der Sterne in ihrer Bahn. Die regelmäßige Wiederkehr der Jahreszeiten; der Wechsel von Ebbe und Flut, die den Zusammenhalt für alle Liebe, alle Phantasie, alles Leben gewährten. Es hatte die Stasis überlebt. Es würde die Seelords überleben, die fanatischen Spiele machthungriger Männer. Das war etwas, von dessen Richtigkeit sie immer überzeugt gewesen war.

Es war der Grund für ihren kränkelnden Zustand. Ehe sie die Stärke der Araratfalkin gespürt hatte, hatte sie nie geahnt, was ihr fehlte, was ihr Gesundheit und Willen vorenthalten hatte. Was falsch war.

Es war dieses Gefühl der Ausgewogenheit, das durch die Stasis verzerrt worden war und immer noch durch die Seelords und ihre Magie verzerrt wurde. Eine Harmonie ohnegleichen, unsichtbar, unerkannt, ständig wechselnd, ständig in Bewegung. Der Quell aller Kraft, der dem Flug eines Falken entsprang, der noch größer als jeder Ararat war.

Des Benus, der lebte, um durch die Lüfte zu segeln. Des Benus, der starb, um wieder leben zu können.

In ihren Augen, die sich nun Lukas zuwandten, glänzten die Sterne.

»Wollen wir jetzt fliegen, Felicia?«

Er hob sie auf den Rücken der Falkin und zeigte ihr, wie sie in die Lederhalterung schlüpfen mußte. Dann schwang er sich hinter sie und legte die Arme um ihre Taille.

»Klammere dich nicht an sie, das mag sie nicht«, sagte er, und seine Stimme klang fremd.

Und dann waren sie in den Lüften, flogen dem kalten, klaren Himmel entgegen und die Sterne in ihren Augen tanzten. Nie hatte sie eine solche Macht in sich gespürt, nie zuvor war ihr ein solches Glück zuteil geworden.

Sie sah Shelt unter sich, wo schimmernde Wasserbänder durch die Straßen spülten, sah die Burg sich hoch und schmal aus der Reichweite der Flut strecken.

Jenseits davon zog der Mondschein einladend einen Pfad über das Meer.

Gewaltige Schwingen schlugen kraftvoll. Sie nahmen die Einladung an, folgten dem Mondpfad über die See außerhalb der Landspitze gen Norden.

Auf die Bucht von Marqun zu.

»Verdammt!« fluchte Serethrun Maryn leise. Er lag auf nassem Gras und spähte über den Rand einer steilen Klippe.

Mittelson an seiner Seite wußte, was er sehen würde. Er blickte statt dessen zum leuchtenden Mond.

Unten in der Bucht von Marqun hielt Ladon Hof. Sie waren alle da, Mittelsons sämtliche ehemaligen Kollegen, einschließlich sein Nachfolger Lammon, dessen Augen aufgeregt glänzten.

Ladon wogte bedächtig vor ihnen und zeigte sich in Form brechender Wellen. Gischt schäumte aus dem wirbelnden Schoß rund um ihn, und er streckte die Klauen durch fallendes Wasser. Mittelson und Serethrun entdeckten zahllose Köpfe, die vor Wut speiend hin und her schnellten. Stimmen kreischten. Allmählich verstanden die beiden heimlichen Beobachter, was er wollte. Ein Chorgesang Hunderter Stimmen brüllte Verlangen hinaus, ein unregelmäßiger Chor, den Zorn bewegte. Es gab keine Worte, aber die Bedeutung war unmißverständlich.

Meine Liebste, wo ist sie? Meine unvergleichliche Liebste mit Mondstaub im Haar, Augen grün wie das Meer – wo ist sie? Warum habt ihr sie nicht für mich gefunden?

»Fürst Ladon.« Gawne trat vor, nicht zurück. An Mut hat es ihm nie gefehlt, dachte Mittelson müde, nicht wenn sein Verlangen nach Unsterblichkeit ihn bewegte. Es würde nicht leicht werden. Gawne fuhr fort, und seine Stimme schnitt durch das Tosen des wirbelnden Wassers im Becken und den lüsternen Gesang des Drachen. »Wir wissen, wo sie ist. Sie wird bei der Morgenflut Euer sein.«

Ein Seufzen entquoll tausend Mündern. Die Wellen richteten sich auf und lehnten sich über die dürre Gestalt des Magiers.

»Was habt ihr bis dahin für mich? Die Stunden sind lange bis zum Morgengrauen ...«

Als Antwort hob Gawne eine Hand. Aus der Dunkelheit unter der Klippe kam eine zierliche Gestalt herbei, keineswegs zaudernd, nicht verängstigt oder entsetzt.

Esmond, der mit leeren Augen und schlaff herabhängenden Armen stehenblieb.

Ohne ein weiteres Wort verbeugte sich Gawne und kehrte in den Kreis der Magier zurück.

Allein und verwundbar stand Esmond da. Sein goldblondes Haar schimmerte im Mondschein.

»Nein!« Ein Verzweiflungsschrei durchschnitt die Nacht unter der Klippe. Eine zweite Gestalt kam in Sicht und griff nach Esmond.

Torold, zu allem entschlossen, mit blankem Schwert und beispiellosem Mut.

»Serethrun«, knirschte Mittelson plötzlich wütend durch die Zähne. »Wir müssen ihn herausholen. Sofort!«

Er war auf den Beinen und zog Serethrun hoch.

»Du bist wahnsinnig! Du kommst gegen sie nicht an!«

»Torold muß am Leben bleiben! Er muß Rosco als seinen Erben bestätigen, sonst bekommen wir es mit Javon zu tun!«

»Von hier aus können wir gar nichts unternehmen.« Serethrun blickte noch wie erstarrt auf die Szene hinunter, so wurde ihm nicht gleich bewußt, was Mittelson tat.

Die Augen des Magiers waren halb geschlossen, während er die Hände öffnete und einen Lichtpfad sichtbar machte.

Das Abbild eines Falken war zu sehen, der zwischen dem Bogen aus Mittelsons Fingern dahinflog.

Serethrun nahm den Blick von dem Drachen, ließ ihn über diese unendlich mächtigen Hände schweifen und dem Pfad zum Himmel folgen. Wolken teilten sich zu einem Tor, das den Mondpfad passieren ließ.

Durch dieses Tor, über den Lichtpfad flog ein echter Falke mit mächtigem Flügelschlag. Er trug zwei Reiter.

Dieser Anblick lenkte den Drachen ab. Unzählige Augen wandten sich von Esmond und Torold ab und spähten in die klare Mondnacht.

Der Falke stieß hoch vom Himmel herab. Er schwenkte in der Höhe der Klippe. Serethrun traute seinen Ohren nicht, als er Rosco mit lachender Stimme rufen hörte: »Fang!«

Stoff flatterte, und ehe er verstand, was geschah, hielt er eine Frau, eine vertraute, zerbrechliche Gestalt in den Armen.

Felicia brauchte nur einen Augenblick, den Schock zu überwinden. Sie löste sich heftig aus seinen Armen. »Wo will Rosco hin? Was hat er vor?« schrie sie Mittelson zu, dessen Hände jetzt ohne Licht waren.

Aber der Magier kletterte bereits über die Klippe hinunter zum Becken, so schnell es der nachgiebige Lehm, die vereinzelten Grasbüschel und der feuchte Fels zuließen.

»Beeilt Euch!« schrie Felicia nun Serethrun an und stampfte mit den Füßen. »Beeilt Euch, helft!«

»Bin schon unterwegs!« brüllte er zurück.

Sie blickte ihm so lange nach, bis sie sicher war, daß er sie nicht mehr sehen konnte. Dann schürzte sie ihre Röcke und rannte los.

Ladon hatte sich unten am Gezeitenbecken aufgerichtet. Als der Arrarat tief herabstieß, sprang Lukas auf den Boden, packte Esmond und warf ihn auf den Rücken der Falkin. Und obgleich Torold immer noch herausfordernd brüllte, galt sein Blick nur Esmonds leeren Augen, und er schwang sich ohne Zögern hinter ihm auf den Arrarat.

Die Falkin schwenkte und stieß mit Schnabel und Krallen um sich. Ladon heulte vor Wut auf, als gewaltige Wunden in das Muster fallenden Wassers geschlagen wurden.

Die Seelords konzentrierten sich alle darauf, vibrierende Spiralen um das Becken zu weben, um so die Falkin und ihre beiden Reiter festzuhalten.

Aber Mittelson, der ruhig hinter ihnen in der Dunkelheit stand, spann Gegenmuster mit den Händen, so verloren die Spiralen Form und Struktur. Die Falkin hob sich hoch über die Klippe und flog nach Shelt zurück.

Gawne drehte sich um und schrie: »Mittelson! Verräter! Herätischer Bastard!«

Nun wirbelten alle Magier herum und hoben ihre Spiralstäbe.

Mittelson stand mit dem Rücken zur Felswand, und seine Hände hingen hilflos herab. Gegen dreizehn konnte er nichts ausrichten. Nicht ohne Stab.

»Verschwinde!« zischte er Serethrun Maryn zu.

»Gawne!« Ein neuerlicher Ruf. Als Gawne sich mit hoch erhobenem Stab umschaute, rannte Lukas Marling unter dem blitzenden Stab vorwärts. Er war mit Magiern vertraut. Schnelligkeit und das Überraschungsmoment trugen manchmal den Sieg davon.

Gawne war durch Mittelson und den Arrarat abgelenkt gewesen, dadurch hatte seine Konzentration nachgelassen. Lukas' ganze Kraft lag in dem Stoß des Schwertes, einer schmalen, rasiermesserscharfen Klinge.

Die Spiralenkräfte benebelten seine Sinne, spannen Licht und Laut zu seltsamen, ablenkenden Strudeln. Aber die Schnelligkeit des Angriffs und die Willenskraft hinter dem Stoß waren nicht mehr zu bannen. Die Klinge drang tief in den Bauch des alten Magiers.

Der Erste Seelord erschauderte und kippte in das tiefe Becken. Schwarzes Blut färbte das wirbelnde Wasser. Und Lukas taumelte unter der Macht der ungelenkten Spiralen.

Nun schlug der Drache zu.

Da ihm seine ersehnte Beute vorenthalten wurde, nahm er die nächstbeste. Mit weit offenen Mündern zog er den benommenen Mann am Rand des Beckens in seine schleimige Umarmung.

Mit einem triumphierenden Brüllen sank er in die Tiefe zurück und nahm den sich vergebens wehrenden Lukas Marling mit sich.

Es führte ein Pfad hinunter, nicht zum Gezeitenbecken, sondern die Südseite der Landspitze hinab zu einer kleinen, felsigen Bucht. Von ihrem Gemach im Ostflügel der Burg hatte Felicia sie gut übersehen können. Sie dachte, wenn sie zur Küste hinunterkäme, könnte sie vielleicht helfen.

Sie hatte keine Ahnung, wie sie auf diese Idee kam. Noch nie zuvor hatte sie daran gedacht, von sich aus etwas zu tun, eigene Entscheidungen zu treffen. Die Gebrechlichkeit ihres Körpers war eine gute Entschuldigung gewesen.

Der Flug auf Astrella hatte alles verändert, hatte in ihr Kraft und Wissen geweckt. Als sie im Mondschein über die See geflogen war und die Wellen unter ihr beobachtete, hatte sie ein Echo tief in ihrem Körper empfunden.

Sie kannte die Gezeiten, ihren Puls und Rhythmus. Und wenn sie durch die Gegenwart Ladons verzerrt waren, konnte sie es ändern, das wußte sie nun. Gestärkt durch den Flug war sie bereit, einen Drachen herauszufordern.

Sie hörte Geschrei, ein grauenvolles Brüllen und das Tosen des Strudels an der andere Seite der hohen Felswand. Zauberkräfte zischten und sprühten gegen den Fels, als Spiralen gegeneinander krachten und Magier kämpften. Sie konnte sich nicht denken, was geschah.

Der rauhe Schrei eines Arrarats schnitt durch das Chaos. Sie lauschte diesem wilden klaren Gesang atemlos.

Und dann wußte sie, daß Ladon sich zurückgezogen hatte. Der grauenvolle Chor haßerfüllter Stimmen hatte sich unter den Wellen verloren. Das Tosen der Strudel ließ ebenso nach wie das Geschrei und das Knistern elektrischer Entladungen. Auch das Donnern der Flutwellen verebbte.

Während sie ins Meer blickte, fragte sie sich, weshalb der Drache so plötzlich verschwunden war. Sie spürte, wie er tief in die Täler des Ozeans tauchte, tief in das kalte dunkle Wasser, und die Küste weit hinter sich zurückließ. Es gab einen Grund dafür.

Er hatte jemanden mitgenommen. Eine Geisel oder ein Opfer. Was genau es war, konnte sie nicht erkennen. Ins kalte Herz des Meeres gezerrt, genau wie sie. Das durfte sie nicht dulden!

Sie trat hinaus in die Flut, entsann sich der Macht des Fluges, des Mondlichts über den Wellen, des Rhythmus der Gezeiten in ihrem eigenen Körper.

Während sie weiter hinaus in die Wellen watete, begann sie, die Flut nach Lichtmustern abzusuchen.

Sharrak

In dem Chaos nach Gawnes Tod und dem plötzlichen Verschwinden Ladons mit seiner Beute, regierte der Instinkt. Serethrun faßte Mittelson am Arm und zog ihn in die Dunkelheit unter einem Überhang der Klippe.

Eine Höhle. Er hatte keine Ahnung, ob sie irgendwohin führte. Vermutlich war es nur ein ein Spalt im Felsen, eine trügerische Sackgasse.

Aber Torold war von irgendwoher gekommen, vermutlich durch einen Geheimgang aus der Burg, abseits von gefährlichen Spiralen nicht vertrauenswürdiger Magier. Ohne Zögern tauchten die beiden Männer in die Schwärze der Höhle. Serethrun tastete sich an der Wand entlang.

Mittelson war an dem schmalen Eingang stehengeblieben und drehte die Hände in eigenartigem Muster. Seine Augen leuchteten.

»Du möchtest doch nicht, daß sie uns folgen?« entgegnete er Serethrun, der ihn ungeduldig aufforderte, mitzukommen.

Der Spalt im Felsen zog sich zusammen, und kein Lichtschimmer drang mehr herein.

»Es ist nur eine Täuschung«, sagte Mittelson leise. »Warte, Serethrun.« Das Leuchten, das Serethrun in Olwyns Augen gesehen hatte, floß zwischen die Hände des Magiers, und eine goldene Spirale warf ihren Schein auf die schwarzen Felswände.

Serethrun sah nun in ihrem Licht, daß die schmale Höhle vor ihnen tiefer in den Felsen führte. Doch die Decke wurde viel niedriger. Sie würden kriechen müssen.

Auf allen vieren tasteten sie sich vorsichtig über den unebenen Boden, was für Mittelson noch schwieriger war, da er das Licht zwischen den Fingern hielt. Immer wieder bohrten sich spitze Steine in ihre Handflächen und Knie, und manchmal gelang es ihnen nur mit Mühe, Felszacken auszuweichen, die von der Decke herab oder aus den Wänden ragten. Der kalte, feuchte Höhlengang schien eine Zeitlang aufwärts zu führen.

Serethruns Herz hämmerte. Er war von Grauen gezeichnet. Noch nie zuvor hatte er Magier kämpfen sehen, und nun konnte er die wirbelnden Spiralen nicht vergessen. Aber viel schlimmer noch war die Erinnerung an Ladon mit seinen vielen Köpfen und den gräßlichen Klauen, die Rosco gepackt und in die Tiefe gezogen hatten.

»Ist Rosco tot?«

»Ich – fürchte ja«, antwortete Mittelson leise.

Serethrun hielt einen Moment wütend an. »Was jetzt, Mittelson? Was ist jetzt mit deinen Plänen und Machenschaften, diesen hehren Hoffnungen und Träumen?«

»Es war eine echte Vision, dessen bin ich mir sicher.« Mittelson hatte ihr wirklich geglaubt: Rosco mit Felicia vermählt. Er hatte ihre Hochzeit so klar gesehen wie die Vision, die ihn zu der Bucht geschickt hatte, wo er Rosco fand. Er hatte seine Pläne ganz nach ihr ausgerichtet.

Er konnte einfach nicht glauben, daß sie falsch war.

»Wenn wir Glück haben, Serethrun – ah, da sind wir ...« Er bemühte sich, scheinbar gleichmütig weiterzureden. Als wäre nicht viel passiert. Als wäre sein Freund nicht gerade von einem Drachen geholt und seine Hoffnungen vernichtet worden.

Der Gang wurde wieder höher, bis sie schließlich in einem abwärts führenden Korridor aufrecht stehen konnten.

»Wir müssen hier raus! Felicia ist allein auf der Klippe!« Mittelson entging der Unterton in Serethruns Stimme nicht, aber jetzt war keine Zeit, darauf einzugehen.

»Wir können im Augenblick nichts für Felicia tun. Oder für Rosco ...«, sagte er bitter. Er versuchte sich zu fassen. Es gab noch so viel zu tun. »Die Hauptsache ist, daß du dich zu den Eloiern begibst ...«

»Du willst, daß sie angreifen? *Jetzt?*«

»Warum warten? Gawne ist aus dem Spiel, die Magier sind führerlos, und Torold hat seinen Esmond zurück. Mehr war nicht zu erhoffen. Eine bessere Gelegenheit wird nicht kommen.«

»Und Lammon? Er hat das Unwetter herbeibeschworen, mit dem alles begann, wie du sagtest. Wird er die Gelegenheit jetzt nicht beim Schopf packen?«

»Das lassen wir an uns herankommen ...«

»Und die Fischer? Sie wären Rosco gefolgt. Einen anderen werden sie nicht akzeptieren!«

»Wir müssen das Risiko eingehen. Sie vertrauen mir, glaube ich. Es gibt nichts, was wir sonst tun könnten, also müssen wir das beste aus der Situation machen. Du brauchst bloß dafür zu sorgen, daß die Eloier rechtzeitig zur Stelle sind, Serethrun.«

»Aber was ist mit Felicia?« Er ließ nicht locker.

Mittelson seufzte. »Was soll das, Serethrun? Es passiert ihr nichts. Niemand würde es wagen, Javons Tochter etwas anzutun, sie ist viel zu wichtig ...«

»Der Drache ...«

»Hat eine andere Beute. Sie ist nicht in Gefahr. Aber wir müssen jetzt hier raus.«

»Ihr habt einen weiten Weg vor euch.«

Die leise klare Stimme kam unerwartet. Ein Säuseln in der Luft, ein unangenehmer Geruch. Das Licht in Mittelsons Fingern flackerte. Er holte zitternd Atem. Was nun?

Eine Form wogender Schatten löste sich von der Felswand und nahm vor ihren Augen Gestalt an. Die Gestalt einer schönen Frau, von der Gold troff: von den Fingerspitzen, vom Haar; Gold, das die Form ihrer Lippen verwischte, den Ausdruck ihrer Augen verbarg.

Der Gestank nach verwesendem Fleisch drehte ihnen den Magen um. Mittelson gab das Licht in seinen Fingern auf, denn von der Kreatur vor ihnen ging ein eigenes Leuchten aus, und er wollte seine Hände frei haben. Serethrun hatte bereits sein Schwert gezückt, aber Mittelson wußte, daß es nichts nützen würde.

»Was willst du?« krächzte er mit trockenem Mund. Diese Begegnung war so unvorhergesehen wie Roscos Tod.

»Was willst *du*?« echote sie seine Worte. Ein kurzes Schweigen setzte ein, während er ihr herzförmiges Gesicht studierte, die an der Brust verschränkten Hände, den Lichtschleier, den sie nachzuziehen schien. Er erinnerte sich an Geschichten Roscos, Fieberwahngeschichten in einer kalten Küstenhöhle; an Gerüchte, die er gehört und über die er nachgedacht hatte; an verschiedene Einzelheiten aus Gesprächen mit Gawne vor langer Zeit.

»Du bist eine Parid! Eine meisterliche Gestaltwandlerin – und versessen auf Macht. Ich weiß, was du willst!«

Das Gold um sie schimmerte, flackerte, ihre Gestalt verlor an Festigkeit, wandelte sich. Während er ihr fasziniert, wenngleich vor Unbehagen, zusah, wurde sie zuerst eine junge Frau mit wallendem rotgoldenen Haar, dann ein dunkler stämmiger Mann mit Hakennase.

Schließlich, während ihr Lachen die Luft füllte, stand sie in anderer Gestalt vor ihnen.

Als großer, schwarzhaariger Mann mit blauen Augen: Jolin Rosco.

»Wir haben sein Haar gebleicht«, murmelte Mittelson. Und noch während er sprach, färbte sich das glatte Haar und wurde flüchtig blaßgold.

Aber es hielt nicht lange an. Das Gold breitete sich aus, floß über das Gesicht, löschte Nase und Lippen in einem

Schwall Säure auf und zerstörte die geschmeidige Form des Körpers.

»Ja, das war es ...«, murmelte Mittelson halb zu sich.

»Magier«, sagte sie, nun wieder in schimmernder weiblicher Gestalt. »Ein Magier könnte der Form mit seinen Kräften Beständigkeit geben.«

»Wir brauchen ihn als Führer ...«

»Ich weiß. Die Form wird genügen.«

»Du würdest Roscos Gestalt annehmen und die Aufständischen führen?«

»Als Gegenleistung für ...« Die Stimme war ätzend wie die goldene Säure, die von den Haarspitzen troff.

»Wofür? Macht, Einfluß?«

»Ja. Genau das.«

Als er in die großen Augen blickte, die so ganz ohne Falschheit und Menschlichkeit waren, erkannte er das brennende Verlangen in ihnen. Das Verlangen nach Macht, nach absoluter Herrschaft.

Er erkannte es, weil es auch in ihm steckte. Nicht offen, auch nicht von derselben Art, in der Gawne gegiert hatte oder wie Javon sie besaß. Ein Verlangen nach Einfluß hinter den Kulissen, unbemerkt, ohne daß man sich die Mäuler darüber zerriß.

Königsmacher. Das war die Rolle, die er begehrte.

Er betrachtete diese Parodie einer Göttin und ihm wurde klar, daß sich die ersehnte Macht noch erlangen ließ.

Serethrun starrte ihn ungläubig an. »Du traust dieser – *Kreatur*?«

»Es gibt keinen anderen Weg«, entgegnete er nachdenklich.

»Sie ist ein Ungeheuer! Abstoßend! Mit so etwas können wir nicht zusammenarbeiten!«

»Die Eloïer werden sterben. Die Fischer werden ohne Führer geschlagen. Die Magier werden ein neues Oberhaupt wählen, Brice Lammon, wahrscheinlich. Torold wird dieselbe machtlose Marionette bleiben. Shelt wird hilflos dem Untergang geweiht sein. Ladon wird sich Felicia holen und den Ton angeben. Möchtest du das?«

»Aber, du kannst diesem – diesem Ungeheuer nicht trauen!« Er weigerte sich, die Parid anzusehen, die am Rand seines Blickfelds schimmerte. Er würgte unter ihrem Gestank und war bleich vor Entsetzen.

»Ich halte meine Versprechen.« Ihre eigenartige, klare Stimme war ruhig. »Ich lüge nicht.«

Mittelson nickte. »Führe uns zur Burg«, bat er.

Sie schwebte zu einer Seite, und Serethrun sah einen breiteren, von Menschenhand geschaffenen Gang tiefer in den Felsen führen. Wieder beschwor Mittelson Licht zwischen seinen Fingern und leuchtete. Serethrun folgte ihm und bemühte sich, sich so weit wie nur möglich von der Parid fernzuhalten.

Sie lachte sanft, als er an ihr vorbeiging.

»Ich heiße Sharrak«, sagte sie.

Und sie wiederholte: »*Ich* lüge nicht!«

Sie führte sie durch lange, kurvenreiche Gänge, durch Höhlen voll Tropfsteinen und andere mit Tümpeln und dunklen Bächen, in denen ungewöhnlich blasse Fische schwammen. Sie mußten sich unter Überhängen ducken, steile Steigungen hinaufklettern, einem komplizierten Weg durch ein wahres Labyrinth aus Gängen folgen, aus dem sie allein wahrscheinlich nicht hinausgefunden hätten.

Mittelson hing stumm seinen Gedanken nach und weigerte sich, auf Serethruns Einwände zu achten. Es gab so viel zu entscheiden, so viele neue Faktoren in Betracht zu ziehen. Es war ein größeres Risiko als jegliches zuvor. Aber er sah keine andere Möglichkeit. Ohne Rosco oder wenigstens sein Aussehen wäre alles vergeblich. Er hoffte, sie würden nicht noch mehr brauchen.

Endlich erreichten sie die Burgverliese: Zellen hinter Gitterstäben, Oublietten und zugemauerte Türöffnungen.

»Dorthin, Serethrun.« Mittelson wies in eine Richtung. »Der Gang führt zu den Kellerräumen. Dort kommst du ins Freie.«

»Und was dann?« Serethruns Stimme klang feindselig.

»Bis zum Morgengrauen dürfte es noch zwei oder drei Stunden sein. Setz die Eloier in Marsch, solange es noch dunkel ist. Sie sollen in der Nähe des Burgtors warten, aber so, daß sie von der Kaserne aus nicht gesehen werden können. Sag ihnen, sobald wir sie brauchen, läuten wir die Glocke. Bis dahin sollen sie sich ruhig verhalten.«

»Und dann?« Das Mißtrauen war fast greifbar.

»Dann werden wir uns am Burgplatz treffen. Im Morgengrauen.«

»Wer ist ›wir‹?«

»Die Fischer, natürlich. Für wen, glaubst du, tun wir es?«

»Und *das*?« Er deutete auf das verwaschene goldene Licht, das sie aus der Dunkelheit beobachtete.

»Es ist notwendig. Kein Aber, Serethrun. Eine andere Möglichkeit gibt es nicht.«

»Nicht so schulmeisterisch, Olwyn Mittelson! Du weißt offenbar nicht, was du tust.« Serethrun entfernte sich rückwärts von ihm und wurde instinktiv immer schneller.

»Nein!« Mittelson überlegte schnell. »Hör zu, Serethrun! Warte! Ich weiß, was hier geschieht. Wenn du mir vertraust, es mich auf meine Weise durchführen läßt, gebe ich dir, was du willst.«

»Was? Was glaubst du denn, was ich will?«

»Du möchtest wissen, warum dein Vater gestorben ist. Das ist die einzige noch unbeantwortete Frage, nicht wahr? Ich werde es dir sagen, falls und wenn wir die Magier geschlagen haben.«

»Sag es mir jetzt!«

»Bring mir die Eloier in die Stadt. Das war unsere Abmachung von Anfang an. Deshalb bist du hier, deshalb hast du dich uns überhaupt erst angeschlossen. Halte deinen Teil der Abmachung, dann wirst du es erfahren.«

Warum dein Vater starb. Warum du jetzt hier bist.

Serethrun Maryn blieb stehen und blickte Mittelson nachdenklich an. Er wollte es wissen, aber er hatte auch Angst davor. Einen Moment steckte er in dieser Zwickmühle der Wißbegierde und der Angst. So war er auch in die Sache gezogen worden. Ein Fisch an der Angel der Erkenntnis.

Er hatte genug davon! Er drehte sich um und ging an dem

großen hageren Magier vorbei, der ihn nur stumm beobachtete.

»Ich schicke dir die Eloier wie versprochen – wegen der Fischer und Felicia und der ganzen Ungerechtigkeit. Aber nicht deinetwegen, Mittelson, oder wegen deiner Abmachungen und Geheimnisse. Ich will es nicht wissen. Ich sehe zu, daß ich hier wegkomme. Du kannst mit diesem – Ungeheuer allein zurechtkommen.«

Er verschwand um eine Biegung des Ganges. Olwyn Mittelson verharrte eine Zeitlang ganz still, dann wandte er sich schließlich der Parid zu.

»Versuchen wir es jetzt noch einmal«, sagte er ruhig.

Das Licht flackerte und glitzerte. Dann stand Jolin Rosco vor ihm.

»Nun, Olwyn«, fragte das Abbild bedächtig. »Geht es so?«

Die Spirale in Mittelsons Händen sorgte für die Festigkeit der Gestalt, für das Blitzen der blauen Augen, für das Lächeln der Lippen.

»Ja«, hauchte er. »Ja, ich glaube, so geht es ...«

Rettung

Felicia stand am Meeresufer und konzentrierte sich. In dieser Nacht fürchtete sie sich nicht vor der Flut. Ihre Ängste und Emotionen schienen außerhalb der Zeit an einem Ort des Friedens Zuflucht gefunden zu haben. Sie mußte jetzt handeln. Für Schwäche, Verwundbarkeit und Furcht war kein Platz.

Ladon war weit entfernt, tief in der Stille des Ozeans, fast außerhalb der Gezeiten. Sie würde sich weit hinauswagen müssen, um seine Rückkehr zu erzwingen.

Eigentlich müßte Felicia sich müde fühlen, aber der Flug auf Astrella war etwas so Außerordentliches gewesen, daß auch ihr Körper seine übliche Reaktion vergaß.

Es war eine kalte, mondhelle Nacht. Als die Flut über ihre Füße zu spülen begann und ihre Sinne noch ganz mit dem Flug auf dem Arrarat beschäftigt waren, entsann sie sich einer anderen Nacht an der Küste. Sie erinnerte sich, wie die Frau mit den schwarz beschatteten Silberaugen ihre Hand genommen und sie geleitet hatte. Jetzt leitete das Licht des Mondes sie. Es schien in glimmenden Pfaden über die rastlose See, und sie spähte über die Kräuselmuster und suchte tief unter ihrer Oberfläche.

Auf diese Weise verlor sie jegliches Gefühl für die unmittelbare Umwelt. Ihr fiel nicht einmal auf, als das Gebrüll aus der Bucht von Marqun verstummte. Ein Boot bog um die Landspitze und fuhr dicht an der kleinen Bucht vorbei. Doch sie war hinter Felsen verborgen, und niemand sah sie.

Das Boot kehrte bald mit den Magiern zurück. Sie stand inzwischen in den Wellen und bemerkte es auch jetzt nicht. Ihr Geist suchte in der stillen Tiefe.

Wasser spülte über ihre Knöchel. Die Flut hatte erst eingesetzt. Sie beobachtete das Wogen der Wellen, die auf sie zubrausten. Jedes Mal, wenn eine Welle sich aufbäumte, holte sie tief Atem, und wenn die Woge sich in tosendem Gischt hinabstürzte, atmete Felicia aus. Sie gab sich dem Rhythmus der Flut hin, wurde eins mit ihr.

Obwohl Ladon in der Flut lebte, sich an ihr stärkte, hatte sie keine Angst. Ihre ausgestreckten Hände waren schwerelos vom Mondlicht und schimmerten durch die dunkle Tiefe.

Sie fühlte die Fischschwärme, die vorsichtig am Rand des Flutbeckens schwammen. Die Gärten mit Algen und Seeanemonen, die ruhigen Bewegungen von Flundern, die über Sand schwammen, das plötzliche Hasten von Krebsen. Steine lagen dort verstreut, bedeckt mit Schnecken, Algen und Muscheln.

Sie war nun viele Faden tief unter den Wellen, folgte den Mondpfaden zur Höhle eines Seedrachen. Und da sah sie schließlich, daß Ladon mit einem Gefangenen vor ihr floh.

Sie würde dafür sorgen, daß er diesen Gefangenen aufgab. Sie hatte keine Ahnung, wer er war, ob es sich um einen

Magier oder einen Fischer handelte. Nicht eine Sekunde lang kam ihr der Gedanke, daß es Jolin Rosco sein könnte, denn sie wähnte ihn sicher in den Lüften, auf dem Rücken seines Arrarats.

Die Flut trug ihren Geist durch Fischschwärme, durch Seetangwälder. Anemomen öffneten sich, als sie über sie hinwegzog, und Korallen glühten unter ihrer Berührung. Schatten, die sich zwischen den Steinen verbargen, rührten Tentakel oder Flossen.

Im Dunkel noch größerer Tiefe glitten flache, mit Violett und Türkis durchzogene Schatten. Die Flut war Felicias Begleiter, und die Geschöpfe der See wurden erfaßt von ihrem Rhythmus, gerieten in einen ungewohnten Taumel von Licht und Bewegung.

Ladons Fährte in die Tiefe war dunkel und kalt. Das Blut und der Atem wollten stocken. Aber sie war ein Geschöpf der Gezeiten, das durch den Himmel geflogen war.

Endlich fand sie Ladon, geleitet von der Bösartigkeit seiner Gier. Er hatte sich in einer übelriechenden Höhle verkrochen und hielt den bleichen Körper eines Mannes umklammert.

Ihr Geist triumphierte. Sie zauderte nicht im geringsten. Sie kannte Ladon, seine Stärken und Schwächen. Auch sie war ihm ausgeliefert gewesen. Sie schickte ihm ihre mondgeborene Flut entgegen, und als sie ihn erfaßte, kehrte sie sie um. Er knurrte und versuchte den kalten Menschenkörper zu halten, doch die wendende Flut entriß ihn ihm. Und mit der gewaltigen Kraft ihrer Rückströmung schoß sie empor, flog durch das Wasser wie ein Vogel durch die Luft. Die Kraft des Arrarats und das Licht des Mondes beflügelten sie.

Sie war unüberwindlich.

Die bleiche junge Frau am Strand taumelte, ihre Knie gaben plötzlich nach. Sie drückte eine Hand an den Kopf und fragte sich, ob es der Wahnsinn war, der ihren Verstand mit dem Tosen des Meeres füllte. Sie schaute sich um und versuchte, sich zurechtzufinden.

Im fahlen Licht des Morgengrauens sah sie mit Entsetzen, wie ein regloser Körper an den Strand gespült wurde. Eine vertraute Gestalt blieb schlaff im Sand liegen.

Mit schmerzhaft hämmerndem Herzen rannte sie zu ihr hin und drehte sie auf den Rücken.

Er war es wirklich! Er atmete noch, aber kaum merklich. Seine Haut war blau vor Kälte, Wasser rann aus seinem Haar.

Sie schob die Hände unter seine Achseln und mühte sch ab, ihn aus der Reichweite der Wellen zu ziehen. Der Strand war steil, mit Kies und Felsbrocken übersät, und sie hatte kaum noch Kraft. Immer wieder rutschte sie, verlor auf dem nassen Tang und Sand den Halt.

Sie war unendlich müde, erschöpft von der Anstrengung. Sie brauchte zu lange, ihn hinauf zu dem trockenen Kies am Fuß der Klippe zu schaffen. Sie keuchte, ihre Arme schmerzten. Zumindest regnete und stürmte es nicht.

Er war so naß, so kalt, sein Gesicht so blau von der Kälte der See. Sie mußte ihn irgendwie wärmen.

Zum Zögern blieb keine Zeit. Sie zog ihren Umhang aus, den Schal, die Röcke, die Bluse, alles. Und dann zerrte sie mit hastigen Fingern seine klatschnasse Kleidung von ihm, die harte, steife Jeans, das zerrissene Hemd. Er war mit Narben bedeckt, die sich weiß von der nun bläulichen Haut abhoben.

Hilflos und reglos war er, als sie ihn auf ihre trockene Kleidung rollte. Sie fing an, seine eisige Haut mit warmer Wolle abzureiben. Nach einer Weile war er mehr oder weniger trocken, und sie warm und atemlos von der Anstrengung.

In der bitteren Kälte des Morgengrauens legte sie sich neben ihn und zog ihren weiten Umhang über sie beide. Sie schlang die Arme um ihn, um sich so gut wie möglich an ihn zu schmiegen, denn sie war warm und lebendig und wußte, was nötig war.

Auch sie war von Ladon in die Tiefe des Meeres gezogen worden. Sie kannte diese unendliche Kälte, das Gefühl, daß Eiswasser statt Blut durch die Adern floß.

Und deshalb zog sie sich auch nicht zurück, als sie spürte,

daß er sich zu regen begann. Schlaffe Muskeln wurden fest unter ihrer Berührung, und er seufzte.

Schnell blickte sie in sein Gesicht. Die blauen Augen waren offen und betrachteten sie mit einem Ausdruck, den sie nicht verstand.

Sie erkannte nur, daß es keine Ablehnung war. Doch plötzlich erstarrte sie, hörte fast auf zu atmen und griff nach ihrer Hand.

»Felicia – Felicia. Was bist du?« Er hob ihre Hand an seine Lippen, wie er es schon einmal getan hatte, und küßte die sanfte Haut. Ihre Augen waren groß, unschuldig, vertrauensvoll. Wartend.

Ihre Wärme weckte mehr in ihm. Er bewegte sich erneut, verlagerte sein Gewicht auf dem harten Kies, und sie konnte sein Verlangen spüren.

Er hatte die Arme um sie gelegt und zog sie fest an sich. Sein Mund suchte ihren, erstickte ihren erregten Atem. Ihre Schenkel öffneten sich weit, und er schob sich dazwischen. Kalt und hart. Ihr Atem stockte, so fremdartig war das Gefühl.

Er war nicht sanft, nicht zärtlich, denn dies war ein Kampf, eine andere Weise, die Kälte zu besiegen. Mit kräftigen Stößen drang er in sie in grimmigem Rhythmus. Sein Kopf sank auf ihre Schulter, und sie konnte nicht länger in diese unergründlichen Augen blicken.

Dann ein Aufbäumen, ein Erbeben über alles Maß hinaus, das sie verstand. Einen Augenblick lang war er reglos auf ihr. Über seine Schulter hinweg sah sie die Morgensonne über den Horizont steigen und alles in kaltes Licht hüllen. Und sie sah, daß seine Haut von Wärme gerötet war.

Endlich eine Bewegung. Er ließ sich neben ihr in den Sand sinken. Sein Arm war noch unter ihrer Schulter, seine Hand lag auf ihrer Brust. Die Zärtlichkeit dieser Berührung, das Gefühl der Finger, sanft und warm auf ihrer Haut, würde sie nie mehr vergessen.

Eine lange Weile lagen sie still beisammen, schläfrig und entspannt. Sie war fast eingeschlafen, als sie spürte, wie er erzitterte.

Und dann hatte er sich von ihr weggestoßen, war aufgesprungen und rückwärts zum Meer hinunter gestolpert.

»Felicia!« brüllte er bitter und wütend.

Alles war plötzlich anders, und sie verstand es nicht.

»Warum hast du das getan? Warum hast du nicht ...?«

»Was? Dich bei Ladon gelassen? Dich sterben lassen, weil dir menschliche Wärme fehlte?« Sie stand nun ebenfalls und griff fröstelnd nach ihrem Umhang. Auch sie war wütend, denn das hatte sie nicht erwartet.

Plötzlich hielt er mit seltsam verschlossenem Gesicht inne. »Weißt du es denn nicht?« fragte er tonlos.

»Was?« schrie Felicia verletzt und verängstigt, während sie nach Gründen suchte. »Was soll ich denn wissen? Daß du eine andere liebst, daß du nicht frei bist? Das hast du mir selbst gesagt.«

»Das ist es nicht. Zumindest nicht nur. Felicia, verstehst du denn nicht? Wir sind nur Figuren in einem Spiel. Wir tun das alles, weil wir benutzt werden! Für Ziele, die nicht unsere eigenen sind!«

»Ich habe es aus freiem Willen getan! Niemand hat mich dazu gezwungen!«

»Wie willst du das wissen? Wie kann das jemand je wissen?«

Felicia wandte sich von ihm ab, fingerte an ihren feuchten Kleidungsstücken, zog sie mit zitternden Händen an. Sie vermochte kaum etwas zu sehen, durch die Tränen, die unaufhaltsam über ihr Gesicht liefen, auf ihre Hände fielen, auf die zerknitterte Kleidung.

Sie fror bis in die Knochen.

Mit zwei Schritten war er wieder neben ihr. Seine Finger umklammerten ihre Handgelenke und drehten sie zu sich herum. Seine Stimme war leise, aber eindringlich, seine Augen brannten.

»Du bist mehr wert als das! Du brauchst dir das nicht gefallen zu lassen!«

»Deine Falkin wartet auf dich.« Sie sah ihn nicht an, sondern blickte auf den grauen Himmel, den dämmrigen Strand.

Über seine Schulter hatte sie gesehen, wie Astrella sich auf einem feuchten Felsbrocken niedergelassen hatte. Stumpf blickte sie in die tiefgoldenen Augen, wartete, während er sich anzog, wartete, daß er ihr auf den daunigen Rücken half.

Seine Arme lagen um ihre Taille wie um die einer Fremden. Als hätten sie einander nie berührt.

Eleanor

Wieviel Zeit war vergangen? Tag und Nacht waren in der Stadt der Treppen nicht völlig gleich. Tagsüber fiel Sonnenschein in dunkle Abgründe und sandte von glänzenden Oberflächen reflektiert ein wenig Helligkeit durch die einzelnen Stockwerke. Es war wie ein Lichtnetz, das sie erinnerte, daß es da draußen die Wirklichkeit gab, daß die leeren Korridore und verlassenen Galerien hier nicht die normale Welt waren, sondern ein Versteck, in dem die Leute sich vor ihrem Gott verkrochen und sich an den Mond überhaupt nicht erinnerten.

Eleanor lernte Phin neu kennen. Oder vielmehr, er lernte sie kennen. Ungezwungen entlockte er ihr Geschichten aus ihrem anderen Leben, Beschreibungen von Menschen, die ihr dort etwas bedeuteten. Er hatte sie schon früher einmal danach gefragt, doch in einer so verzweifelten Lage, daß ihre Antworten nicht viel Sinn ergeben hatten.

Doch jetzt, obwohl sie von Weard aus einem Grund festgehalten wurden, den sie nicht kannten, vermochte sie ruhiger darüber nachzudenken und davon zu reden, woher sie kam und wer sie war.

»Möchtest du zurückkehren?« fragte er einmal. Sie waren allein, die Läufer waren mit wichtigeren Dingen beschäftigt, wie Weard gesagt hatte.

»Nicht, solange Lukas hier ist«, erwiderte sie ohne Zögern.

»Und wenn – nur, um eine solche Möglichkeit in Betracht zu ziehen – Lukas nicht mehr frei ist, dich zu lieben, was dann?«

»Sag das nicht, Phin! Denk es nicht einmal!«

Aber er hatte es gesagt, und sie dachte die ganze Zeit daran. »Manchmal weiß ich, daß es mir egal wäre, wo ich bin oder was ich tue, wenn Lukas nur bei mir ist. Und manchmal möchte ich nur wieder in London sein, vielleicht angeödet, leicht verärgert über – oh, ich weiß nicht – meinen Job, irgendwelche Leute, Maschinen, überflüssige Verpackung, dergleichen eben.« Sie dachte an ihr vorheriges Leben, und sie fragte sich, was es wert war.

»Was ist mit deinen Eltern, deinen Freunden? Möchtest du nicht bei ihnen sein?«

»Ja, natürlich«, antwortete sie, ohne zu überlegen, dann hielt sie an und fuhr etwas bedächtiger fort: »Meine Eltern – sie brauchen mich nicht wirklich. Das war schon immer so. Sie sind zu sehr miteinander beschäftigt ...«

»Sie lieben einander so sehr ...?«

»Nun, ich würde es eigentlich nicht direkt *Liebe* nennen. Sie können nur nicht voneinander lassen. Es ist eine ziemlich zerstörerische Beziehung.«

»Und was ist mit deinen Freunden?«

»Inwieweit kümmern sich Freunde wirklich um einander? Monate, sogar Jahre können vergehen, ohne daß man einige überhaupt sieht, und es ändert sich nichts. Natürlich ist es dann schön, wenn man sich wiedersieht, aber kaum jemand leidet darunter, wenn er mit Freunden nicht zusammenkommt.«

Doch da erinnerte sie sich, wie sehr sie sie alle gebraucht hatte, als sie Lukas für tot gehalten hatte. Und während sie nun Phin anblickte, der so vernünftig war und auf unaufdringliche Weise besorgt um sie, wurde ihr bewußt, daß er ihr fast so sehr fehlen würde wie Lukas, wenn sie in ihre eigene Welt zurückkehrte.

»Aber wenn du *keine* deiner Freunde wiedersehen, wenn du *nie mehr* zurückkehren würdest?«

»Ich weiß nicht. Ich weiß es einfach nicht. Gibt es überhaupt noch eine Alternative?« Sie seufzte. »Wenn es ihnen gelingt, die Stasis wieder einzuführen und den Benu gefangenzuhalten, wird es vermutlich, von allem anderen abgesehen, Matthias' Tod bedeuten. Und außer ihm ist niemand imstande, mich zurückzuschicken.

Außerdem lebt Lukas, und ich werde ihn finden. Eine andere Wahl gibt es für mich nicht und wird es auch nicht geben.«

Phin begann in der engen Zelle herumzustapfen. Er hoffte, daß sie recht hatte. Er vertraute Matthias; der Benu und Coron waren beide frei ...

Es erleichterte ihn, daran zu denken, daß Coron auf dem Arrarat flog und nach dem Sturmbringer suchte. Er wußte, wie es war, wenn man unter dem Fluch eines Gottes litt.

Aber manchmal fragte er sich, ob wirklich Lycias die Schatten geschickt hatte. So viel hatte sich geändert. Er war nicht mehr derselbe, der mit Gedanken an Rache und Töten gelebt hatte. Die Schatten hatten ihn davon befreit. Er war ein neuer Mensch gewesen, geheilt, stärker, als sie ihn verließen. Es war fast – er zauderte bei diesem Gedanken – ein Akt der Gnade gewesen.

Aber seine Gefangenschaft mit Eleanor war keine Beruhigung. Bei ihren kurzen Ausflügen zum Waschraum ein Stück den Gang entlang, hatte er Läufer gesehen, die durch die Korridore huschten, und Wächter, die gewaltige Mengen Brennholz trugen.

Sie bereiteten das Feuer vor. Die Geschäftigkeit nahm zu. Der Ritus würde bald stattfinden.

Eine Kette rasselte, ein Riegel wurde zurückgezogen. Die Tür schwang auf: Imbert. Er lächelte. »Eleanor Knight, würdest du mich begleiten? Ich möchte dir etwas zeigen.«

»Habe ich eine Wahl?«

»Nicht wirklich. Aber du hast nichts zu befürchten. Glaub mir.«

Zweifelnd blickte sie Blythe an. »Ich halte nicht viel von solchen Versprechen«, sagte er.

»Du täuschst dich.« Imbert zuckte mit den Schultern und wandte sich wieder Eleanor zu. »Interessiert es dich nicht, wie es Matthias geht? Ich will dich zu ihm bringen, das ist alles. Er hat nach dir gefragt.«

»Geht es ihm gut?«

»Komm, überzeug dich selbst ...« Er streckte ihr die Hand entgegen. Sie bemerkte, daß Blythe Imbert mißtrauisch beobachtete. Doch ehe sie reagieren konnte, sah sie, daß sich die Falten von Imberts dunkelrotem Gewand bewegten und Teile in die Zelle glitten, wo das Rot in die Farbe des Bodens und der Wände überging. Läufer!

Die Berührung war ihr unerträglich. Sie lächelte Phin unsicher zu. »Bis später«, sagte sie.

Imbert führte sie durch große Säle und lange Reihen von Spiegelsäulen. Sie sah andere Gänge, die davon abzweigten, unterbrochen von Türen, Fenstern und Balkonen. Ganze Straßenzüge waren vage im Dämmerlicht auszumachen.

»Die Stadt muß sehr groß sein.«

»Wir sind noch nicht dazu gekommen, uns alles anzusehen. Es gibt Wohnhäuser, Tempel, Stadthallen, Theater, Geschäfte. Das Straßennetz verläuft wie Speichen vom Treppenschacht unter dem Tempel. Und alles ist verlassen. Eines Tages, wenn ich Zeit habe, werde ich alles erforschen, auch die untersten Geschosse. Es wird ein angenehmer Zeitvertreib für die nächsten Jahrtausende sein ...«

»Das wirst du nie schaffen!«

»Was? Den Benu gefangenzunehmen oder Archäologie zu studieren?«

Eleanor konnte nicht glauben, daß er tatsächlich lachte.

»Die Stasis wiederherstellen. Es wird nicht funktionieren.« Sie sprach mit einer Überzeugung, die sie nicht empfand.

»Nein?« Imbert hob eine Braue. »Hier sind wir ...« Er öffnete eine Tür. Eleanor sah Matthias, der zwanglos in ein Gespräch mit Edine vertieft war.

Auf dem Tisch vor Edine war eine Karte ausgebreitet.

Matthias wandte den Kopf zur Tür, er hatte sie also gehört. Er wirkte ruhig und gelassen.

»Was machst du, Matthias?« Eleanor mußte sich zusammennehmen. »Warum arbeitetest du mit ihnen?«

»Ich habe keine Wahl ...« Er war so distanziert wie bei ihrer Ankunft in der Wüste. Es war unglaublich!

»Keine Wahl? Unsinn! Natürlich hast du eine Wahl. Du bist für deine Entscheidungen verantwortlich ...«

»Nicht, wenn die Zukunft feststeht! Ich weiß, daß es keinen Ausweg gibt, weil ich gesehen habe, was geschieht.«

»Warum akzeptierst du es? Warum machst du mit?« Seine Passivität machte sie wütend, deshalb brüllte sie ihn an. »Du hast selbst immer gesagt, daß man sich nicht damit abfinden muß. Daß man nicht immer glauben soll, was man sieht. Daß es sich um Täuschungen handeln kann. Daß man nicht hinnehmen soll, was die Götter mit einem machen wollen ...«

»Ich kann nichts mehr tun, Eleanor. Es ist zu spät. Ich hätte dich nie zurückholen dürfen. Es ist alles meine Schuld. Jetzt kann ich nichts mehr tun.« Er war so bleich, so dünn, so zerbrechlich wie Glas, fast durchsichtig vor Schwäche.

»Ich glaube dir nicht! Du irrst dich. Du irrst dich! So ist es nicht!«

So darf es nicht sein, meinte sie. Jetzt, da Lukas lebt, das Kind auf dem Arrarat fliegt und Phin von den Schatten befreit ist.

»Es tut mir leid, Eleanor. Ich wollte dir nur sagen, wie leid es mir tut ...« Er wandte sich wieder Edine zu und zählte Beschwörungsformeln, Hilfsmittel, Methoden auf.

Entsetzt starrte sie Imbert an. Seine Miene war völlig ausdruckslos. Er nickte und deutete auf den Korridor zurück. Leere Häuser, Straßen, Dämmerlicht. Sie hatten es noch nicht erforscht ...

Ohne zu überlegen, stieß Eleanor ihn zur Seite und raste den Korridor hinunter.

Sofort schossen Läufer hinter ihr her, zu schnell für das Auge. Imbert sagte leise ein Wort, und der eilige Strom sich wandelnder Formen hielt an. Die Läufer kehrten zu ihm zurück und verschmolzen aufs neue mit den Falten seines roten Gewandes.

Imbert schaute in das Zimmer zurück und lächelte Edine zu.

»So«, sagte er. »Jetzt können wir anfangen.«

»Was ist, wenn sie Blythe befreit?«

»Es spielt keine Rolle. Wohin könnten sie gehen?« Er ließ sich in einem Sessel nieder und drückte die Fingerspitzen aneinander. »Alles ist vorbereitet. Alle Ausgänge versperrt. Die Rose ist hier und wird sie finden. Die äußeren Bedingungen sind erfüllt. Sogar die emotionalen sind meines Erachtens perfekt.« Er lächelte. »Verrat, Wut, Verzweiflung – Verzweiflung, Matthias, ist das die richtige Beschreibung?«

Matthias sank in den Sessel zurück. Er zitterte, aber er schwieg.

Eleanor raste den Weg zurück, den sie gekommen waren. Sie mußte Blythe finden und ihn aus der Zelle holen. Gemeinsam würden sie eine Möglichkeit finden, den Ritus zu verhindern, Matthias aufzuhalten. Sie würden Thurstan suchen und zusehen, daß sie von hier wegkamen ...

Niemand verfolgte sie. Das verwirrte sie. Vielleicht waren sie alle zu beschäftigt mit ihrem abscheulichen Ritus, um sich Zeit für sie zu nehmen. Das erschien ihr zwar unwahrscheinlich, aber eine andere Erklärung fiel ihr nicht ein. Der Gang hatte Abzweigungen in alle Richtungen, aber Eleanor glaubte, daß sie sich an den Weg erinnerte. Sie waren ganz in der Nähe des Gefängnisses an einer Reihe roter Fensterläden vorbeigekommen, genau wie die, welche sie jetzt links von ihr sah.

Die Tür des Gefängnistrakts war unbewacht und der schmale Gang leer.

»Eleanor? Bist du's?« Das war Phins Stimme hinter der verriegelten Tür. Sie seufzte erleichtert.

»Phin, weißt du, wie dieses Schloß funktioniert?«

»Du bist *allein*?« Das klang erstaunt. »Wie bist du ihnen entwischt?«

»Sie haben mich – einfach laufen lassen. Ich verstehe es nicht ...«

Nach einem Augenblick gelang es ihr unter seiner Anleitung das rostende Schloß zu öffnen. Sekunden später stand er neben ihr.

»Matthias hilft ihnen tatsächlich! Er hat es selbst zugegeben! Er sagte, es täte ihm leid!« Sie war immer noch erschüttert.

»Das sagte er nur, weil die anderen dabei waren. Er würde es niemals tun!« Das klang so überzeugt, daß sie Phin einen Augenblick fast glaubte. Er stand an der Tür zum Korridor.

»Du hast ihn nicht gesehen. Phin, es war schrecklich! Wir müssen ihn aufhalten ...«

»Mach dir wegen Matthias keine Sorgen, Eleanor. Er wird dich nicht enttäuschen.« Sie gingen an den roten Fensterläden vorbei.

»Das hat er doch bereits! Er hat mich zurückgeholt ...« Man benutzte sie als Sündenbock und als Opferlamm. Sie sah sich unter einer sengenden Sonne, von brennenden Blumen festgehalten ...

»Wie auch immer, wir müssen ihn finden.«

Sie versuchte ihre tiefe Niedergeschlagenheit abzuschütteln. »Vielleicht könnten wir einen der Wächter überwältigen und uns eine Waffe beschaffen ...«

Er lächelte. »Unnötig.«

»Aber wir könnten ...«

»Nein. Ich habe nachgedacht. Es geht anders.«

»Woher *weißt* du das?«

»Keine Angst, Eleanor. Es wird alles gut. Wir haben es mit Magiern zu tun, nicht mit Soldaten. Ich glaube nicht, daß es hier viele Wächter gibt. Wo wären sie? Warum hat man dich nicht verfolgt?«

»Läufer ...?«

»Ich sehe keine. Es ist natürlich schwer festzustellen, aber jedenfalls versuchen sie uns nicht aufzuhalten. Ich verstehe es nicht. Aber das wichtigste ist, daß wir Thurstan und Matthias finden.«

»Wo sollen wir *anfangen*?« Sie standen nun an einer breiten

Straßenkreuzung. In ihrer Mitte ragte eine hohe, mit Glas getäfelte Säule, die das blasse Licht verstärkte. Sie war gut zwei Meter im Durchmesser und verzweigte sich oben wie ein Baum. Die von ihr hochführenden Stützen trugen die Decke.

Eleanor sah ihr und Phins Gesicht in dem gewinkelten Glas auf bizarre Weise verzerrt. Ihre Stimmen klangen hohl, ihre Schritte hallten von den Wänden wider. Die Straßen waren alle leer, die staubigen Häuser verlassen.

»Eleanor.« Phin legte eine Hand auf ihre Schulter und blickte ihr fest in die Augen. »Denk nichts Falsches von Matthias. Das ist wichtig. Ich glaube nicht, daß er ihnen tatsächlich hilft.«

»Warte, bis du ihn siehst.«

»Gut. Aber erst müssen wir ihn finden. In welche Richtung hat Imbert dich geführt? Kannst du dich erinnern?«

Sie drehte sich langsam um und blickte jede Straße entlang.

»Ich glaube – ja, diese Richtung. Ich erinnere mich an die leeren Blumenkästen an den Fenstern, weil ich mich gefragt habe, welche Blumen hier wohl wuchsen ...«

Sie hielt an. Sie hatte sich an noch etwas erinnert. »Phin, an der Straße ist ein Theater oder etwas Ähnliches.« Sie wies in eine Richtung. An Steinsäulen blätterten Plakate ab, deren Farben verblaßt waren und deren Schrift sie nicht hatte lesen können. »Erinnerst du dich? Thurstan hat etwas von Schminke gesprochen, als wir fielen?«

»Und von Ballettänzerinnen ...« Er runzelte die Stirn. »Einen Versuch ist es wert ...«

»He!« Ein lauter Ruf, ein schriller Pfiff und Laufschritte. Sechs von Weards Wachen hatten sie entdeckt und rannten auf sie zu.

Eleanor und Phin blickten einander nicht einmal an. Sie rasten zum Theater und tauchten hinter Säulen. Die Eingangstür war nicht zugesperrt. Eleanor stieß sie auf und gelangte in ein staubiges Foyer.

Phin war nicht bei ihr. Sie hörte Geräusche wie von einem Handgemenge und Gebrüll. Verzweifelt schaute sie sich um.

Eine breite Treppe führte nach oben, außerdem sah sie kleine Türen im Foyer.

Etwas warf sich krachend gegen die Eingangstür, die sogleich aufsprang. Erschrocken drückte sie sich an die im Dunkeln liegende Wand – sie gab nach.

Eine Tür zu einer nach unten führenden Treppe. Allein könnte sie Phin nicht helfen. Sie mußte frei bleiben, damit sie Thurstan finden konnte. So rannte sie allein die Stufen hinunter.

Die Stadt der Treppen

Auch das war eine Wendeltreppe, aber sie war viel enger als jene, die zum Blumenfeld hinunterführten. Eleanor öffnete die Tür an ihrem Fuß und stellte fest, daß sie in der Seitenkulisse einer Bühne stand. Dämmriger Schein fiel durch ein Oberlicht herab. Sie blickte auf die leere Bühne, den verlassenen Zuschauerraum.

Es sah so aus, als wäre seit langer Zeit niemand mehr hier gewesen. Ihr Blick fiel auf die Requisiten hinter der Bühne, auf die weggeworfenen Masken und Papierblumen. Sie sagten ihr nichts. Dann schaute sie hinaus in den dunklen Zuschauerraum, über die leeren Sitzreihen, die samtenen Höhlen der Logen.

»Thurstan?« Etwas drängte sie dazu, seinen Namen zu rufen. Aber sie erhielt keine Antwort, nichts rührte sich. Sie überquerte die Bühne und fand eine Tür, die zu einem leeren Gang führte.

Sie war allein in der Stadt der Treppen. Weitere Theater, Konzerthallen, Galerien. Hierher waren die Bewohner gekommen, wenn sie kulturelle Vergnügen suchten. Aus Neugier schritt sie den langen Saal einer Kunstgalerie entlang. Sie betrachtete die Porträts von Fremden, Landschaften, die ihr halbvertraut waren aus ihrer Reise durch Peraldon. In einem anderen Gebäude fand sie Meilen von Bücherregalen, mit Millionen von Werken in ordentlichen Reihen, so weit das Auge reichte. Überall lag dicker Staub.

»Thurstan?« Aber sie wußte, daß sie ganz allein war. Ihre Stimme schallte hohl.

In einem Saal waren Musikinstrumente ausgestellt: Blasinstrumente aus Holz und Messing, Geigen und Gitarren, Harfen und antike Tastinstrumente. Sie strich mit den Fingerspitzen über die Saiten einer Harfe und klopfte leicht auf eine kleine Trommel. Staubwolken stiegen dadurch auf. Hier gab es keine Musik, nur Staub. Einige Instrumente waren gebrochen, absichtlich zerschmettert. Vielleicht hatten sie keine Zeit gehabt, nach der Stasis neue Weisen zu komponieren. Welch ein trostloser Ort, dachte Eleanor.

Sie erinnerte sich, daß eine Seuche gewütet hatte. Sie hatte die meisten Bürger dahingerafft. Die anderen hatten ihre Habe gepackt und die Karawane zusammengestellt. Ihre Lieder und Vergnügungen und ihre Toten hatten sie zurückgelassen.

Es mußte leicht sein, hier Visionen herbeizubeschwören, auch ohne Hilfe des Blumenfeldes. Die verlassenen Musikinstrumente, die unbekannten Porträts, die ungelesenen Bücher und düsteren Häusern mit ihren geschlossenen Türen und Fenstern waren voll von Geistern. Wenn sie es zuließe, würden sie in ihrer Phantasie nur zu rasch lebendig werden. Gesichter an Fenstern, eine Tür, die zuknallte, ein hüpfender Ball, singende Stimmen.

Das war nicht gut!

Sie fand wieder eine Treppe, stieg sie zwei Stockwerke hinunter, dann blieb sie stehen und schaute sich um. Die Gänge hier waren schmal, glichen eher Gassen als Straßen. Die Farbe an Türen und Fensterläden blätterte ab. Ihre nackten Füße traten auf schmutziges Pflaster, ungleichmäßige Kopfsteine übersät mit Papierfetzen, Glasscherben und Müll einer längst aufgegebenen Stadt.

Niemand hatte sich die Mühe gemacht, auf diesem Geschoß der Stadt der Treppen sauberzumachen. Vielleicht hatten hier die einfacheren Bürger gewohnt, die Arbeiter, Handwerker, Dienstboten und Händler, die für den Komfort der oben in den Palästen Wohnenden gesorgt hatten. Es war wie ein Slum, schmutzig und düster.

Hier war alles zu Ende. Niemand wohnte mehr hier, niemand, der in ein Theater gehen würde, sich einen Drink in einer Bar gönnte oder Lebensmittel einkaufte. Es war ein Niemandsland, leer und aufgegeben.

Und Eleanor begann zu verstehen weshalb. Die Stadt war vergiftet durch die Nähe des Blumenfeldes. Die Seuche hatte in der Stadt gewütet, weil es keine Widerstandskraft mehr gegeben hatte. Der schleichende Nebel hatte der Stadt das Leben geraubt. Mit verlorenen Träumen und vagen Illusionen hatte er den Bürgern Sminthas die Lebenskraft entzogen. Sie hatten in einer Traumwelt gelebt, in Dramen und Büchern und Künsten, die nichts mit der Wirklichkeit der Sonne oben zu tun hatten.

Thurstan würde hier verloren sein, er war weder Anhänger der Sonne noch des Mondes ...

Eleanor auch nicht. Sie entsann sich Jocastas, die sterben mußte, weil die Mondgöttin bestimmt hatte, daß Lukas Marling Eleanor Knight zu lieben hatte ...

Ihrer aller Leben fand auf einer Bühne statt, die nicht weniger wirklich war, als die, über die sie eben gekommen war. Die Götter zogen die Fäden. Vielleicht sollte sie einfach aufgeben und den Dingen ihren Lauf lassen, wie Matthias es getan hatte. Sie wäre jetzt fast froh, wenn man sie entdecken würde. Es war zu einsam hier, an diesem traurigen, verlorenen Ort ...

Eleanor wollte sich gerade umdrehen, um zum oberen Stockwerk zurückzukehren, als ein plötzlicher Laut die Stille zerriß.

In der Wand hinter ihr schwang ein Fenster auf. Sie sprang hastig zur anderen Gassenseite und blickte hinauf. Ein Mann stand am Fenster.

Ungeheure Erleichterung überflutete sie. »Thurstan!«

Er schaute sofort zu ihr herüber, und einen Moment begegneten sich ihre Augen. Sie trat in die Mitte der Gasse.

»Ich bin es. Eleanor. Was machst du hier? Wir müssen zurück zu Phin und Matthias ...«

Er starrte sie an. »Eleanor? Tut mir leid, ich kenne keine Eleanor.«

»Thurstan, um Himmels willen, wach auf! Du bist noch in einem Traum! Hier ist Smintha, die Unterwelt ...«

Aber er schmetterte das Fenster zu, und sein Schatten entfernte sich.

Es gab eine Haustür auf der einen Seite. Keinen Klopfer, keine Klingel. Sie versuchte den Türknopf zu drehen, aber ihre Hände waren feucht vor Schweiß. Sie rieb sie an den Fetzen von Comyns Hemd trocken.

Papier raschelte zu ihren Füßen, von ungewohntem Wind aufgestöbert. Sie haßte diesen Ort, haßte die schmutzige Schäbigkeit, das deprimierende Dämmerlicht. Aber wenigstens hatte sie Thurstan gefunden. Wenn sie ihn nur dazu bringen könnte, daß er sich an sie erinnerte ...

Eleanor versuchte noch mal, den Knopf zu drehen. Die Tür öffnete sich einen Spalt, dann klemmte sie. Sie trat mit dem Fuß danach, wobei sie ihre Zehen aufschürfte. Wütend und unsicher rannte sie die Treppe mit dem abgetretenen Läufer hinauf.

Oben sah sie sich drei Türen gegenüber. Sie klopfte an alle und rief: »Thurstan! Thurstan, wo bist du? Komm heraus!«

Eine der Türen schwang knarrend auf, und er stand da, nur in Jeans und mit zerzaustem Haar.

»Was, zur Hölle, bildest du dir eigentlich ein? Verschwinde! Du hast hier nichts verloren!«

Er funkelte sie wütend an.

»Thurstan, Matthias hilft ihnen, die Stasis wieder zu errichten. Wir müssen ihn aufhalten!«

»Was? Ich habe keine Ahnung, wovon du redest.« Er drehte plötzlich den Kopf und sagte etwas über die Schulter zu jemandem im Zimmer.

Eleanor hörte leises, kühles Lachen. Dann erschien eine Frau von dunkler Schönheit hinter ihm. Sie legte eine Hand auf seine nackte Schulter.

»Oh!« sagte sie und musterte Eleanor, die sich plötzlich ihrer bloßen Füße und der unzureichenden Fetzen von

Comyns Hemd allzu bewußt wurde. »Eine Freundin, Liebling? Wo kommt sie her?«

»Ich kenne sie nicht. Ich habe keine Ahnung, warum sie sich so aufführt.«

»Thurstan! Wach auf! Denk nach! Erinnerst du dich denn nicht, wer du bist?« Eleanor überlegte, wie sie ihn wachrütteln könnte. »Martitias Sohn! Führer der Jereniten! Freund von Phin, von Lukas! Erinnerst du dich denn gar nicht? Du hast Phin Gesellschaft geleistet, als ihn die Schatten quälten.« Er drehte sich zu der Frau im Zimmer um und wollte die Tür schließen.

Eleanor schob schnell einen Fuß dazwischen. »Thurstan! Hör mir zu! Das ist kein wirklicher Ort, hier ist alles tot, wie die Menschen, die früher hier gelebt haben ...«

Thurstan stand nun neben der Frau und streichelte ihre vollkommenen weißen Schultern. Aus seiner Miene schloß sie, daß er sie bereits vergessen hatte.

Sie zögerte nicht. Sie trat zu ihm, holte aus und schlug ihn heftig ins Gesicht.

Sein Kopf ruckte herum, seine kalten blauen Augen sahen sie verächtlich, aber nur leicht verärgert an.

»Verschwinde, du bist hier nicht erwünscht!«

»Wie heißt du? Wer waren deine Eltern? Wo kommst du her? Wo willst du hin? Erinnerst du dich an Powel, Jocasta, Lukas? Deinen alten Freund Lukas? Erinnerst du dich denn an *gar nichts*?«

Einen Moment lang glaubte sie, einen Funken Erinnerung in den harten Augen zu erkennen, doch dann zuckte er nur mit der Schulter.

»Es spielt keine Rolle. Es ist unwichtig und interessiert mich nicht.«

»Und *ob* es wichtig ist! Es muß dich doch interessieren, wer du bist, was du bist ...«

Aber seine Lippen wanderten über den Nacken der Frau, seine Hand strich über ihr weiches Haar, während die andere sich auf eine Brust legte. Ein Lächeln spielte um die Lippen der Frau, als sie Eleanor anblickte.

Eleanor erkannte, daß sie ihn nicht im geringsten beeinflussen konnte. Je mehr sie es versuchte, desto intensiver beschäftigte Thurstan sich mit der Frau. Er wollte sie gar nicht erkennen oder sich erinnern.

Sie starrte ihn hilflos an. Sie wußte nicht, was sie noch tun könnte. Dem Zimmer haftete ein merkwürdiger Modergeruch an, nur ungenügend verdrängt von billigem Parfüm. Hilflos drehte sie sich um – und hielt inne.

Es war zu wichtig. Sie durfte nicht zulassen, daß Thurstan hier in den Armen einer Frau Vergessen fand, wenn so viel auf dem Spiel stand.

»Erinnerst du dich an die Stasis, Thurstan, als die Menschen nicht starben und es keine Kinder gab? Erinnerst du dich an Jeren, an seine mächtigen Bäume, an die Jereniten, die aufgehört hatten zu singen und Gedichte zu machen? Es waren deine Leute, Thurstan. Du warst für sie verantwortlich, du und Martitia. Martitia, deine Mutter ...«

Sein Kopf war der Frau zugewandt, aber seine Hände hielten still. Er hörte ihr zu.

»Thurstan, du kennst mich! Es war nicht immer Freundschaft, aber du kennst mich schon eine lange Zeit ...«

»Ja.« Seine Stimme war kaum verständlich. Zum ersten Mal blickte er jetzt in Eleanors Augen, und sie sah, daß er wieder alles wußte und sich erinnerte.

»Aber es ändert nichts, Eleanor. Es spielt absolut keine Rolle, was wir tun, sagen oder denken. Es ist schon immer sinnlos gewesen. Wir sind nur Figuren, wir sind nicht wirklich beteiligt. Es spielt ganz und gar keine Rolle.«

Er wandte sich wieder der Frau an seiner Seite zu, strich über ihr Haar, fuhr mit einem Finger die Kurve ihrer Braue nach, ihrer Wange, ihrer vollen Lippen.

Eleanor wußte nicht mehr, was sie tun sollte. Thurstan beging einen schweren Fehler, einen, den sie vor noch gar nicht so langer Zeit selbst fast begangen hätte.

Sie ging, und die Tür schloß sich hinter ihr mit einem endgültigen Laut. Während sie die steile Treppe mit dem abgetretenen Läufer von verschossenem Blau und Rot hinunterstieg, wurde ihr klar, was das Lächeln der Frau bedeutet hatte: Triumph.

Auf der Gasse spielte immer noch der Wind mit den Abfällen. Obwohl es hier weder Himmel noch Sonne, Mond oder Sterne gab, hatte Eleanor das Gefühl, daß ein Sturm aufkam. Die Luft war gewitterschwer.

Sie mußte Phin finden. Sie wußte nicht, ob sie ihn wieder gefangengenommen hatten, aber wie auch immer, sie mußte ihm von Thurstan erzählen. Es war sicher das beste, dorthin zurückkehren, wo sie ihn zuletzt gesehen hatte.

Thurstan war einer gefährlichen Illusion verfallen. Er mußte daraus befreit werden. Allein schaffte sie es nicht. Eleanor rannte den Weg zurück, den sie gekommen war, und suchte nach der Theatertür, doch bevor sie sie fand, veränderte sich die Gasse.

Unter ihren Füßen wurde der Boden immer staubiger. Sie blickte hinab. Nein, es war nicht Staub, es war Sand! Sie sah Blätter und Stiele und Blumen. Wie seltsam, dachte sie. War sie in einen Garten oder ein Treibhaus gelangt ...? Zumindest war es nicht das Blumenfeld; die Blumen waren weiß, groß, hatten viele Blütenblätter.

Der seidige Glanz der elfenbeinfarbenen Blütenblätter faszinierte sie. Sie beugte sich darüber, um daran zu riechen. Die Ranke, die sich schnell um ihr Bein schlang, riß sie aus dem Gleichgewicht. Ihr Schrei schnitt durch die Luft. Andere Ranken faßten nach ihren Armen. Sie schlug um sich, versuchte sich aus den Schlingen zu befreien.

Das kann nicht wirklich sein, versuchte sie sich zu beruhigen. Nicht hier an diesem toten, leeren Ort. Aber die Ranken hoben sie vom Boden und gaben sie von einem Zweig zum anderen weiter, durch dunkle unterirdische Gänge und stille Lichtungen. Sie zitterte vor Panik.

Die Wüstenrose! Sie hatte sie eingefangen, hielt sie mit ihren Ranken fest. Und die Blüten waren Augen, die sie beobachteten, und ihr Duft war der eklig süße Geruch der Verwesung.

Die Rose

»Sie ist weg! Die Schlampe ist nicht mehr da!« Die Tür des eleganten Zimmers, in dem Imbert und Edine sich gewöhnlich zusammensetzten, schmetterte gegen die Wand. Matthias zuckte bei dem Knall zusammen.

»Du sprichst von Eleanor Knight?« Imberts Ton war kühl, aber Matthias entging die Verachtung nicht. Das würde nicht dazu beitragen, Weard zu beruhigen.

Er hörte, daß Edine auf ihren Liebsten zuging. Er stellte sich vor, wie sie besänftigend die Hand auf seinen Arm legte, wie sie dastanden und wie Zwillinge ihrem aufbrausenden Kollegen entgegenblickten.

Ihre Stimme war völlig gelassen. »Reg dich nicht auf, Weard, es verläuft alles nach Plan. Sie ist ein oder zwei Stockwerke hinuntergeflohen, aber das macht nichts ...«

»Ich verstehe es nicht! Wie könnt ihr sie einfach herumlaufen lassen? Was geht dort unten vor?« Er brüllte auch jetzt, verärgert darüber, daß man ihn nicht eingeweiht hatte. »Was ist, wenn sie entkommt?«

»Es gibt keinen Weg mehr ins Freie. Die Ausgänge sind alle durch Läufer, durch Feuer oder durch die Rose selbst blockiert.« Imberts Stimme war glatt und geduldig, doch Matthias hörte Erregung heraus. »Laß es mich in Umrissen erklären, Weard. Für den Geheimen Ritus bedarf es nicht nur einer Reihe von Beschwörungsformeln und rituellen Handlungen. O nein! Auch eines breiten Spektrums von Emotionen, Gemütsbewegungen, Handlungen. Es muß der Eindruck entstehen, als wäre die gesamte Menschheit an dem Ritus beteiligt. Du darfst nicht glauben, daß die Götter – nicht einmal der Benu – die Menschheit außer acht lassen, welchen Anschein es auch immer haben mag. Bei jedem Schritt spielen Menschen eine Rolle. Der Ritus ist so aufgebaut, daß er sich aus den Gegebenheiten und den Personen in der Stadt nimmt, was er benötigt.

Alles ist an seinem Platz, alles ist bedacht. Die Stadt selbst bietet den idealen Hintergrund. Der Großteil der Leistungen und Errungenschaften der Menschheit ist in den Werken der Bibliothek aufgezeichnet und in den Kunstgalerien, den Waffenkammern und Lebensmittellagern zu finden. Und in der ganzen Stadt verteilt, haben wir dafür gesorgt, daß Einzelpersonen, Vertreter der Menschheit, ausschlaggebende Entscheidungen treffen und erforderliche Gefühle empfinden können.«

Matthias hörte, wie Wein eingegossen wurde. Sie drückten ihm ein Glas in die Hand. Er stellte es ab, ohne einen Schluck zu nehmen. Imbert verstand so viel. Mehr als Matthias sich hatte träumen lassen.

Imbert fuhr fort: »Hat Eleanor auch Blythe freigelassen?«

»Ja. Meine Männer haben sie bei den Theatern verloren ...« Er klang verwirrt. Matthias erkannte, daß er die Bedeutsamkeit von Imberts Worten nicht verstanden hatte. »Sie sind mir entkommen ...«

»Weard. Blythe ist keine Gefahr für uns oder sonst jemanden. Einer, der die Kinder überlebt hat, ist kein Gegner mehr, mit dem man rechnen müßte. Und ganz gewiß wird er nicht kämpfen. Er wird den Ritus sogar bereichern. Ein von Grauen Erlöster! Das ist ein weiterer Baustein des Ritus.«

»Er wird müde sein«, bestätigte Edine. »Er wird dem Ruf aus der Tiefe nicht widerstehen können ...«

»Und was ist mit dem anderen? Merauld. Wie sieht es da aus?«

»Gut. Sogar besser als erwartet.« Edine klang zufrieden.

»Lilith?«

»Macht ihre Sache gut wie immer. Sehr befriedigend, mit ihr zusammenzuarbeiten. So klug von dir, Liebster, eine Parid zu erschaffen und zu beherrschen. Merauld wird sich richtig entscheiden, wenn es soweit ist.«

Matthias sank in seinem Sessel zusammen. Er war zutiefst bestürzt. Im Augenblick vergaß er Eleanors Lage. Damit hatte er nicht gerechnet. Jetzt blieb nichts anderes mehr als Verzweiflung.

Thurstan würde es also sein. Das Element menschlicher Entscheidung, das Herz des Ritus. Es mußte einen Sterblichen geben, der bereit war, die Verantwortung zu übernehmen, wenn es zur Wechselwirkung zwischen Gottheit und Menschheit kam.

Um zu entscheiden, zu wählen. Um die Welt, durch die Macht eines Wortes, einer Hoffnung, eines Gefühles neu zu erschaffen.

Matthias hatte darauf gebaut, daß Imbert und Edine das nicht verstanden. Alles andere hatte er erklärt, nur nicht diese eine wesentliche Bedingung. Jemand mußte Verantwortung übernehmen.

Er hatte sie unterschätzt. Sie hatten ihn die ganze Zeit an der Nase herumgeführt. Sie waren von Anfang an voll und ganz mit dem Geheimen Ritus vertraut gewesen, mit seiner verborgenen Bedeutung, den heiklen Bereichen, wo Philosophie, Magie und Religion zusammenwirkten, dem menschlichen Element. Sie hatten ihn lediglich zur Bestätigung ihrer Kenntnisse benutzt, um sicherzugehen, daß sie die Grenze zu dem unteren Reich nicht übertraten.

Aber Thurstan würde doch bestimmt nicht mitmachen, oder? Doch nicht Martitias Sohn, nicht der Führer der Jereniten. Er würde doch für so etwas nicht seine Vergangenheit verleugnen ...

Matthias wandte den schmerzenden Kopf zur Wand und schauderte in böser Vorahnung. Es war kein Blick in die Zukunft, einfach nur schreckliche Angst.

Bald danach machte Matthias seinen letzten Flug auf Amery. Imbert wartete mit ihm auf der breiten Prunkstraße zwischen den Palästen auf den Arrarat. Als er diesmal das Schlagen mächtiger Schwingen hörte, schlug sein Herz nicht höher. Er kletterte auf den mächtigen Rücken, da streckte Imbert die Hand aus und legte sie auf seine Schulter.

»Denk nicht an Flucht, Matthias! Vergiß nicht, daß deine Freunde noch alle hier sind. Wir brauchen lediglich eine letzte Überprüfung der Feuerstellen. Schließlich möchten wir doch nicht, daß auch nur der kleinste Teil der Rose überlebt, nicht wahr?« Matthias hörte das Lächeln aus seiner Stimme.

Einen Moment hielt er inne. Amerys Blick zeigte ihm einen schönen Mann mit fein geschnittenen Zügen und vornehmem, anziehendem Äußeren. Seine Erscheinung war makellos. Aus seinen Augen sprachen Humor und Mitgefühl, sein Mund war sinnlich und feinfühlend. Man konnte sich kaum vorstellen, daß er aus anderen als den edelsten Motiven handelte.

Das tat er auch nicht. Der Ritus würde stattfinden, weil Imbert Edine liebte ...

»Du bist ein Dummkopf, Imbert«, sagte Matthias. »Es fällt mir schwer zu glauben, daß Lefevre ausgerechnet dich erwählt hat ...«

»Es ist nicht ohne Ironie, das gebe ich zu. Und vielleicht ist es dir ein Trost, daß ich mich manchmal selbst darüber wundere. Aber dann erinnere ich mich, was ich tue und warum und wie nahe ich dem Erfolg bin. Dann habe ich doch das Gefühl, daß Lefevre recht daran tat. Und bedenke, was immerhin aus ihm geworden ist ...«

Matthias blickte ihn mit den Augen Amerys an. »Du hättest nicht soviel Zeit auf dem Blumenfeld zubringen sollen. Der Tod wartet auf dich. Du wirst den Ritus nicht überleben«, sagte er tonlos.

»Du irrst dich wieder, Matthias. Du bist jetzt unter der Erde und kannst die Wahrheit über mich nicht sehen.« Er war völlig gelassen. »Flieg los, Matthias. Es ist nicht mehr viel Zeit.« Plötzlich gab er Amery einen Klaps. »Marsch, fort mit euch!«

Während Amery durch den langen Gang und die verborgene Höhle nördlich von Smintha flog und hinaus in die heißen blauen Lüfte und den brennenden Sonnenschein glitt, dachte Matthias über seine Chancen nach. Je länger sie warteten, desto tiefer würde Thurstan in den Ritus verstrickt werden, desto größer wurde das Risiko, daß er vergaß, wer er war.

Matthias wurde fast übel, als er durch Amerys Augen die monströse Rose Lefevre sah, deren üppiges grünes Laub und weit geöfneten weißen Blüten die rote Wüste überzogen. Sie griff bereits tief in die Ruinen von Smintha, wo sie sich wie eine bösartige Seuche ausbreitete und in ihrer Suche nach Nahrung Mauern und Wände niederriß.

Todesengel flogen über ihr und um sie, versorgten sie und gehorchten jedem ihrer Wünsche wie Ameisen ihrer Königin. Die Holzhaufen für das Feuer befanden sich alle unter der Oberfläche, rund um die Wurzeln. Dort, in der heißen Erde waren die Wurzeln am Rand trocken, spröde und verdorrt. Sie würden leicht Feuer fangen und verbrennen. Das Feuer würde die übrige Welt aus dem Geschehen ausschließen. Von Flammen umgeben würden Entscheidungen getroffen und Leben genommen werden, während der Ritus seinen Verlauf nahm.

Amery flog hoch in der Mittagssonne, so hoch, daß die Todesengel ihre Gegenwart nicht wittern konnten. Matthias hoffte nur, Lefevre bediente sich nicht auch noch anderer Mittel, seine Blumeninkarnation zu beschützen. War ihm der gleiche Blick in die Zukunft gegeben, der Matthias peinigte, sobald er an die Oberfläche kam? Sah auch Lefevre das Feuer, das sich an den saftigen Ranken entlangfraß; die Blüten, die wie Papier zerknitterten; die Asche, die den Sand bedeckte?

Sah auch Lefevre den mächtigen Falken hoch über dem Feuer im einem Aufwind weite Kreise ziehen – und herabstürzen?

Matthias schauderte. Was konnte er tun? Sie wußten so viel! Er konnte nur hoffen, daß seine Vision unrichtig oder unvollständig war oder eine Täuschung wie so vieles andere.

Aber sie war keine Täuschung, dessen war er sich völlig sicher. Ein Falke würde in das Feuer fallen und in einer Spirale gefangen sein. Es würde alles von neuem beginnen, das schreckliche Elend der Stasis, die Pervertierung von Leben und Liebe. Ewige Unfruchtbarkeit.

Matthias entsann sich der Vögel, die sich in der Mauer stillstehender Zeit verfangen hatten. Sie waren im Augenblick zwischen einer Sekunde und der nächsten erstarrt, waren bei vollem Bewußtsein geblieben und hatten gelitten. Was konnte er tun? Wie könnte er ein solches Unrecht verhindern?

Es gab nur eine Möglichkeit. Das Bild der Zukunft war klar. Es bot nur Raum für eine vage Hoffnung. Sein Herz drohte bei dieser Vorstellung stillzustehen.

Als er in der unterirdischen Stadt zurückgekehrt war, schickte er noch in der gleichen Nacht seine wundersame Falkin Amery fort.

Flieg weg, sagte er. Verlaß diese Stadt, in der der Ritus stattfinden wird, entfliehe dem Großen Feuer und laß das Wissen über meinen Verrat hinter dir. Flieg zu den Menschen des Nordens, wo Lukas lebt. Und beeil dich, meine Liebe, sei schnell wie die Pfeile des Verlangens, sonst wird es zu spät sein. Und als Amery, die bleiche, kremfarbene Amery, sich liebevoll verabschiedete, dachte Matthias wieder an den Mond.

Astret, du solltest jetzt eingreifen! Das betrifft dich sogar noch mehr als uns. Hilf uns, Lady, hilf uns, das Richtige zu tun.

Kein tröstlicher Schimmer beantwortete Matthias' Gebet. Warum auch, wenn die Götter ihre eigenen Ziele verfolgen, ohne Rücksicht auf die Menschheit.

Matthias wußte es zwar nicht, aber der Haß war echt, der im Theater getobt hatte, in dem Thurstan zerstört worden war. Er war fast das einzig Wirkliche überhaupt.

Haß, Wut, Rache. Bittere Rache!

Eleanor war in Laub gefangen, von Ranken festgehalten, von Blüten bedeckt. Einen Augenblick lag sie gelähmt vor Panik, doch dann gewann rasende Wut die Oberhand. Eleanor wehrte sich, trat und schlug um sich, riß an den Ranken. Die Wüstenrose war zu riesig, zu vielseitig, zu wissend. Sie sah ihre Bewegungen voraus und unterband sie ohne große Mühe.

Geschickt und unentrinnbar wurde sie von einer Ranke an die nächste weitergereicht, durch die unterirdischen

Geschosse getragen, die stillen Gänge entlang, der Sonne entgegen.

Eleanor hatte grauenvolle Angst. Nicht nur vor dem, was im Augenblick mit ihr geschah – sondern auch noch vor etwas anderem. Einem Traum, der Erinnerung an eine Vision, in der sie sich von flammenden Ranken gefangen in einem Keller hatte verbrennen sehen. Zu gut entsann sie sich, was ihr während des Sturms unter Lycias' Tempel offenbart worden war.

Dieses Bild wiederholte sich ständig. Im Blutpalast, von Blumen umrankt, Feuer, das sich durch ihren Körper fraß ... Sie selbst zu Asche verbrennend, von Blättern umwickelt ...

Ich habe erst angefangen, hatte er gesagt. Wieder strampelte und bäumte sie sich in den scheinbar so nachgiebigen Ranken auf. Manchmal rissen sie auch tatsächlich, aber sofort umschlangen andere ihre Glieder.

Bald begannen ihre Kräfte zu erlahmen. Ihre Hände klebten von Schweiß, ihre Arme und Beine waren von Dornen und scharfen Blatträndern aufgerissen. Von der Anstrengung schmerzte ihr ganzer Körper. Dennoch gab sie nicht auf, sich gegen den würgenden Griff der Wüstenrose zu wehren. Sie wußte, was passieren würde.

Sie begann zu schreien, nach Phin zu brüllen, nach Thurstan, nach Matthias und Amery, nach irgend sonst jemandem, der sie befreien könnte.

Niemand hörte sie. Eleanor verstummte wieder. Die Wüstenrose gestattete ihr, sich auf dem Boden auszuruhen, um wieder ein wenig zu Kräften zu kommen. Sie wollte, daß Eleanor bei vollem Bewußtsein und klaren Verstand war, denn sie wußte, daß ihr Gott das bei seinen Opfern schätzte.

So zog sie sich zurück und wartete.

Eleanor lag eine Weile benommen auf dem Rücken. Dann streckte sie vorsichtig die müden Glieder und stellte fest, daß sie frei von hemmenden Ranken waren. Sie befand sich allein auf einer Lichtung, auf die Sonnenstrahlen vereinzelt durch ein dunkles Blätterdach fielen. War sie hier an der

Oberfläche? Würde sie dem Schicksal entgehen, in einem Keller zu verbrennen, wie es ihr die Vision gezeigt hatte?

Unter ihr war Sand, nur da und dort unterbrochen von neuen Sprossen und Blumenaugen. Sie wußte, daß sie sich ihrem Blick entziehen sollte, aber als sie sich bewegte, drehten sie sich ebenso, wie es die Elternblume tat, um der Sonne folgen zu können.

Deshalb verhielt sie sich ruhig, verschnaufte und hegte einen Funken neue Hoffnung. Sie konnte die Sonne sehen und Flecken blauen Himmels, doch überall ringsum erstreckte sich die Wüstenrose. Eleanor wußte, wo sie sich befand und was geschah. Sie wurde im lebenden Gefängnis der Rose festgehalten, von ihren Augen beobachtet, von ihren Dornen und Ranken getrieben.

»Lefevre, Wüstenrose, laß mich gehen!« Eleanor bemühte sich, vernünftig und ruhig zu reden, aber es klang schwach und unwirklich zwischen den fleischigen Stengeln und Ranken. Vielleicht würde diese Pflanzenkreatur antworten, sie war ja einmal selbst menschlich gewesen.

Nein. Die Blätter wandten sich von ihr ab.

»Warum hältst du mich fest? Was willst du?«

Die Zweige hoch über ihr wichen zur Seite. Sonnenschein flutete ins Herz der Wüstenrose und prallte auf Eleanor herab mit dem ganzen schrecklichen Gewicht dieses Lichtes auf Eleanor herab.

Sie verstand, was die Wüstenrose mit ihr beabsichtigte. Sie sollte Lycias als Opfer dargeboten werden. Opferlamm, Sündenbock, Bestechung, Verführung.

Liebe mich, sang die Rose zu ihrem Gott. Nimm dieses Opfer als Zeichen meiner Liebe.

Die Kreatur, die jetzt die Rose war, war eine sehr lange Zeit Lycias' Diener gewesen. Der einstige Hohepriester der Sonne wußte immer noch viel über seinen Gott. Immerzu reckte er den Kopf himmelwärts, verfolgte seine Bahn über das Firmament, die lodernde Pracht des Lichtes, das alle Hoffnung der Versöhnung zu Asche verbrannte. Die Rose hoffte, den Sonnengott mit einem Opfer milde zu stimmen, die fanatische Macht zu beschwichtigen, die Racheträumen innewohnte.

Eleanor verstand, welcher Art die Gedanken der Rose waren. Die Blätter um sie erschauerten vor Verlangen und Begehren, die Blüten zitterten vor Hoffnung. Vertraute Gefühle.

Sie rannte blitzschnell auf eine Seite und wich im letzten Moment der kräftigen Ranke aus, die nach ihrem Hals schnellte. Sie hatte am Ende einer laubüberdachten Lichtung das stumpfe Rot der glühenden Wüste erspäht.

Eleanor wollte dem Sonnengott zu ihren Bedingungen gegenübertreten. Sie würde kein hilfloses Opfer auf Lefevres Altar der Besessenheit sein. Sie mußte etwas viel Wichtigeres tun, nämlich Lukas wiederfinden, ehe es zu spät war.

Sie rannte weiter, schlug Haken, duckte sich, doch Zweige schossen auf sie zu, Ranken verbanden sich miteinander, fleischige Blätter wuchsen zusammen und eine undurchdringliche Pflanzenmauer blockierte ihren Weg. All das geschah in Sekundenschnelle als Reaktion auf ihre Bewegung.

Es gab keinen Weg hindurch. Keinen Ausweg. Und Lukas lebte, lebte irgendwo, ohne zu wissen, daß sie hier war. Eleanor ertrug es nicht. All ihr Mut, ihr ganzes Selbstvertrauen, verließ sie.

Sie fiel auf die Knie, ließ es geschehen, daß die Ranken sie ergriffen und wieder mit stummem Eifer über grüne Pfade trugen.

Die Stockwerke

»Matthias, wach auf! Rasch! Wir müssen uns beeilen!« keuchte Blythe atemlos vom Laufen. Es war ihm gelungen, den Wachen vor dem Theater zu entkommen, aber dann hatte er sich in einem schier endlosen Labyrinth von Seitengassen, leeren Gängen, verlassenen Häusern und Bronzespiegeln verirrt.

An jeder Kreuzung hatte er Scharen von Läufern gesehen, die alle murmelnd in eine Richtung zogen. Sie hatten ihn überhaupt nicht beachtet, als gäbe es ihn für sie nicht. Ihm war, als befände er sich auf Suche in einem Traum. Seltsames Geleiere in fremden Sprachen war aus jeder Gasse zu hören. Die Stadt war voller Geräusche: Es kam von den Läufern, wurde ihm bewußt, allgegenwärtige, zischende Laute, die ihn frösteln ließen. Handelten sie aus eigenem Antrieb, oder wurden sie von Imbert gelenkt?

Er nahm sich nicht die Zeit, es herauszufinden, sondern folgte ihnen, in der Hoffnung, sie würden ihn zu den Magiern führen. Endlich war er mit hämmerndem Herzen zur Straße der prunkvollen Palästen gelangt, wo er Imbert und Edine zuletzt gesehen hatte.

Die Läufer zogen unbeirrt weiter, auf die Treppen im Zentrum zu, wie ihm bald klar wurde. Die Paläste waren leer, ihre Türen unverschlossen. Blythe war von einem Raum zum anderen gerannt, durch die Korridore gehetzt und Treppen auf und ab gelaufen. Schließlich hatte er Matthias in einem Palast gefunden, ganz in der Nähe der breiten Wendeltreppen, auf einer der oberen Galerien. Er hatte bewußtlos in einer Ecke gelegen.

Blythe schüttelte ihn. Er war entsetzt über das Aussehen und die Schwäche des Magiers. Er vermochte sich nicht einmal ohne Hilfe aufzusetzen. Würde er imstande sein, überhaupt etwas zu tun?

Matthias strich stumm über seine Stirn.

»Matthias, was ist los? Was haben Imbert und Edine vor? Und was zur Hölle machen die Läufer? Sie flüstern und murmeln und scheinen absolut nichts wahrzunehmen! Weder sie noch sonst irgend jemand hat mich aufgehalten. Kannst du mir sagen, was das alles zu bedeuten hat?«

Auch hier waren Läufer, die ihre unverständlichen Litaneien repetierten. Sie achteten genausowenig auf ihn wie die anderen. Man konnte meinen, sie existierten in einer anderen Dimension. Vielleicht wußten sie aber auch nur, daß er nicht mehr wichtig war.

Sie mochten recht haben. Imbert, Edine und Weard hatten

jetzt anderes im Kopf. Vermutlich hielten sie Blythe für völlig bedeutungslos. Was könnte er schon tun, ohne besondere Fähigkeiten, ohne magische Kenntnisse?

Matthias war aufgestanden, aber immer noch stumm. An diesem verschlossenen, verzweifelten Mann erinnerte kaum noch etwas an den alten Matthias. Blythe überlief es eiskalt. Hatte der Weise sie wahrhaftig verraten?

»Matthias, sag schon, was ist los?«

»Die Stasis! Die Stasis wird wieder errichtet!«

»Aber das können sie nicht! Das ist unmöglich! Woher sollten sie wissen, wie das zu bewerkstelligen ist?« Er erinnerte sich, wie der Große Falke, der goldene Benuvogel mit den blinden Augen, zwischen den Sternen getanzt hatte. Wie könnten zwei Peraldonier mit ihrem brutalen Verbündeten solch eine Macht einfangen?

»Sie wußten bereits alles, und ich bestätigte es für sie. Jetzt hält sie nichts mehr zurück ...«

Mit tonloser Stimme erzählte Matthias von dem Geheimnis, das er für sich behalten hatte, wie er zu bluffen gehofft hatte und selbst auf so schreckliche Weise getäuscht worden war.

Es schien ihm ein Bedürfnis zu sein, Blythe verständlich zu machen, was geschehen war, wieso er einen so schrecklichen Fehler begangen haben konnte. Wie er seine Schuld dadurch nur noch vergrößert hatte. Er vermochte diese Last einfach nicht mehr allein zu tragen.

Die Schatten erwähnte er nicht. Er fragte sich, ob Blythe sie spürte, sie waren so nah ...

Stille setzte ein. Blythe zog die Hand von Matthias' Schulter nicht zurück. Die müde Stimme sprach weiter, vom Gewissen gequält, jeglichen Verrat zu gestehen. Matthias begann, den Ritus in groben Zügen zu umreißen, seine wichtigsten Elemente zu erklären.

»Wenn er einmal begonnen wurde, gibt es kein Aufhalten mehr. Das Feuer muß die Wüstenrose völlig verbrennen. Es darf auf keinen Fall geschehen, daß sie halb verbrannt überlebt. Davon abgesehen wird so viel Macht an einem Ort geballt sein, daß der Ritus seinen Lauf nehmen muß. Er wird es auch. Ich habe es erschaut. Er beginnt bereits. Spürst du es? Die Geräusche in jedem Gang, auf den leeren Treppen, in den verlassenen Häusern? Alles wartet nur, daß etwas geschieht, etwas, das dem Ganzen Bedeutung gibt.«

Matthias hatte sich an die Wand gelehnt; er drückte die Hände an den Kopf, als könne er so seinen Gedanken Einhalt gebieten. »Es wird natürlich ein Opfer dargeboten werden. Sie haben Eleanor ausgewählt. Sie folgern, daß dann der Benu kommen wird. Sie wird während des Ritus wahrscheinlich sterben ...« Er beschrieb alles, als spiele es keine Rolle mehr. So lange hatten seine Gedanken sich mit jeder Einzelheit beschäftigt, daß die Worte fast unwillkürlich kamen.

»Dann werden die Flammen bereits wüten, und es wird keinen Ausweg mehr geben. Der Mittelschacht und ein großer Teil der Stadt werden vom Feuer eingeschlossen sein. Es gibt keine Flucht mehr aus dem Ritus.

Sie werden Thurstan fragen, ob er bereit ist, um der Liebe willen die Zeit anzuhalten und die Verantwortung für alles zu übernehmen. Und wenn er wahrhaftig nicht mehr er selbst ist, wenn ihn die Leidenschaft völlig blind macht, wird er sich damit einverstanden erklären ...«

»Das wird er niemals!«

»Ich glaube, er hat es bereits.«

»Nein, nicht Thurstan. Was es ihn auch kostete, er würde nie mitmachen ...«

»Denk an die Täuschungen hier, Phin!« Unendliche Verzweiflung schwang aus Matthias' ruhigen Stimme. »Sie sind Meister der Halluzination! Sie verwirren und benebeln die Sinne, betäuben den Verstand, bedienen sich jedes Tricks! Imbert hat viel Zeit im Blumenfeld zugebracht, er weiß, was dort geschieht, und benutzt dieses Wissen. Irgendwo hier gibt es auch eine Parid. Imbert hat sie erschaffen ... Und überleg, Phinian Blythe, was ist die größte Illusion, das höchste Maß der Selbsttäuschung?« Matthias schien sich an Strohhalme zu klammern, nach einer Antwort zu suchen, die es nicht gab, wie Blythe wußte. Er beobachtete Matthias unentwegt, versuchte die Überreste von Integrität in diesem verwüsteten Gesicht und dem dünnen, gebrechlichen Körper zu finden. Dunkles Haar hing glatt über seinen abgewetzten Kragen, der schweißnaß an ihm klebte. Hat Matthias wirklich alles verraten, wirklich alles vorhergesehen und danach gehandelt? Ist es Wahnsinn, ihm noch zu trauen?

»Leidenschaft ... Liebe«, antwortete er schließlich. »Die größte Illusion, die schlimmste Selbsttäuschung.«

Matthias nickte, und, es war nicht zu glauben, er lächelte! »Aber Liebe ist keine Täuschung, nicht, wenn sie echt ist. Wir wissen nicht, was Thurstan erlebt, wie weit es bereits gediehen ist ...«

»Wir müssen es herausfinden.«

»Aber diesmal ist dir keine Rolle zugedacht, nicht hier.« Matthias streckte eine Hand nach Blythe aus. »Das ist nicht mehr dein Kampf; du hast deinen Preis bezahlt.«

Die Schatten, die Kinder der Nacht waren sehr nahe. Blythe spürte in der Tat ihre Nähe. Viel zu gut erinnerte er sich an sie, an die Last auf seinen Schultern, diese schreckliche Last der Erinnerung an Taten und Gefühle, Liebe, Schuldbewußtsein und Angst. Er wollte nicht wieder handeln.

Sie waren diesmal nicht seinetwegen gekommen. Ruhig sagte er: »Du vergißt, Matthias. Es sind meine Freunde. Deine ebenfalls. Erinnerst du dich an Freundschaft, Matthias? An Loyalität? Thurstan ist Teil meines Lebens, Eleanor – ebenfalls. Ich werde sie nicht im Stich lassen. Und du, Matthias, mußt den Ritus verhindern ...«

Doch noch während er sprach, hörte er die Stimmen von drei Personen, die sich ihnen auf dem Korridor näherten, im Chor murmeln.

»Es ist zu spät, Phin. Er hat schon angefangen ... Es gibt nichts, was du noch tun könntest.«

Die Stimmen waren bereits sehr nahe. Rasch duckte sich Blythe in einen Alkoven am hinteren Ende des Zimmers. Er sah Imbert, Edine und Weard eintreten.

»Rilyni e'marsera, rilyni felaseara ...«

Sie waren in Goldbrokat gewandet. Sogar Weard hatte sein Lederwams abgelegt. Er wirkte ungewöhnlich mächtig, ja fast würdevoll in der ungewohnten Robe.

Ein Wispern wurde ringsum laut. Plötzlich wurde Blythe klar, daß das Zimmer schon die ganze Zeit voll Läufer gewesen war.

Matthias machte keinen Versuch, Widerstand zu leisten. Weard half ihm auf die Füße, und er duldete, daß sie ihn in Goldbrokat kleideten.

Er stimmte in ihren Chor ein. Entsetzt sah Blythe Funken zwischen seinen langen Fingern. Schatten zuckten durch den Raum. Dunkle Höhlen öffneten sich.

Dann fing Weards Spiralstab die Funken ein. Sie wurden zu weißglühendem Feuer, welches das gewundene Holz in sich aufnahm. Die vier drehten sich um, um das Zimmer zu verlassen. Weard mit hoch erhobenem Stab, gefolgt von Matthias, der sich wie ein uralter Mann dahinschleppte, und hinter ihm Imbert und Edine, Hand in Hand.

Sie ließen die Tür offenstehen. Blythe spähte ihnen nach und sah den Blick, den Imbert und Edine wechselten. Es war ein Schwur. Sie würden nicht versagen.

Er konnte ihnen nicht folgen. Ein ganzer Strom von Läufern begleitete sie, unaufhörlich wispernd strömten sie über Steinboden und Wände. Und an der Wand entlangkriechend, über die vergoldeten Bilderrahmen und Wandgemälde huschend, folgten sie den Magiern. Sie warteten auf ihre Gelegenheit, warteten auf die Vollendung des Rituals. Blythe ertrug es nicht, sie zu beobachten.

Er mußte Elanor und Thurstan finden, sie hinausschaffen. Er drehte den schattenumwogten Magiern mit ihren Läufern den Rücken zu und öffnete eine unbeschriftete Tür an der hinteren Wand.

Und gelangte auf eine Treppe.

Die Stockwerke. Treppen, Keller, Absätze, Schächte und Verliese. In seinem Kopf andere Geschosse: Wirklichkeit, Erinnerung, Täuschung, Trug, Vision, Halluzination. Die Verschleierung unter der Oberfläche, fern von Mondschein und Sonnenstrahlen.

Ergrimmt dachte er an Lycias und Astret, die ihre Welt unerträglich für Menschen machten. Menschen sollten nicht außerhalb des Wechsels der Jahreszeiten, des Wechsels von Tag und Nacht, leben müssen. Sie sollten nicht der Gefahr ausgesetzt werden, daß die Nebel aus der Tiefe nach ihnen griffen oder Schatten sie quälten.

Von dem kleinen Treppenabsatz, auf dem er stand, führten Stufen sowohl aufwärts wie abwärts. Blythe traute den Abgründen und tiefen Schächten nicht. Das lag vermutlich an der Erinnerung an Sharraks Schacht, in dem er vor so langer Zeit dem Tod nahe gewesen war.

Und an die Wendeltreppe, die verschwunden war und sie ins Blumenfeld geschleudert hatte. Diese drohenden Schwingen und Nebelschwaden ... Er wollte nicht hinuntersteigen.

Was war wichtiger? Das Ritual aufzuhalten oder Eleanor und Thurstan zu finden? Ein unbeteiligter Beobachter hätte keine Schwierigkeiten, die Wahl zu treffen. Natürlich sollte er umkehren, um Matthias und den anderen zu folgen und um wenn nötig zu töten. Alles tun, um eine neue Stasis zu verhindern. Der Ritus war bereits im Gange, er würde schnell handeln müssen.

Mit dem Feuer, das in Weards Stab tobte, dem Feuer, das von Matthias' Fingern gesprungen war, würden die Holzhaufen rings um die Wüstenrose, rings um die Stadt, angezündet werden.

Bald würde Lefevre brennen. Bald würde Glas hoch darüber wirbeln, zusammenprallen und zerspringen. Eine Wahl würde getroffen werden, eine Entscheidung fallen, ein Opfer angenommen werden. Und der Vogel der Zeit, des Lebens und des Todes würde von fehlgeleiteten, gefährlichen, selbstgefälligen Leuten eingefangen und in einen Käfig gesteckt werden.

Die Luft war heiß und beißend. Irgendwo waren die Scheiterhaufen demnach bereits angezündet worden. Mit jeder Sekunde schritt der Ritus auf seinen unumkehrbaren Pfad voran.

Phin zwang sich, in dem düsteren Zwielicht auf dem schmalen Treppenabsatz stehenzubleiben. Er dachte über Matthias nach. Blindheit ist eine mächtige Kraft, ein Zustand, in dem alle anderen Sinne ungewöhnliche Veränderung erfahren.

Matthias vermochte die Zukunft zu sehen. Was mußte das für ein Gefühl sein, zu wissen, wohin alles führte, was man tat? Bestimmt lähmte es. Wenn man etwas Schreckliches sah, wenn man wußte, daß die Schatten warteten, war ein Handeln unmöglich.

Matthias handelte immer noch, traf immer noch Entscheidungen, gab Anleitungen. Was sah er wohl für die nächsten Stunden, die nächsten Tage voraus? Er half, die Stasis zu errichten, einen Zustand, in dem die Zukunft nicht geändert werden konnte.

Unter der Stasis zu leben und die Zukunft zu kennen wäre unerträglich. Das bedeutete vielleicht, daß Matthias auf eine unklare Vision von Wahrscheinlichkeiten baute, die ihm gezeigt hatte, daß der Versuch, die Stasis wiederherzustellen, fehlschlagen würde. Blythe mußte darauf vertrauen, daß Matthias wußte, was er tat, daß seine Blindheit ihn nicht in die Verzweiflung, sondern zu einer Erkenntnis geführt hatte, die einen Ausweg bot.

Blythe war nun klar, daß er nicht glauben durfte, was Matthias gesagt hatte, denn es waren Läufer dort gewesen. Matthias hatte vermutlich gelogen, um ihn irrezuführen – oder die Läufer.

Er spürte, daß er nicht mehr allein war. Jemand oder etwas lauerte tiefer unten im Treppenschacht. Ein beunruhigender Geruch wie von Blumen und Fäulnis gleichermaßen stieg auf. Hören konnte er nichts. Er stand still und zwang sich, weiter zu überlegen.

Der Benu war die Essenz der Freiheit. Das Element des Zufalls in ihrer aller Leben. Während er flog, frei wie die Luft, war nichts unwiderruflich. Die Zukunft war wandelbar, nicht starr und unumgänglich.

Blythe würde zu den anderen Stockwerken hinuntersteigen und nachsehen, wer oder was auf ihn wartete. Er würde Eleanor und Thurstan suchen.

Abweisung

Die Morgenflut hatte ihren Höchststand erreicht, als sie über Shelt flogen. Felicia hatte keine Angst mehr vor ihr. Sie konnte es mit Drachen aufnehmen. Aber etwas viel Schlimmeres quälte sie jetzt.

Seine Arme hielten sie ohne Wärme, ohne Zuneigung. Seine Augen übersahen sie, nichts von der unbeschwerten Kameradschaftlichkeit war geblieben, nichts von dem frohen Lachen, das ihr trostloses Leben versüßt hatte. Nach allem, was auf dem Strand geschehen war, konnte sie es nicht begreifen.

Astrella setzte sie auf dem Balkon des vornehmen Hauses ab. Frischer Erdgeruch stieg von dem aufs neue überschwemmten Garten auf. Veres Flöte war verstummt, das Haus lag still im bleichen Morgenlicht. Rosco half ihr herab und trat dann rasch durch die Tür in den Ballsaal.

Sie blieb noch auf dem Balkon und legte trostsuchend die Hand auf die Schulter des Arrarats. Einen Augenblick stand die Falkin still, als wäre sie sich ihres Leides bewußt. Doch dann breitete sie die Schwingen und hob sich ins Morgenlicht.

»Meine Lady, was fehlt Euch?« Annis kam, um nach ihr zu sehen. Bestimmt von Rosco geschickt. Er würde sich um sie kümmern wie um ein Haustier oder ein Kind. Für ihn war sie eine Verantwortung, eine Pflicht. Er würde sie nicht vernachlässigen, nicht in den für sie so unwichtigen Dingen.

»Meine Lady, kommt herein, Ihr müßt Euch jetzt ausruhen …«

Sie blickte der rasch entschwindenden Falkin nach, bis sie sie nicht mehr sah. Astrella war fort und hatte Felicias letzte Kraft mit sich genommen.

Ihre Knie gaben nach, und sie stolperte in Annis' Arme.

Ladon wartete in der kalten Tiefe, daß die Ebbe ihm Neuigkeiten und Kraft brachte. Er hatte noch eine Chance, noch eine Möglichkeit, die Mondmaid zu seinem Eigen zu machen. Er war erbebt unter der Macht der Ebbe, die ihm seinen Gefangenen entrissen hatte. Zu dem Zeitpunkt war er voll Zorn gewesen, doch jetzt dachte er bewundernd an die außerordentliche Kraft und Entschlossenheit zurück.

Er würde sie für sich gewinnen, und das Reich der See würde unter der Macht ihrer gemeinsamen Herrschaft zittern.

Mit ihrer Kraft würde er die Fischschwärme durch die Wellen lenken, würde in den Meeresgärten Perlen und Korallen ernten, würde die Tang- und Anemonenwälder hegen. Er würde den Ort der letzten Ruhe auf dem Meeresgrund für Schiffe bestimmen, würde die Kreaturen, die unter den Wellen lebten, in seinen Dienst stellen. Die Ebbe würde er benutzen, damit sie ihm vom Land holte, was er benötigte. Und es würde keine Abkommen mit törichten Magiern mehr geben, keine Kompromisse, kein Warten, daß sie ihre Versprechen erfüllten.

Es war ihnen nicht gelungen, ihren Teil der Abmachung zu erfüllen. Gawne hatte gesagt, er würde die Mondmaid zur Morgenflut bekommen. Aber er hatte sein Versprechen nicht gehalten!

Dafür wenigstens bezahlte er.

Gawne tanzte unter den Wogen zur Weise des Ozeans. Seine Wunde hatte sich durch die Heilkraft des Wassers geschlossen. Ein Spielball der Wellen, ohne Hoffnung, ohne Kraft, ohne Bedeutung. Solange Ladon durch die kalten Gewässer schwamm, würde sein Leben nicht enden.

Das hatte er doch immer gewollt.

Schließlich erreichten Mittelson und Sharrak die Keller. Serethrun war inzwischen längst zu den Eloiern unterwegs. Gründlich und geduldig, auch wenn alles zu raschem Handeln drängte, unterwies Olwyn Mittelson die Parid, bis sie genau wußte, was sie tun mußte.

Gemeinsam schlichen sie danach durch die ungewöhnlich ruhige Burg und machten einen Bogen um die Ratskammer, wo die Seelords noch beisammensaßen.

Torold hatten sie an Esmonds Bett mit besorgter Miene Wache halten sehen.

»Wie weit könnt Ihr Euch auf die Burggarde verlassen?«

»Die 3. Kompanie ist mir treu ergeben, es sind meine eigenen Leute. Auch etwa die Hälfte der Leibgarde. Auf die anderen möchte ich mich lieber nicht verlassen müssen.«

»Die 4. Kompanie ist unsere. Ein großer Teil der Männer stammt aus Fischerfamilien. Sie werden mir folgen. Bleiben drei Kompanien, die den Seelords ergeben sind. Sechstausend Mann.«

Torold betrachtete etwas zweifelnd den großen blonden Mann, der am Kamin stand. Er war ihm noch nie zuvor begegnet, hatte jedoch sein Gesicht auf Handzetteln gesehen. Esmond hatte ihn als charismatisch, aber schwierig bezeichnet. Ein Führer, der nicht auf seine persönliche Sicherheit achtete und sich leidenschaftlich für Gerechtigkeit einsetzte.

Dieser Mann war nicht ganz, wie er ihn sich vorgestellt hatte: so glatt, kühl und selbstsicher. Torold gefielen diese kalten blauen Augen und der abfällige Zug um den Mund nicht, obwohl Esmond, wenngleich widerwillig, immer wieder von seiner Integrität gesprochen hatte.

Esmond lag nun in einem tiefen Schlaf, von dem Torold hoffte, daß er ihn wiederherstellen würde. Der Magier Mittelson, an den er sich von dem Kampf am Flutbecken erinnerte, behandelte ihn.

Torold und Jolin Rosco besprachen Strategien, während Torold mit einem Ohr zur Tür hin lauschte, denn er erwartete jeden Moment die Rückkehr der Seelords unter ihrem neuen Führer.

Nach ihrer Rückkehr vom Marqun war rasch eine geheime Sitzung abgehalten und das neue Oberhaupt gewählt worden. Dederic als zweiter unter Gawne wurde der Erste Seelord, aber Torold wußte, daß Dederics Stellvertreter, der erst kürzlich eingesetzte Magier Lammon, mächtiger war.

Torold hatte ihn nie gemocht. Lammon hatte ihn mit scharfem Blick beobachtet, wie er sich um Esmond gekümmert hatte. Schließlich hatte er ihm Fessil mit Arznei und Duftkerzen geschickt. Lammon war ein Vertreter der alten Ordnung Shelts, er gehörte einer der Familien an, die gegen Torolds Wahl zum Grafen gewesen waren. Folgedessen mißtraute Torold ihm und auch dem Arzt Fessil, seiner Marionette.

Nun stieg ein anderer Duft von den brennenden Kerzen auf. Mittelson hatte den vorherigen als Schlafbringer erkannt und die Kerzen gegen eigene ausgetauscht. Jetzt hing stark riechender Rauch im Zimmer, der einen anderen Geruch überdeckte.

Niemand störte sie. Die Seelords waren immer noch bei ihrer Sitzung. Die Entscheidung stand unmittelbar bevor.

Doch Torolds Interesse galt anderen Dingen.

»Wird er genesen? Wird er wieder der alte sein?« In seiner Sorge hatte Torold nach Mittelsons Arm gegriffen und blickte ängstlich in die blassen Augen.

»Ich hoffe es, Graf Torold. Aber Ihr müßt ihm die Seelords vom Leib halten. Wenn Ihr mir vertraut, gibt es nur zwei Dinge, die Ihr tun müßt. Stellt die 3. Kompanie unter Roscos Befehl. Teilt es Feltham, ihrem Befehlshaber, mit. Ist er vertrauenswürdig?«

»Absolut. Wir wuchsen miteinander auf.«

»Und dann, wenn alles vorüber ist, wenn der Rest der Garde sich ergibt, müßt Ihr verkünden, daß Rosco als Felicias künftiger Gemahl Euer Erbe ist.«

»*Will* sie Euch denn heiraten?« Er blickte auf den großen Mann, der gleichmütig am Fenster stand. Er wußte nun bereits eine geraume Weile von dem Plan der Erbfolge. Aber dieser Aspekt war ihm erst jetzt in den Sinn gekommen. Ihm mißfiel das Mädchen nicht, er kannte sie nur kaum, denn sie war immer zu krank gewesen, Besucher zu empfangen.

Der Blonde lächelte. »O ja«, antwortete er kühl. »Wir haben einige Zeit damit verbracht, ihr Vertrauen zu uns zu fördern. An wen könnte sie sich sonst wenden?«

An mich, dachte Torold Westray beunruhigt. Sie hätte das Gefühl haben sollen, daß sie mir vertrauen konnte.

Er blickte auf die bleiche, reglose Gestalt auf dem Bett. Esmond hatte ihm vertraut, und was hatte es ihm eingebracht? Entsetzen, Zusammenbruch und Wahnsinn. Um nicht mehr daran denken zu müssen, ging er ans Fenster und blickte hinaus auf seine Stadt Shelt.

Die Flut war noch hoch, erreichte fast die Burg. Dünne Zungen schmutzigen Wassers leckten an den Wänden der Häuser seiner Freunde. Er hatte erwartet, daß es in der Stadt ruhig zuging, daß ein Großteil von Shelt verlassen war. Und da es noch früh am Morgen war, würden die Leute entweder auf den Dachböden ihrer überschwemmten Häuser schlafen oder außerhalb der Stadt auf den Anhöhen kampieren.

Aber er sah, daß ganze Scharen – Männer in dunklen Kapuzenumhängen und hohen Fischerstiefeln – durch das schlammige Wasser wateten. Stumm stapften sie durch die schmalen Gassen, und das Wasser wirbelte unter ihren Schritten auf. Ihre Stille war beunruhigend.

Torolds Herz hämmerte. »Wer sind sie?« fragte er Mittelson. Eine Glocke schlug in tiefem Baß von einem der Wachtürme.

»Fischer. Und seht dort drüben ...« Mittelson deutete hinauf zum Westtor.

Eine wahre Flut von Reitern kämpfte sich ihren Weg in die Stadt. Und jetzt schlug auch die Glocke am Tor Alarm.

Er fand ein Echo in den Korridoren der Burg. Torold hörte eilige, schwere Schritte und das Zuknallen von Türen. Unmittelbar darauf klopfte es heftig an diese Tür.

Mittelson griff nach seinem Arm, als Torold sich danach umdrehte. »Die 3. Kompanie«, erinnerte er ihn. »Feltham. Denkt daran.«

Torold schüttelte seine Hand ab und warf noch einen raschen Blick auf die bleiche Gestalt im Bett. Dann, nachdem Rosco und Mittelson in den Gang zum Garten verschwunden waren, räusperte er sich.

Inzwischen erzitterte die Tür unter den darauf hämmernden Fäusten.

»Herein«, rief er, und die Tür schwang auf.

Mit tief ins Gesicht gezogener Kapuze bahnte sich Lukas Marling einen Weg durch Shelts Straßen, durch die Reihen der Männer, die zu führen er geschworen hatte. Sie waren alle in Richtung Burg unterwegs. Der Angriff stand bevor. Mittelson führte die Rebellen ohne ihn, und das war ein verdammtes Risiko.

Er dachte daran, was sie geplant hatten, kannte jeden Schritt. Die Fischer würden die Reihen der Garde infiltrieren, von denen einige nur darauf warteten, sich ihnen anzuschließen. Torolds Männer würden ihre scharlachroten Umhänge von sich werfen und an der Seite der Fischer kämpfen. Das Ziel war, die übrige Garde zu schlagen und die Seelords zur Kapitulation zu zwingen.

Deren Magie war ausschließlich eine des Heilens und der Wetterbeeinflussung. Zur Erhaltung ihrer Position hatten sie die Burggarde. Die Revolution würde hauptsächlich eine Sache von Schwert und Strategie sein. Und Mittelson war kein Soldat. Er sollte umkehren, sich den grimmigen Fischern anschließen und für ihre Sache kämpfen.

Aber da war etwas, das er zuvor erledigen mußte.

Das Wasser spülte bereits um seine Knöchel, als er durch die überschwemmten Straßen zu dem trüben See schritt, welcher der alte Hafen gewesen war.

In den verlassenen Nebenstraßen um den Hafen, wo das Wasser bis über die Hüften stand, waren Tische und Kisten als Laufsteg entlang des Weges zum Fischertempel aufgestellt.

Während Lukas diesem unsicheren Steg folgte und manchmal über Lücken springen mußte, sah er dann und wann ins Innere der verlassenen Hütten und Häuser. Überall in den engen Wohnstuben, den kleinen Läden und Werkstätten staute sich schmutziges Wasser.

Der Tempel stand auf einer kleinen Anhöhe, nur knapp oberhalb der Hochwassergrenze. Eine alte Frau saß gebückt auf einem Stuhl vor der schäbigen Eingangstür, deren Farbe von dem morschen Holz abblätterte. Kein Fremder würde in diesem Haus einen Tempel vermuten.

Sie hatte sich in Schultertücher gehüllt, und viele Unterkleider bauschten ihren Rock. Ihre Stricknadeln klapperten unaufhörlich. Es war an diesem Morgen der einzige Laut, wenn man von dem Plätschern des Wassers absah.

Sie blickte auf, als er sich näherte, und beobachtete ihn, ohne daß die Nadeln in ihrer Arbeit innehielten. Der Salz- und Jod– und Fischgeruch der See war hier sehr intensiv.

Lukas war schrecklich müde, seine Haut noch immer weiß und kalt vom Griff des Drachen. Seine Gedanken versuchten dem Ausdruck von Felicias Gesicht zu entfliehen. Er war grausam, gedankenlos grausam gewesen, weil er nicht verstanden hatte.

Er wünschte sich, die alte Frau säße nicht hier und er brauchte bloß in den Tempel treten und sagen, was er sagen wollte. Aber er konnte nicht ohne ein Wort an ihr vorbeigehen.

»Im Namen der Lady, seid gegrüßt.«

Ihr faltiges Gesicht blieb unbewegt, die schwarzen Augen schienen durch ihn hindurchzublicken.

»Du solltest nicht hier sein«, sagte sie schließlich. »Lukas Marling, für dich gibt es heute zu tun. Deine Männer brauchen dich!«

Er war zu müde, sie zu fragen, woher sie seinen echten Namen kannte. »Erst muß ich etwas tun.«

»Dann bist du vergebens hergekommen.«

»Ich lasse mich nicht abweisen.« Seine Stimme war immer noch ruhig, und es gab keine anderen Laute.

»Ich lasse dich nicht eintreten.«

»Du kannst mich nicht aufhalten!«

»Willst du kämpfen? Mit dem Schwert? Den Fäusten? Mit einem Messer? Lukas Marling, edler Krieger, welche Waffe würdest du gegen eine alte Frau erheben?«

Er schwieg kurz, dann sagte er: »Ich brauche keine Waffe. Ich werde einfach warten, bis du es leid wirst.« Er lehnte sich neben sie an die Tempelwand und verschränkte die Arme.

Über das leise Plätschern des Wassers unten auf der Straße konnte er hören, wie in der Ferne Rufe laut wurden. Dann fingen die Glocken zu läuten an.

Die Burggarde würde die Rampen zur Stadt hinunterstürmen. Er fragte sich, wie viele Kompanien den Seelords ergeben blieben; mit wie vielen Gegnern seine Fischer und die Eloier zu tun bekommen würden; ob Torold sein Wort hielt und sich ihnen anschließen würde.

Er hörte Waffengeklirr und Schreie.

Lukas schloß die Augen, drehte das Gesicht in die blasse Morgensonne und suchte ihre Wärme. Er fing wieder an zu frösteln. Er zog seinen Umhang enger um sich und wurde sich des Blickes der Frau bewußt.

»Kalt?« fragte sie spöttisch. »Bei der Burg gibt es genug zu tun, daß dir warm würde.«

»Nachdem du mich eingelassen hast.«

»Es ist niemand drin. Alle sind gegangen. Es betet jetzt keine Priesterin zu Astret.«

»Das spielt keine Rolle.«

Wie lange noch? Er könnte sie einfach hochheben und irgendwo anders absetzen, ohne wirklich Gewalt anzuwenden.

Eine Bewegung am Himmel über ihnen lenkte seine Aufmerksamkeit auf sich. Ein Arrarat kreiste anmutig in einem warmen Aufwind. Da traf er seinen Entschluß.

Er drehte sich der Alten zu, bereit, sie mit Gewalt zu entfernen, wenn es nicht anders ging.

Sie war verschwunden. Der Stuhl lehnte schräg an der Tür, das Strickzeug lag daneben. Er schob beides aus dem Weg und öffnete die Tür.

Im Tempel roch es staubig und muffig. Im Licht, das durch die Tür fiel, fand er Kerzen und Streichhölzer. Er zitterte jetzt so sehr, daß es ihm schwerfiel, ein Streichholz anzuzünden. Mehrere fielen ihm auf den kahlen Holzboden.

Die Ikone über dem Altar war in ein weißes Tuch gehüllt. Er zog es zur Seite und blickte in Astrets makelloses Gesicht.

Silber glänzte in ihrem Haar, leuchtete aus ihren Augen.

Er hatte dieses Gesicht geliebt. Er hatte der Herrin der Gezeiten, der anmutigen Mondgöttin, einen Großteil seines Lebens gedient. Astrets Gesetze hatten sein Handeln bestimmt.

Im ehernen Griff der Stasis war jeder von ihnen bereit gewesen, sein Leben für Astret zu geben. Diese Schlacht war jeden Einsatz wert gewesen. Doch das war vorbei. Die Stasis hatte geendet, die Mauer war niedergerissen. Es war vorüber.

Und doch wurden immer noch Leben gefordert, Beziehungen erzwungen, Menschen wurden zu Figuren in unverständlichen Strategien.

Ein Teil von ihm wollte sich an den Altar knien und um Vergebung für solche Gedanken beten.

»Nein!« Er sagte es leise, trotzdem hallte es durch das leere Lagerhaus. Er mußte die Zähne zusammenbeißen, damit sie nicht klapperten. Er fühlte sich kalt und krank und alt.

»Nein! Genug! Ich habe genug. Nimm einen anderen, Lady!«

Die silberschwarzen Augen beobachteten ihn unbewegt. Er starrte sie lange an, ehe er das weiße Tuch wieder über die Ikone drapierte.

Dann blies er die Kerze aus und ging zur Tür.

Die alte Frau saß wieder dort, den Stuhl an die Wand gelehnt, und strickte. Ihr finsterer Blick folgte ihm, als er seinen Umhang wieder fester um sich zog und im kalten Seewind zur Burg stapfte.

Überall ringsum, zuerst im Klappern ihrer Stricknadeln, dann im Schrei der Möwen und im verräterischen Rhythmus seines Herzens hörte er:

Zu spät. Zu spät, zu spät, zu spät.

Revolte

Die Straßen waren leer. Es hatte den Anschein, als wären alle, magnetisch von dem Waffenlärm und Gebrüll angezogen, zur Stadtmitte geeilt. Lukas sah Kinder, die mit großen Augen aus den Fenstern starrten, halb ängstlich, halb aufgeregt. Sonst war niemand zu sehen. Läden und Werkstätten waren geschlossen, die Türen und Fenster von Wohnhäusern verriegelt. Der normale Alltag in Shelt war aufgehoben.

Als Lukas sich der Burg näherte, begegnete er wieder Leuten, die alle in Richtung Hafen unterwegs waren. Alte Männer und Frauen schleppten Verwundete zu ihren Häusern zurück.

Instinktiv zog Lukas die Kapuze seines Umhangs tiefer ins Gesicht. Er wollte sich noch nicht zu erkennen geben. Je näher er der Bug kam, desto voller wurden die Straßen und desto mehr Gesichter sah er, die er kannte – die Männer und Frauen, die er in den verlassenen Schuppen ausgebildet hatte, Menschen, die seine Freunde geworden waren.

Jarry Lindel stützte sich schwer auf ihre Schwester Rosa. Die Gesichtsseite, wo ihr rechtes Auge gewesen war, war völlig blutig. Rosa weinte. Sie taumelte unter der Last, und einen Moment lang vergaß Lukas fast, was er tun mußte.

Er machte einen Bogen durch schmale Straßen und Durchgänge. Es setzte bereits Ebbe ein, und die Pflaster waren nun mit stinkendem Schlamm und Schmutz bedeckt. Die Gassen waren überfüllt. Jeder trug Waffen oder versorgte Verwundete. Pferde stampften und schnaubten, als der Kampflärm lauter wurde. Lukas bewegte sich durch das Gedränge auf den Burgplatz und die breite Straße zu, wo das Haus stand, in dem er Felicia zurückgelassen hatte.

Lukas würde dafür sorgen, daß sie sicher war, und ihr erklären, daß sie nicht auf die Pläne Mittelsons und Torolds und aller anderen eingehen mußte. Sie *konnte* sich weigern. Sie mußte keine gottbestimmte Rolle spielen, sie brauchte nichts zu tun. Er würde ihr zeigen, daß sie frei war, und dann würde er gehen und mit den Fischern kämpfen.

»Rosco! Was zur Hölle machst du hier?« Eine wütende Stimme neben ihm, eine starke Hand zog die Kapuze von seinem Kopf.

Philp Cammish, das Haupt einer der ältesten Fischerfamilien, starrte ihn an. Sein Schwert hing an seiner Seite, ein provisorischer Verband war um eine Wunde an seinem Oberarm gewickelt. »Vor wenigen Minuten habe ich dich noch bei der Burg gesehen. Wie bist du so schnell hierhergekommen?« Er war kleiner als Lukas, aber kräftig gebaut. »Wohin willst du? Sie brauchen dich da oben!«

Lukas hatte jetzt keine Energie für Erklärungen oder Ausreden. Ohne Zögern schickte er seinen Stellvertreter mit einem Kinnhaken zu Boden. Dann rannte er die lange, von Bäumen gesäumte Straße entlang zu dem großen Haus an ihrem Ende.

Als er die Tür erreichte, blickte er schnell zurück. Cammish stand am anderen Straßenende und starrte ihn an. Seine Haltung verriet absolute Verwirrung.

Die Tür schwang auf und Serethrun stand vor ihm.

»Wo ist Felicia? Was hast du mit ihr gemacht?«

Zuerst verstand Lukas überhaupt nicht, was er meinte. Serethrun war bleich, hatte schwarze Ringe um die Augen, und seine Kleidung war schmutzig und zerrissen.

»Sie ist doch hier, oder nicht? Ich habe sie hiergelassen ...«

»Verdammt, Rosco, was hast du mit ihr gemacht? Annis hat sie noch nie in einer solchen Verfassung gesehen, nicht einmal nach dem Marqun!«

»Sie ist nicht hier?« Lukas verstand immer noch nicht. »Warum, verdammt, hat sich Annis nicht um sie gekümmert?«

»Warum habt Ihr es nicht?« Annis stand hinter Serethrun und blickte ihn zornig an. »Ich ging, um Decken und Medizin für sie zu holen ... Ich war nur wenige Minuten weg, doch als ich zurückkam, war sie verschwunden. Ihr habt eine Menge zu erklären, Rosco!«

Er schob Serethrun zur Seite, rannte in die riesige Eingangshalle, riß Türen auf und schaute in die verlassenen Zimmer. Dann lief er die Treppe hinauf zum Ballsaal, schlitterte über das Parkett zur Balkontür.

Vom Balkon aus blickte er auf die Stadt. Der Burgplatz war überfüllt mit erbittert kämpfenden Kriegern. Scharlachrote Umhänge hoben sich von schwarzen Trikots ab, Uniformen und Fischerhosen waren blutbespritzt. Große, ungesattelte Pferde bäumten sich über die Menge auf und setzten die scharfen Hufe krachend wieder auf. Das gellende Kriegsgeheul ihrer schwarzhaarigen Reiter schrillte über das Waffengeklirr, die Wut- und Schmerzensschreie. Die Eloier lenkten ihre Pferde zur Burg, und vor ihnen wichen Rotröcke verwundet und sterbend zurück.

Vor dem Burgtor vermeinte Lukas flüchtig Mittelson bei ihm einen Mann zu sehen, dessen blondes Haar in der Mittagssonne schimmerte.

Er hatte keine Zeit, sich darüber Gedanken zu machen, wer Mittelsons Begleiter sein mochte, denn er rief Astrella.

Er wollte Felicia finden, ihr Gesicht von dem bestürzten, verletzten Ausdruck befreien, aber er wußte nicht, wo er anfangen sollte. Sie konnte irgendwo in der Stadt sein, doch sicher war es nirgendwo. Hoch in den kalten Lüften kreiste er auf Astrella über der Stadtmitte und überlegte, was zu tun wäre.

Es herrschte Chaos da unten. Aber die hellhaarigen Fischer in ihren schwarzen Trikots konnte er mühelos erkennen. Frauen kämpften neben Männern, denn es ging auch um ihre Zukunft. Das waren die Menschen, die er kannte, die Freunde, die ihm vertrauten. Immer mehr von ihnen strömten von den Vierteln um Hafen und Fluß herbei. Sie kämpften mit selbstgemachten und gestohlenen Waffen. Viele schwangen schwere Bootshaken und Schaufeln. Das Hauptgetümmel war vor dem Burgtor, wo sich die Garde jetzt in arger Bedrängnis befand.

Der Lärm drang bis zu ihm herauf. Die Fischer kämpften für mehr als nur ihr tägliches Brot. Alles hing vom Ausgang dieser Schlacht ab: ihre Familien, ihr Zuhause, ihre Religion. Das verlieh ihnen zusätzliche Kraft.

Auch die Eloier waren aus der Luft gut zu erkennen: ein riesiger dunkler Haufen in schützender Lederkleidung, der vom Westtor herbeifegte. Ihre Pferde sprangen und stürzten sich durch die Menge, die Hufe krachten auf Menschen und Waffen gleichermaßen herab. Ihre Reiter schwangen ihre kurzen, breiten Schwerter mit viel Geschick. Ihre schrillen Schreie gingen durch Mark und Bein.

Sie fochten mit einem wilden Grimm, den Lukas Marling verstand. Es war die rasende Wut der Beraubten, der Rachedurst eines besiegten, unterdrückten und gedemütigten Volkes. Aber es sprach auch wilde Begeisterung aus ihrem Kampf, ein schrecklicher Blutrausch, der grauenvoll anzusehen war. Sie genossen es. Sie fanden eine wilde Befriedigung im Töten.

Verwirrung aber bestand unter der Burggarde. Auch sie war mit ihren leuchtend scharlachroten Umhängen und goldenen Tressen leicht zu erkennen. Aber Rotröcke kämpften gegen Rotröcke, viele Seite an Seite mit den Fischern.

Manche hatten ihre Umhänge abgelegt und sich ihren kämpfenden Familien unter den Fischern angeschlossen. Andere hatten die scharlachroten Umhänge übergeworfen, sich unter die Gardisten gemischt, um sich dann auf sie zu stürzen.

Offiziere brüllten, Trommeln donnerten, Trompeten schmetterten, um irgendwie den Angriff zu dirigieren und Ordnung in das Chaos zu bringen.

Lukas Marling hatte keine Wahl. In diesem Durcheinander würde er Felicia nie finden. Und die Fischer brauchten ihn. Er sah Freund um Freund unter den überlegenen Waffen der kampferprobten Gardekrieger fallen. Er würde die ihm auferlegte Rolle spielen müssen. Eine echte Wahl hatte es nie gegeben; alles war schon vor Monaten entschieden worden. Die Fischer mußten gewinnen, und dann würde sich für ihn die Falle schließen.

Niemand bemerkte den großen Falken, der aus den Wolken hinabstieß und auf dem Dach einer Stallung nahe der Burgrampe aufsetzte. Niemand sah Lukas Marling sein Schwert zum ersten Mal in dieser Schlacht ziehen und sich mit zurückgeworfener Kapuze mitten in das Getümmel stürzen.

Nichts war, wie er es erwartete.

Als Lukas Marling kämpfte, mit Schwert und Dolch in den Reihen der Gegner wütete, ließ er mit voller Absicht jegliche Vorsicht außer acht. Er ignorierte all die für einen Kämpfer überlebenswichtigen Tricks und Finten, die er den Fischern beigebracht hatte.

Er wollte die Schlacht nicht überleben. Und er wollte, daß seine Freunde siegten. Er würde ohne Rücksicht auf sein Leben unter den Feinden wüten. Und wenn er gefallen war, würde Felicia frei sein. Mittelson würde jemand anderes finden müssen. Und Serethrun würde nicht mehr voll Haß und Verachtung auf ihn blicken.

Seine Kameraden starrten ihn ob seiner Tollkühnheit erstaunt an. Und kämpften dann selbst mit neuem Feuer und Selbstvertrauen und einer nie gekannten Furchtlosigkeit weiter.

Sie sahen, daß ihm nichts etwas anzuhaben vermochte. Er war unverwundbar. Kein Schwert brach durch seine sorglose Verteidigung, kein Messer stieß in seinen ungeschützten Körper. Schläge schienen abzuprallen, Stiche seitwärts ins Leere zu gleiten.

Lukas fiel es auf, als ein Gardist fluchte, weil sein Schwert sich im eigenen Umhang verfangen hatte; als eine auf seinen Kopf herabsausende Streitaxt unerklärlicherweise der führenden Hand entglitt und auf den Boden fiel; als ein Dolch zwar durch den schützend um seinen Arm gewickelten Umhang schnitt, sich dann aber in der Spange verfing.

Lukas hatte natürlich Blutergüsse und Kratzer davongetragen. Aber keine Waffe verwundete ihn ernstlich; auch keine Übermacht an Angreifern vermochte ihn niederzuringen. Er war unverwundbar, unbesiegbar trotz aller Tollkühnheit.

Er wußte, wieso. Fast fühlte er die silberne Göttin, den Traum, den er verleugnet hatte, über sich stehen und jeden Schlag abwehren. Es gab keinen freien Willen mehr für ihn. Sein Leben war nicht mehr sein eigenes.

Er war eine Figur, ein Spielzeug, ein Opfer. Er wurde

benutzt, vor dem Tod bewahrt, um an Felicias Seite diese Stadt zu regieren.

Mit wilder Wut schaute er sich um. In der Ferne konnte er Torold in prächtiger Rüstung kämpfen sehen, verwegen und mit großspuriger Eleganz. Er wird fallen, dachte Lukas, und dann wird wirklich alles unumstößlich sein, denn Shelt braucht einen Herrscher, und ich werde die einzig mögliche Wahl sein: Felicias Gemahl, Reiter eines Arrarats, einer, der das Vertrauen der Fischer genoß, der vom Mond dazu bestimmt war ...

Und die tollkühnen Gardisten stürzten sich auf ihn, und er trat über ihre Leichen. Schwang er sein Schwert einmal, fielen zwei Gegner. Machte er einen Schritt zur Seite, bohrte sich eine Lanze in eine Tür neben ihm.

Er begann, sich einen Weg durch das Getümmel zu Torold zu bahnen. Wie Mittelson hatte er nun nur noch einen Gedanken. Torold Westray mußte am Leben bleiben!

Der Drache

Beim Gezeitenwechsel standen Dederic, der Erste Seelord, und die anderen Seelords hoch oben an den Zinnen der Burg. Ihr Rücken war der Schlacht auf dem Burgplatz zugewandt. Sie hatten gesehen, daß die 3. Kompanie unter Torold die Umhänge ablegte und sich den Rebellen anschloß. Das hatte ihre eigenen, loyalen Soldaten aus der Fassung gebracht und es wurde immer wahrscheinlicher, daß sie geschlagen werden würden. Das Ganze war ein blutiges, chaotisches Gemetzel, doch die Seelords vergeudeten keinen Gedanken an all das Leid, an die vielen Menschen, die zu Krüppel werden oder ihr Leben verlieren würden.

Sie machten sich keine Sorgen. Warum auch? Sie brauchten sich nicht auf rohe Gewalt zu verlassen, sie konnten sich Hilfe von anderer Seite holen.

»O Ladon, Fürst des unendlichen Ozeans, erscheine!«

»Ladon, Spender von Leben und Gesundheit, hole deine Geliebte, erscheine!«

»Sie wartet auf dich in der Stadt, in der Hand der Rebellen. Besiege sie und nimm dir deine Liebste!«

Sie hoben ihre Spiralstäbe und streckten sie der einsetzenden Flut entgegen. Nur eines bezweckten, nur eines erstrebten sie: den Drachen zu besänftigen und so ihre Unsterblichkeit zu sichern. Mit einem Streich beabsichtigten sie, die Revolte niederzuschlagen und ihre von Gawne geweckte Ambition zu erfüllen.

Einer von ihnen dachte allerdings, daß es noch mehr als das sein könnte. Nur einer von ihnen erinnerte sich zu diesem späten Zeitpunkt, wer Felicia war und wer ihre Familie war.

Brice Lammon, der sich geschworen hatte, Javons Familie aus Shelt zu vertreiben, beschloß, die Dinge selbst in die Hand zu nehmen. Während die Beschwörung zur grauen, wogenden See gesprochen wurde, verließ er unbemerkt den langen Wehrgang und lief durch die Burg zum Gartentor.

Er würde Torold finden. Der Opportunist, der er war, sah dies als seine einzige Chance, Shelt von den Usurpatoren zu befreien. Er verbarg seine graue Seidenrobe unter einem langen Umhang und versteckte den Stab in den Falten des Ärmels. Dann mischte er sich in das Gedränge um den Platz und hielt nach Torold Ausschau.

Ladon hörte die drängende Beschwörung, doch sie rührte ihn nicht im geringsten. Die Seelords waren ihm gleichgültig, er ließ sich nicht mehr von ihren Abkommen und Versprechungen beeinflussen. Diese Beschwörung paßte jedoch zu seiner Absicht. Er wollte sein Mondkind, seine bleiche Liebste. Erwartungsvoll näherte er sich der Stadt, schlängelte sich zwischen die seichten Riffe nahe der Küste, tastete sich die ins Wasser ragenden Felszacken der Landspitze entlang, schwamm über Sand und Stein und streifte durch Schlamm und Kies mit der vordringenden Flut.

Er konnte die Anwesenheit des Mondes auf dem Platz

spüren. Er fühlte eine silbrige Unverwundbarkeit schützend eine Gestalt umgeben.

Neugierig näherte er sich, spähte durch das aufgewühlte Wasser, und seine zahlreichen Köpfe wandten sich dahin und dorthin.

Die Mondmaid war mit der See verbunden, mit den Gezeiten, die in ihrem Blut strömten, die nach ihrem Willen wechselten, sich mit ihrem Atem bewegten.

Das hatte Ladon immer erkannt. Und jetzt, da die Flut zum letzten Mal ihren Höchststand erreichte, würde ihn nichts mehr aufhalten.

Als Lukas sich durch das Getümmel auf Torold zukämpfte, sah er, daß sich noch etwas von der Burg her dem Grafen näherte.

Es war ein blendender Schimmer, ein plötzliches Aufblitzen, das sich auf Schwertern und Helmen spiegelte und einen deutlichen Blick unmöglich machte. Das Licht war zunächst unbedeutend, und wer nicht mit den Kräften von Magiern vertraut war, hätte es einem Spiegel zuschreiben können, der den Sonnenschein brach.

Aber in Shelt schien die Sonne jetzt nicht. Und Lukas erkannte Magierkraft, wenn er sie bemerkte. Wer immer dafür verantwortlich war, hatte Schlimmes mit Torold im Sinn. Ein Magier beabsichtigte Torold mit oder ohne Wissen der anderen Seelords zu töten. Aber für Lukas war es wichtig, daß Torold Westray am Leben blieb und selbst über Shelt herrschte.

Er steckte das Schwert in die Scheide, senkte den Kopf und stürmte durch die Menge, ohne auf seine Verteidigung zu achten. Es war auch jetzt noch unnötig. Der Schild der Unverwundbarkeit hüllte ihn ein, und Hieb und Stich prallten davon ab.

Endlich hatte er Torolds Seite erreicht. Der kräftige Mann blickte ihn flüchtig an.

»Rosco! Was wollt Ihr *hier*?«

Lukas hatte langsam genug. Er war diesem Mann noch nie

zuvor begegnet. »Wo sollte ich nach Eurer Meinung sonst sein? *Das*, Lord Torold«, er deutete, »ist kein Aufblitzen der Sonne. Da mischt sich ein Magier in den Kampf.«

Torold hatte den Hauptmann seiner eigenen Garde weggeschickt, mit dem er sich gerade noch besprochen hatte. Jetzt wirbelte er herum, Schwert und Schild bereit. »Wo?« brüllte er. »Ich nehme ihn mir vor.« Seine Augen leuchteten begeistert und entschlossen. Er war ein Mann, der Magier und ihre heimtückischen Machenschaften verabscheute.

Lukas fand plötzlich Gefallen an ihm. Aber das Schimmern des magischen Silbers war bereits näher, und die Kämpfenden rundum wichen zurück. Rasch stellte er sich vor Torold und lachte der Erscheinung herausfordernd entgegen.

Blitze schossen auf ihn. Er wich ihnen flink aus und stieß seine Schwertspitze in die Spirale des Stabes.

Trennt man einen Magier von seinem Stab, erinnerte Lukas sich an Mittelsons Worte, mußte man sich auf etwas anderes gefaßt machen.

Er spürte eine lähmende Woge durch seine Klinge in den Arm fließen. Sein Instinkt drängte ihn, das Schwert von sich zu werfen. Er krümmte sich vor Übelkeit über dieses ekelerregende Ding in seiner Hand. So verließ er sich auf seine seltsame, aufgezwungene Unverwundbarkeit und ließ sich vorwärts in das pulsierende Glühen fallen, während er das Schwert schräg hoch und zur Seite stieß.

Sofort erlosch das Licht, die Übelkeit schwand, und er blickte in die verbitterten, haßerfüllten Augen Lammons, des neuen Seelords.

Der Stab baumelte nutzlos von Lukas' Schwertspitze. Er hob das Schwert und ließ ihn zu seiner Hand hinuntergleiten. Als er danach griff, zischten Funken, und der Stab zerfiel zu Asche, die durch seine Finger rann.

Lammon beobachtete ihn mit saurem Lächeln. »Ihr könnt nicht alles haben, Jolin Rosco. Tötet mich, wenn Ihr wollt. Aber Ihr sollt wissen, daß ich selbst tot nicht mit Euch tauschen möchte, so lebendig und siegreich Ihr jetzt auch seid ...«

Es war schwer zu ertragen, daß andere nun schon seine Ängste bestätigten. Sie wurden greifbarer und realer mit jedem Augenblick.

»Worauf wartet Ihr?« fragte Torold verwundert über sein Zögern.

Lukas' Schwertspitze ruhte am Hals des kleinen Magiers. Ohne sich umzudrehen, sagte er:

»Torold, regiert Eure Stadt. Übernehmt die Verantwortung dafür. Ihr braucht mich nicht.«

»Wer außer Euch könnte jetzt Shelt noch regieren?« Torolds Blick schweifte über das Getümmel ringsum. Die Schlacht auf dem Platz tobte immer noch, obwohl bereits Erschöpfung zu erkennen war. Am Tempel war ein Feuer ausgebrochen und durch den Rauch und die steigende Flut wurden alle enger zusammengedrängt. Einige standen bereits im Wasser. Weiter dem Hafen zu erklang Geschrei.

Torold fuhr fort: »Nur Ihr habt die Unterstützung der Massen, Rosco. Nur Ihr könnt es. Es ist zu spät, Euch jetzt davor zu drücken.«

Zu spät. Schon wieder. Das Zögern genügte. Lammon handelte blitzschnell. Unter der Deckung seines Umhangs duckte er sich tief zur Seite, und einen Augenblick lang schimmerte Stahl in seiner Hand. Ohne auf Lukas zu achten, machte er einen Satz vorwärts und warf das Messer mit unerwarteter Geschicklichkeit geradewegs in Torolds Brust.

Bestürzt riß Torold die Augen weit auf und kippte vornüber. Zwischen den Fingern, die er gespreizt auf die Brust gedrückt hatte, quoll Blut hervor. Er versuchte etwas zu sagen.

Zwei rasche Bewegungen: ein Schwerthieb durch Lammons Hals; und schon kniete sich Lukas neben Torold, um das Blut zu stillen.

Er brüllte den umstehenden Leuten Befehle zu. Eine ausgehängte Tür wurde als Trage angeschleppt. Die Überlebenden von Torolds 3. Kompanie bildeten einen Kordon um die Trage, während ihr Befehlshaber darauf gehoben und durch das Kampfgetümmel zum Burgtor getragen wurde.

Mittelson war dort. Mittelson konnte heilen, konnte

gebrochene Knochen und durchtrennte Muskeln zusammenflicken. Lukas drückte die Hand fest auf die Wunde und achtete darauf, das Messer nicht zu berühren. Es herauszuziehen wäre Torolds Tod. Er verschloß sich dem qualvollen Schmerz des Mannes und konzentrierte sich darauf, ihn zu Mittelson zu bringen.

Die Knöchel seiner Hand, durch deren Finger Blut quoll, hoben sich weiß ab. Sie kamen durch das Gewühl nur sehr langsam voran. Doch als er von der Rampe zum Burgtor aufblickte, sah er Mittelson dort ganz in der Nähe stehen. Hinter ihm zersplitterte das Tor unter der Wucht eines Rammbocks. Mehrere Planken gaben nach. Ein Trupp schwerbewaffneter Fischer unter Ferants und Alex Aldrichs Führung stürmten in die Burg. Mittelson hatte ihnen also mehr als nur Heilen beigebracht.

Neben Mittelson sah Lukas sich selbst, das blonde Haar flatterte im Wind und leitete den Angriff.

Einen Moment lang lockerten sich unwillkürlich seine Finger. Blut spritzte. Ungläubig starrte er auf sein Spiegelbild neben Mittelson. Und erkannte es als das, was es war.

Mit weißem Gesicht brüllte er dem großen hageren Magier am zersplitterten Tor zu: »Olwyn! Was machst du? Es ist eine *Parid*!«

Ein Mann neben ihm übernahm seinen Platz und versuchte, das Blut zu stillen. Torold war nun bewußtlos, sein Atem kam schwach röchelnd. Lukas starrte die Rampe hinauf und brüllte immer noch.

»Laß dich nicht mit ihr ein! Das ist Wahnsinn! Du bist diesem verdammten Trugbild nicht gewachsen!«

Mittelson blickte ihn stumm an, ehe er sagte: »Was hatte ich denn für eine Wahl?«

Lukas hatte das Tor erreicht. Er hörte Kampflärm aus der Burg, aber er nahm es kaum wahr, weil er die Parid nicht aus den Augen ließ.

Sie war nicht mehr sein Spiegelbild. Die Heftigkeit seiner Ablehnung hatte sie aus dem Gleichgewicht geworfen und ihre Form wechselte. Sie wurde zur Spinne – oder war es eine Gottesanbeterin? –, dann zu einer goldenen Frau, deren Haar wie Nebel wallte.

»Sharrak, verschwinde!« Seine Stimme klang rauh und selbst ihm fremd.

Einen Augenblick lang blieb die goldene Frauenform bestehen und glühte in der dunstigen Luft in verschwimmenden Umrissen.

Nebel stieg vom Meer auf und Dampf vom Wasser in den Straßen. Niemand vermochte zu sehen, was der Nebel verbarg.

Sharraks goldenes Glühen fing an wie Farbe im Wasser zu zerrinnen und löste sich im Dunst auf. Auf diese Weise konnte sie ihr Netz weit spinnen, erinnerte sich Lukas entsetzt.

»Mittelson, halt sie auf! Halt ihre Form stabil oder bring sie weg!«

Mittelson hob die Hände in dieser seltsamen, leeren Geste. Sein eigenartig dreieckiges Lächeln weitete sich hilflos, und Sharrak fing zu lachen an.

Dieser leichte, glucksende Ton glitt über den Platz. Die Gewitterwolken rasten nun nicht über den Himmel, sondern hingen schwer über der Stadt. Die Flut kroch langsam die Straßen entlang. Bei diesem Plätschern und dem Lachen hielten die Kämpfenden inne. Sie senkten ihre Schwerter und blickten einander angstvoll an.

Dieses sich ausbreitende goldene Glühen war ein gemeinsamer Feind, ein Alptraum für alle in der Stadt. Sie vergaßen ihre Feindschaft für den Augenblick, um gegen diese Bedrohung zusammenzustehen.

Torold lag reglos auf der behelfsmäßigen Trage. Lukas faßte Mittelson an den schmalen Schultern und schüttelte ihn.

»Komm schon, Olwyn, mach Schluß damit! Jeder einigermaßen fähige Zauberer kann solch einer Kreatur befehlen!«

Das goldene Glühen glitt auf ihn zu, und es fiel ihm schwer, stehenzubleiben.

»Ich habe dein Fleisch gekostet, Lukas Marling, habe lange auf diesen Augenblick gewartet.« Er sah, wie ihre Lippen sich weit öffneten und die Perlenzähne gierig blitzten. Er erlag einer makaberen Faszination.

Mittelson beobachtete ihn voller Zweifel, dann schweifte sein Blick hinter ihn auf das, was sich dort in der Flut bewegte. Lukas drehte sich nicht um. Er starrte Sharrak an. Er konnte sie nicht gehen lassen, ehe er nicht erfahren hatte, was er wissen mußte. Es erschien ihm unendlich dringend, unendlich wichtig. Er wisperte die Worte tief aus seiner Verwirrung heraus.

»Warum hast du mich gehen lassen? Warum bist du in der Burg geblieben?« Er sah Robard wieder blutend auf der Pritsche. Er sah Sharrak, wie sie ihn mit diesem seltsamen Ausdruck beobachtete. Jetzt wußte er, weshalb. Sie hatte sich auf diese surreale Metamorphose vorbereitet.

»Was willst du, Sharrak? Warum hast du mich gehen lassen?«

»Ich will, daß du – mächtig bist, Lukas Marling. Der Graf von Shelt, stark und unbesiegbar und mir ergeben. Genau wie dein Magierfreund möchte, daß du für immer in seiner Schuld regierst.«

Wie Astret, die Lady des silbernen Lichtes, mich mit Felicia verheiratet haben möchte und dem Mond auf immer verbunden.

Warum mich? dachte er. Es ist so absurd. Sinnlose Willkür.

Es war alles vergeblich, was er tat oder dachte. Was war an ihm, das ihn für dieses Spiel so unentbehrlich machte?

Ein Ausweg blieb ihm noch. Sein Messer war scharf. Mittelsons Augen, die ihn beobachteten, verbargen Geheimnisse; deutlich verrieten sie jedoch Ehrgeiz, Hoffnung und Angst. Sharrak, in goldenen Schleiern, mit sinnlichem Mund, glatter Haut, beobachtete ihn, wollte ihn ... Alle auf dem Platz, die Fischer, die Soldaten, die Eloier, sie alle beobachteten ihn ...

Und der Schild, der ihn unverwundbar gemacht, der sämtliche Angriffe auf ihn abgewehrt hatte? Würde er auch das Messer von seiner Schlagader abwehren?

Nein, das nicht. Aber etwas anderes hielt ihn zurück. Mit der Entschlossenheit tiefster Verzweiflung hob Lukas das

Messer an die Kehle. Ein letzter Blick über den überfüllten Platz, wo seine Freunde ihn entsetzt anstarrten.

Da sah er sie. Eine zerbrechliche Gestalt, begleitet von einer alten, nur allzu bekannten Fischersfrau ganz in Schwarz. Wissende silberschwarze Augen blickten über die Menge hinweg in seine. Es waren die Augen einer, die Macht über ihn hatte, die ihn lenkte und benutzte. Die Fischersfrau schob das Mädchen vorwärts.

Felicia rannte durch die Menge. Sie war weiß und grau, ihr langes bleiches Haar flatterte. Sie drängte sich durch Männer und Frauen mit blanken Schwertern und Messern und blutiger Kleidung.

Sie stolperte, war unsicher, aber sie öffneten eine Gasse für sie. Sie rannte die Rampe hinauf und rief über die tosende Flut: »Rosco! Rosco!«

Nur seinen Namen, seinen falschen, verlogenen Namen.

Sie mußte Torold gesehen haben, doch sie stockte nicht in ihrem Schritt. Sie war fast bei ihm, da griff Mittelson im letzten Augenblick ein. Seine Hände woben ein Lichtmuster, und sein Blick wanderte von Felicias weißem Gesicht zu dem Goldschleier neben ihm. Eine Kraft wogte zwischen den Händen, dem Gesicht, der Parid ...

Schaffen und formen. Mittelson wirkte den größten Zauber seines Lebens, um die Parid in einer anderen Gestalt zu bannen.

Felicia hatte Lukas fast erreicht. Sie wollte sich auf ihn werfen, ihm das Messer aus der Hand schlagen, doch die See brüllte jetzt wie ein gewaltiges Raubtier.

Dieses Brüllen erschütterte das Fundament der Stadt. Schreie zerrissen die Luft, als der Eindringling sich emporreckte.

Wie eine vielarmige Seeanemone erhob sich Ladon über Shelt. Seine Köpfe und Klauen schwammen durch Gassen, Straßen und Grünanlagen. Er fächerte weit aus, tastete sich Durchgänge entlang, erforschte jedes Versteck. Er suchte seine Liebste.

Und fand sie: Weiß wie der Mondschein klammerte sie sich an den Mann, den er so gut kannte.

So wütend machte ihn das, so wahnsinnig in seiner Eifersucht, daß er nicht sah, wie der goldene Schleier daneben sich zu einer Frau formte und näher kam, als wolle er die beiden Menschen trennen.

Ladon bäumte sich wie eine Schlange auf, bevor sie zustieß.

Und der Magier, der Zauber ohne Stab und Spirale wirkte, wußte, was der Drache wollte, kannte sein Verlangen nach der Mondfrau, der Hoffnung für alle Zukunft, für allen Frieden. Er nahm die goldenschimmernde Form der Parid und verlieh ihr Gestalt.

Und eine bleiche Frau mit blassem Haar lag in Ladons Griff im kalten Seewasser. Der Drache brüllte mit unzähligen Stimmen, brüllte seinen Triumph, seine Lust hinaus und nahm die silberne Frau, die ihm so verlockend angeboten worden war.

Auch Sharrak schrie auf seltsame Weise, als Ladon die silbern glimmende Figur an sich riß. Seine zahllosen schäumenden Lippen liebkosten die Frauengestalt, und mit der Kraft seines Verlangens gab er ihrer Gestalt ewige Festigkeit, bannte sie für immer in das Abbild der Mondprinzessin.

Ladon und Sharrak sanken in tausendfacher, leidenschaftlicher Umarmung zurück durch die Wellen, zurück durch die Riffe hinunter zu den tiefsten Tälern des Ozeans, ins verlorene Land der Toten, das Reich der verblassenden Träume, in Dunkelheit und Kälte und Vergessen.

Keine Gezeiten störten sie dort. Kein Mond- und kein Sonnenstrahl drang in diese Tiefe, wo ein Drache und eine Illusion in zeitloser, unentrinnbarer Umarmung ineinanderverschlungen waren.

Lukas wandte sich Felicia zu, die am ganzen Leib bebend neben ihm stand. Um sie zu beruhigen, nahm er sie in die Arme und drückte sie an sich. Das Messer entglitt seiner Hand.

Über ihren Kopf hinweg sah er Torolds Augen verschleiert

auf sie beide gerichtet, seine Hände waren vor Schmerz verkrampft.

Mittelson lehnte sich gegen das zersplitterte Tor. Seine Hände hingen schlaff hinunter. Er war bleich vor Erschöpfung. Er hatte das Ende seiner Kräfte erreicht.

Hinter ihm wurden die Reste des Tores aufgestoßen.

Mittelson trat müde zur Seite. Gefesselte, in Grau gewandete Männer stolperten heraus. Alle Seelords waren es, Dederic an ihrer Spitze. Keiner hatte mehr einen Spiralstab. Angehörige ihrer eigenen Leibgarde hielten Messer auf sie gerichtet. Ferant und Alex Aldrich standen mit finsteren Gesichtern hinter ihnen.

Stille setzte auf dem Platz ein. Die ganze Stadt wartete. Das Wasser der zurückweichenden Flut spülte über die Füße der Anwesenden. Das Schweigen hielt viel zu lange an. Felicia zitterte immer noch, darum behielt Lukas sie in den Armen. Er verspürte das plötzliche, heftige Verlangen, ihr ein wenig Frieden, ein wenig Trost zu schenken.

Feltham, der Hauptmann von Torolds Leibgarde, schritt an den Magiern vorbei zu Torold und kniete sich neben ihn. Sie wechselten Worte, aber Lukas konnte sie nicht hören. Er sah, wie Torolds Hände plötzlich erschlafften, und hörte seinen letzten Atemzug.

Alle blickten sie nun auf ihn. Und er sah einen der Seelords nach dem anderen an, und sie senkten einer nach dem anderen den Kopf.

Torold Westray war tot. Feltham stand einen Moment still über ihn gebeugt. Dann richtete er sich auf und drehte sich dem Platz zu. Er sprach nur drei Worte. Lukas, Felicia, Mittelson und alle anderen hörten sie.

»Graf von Shelt …«

Und dann setzten die Jubelrufe ein, begleitet von Klatschen und begeistertem Trommeln auf Türen und Karren und Fässern. Ein stetig weiter anschwellender Jubelsturm verbreitete sich in der ganzen Stadt.

Lukas blickte Mittelson an. Seine Miene war eisig.

»Stimmt«, bestätigte Mittelson. »Du hast jetzt keine Wahl mehr.«

Die Entscheidung

Blythe rannte leise die Treppe hinunter. Eigentlich hatte er jede Stufe erst mit den Zehenspitzen erkunden wollen, damit er nicht unerwartet in den Abgrund stürzte, aber das wäre viel zu langsam gewesen.

Unter ihm öffnete sich knarrend eine Tür. Der Schein eines Streichholzes fiel auf eine Hand und ein Gesicht. Den leisen Stimmen nach waren es zwei oder drei Männer. Weards Wachen. Dann flammte eine Fackel auf, Licht schoß vom Fuß der Treppe den Schacht hinauf und spießte ihn wie einen Falter an die Wand, während sein Schatten hinter ihm hüpfte.

Drei Männer, etwa sieben Meter tiefer. Geistig war er bereit, aber körperlich? Es gab nur eine Möglichkeit, es herauszufinden. Blythe raste hinunter und sprang von der Wand mitten unter sie.

Er hatte das Überraschungsmoment auf seiner Seite, aber sie waren in besserer Verfassung und mit Schwertern und Dolchen bewaffnet. Einer von ihnen, ein drahtiger Kerl brüllte: »Faßt ihn ...« Aber als er seinen Rat selbst befolgen wollte, schmetterte ihn Blythes Faust zwischen seine Kameraden.

Blythe beabsichtigte nicht, gegen sie zu kämpfen. Er wollte nur zu der Tür, die er hinter ihnen auf dem Absatz gesehen hatte.

Sie waren von Fässern umgeben, die sie von einem unteren Geschoß herausgeschleppt hatten.

Als Blythe an ihnen vorbeischoß, sah er, daß sich der Spund von einem Faß gelöst hatte und dunkle Flüssigkeit auf die hölzerne Treppe sickerte.

Auch die drei sahen es.

»Die Fackel!« schrie einer entsetzt.

Zu spät. Ein Funke folgte dem Pfad der tropfenden Flüssigkeit und erreichte das Faß.

Blythe war an der Tür. Er schob den Riegel zurück und drückte die Klinke. Aus die Tür aufsprang, spürte er die

Explosion hinter sich. Flammen leckten am Rücken nach seinem Hemd, und die Gewalt der dann folgenden Explosionen der anderen Fässer schleuderte ihn in den Korridor auf der anderen Seite der Tür.

Dämmerlicht, festgetretener Erdboden und ein leichter Wind, das mit der trockenen, staubigen Luft spielte. Die Mauern unbekannter Häuser erhoben sich rund um ihn.

Der Rückenteil seines Hemdes war verkohlt, seine Haut voll Brandblasen. Er stand an der Verbindung von drei Korridoren. Lehmbraune Häuser erstreckten sich an allen Seiten in die Dunkelheit. Eine mit Glas getäfelte Säule stand mitten auf der Kreuzung. Tief in jedem Korridor sah er eine ähnliche Säule, die das schwache Licht spiegelten.

In welche Richtung? An der Wand zu seiner Linken luden Plakate zu bestimmten Aufführungen. Sie waren alle zerfetzt und unlesbar. Aber ein Stück weiter sah er die Säulen des Theaters, wo er Eleanor verloren hatte.

Blythe fing zu laufen an. Seine Schritte schallten, aber das Theater war leer, die Gänge ringsum verlassen. Er spähte durch Fensterscheiben in verlassene Zimmer mit staubigen Möbeln. Heimstätten längst vergangenen Lebens.

Während er weiterhastete, brauste Wind durch die Korridore. Das Feuer mußte entzündet sein und zog die Luft aus der Stadt der Treppen. Die Fetzen zerrissener Plakate wanden sich um ihn wie die Kinder der Nacht. Er verkrampfte die Fäuste. O Gott, was hatte Matthias vor?

Er ließ sich von dem wirbelnden Papier nicht aufhalten. Er wurde das Gefühl nicht los, daß er nicht allein war, daß sich Augen hinter den Fenstern befanden, die keinen Blick von ihm ließen.

Und noch ein Gefühl drängte sich ihm auf: daß er vorbestimmten Pfaden folgte, daß er zu einem kritischen Ort geleitet wurde, zu einer kritischen Handlung. So war es keine große Erleichterung, als er schließlich Thurstan Merauld fand, denn bestimmt war auch das geplant gewesen.

Thurstan starrte auf ein Plakat und versuchte es zu entziffern. Der Wind zauste sein blondes Haar und warf Papierfetzen nach ihm.

»Phin! Wo warst du?« Thurstans blaue Augen waren arglos und ahnungslos. »Wo sind wir hier?«

»In der Stadt unter Smintha, der Stadt der Treppen. Wohin sich die Bürger vor der Sonne zurückzogen. Komm, Merauld, wir müssen Eleanor finden. Sie ist irgendwo hier ...« Blythe wollte keine Zeit vergeuden. Sie mußten weiter, um der zuschnappenden Falle zu entgehen. Mit Thurstan schien alles in Ordnung zu sein.

»Und Lily ...«, sagte Thurstan abwesend.

»Wer?« Blythe schwang herum, um ihn zu mustern. Und jetzt erst fiel ihm das offene Hemd auf, die nackten Füße. »Wo hast du dein Schwert?«

»Was? Oh, ich habe es irgendwo liegenlassen ...«

»Thurstan!« Blythe legte eine Hand auf seinen Arm. »Was hast du hier gesehen? Wer ist Lily?«

Thurstan lächelte und befreite sich sanft. »Jemand – der mir alles bedeutet ... Ich muß sie finden, Phin. Aber hier ist alles so verwirrend. Es gibt eine Menge anderer Stockwerke ...«

»Das ist unwichtig! Wir müssen Eleanor finden, und zwar schnell. Deine Lily muß warten. Es ist dringend ...«

»Meine Suche auch. Lily muß hier irgendwo sein ...« Er lächelte verschwörerisch. »Phin, ich werde hierbleiben, bis ich sie gefunden habe.« Er spazierte bereits weiter und spähte durch die Fenster nach seiner Liebsten.

Blythe faßte ihn wieder am Arm.

»Mach dich nicht zum Narren, Mann. Das hier ist ein Ort der Halluzinationen, der Täuschungen. Eine Falle. Lily könnte eine Truggestalt sein!«

Thurstan hielt inne, die Lippen zu einem leichten Lächeln geschwungen.

»Ich weiß«, sagste er leise. »Doch wenn ich bei ihr bin, habe ich dieses Gefühl nicht ...«

»Und jetzt, Thurstan? Sie ist weg. Sie ist nicht hier. Jetzt stehen andere Dinge im Vordergrund ...«

»Vielleicht. Aber sind sie wirklich wichtig?«

»Verdammt wichtig. Alles ist wichtig. Eleanor und Matthias sind hier irgendwo. Und wenn wir nichts unternehmen, die Sache aufzuhalten, wird die Stasis zurückkehren. Verstehst du denn nicht? Es geht nicht nur darum, was mit dir geschieht. Es ist wichtiger als irgendeine Frau.«

»Nein, Phin. Das einzige, was wichtig ist, die einzige Wirklichkeit, ist, was zwischen Mann und Frau geschieht.«

Lycias und Astret. Phin und Karis. Eleanor und Lukas. Sonnenkaiser und Mondkaiserin ...

Thurstan und Lily?

»Das kann nicht dein Ernst sein!«

»Und ob! Für mich ist nur eines von Bedeutung – Lily.« Seine Augen waren kalt. »Du existiert kaum. Und alles andere ist mir gleichgültig.«

Es war plötzlich ganz still um sie. Selbst der Wind hatte aufgehört. Es war, als befände sich die Welt im Schock einer schrecklichen Veränderung, eines tiefen Risses in der Wirklichkeit. Die Entscheidung war gefallen.

Abrupt erkannte Blythe, was geschehen war. Der Ritus würde seinen Verlauf nehmen. Die einzige Chance, auf die Matthias gebaut hatte, war zunichte. Thurstan hatte sie verschenkt.

Jetzt hatte Blythe keine Wahl mehr. Über Thurstan hinweg sah er am Ende der Gasse ein kunstvolles Schmiedeeisentor. Wieder die Wendeltreppe! Der Wind wehte auf dieses Tor zu, an dem ein Feuer brannte. Die Stadt war von Feuer umgeben. Der Ritus nahm seinen Verlauf ...

Er war ein Kontext für Erfahrungen, für Entscheidungen, für Emotionen: ein Mikrokosmos des Lebens, wo alles wichtig, nichts bedeutungslos war.

»Komm!« sagte er rauh und schob Thurstan vor sich her. »Matthias. Und die anderen. Wir müssen es aufhalten!«

Thurstans Gesicht war leer von der Nachwirkung des Schocks. Blythe war gar nicht sicher, daß er verstand, was geschehen war. Gemeinsam rannten sie zur Treppe, zu dem Abgrund, der vom Lyciastempel ins Reich des Unerschaubaren führte.

Ruhig warte ich. Ich liege schweigend am Ende jedes träumenden Lebens. Meine Schwingen breiten sich weit über dunkle Bäume. Ich heiße die heimkommenden Seelen willkommen ... Ich schenke ihnen allen Ruhe. Ich warte. Meine Kinder sind gütig, sie bieten Erlösung von Leid. Hier gibt es keine Lügen, keine Ungerechtigkeit. Die stillen Felder ruhen für alle Zeit in Reinheit und Frieden.

Äonen vergehen. Die schwindenden Muster der Zeit, die verschlungenen Abdrücke ihres Verstreichens streifen sanft die bleichen Stengel des Affodils.

Manchmal gibt es Störungen in den Mustern, Wellentäler und Riffe. Einmal wurde der ruhige Fluß flüchtig von einer wirbelnden Spirale angehalten.

Nicht für lange. Meine Schwingen heben sich wieder.

Ich singe.

Sie geben nicht auf.
Sie rufen aufs neu.
Das Feuer brennt.
Der Ritus nimmt seinen Lauf.

Tausend Stimmen hallten durch die Korridore. Ein unaufhörlicher, leiernder Gesang, der wie die Flut durch die Kanäle der Stadt der Treppen spülte.

Die Stadt waberte undeutlich, als die Flut der singenden Läufer jeden Gang, jede Treppe, jeden Schacht dahinströmte. Wo Licht das Netz entlanggeflossen war, auf dem die Stadt sich erstreckte, gab es nun nur das auf- und abschwellende Gemurmel des Ritus.

Es füllte ihre Ohren, drängte sich in ihre Gedanken.

Die Flut brandete gegen ihre Fußgelenke. Plötzlich waren Läufer überall, schwärmten durch den leeren Korridor. Thurstan und Blythe mußten sich durch einen Strom undefinierter Substanz vorwärtskämpfen. Die Läufer wogten um ihre Knie, glitten unter ihre Füße. Es war, als wateten die beiden Menschen durch einen See aus Schlamm und Lauten, und die Wände und Türen und Fenster zitterten unter dem wilden Strom sich ständig wandelnden Fleisches und der Gewalt des wortlosen Geleieres.

Blythe und Thurstan kämpften sich voran. Sie wollten zum Mittelschacht mit den zwei riesigen Wendeltreppen. Sie befanden sich mitten im Strom der Läufer.

Der Wind blies nun ununterbrochen. Papierfetzen verfingen sich in ihren Haaren und Kleidern. Die Luft wurde beißend von Rauch. Sie waren fast da.

Ein schmiedeeisernes Gittertor. Die Läufer mieden es, sie teilten sich davor und folgten der Wölbung der Wand. Blythe schob das Tor auf und schritt hindurch.

Sie befanden sich auf einer Wendeltreppe.

Der Ritus

Rauchwolken verbargen den Abgrund unter ihnen. An der gegenüberliegenden Seite des weiten Schachtes konnte man den nach oben verlaufenden Teil der anderen Wendeltreppe sehen. Doch auf welcher sie sich befanden – ob auf der, die zur zweifelhaften Sicherheit des eisenumzäunten Vestibüls führte, oder auf der, die in der Welt der Illusion verschwand –, war nicht zu erkennen.

Vielleicht war es bedeutungslos. Sie brauchten nur hinaufzusteigen, wo die Magier sich befanden. Ihre Goldbrokatgewänder schimmerten im Fackelschein. Weard und Matthias standen auf einer Seite, Imbert und Edine auf der anderen. Und obwohl räumlich nahe, waren sie doch in ihrer Konzentration unerreichbar.

Das fließende Gemurmel, die Litanei, welche die Läufer beflügelte, füllte die Luft. Sie verhinderte jeden klaren Gedanken, jede überlegte Handlung. Es lag an den Worten, derer sie sich bedienten, einer Beschwörung von unwiderstehlicher Kraft.

Einen Augenblick lang standen Thurstan und Blythe still und versuchten, sich ein Bild von der Umgebung zu machen. Der Rauch verbarg viel, doch immer wieder brach er auf, wenn er mit dem Wind in den kreisrunden Schacht gerissen wurde. Überall brannten Feuer, rund um die Stadt, denn der Ritus fand überall in der Stadt der Treppen statt, aber es gab einen Brennpunkt aller Energie, ein Zentrum des Ritus.

Es befand sich in der Doppelspirale des zentralen Treppenschachtes, und Rauch stieg aus seinem Herzen empor.

Wieder blickte Blythe hinunter in die wallende Tiefe. Er beugte sich über das schmiedeeiserne Geländer und keuchte in der beißenden Luft. Da sah er zwischen den Flammen etwas, das sich bewegte.

Eine Knospe, die sich zur Blume entfaltete. Andere taten es ihr gleich und erblühten im Rauch wie Wasserlilien in einem See. Grüne Blätter wuchsen empor und wiegten sich im Wind. Phin tupfte auf Thurstans Arm und deutete stumm hinunter. Thurstan starrte kurz blinzelnd darauf, dann fragte er: »Was ist das? Woher kommt es?«

Eine Ranke schlängelte sich suchend empor. Sie schwang durch die Breite des Schachtes und wand sich um eine Eisenstütze der Treppe unter ihnen. Blätter und weitere Ranken folgten ihr. Innerhalb Minuten war der gesamte Schacht mit sich windenden Pflanzen durchzogen, die mit ihren kleinen weißen Blütenköpfen suchend immer höher strebten …

Sie hatten bereits die Stufe unter ihnen erreicht. Phin und Thurstan zogen sich durch das Tor zurück. Noch ehe sie es erreicht hatten, peitschten Ranken nach ihren Beinen, kehrten jedoch wieder zur Treppe zurück.

Durch das eiserne Gittertor sahen sie, wie der Schacht sich mit Blüten füllte. Eine grüne Wildnis wucherte in seiner ganzen Breite und stetig griffen Ranken höher, hinauf zum Tempel, während Rauch sich durch Blätter und Blüten kräuselte.

Plötzlich ein weißer Schimmer, ein Blick auf rabenschwarzes Haar und lächelnde Augen. Eine Frau schaute durch den Rauch zu ihnen. Ehe Blythe es verhindern konnte, hatte Thurstan das Tor geöffnet und war zur Treppe zurückgeeilt.

»Lily!« Sie befand sich über ihnen auf der gegenüberliegenden Schachtseite. Sie stand ruhig inmitten all dieses Chaos, und ihre Hand ruhte nur leicht auf dem Eisengeländer der anderen Wendeltreppe. Ihr kremfarbener Leinenrock wogte, als eine Schar Läufer um ihre Füße huschte. Ihr Gesicht wirkte fast leer, völlig ungerührt. Sie blickte Thurstan nicht an.

Er begann die Treppe hinaufzusteigen, sich an den kriechenden Zweigen hochzuziehen. Sie wanden sich unter seinem Griff. Dornen rissen an seiner Kleidung. Die Treppe selbst verbog sich unter dem Gewicht der gierigen Pflanzen. Blythe bekam Thurstans Arm zu fassen und zog ihn zurück.

»Um Himmels willen, Merauld ...!« Thurstan schüttelte seine Hand ab, ohne den Blick von der Frau zu lassen.

Auf welcher Treppe befanden sie sich? Waren sie überhaupt auf derselben Treppe wie Lily? Führte sie direkt ins Blumenfeld oder in das Vestibül mit dem schmiedeeisernen Gitter ringsum? Es war unmöglich, es von hier aus festzustellen, unmöglich, die Bedeutung ihres Hierseins zu erkennen. Daß es von Bedeutung war, daran zweifelte Blythe nicht.

Da erkannte er, daß Lily und die Läufer sich dem Verlauf der Krümmung nach auf der anderen Treppe befinden mußten. Er sah, wie hoffnungslos es war. »Thurstan, sie ist auf der anderen Treppe, du kannst nicht zu ihr!«

Er brüllte es, aber das Murmeln der unzähligen Stimmen übertönte seine Worte.

Der Rauch von unten war voller Schatten, die nach ihr griffen und sie einhüllten. Thurstan hörte auf, sich durch die windenden Ranken zu kämpfen. Seine Hände verkrampften sich um die grünen Stengel, während er entsetzt zusah. Einmal noch schrie er ihren Namen, aber tun konnte er nichts.

Durch die rauchigen Schatten sahen sie, wie ihr Gesicht sich veränderte. Die Züge begannen zu zerrinnen, zu schmelzen, sich mit dem hellen Kleid zu vermischen, das sich in zerfließende Farbe auflöste. Vage Formen wechselten, bedeutungsvolle und bedeutungslose, aber immer mehr verblaßte und zerfiel die Gestalt. Hände und Klauen, Augen und Hufe vermischten sich wie Farben einer Palette.

Thurstan war totenbleich, sein Mund hing schlaff offen, die Augen waren weit aufgerissen.

Rasch, um den Schock zu dämpfen, zog Blythe ihn zum Tor zurück. »Sie ist nicht echt, Merauld! Es ist keine Frau. Keine echte Liebste, ja nicht einmal menschlich! Parid heißen diese Geschöpfe, du hast von ihnen gehört. Und diese da wurde von Imbert Cupere erschaffen, damit sie dich täuscht!«

Und du warst bereits, alles aufzugeben, aus Liebe zu einer Illusion! Du hast die Wahl getroffen und die ganze Verantwortung auf dich geladen!

Träume und Erinnerungen fraßen durch die Substanz der Parid. Schwaden der sich auflösenden Halluzination offenbarten eine dunkle Locke, die zu kräuselndem Rauch wurde.

Ich habe das zurückgeholt, was man mir stahl. Ich entlasse die Essenz wieder in die sanften Nebel. Aber der diebische Magier riskiert mehr als nur Auflösung.

Er sendet mir Fragmente, eine Flut formloser Materie, um meinen Zorn zu beschwichtigen. Die Flut trägt die Worte, die er vorspricht, die Worte, von denen er hofft, daß sie mich beschwichtigen.

Ich ziehe sie an mich, die bleichen Formlosen, und lasse ihr dummes Gemurmel verstummen. Aber er riskiert viel, und er weiß es.

Unerschaut und ungehört ziehe ich durch die Sphären, begleite jedes Leben und zähle die Minuten und Stunden. Jahre fließen aus dem Schlag meiner Schwingen, ich hole die Toten zu mir und sende die Lebenden fort.

Ich bin nicht allein. Meine Kinder schenken Frieden in Form von Erinnerung. Sie huschen die schrecklichen Pfade von Trauer, von Schuld und von Wahnsinn entlang. Wenige wissen, daß sie die Gütigen sind, die Früchte meines Geistes.

Und die anderen, meine liebsten, meine Getreuen, stellen das Gleichgewicht wieder her. Sie fliegen zwischen Sonne und Mond, jenseits der goldenen Glut des Tages, jenseits des silbernen Scheins der Nacht. Die Arrarate sind die Kinder meines Herzens.

Ich schicke sie in die Welt, wann immer es nötig ist.
Manchmal ist das nicht genug. Der Ritus schreitet voran.
Ich spüre das Verlangen, noch einmal zu fliegen …

Die Rose reichte bereits über die vier Magier hinaus, bis zu dem schmiedeeisernen Zierwerk der Schachtdecke. Unzählige kleine weiße Blüten wandten sich von Blythe und Thurstan ab, um höher zu streben.

Die Magier achteten nicht auf sie. Von Blättern und Blüten umwuchert standen sie auf der Treppe und zogen aus ihren Goldbrokatroben verschiedenartige Glasformen. Ihre Lippen sprachen Worte, ihre Augen waren starr vor Konzentration.

Das Feuer im Schacht loderte hoch und Flammen züngelten durch die Stengel. Einige welkten und verkohlten in der ungeheuren und immer noch wachsenden Hitze. Trotzdem drängte die Rose unbeirrt aufwärts, zog sich aus der Tiefe des Schachtes, um der Feuersbrunst zu entgehen.

Sie streckte sich und riß dabei einen Teil der Wendeltreppe unterhalb von Blythe und Thurstan nieder. Sie verbog Schmiedeeisen mit ihrem Gewicht, hob flehende, begehrliche Hände in die Dunkelheit. Und immer noch strebte sie empor.

In ihrem Herzen, mit Grün bedeckt, trug die Rose geschützt und verborgen ihre kostbare Last.

Mauerwerk zerfiel in ihrem gierigen Griff. Die ersten Ranken hatten die Decke erreicht und preßten gegen die Eisenkonstruktion. Es folgte ein Bersten und Krachen, als die Wüstenrose an der Decke über ihnen zerrte.

Die herabstürzenden Trümmer prallten gegeneinander. Einige schmetterten gegen die Schachtwand. Doch die Ziegel und Steine, die ihre Stiele und Ranken trafen, hielten sie nicht auf, ebensowenig der Staub, der den Atem raubte und die Sicht behinderte. Sie wuchs und tastete sich durch den Tempel, kroch über Bänke, um Säulen, auf den Altar.

Thurstan und Blythe sahen durch das Gittertor Steinbrokken und Ziegel in den Schacht poltern. Ihre Ohren waren betäubt von dem Krachen. Die Rose erzitterte, wenn ihre Stengel und Blütenköpfe zerschmettert oder durchtrennt wurden. Ihr Herz aber war gut geschützt und unberührt von der einstürzenden, brennenden Welt ringsum.

Erneut streckte sie ihre grünen Ranken aus, klammerte sich an steinerne Streben und Bögen, bis schließlich mit ungeheuerlichem Krachen das Dach einstürzte. Die Lycias-Statue brach durch die plötzliche Helligkeit und verschwand im Abgrund des großen Schachtes.

Die Sonne brannte herab.

Flammen loderten ihr durch die verzweigten Ranken entgegen. Und der Sonnenschein offenbarte nun die Rose, den ungeheuren weißen Blütenkopf, der sich hochreckte, und die dichtbelaubten Rankenarme, die vor Erwartung zitternd das Opfer anboten.

Als Sonnenschein in den Schacht fiel, begannen Blätter sich wieder zu glätten. Sie öffneten sich wie eine Knospe, gebaren neues Leben, die Hoffnung, daß die Wüstenrose aufs neue in der Gunst des Sonnengottes blühen und gedeihen möge.

Die Blätter wichen zurück, und die Sonne schien auf Eleanors Haar. Gold auf Kupfer.

Reglos stand sie auf einer Plattform aus Blättern von der Rose getragen mitten im Schacht, umgeben von Rauch und Flammen, Dornen und Blüten, und blickte Matthias an.

Das Feuer fraß sich in die Rose, und die unteren Blüten wanden sich in Todesqual. Und doch reckte sie sich sehnsüchtig, nach der größeren Glut der Sonne verlangend, immer weiter aufwärts und bot ihr kostbares Opfer dar.

Eleanors Augen waren auf den blinden Magier gerichtet, der sich bereitmachte, Glas zu werfen.

Die Läufer waren verschwunden, waren zu ihrem unbekannten Zuhause zurückgekehrt. Ihr Gemurmel war beendet. Die Parid war aufgelöst, der Tempel eingestürzt. Keine Steine polterten mehr in die Tiefe.

Phinian Blythe und Thurstan Merauld, die hilflos zusehen mußten, hörten Eleanors Worte.

»Matthias. Wie kannst du das tun?«

Er antwortete: »Wart ab!«

Die Glasformen flogen glitzernd durch die Luft, schienen sich funkelnd und blitzend um ihren Kopf zu sammeln. Sie rührte sich nicht, warf nicht einmal einen flüchtigen Blick auf Blythe und Thurstan.

Dunkle Schwingen kamen näher.

Ich bin gerecht, immerwährend weise. Ich kenne jedes Geheimnis, verstehe jeden, selbst den verborgensten Gedanken. Ich bin gütig und biete am Ende Frieden.

Sie sind mutwillig und töricht. Sie glauben, die Entscheidung wäre gefallen. Sie rufen, doch sie wissen nicht, welches Geschick sie herausfordern. Es gibt mehr Möglichkeiten, die Zeit anzuhalten, als sie begreifen.

Der Tod hält die Zeit an. Über meinen stillen Ebenen gibt es keine Sonne, keinen Mond. Für die Toten steht die Zeit still.

Das ist das Geschick, das sie herausfordern.

Der Ritus beherrschte die Welt um sie, das Glas wirbelte, das Feuer toste, und die Rose strebte unaufhaltsam himmelwärts und trug sie der Sonne entgegen.

Sie hörte das Schlagen von Schwingen. Sie nahm den Blick von Matthias' leerem Gesicht und kniff die Augen zusammen. Flügelschlag im vertrauten gleichmäßigen Rhythmus. Hoch über ihr leuchtete eine helle Flamme, die in einer Spirale herabflog.

Der Benu, der blinde Gebieter der Zeit? Kam er, sie in ein anderes Land, eine andere Dimension zu tragen? Kam er, um sie heimzubringen? Oder ging er in eine Falle, in einen schwindelerregenden Spiralenkäfig?

Fast hätte sie warnend aufgeschrien, doch etwas hielt sie zurück. Der Arrarat, der auf sie herabstieß, war eine mächtige Falkin, die sie kannte.

Amery! jubelte sie. Amery, Matthias' neuer Arrarat, nur zu diesem einen Zweck freigegeben, dieser einen Hoffnung, daß Visionen auf eine andere Weise interpretiert werden konnten.

Amery setzte neben Eleanor auf und blickte sie an. Ohne Zaudern, ohne Zurückhaltung trafen sich ihre Gedanken.

Amery war gekommen, sie von hier wegzuholen und nach Norden, zu Lukas, zu tragen.

Die Rose begann sich um sie zu schließen, um ihr Opfer festzuhalten. Sie warteten nicht. Glas klirrte rings um sie, aber es war bedeutungslos.

Sie flogen und ließen die Magier in den rauchenden Scherben ihres Ritus' zurück.

Ein Wutschrei zerriß die Luft. »Verräter!« Imbert raste die Treppe hinunter, auf Matthias und Weard zu, wobei er immer wieder über sich windende Rosenranken klettern mußte. Edine folgte ihm, ihr Gesicht war von Wut und Enttäuschung verzerrt.

Thurstan war vor Entsetzen wie gelähmt gewesen, doch als er nun sah, was geschah, handelte er ebenfalls. Er sah die Wut in Imberts Gesicht und wußte, daß Matthias keine Chance haben würde.

»Komm!« rief er Blythe über die Schulter zu.

Doch Phinian Blythe hatte gesehen, daß sich etwas aus dem Abgrund erhob. Gewaltige Schwingen.

Matthias lehnte sich erschöpft an die Teppenbrüstung zurück. Er hörte Imberts Wutschrei und Weards Verwünschungen. Es spielte keine Rolle. Der Ritus war mißlungen, und Eleanor befand sich in Sicherheit.

Nur eines war noch von Bedeutung. Die Gegenwart der Schatten, die nur eine Haaresbreite von ihm lauerten. Er konnte nichts sehen, aber sie verrieten sich allen Sinnen, nicht nur den Augen. Schuld hatte sie angelockt. Aufgeregt bewegten sie sich hin und her. Eifrig. Bereit.

Er wußte, daß sich Weard ihm mit erhobenem Spiralstab zugewandt hatte. Matthias hatte nichts, sich zu wehren, nicht einmal den Wunsch, abzuwenden, was geschehen würde. Er wartete geduldig ...

Ein plötzlicher Luftzug, als Thurstan an ihm, an Weard, vorbei die Treppe hinauf rannte, auf Imbert zu. Phin mußte auch irgendwo in der Nähe sein. Die Schatten kannten ihn gut ...

Matthias wartete mit leeren Händen und leerem Gesicht, daß die Kinder taten, wozu sie gekommen waren. Die Luft um ihn stank von ihnen.

Sie huschten an ihm vorbei.

Die Schatten strichen über Weard, besudelten ihn, huschten weiter. Und Weard schob sich plötzlich an Matthias vorbei, raste den Korridor hinunter, rannte so schnell er konnte, aus Angst, sie würden zurückkehren ...

Die Kinder hatten eine andere Beute. Matthias hörte das gurgelnde Stöhnen, den abgewürgten Schrei auf der Treppe.

Imbert! Matthias hatte einst gesehen, wie die Kinder sich auf Phinian Blythe niederließen. Er wußte, was bevorstand. Imbert würde um sich schlagen, versuchen sie abzuwehren, aber vergeblich. Die Schatten würden ihm die Fratze seiner Schuld zeigen.

Matthias spürte, wie seine Knie weich wurden. Sie waren an ihm vorübergezogen – wieder. Er war noch nicht an der Reihe.

Wie ein alter Mann folgte er Weard durch das Gittertor auf den Gang, doch dann gaben seine Beine nach, und er sank gegen die Wand.

Er hörte schrilles Schreien voll unendlicher Pein. Und Schritte auf den rankenüberwucherten Stufen.

»Phin?« fragte er. Weitere Schritte, dann eine warme Hand auf seiner Schulter.

»Alles in Ordnung mit dir, Matthias? Ich muß weiter, um Thurstan zu helfen ...«

»Nein. Bleib hier.« Matthias hielt sein Handgelenk fest. »Du kannst nichts tun ...«

»Imbert ...«

»Wird sterben. Und Thurstan«, sagte er tonlos. »Es ist nicht nötig, daß du zusiehst.«

Aber Blythe hatte sich losgerissen. Er befand sich nun am Rand der Treppe und blickte durch die Flammen auf die noch Anwesenden.

Es geschah so schnell, daß es ihm fast entging, und als er später versuchte, es Matthias zu beschreiben, waren die Einzelheiten durch die Erinnerung an Rauch und Blumen verwischt.

Er wollte nicht sehen, wie Imbert unter der Last der Kinder wild um sich schlug. Sie wanden sich um ihn, wisperten in seine Ohren, wogten vor seinen Augen, verstopften ihm Mund und Nase. Blythes Hände zitterten hilflos vor Mitleid.

Rasch blickte er über Imbert Cupere hinweg. Er sah, wie Thurstan und Edine auf der anderen Treppenseite zusammenstießen. Immer noch wuchs die Rose rundum.

Edine stellte sich schützend vor Imbert. Thurstan redete begütigend auf sie ein, streckte die Hände aus, aber Blythe konnte sehen, daß ihr Tränen über das Gesicht strömten. Sie versuchte, Thurstan von ihrem Liebsten fernzuhalten. Doch Imbert stolperte an ihr vorbei, blind vor Qual. Da schnellte die Rose eine Ranke um seine Beine. Er stürzte und riß dabei Thurstan von den Füßen.

Ein tödliches Ringen am Rand des Abgrunds. Edine war auf den Knien, die Schatten kreischten und schnatterten. Und dann verlagerte sich das Gewicht der Rose, die immer noch nach oben strebte, und die beiden Männer kippten von der Treppe und stürzten um sich schlagend in den Abgrund.

Dunkle Schwingen empfingen sie. Blythe sah eine so tiefe Finsternis, daß das einfallende Sonnenlicht unsichtbar wurde. Die schwarzen Schwingen leuchteten plötzlich wie Flammen und breiteten sich über die fallenden Männer. Dann sanken die Schwingen wieder hinab aufs Blumenfeld.

Edine blickte Blythe an. Über die brennende Rose hinweg, durch das Geflecht ihrer Ranken, starrte sie ihn lange an. Die Tränen flossen immer noch über ihre Wangen, doch ihr Gesicht war ausdruckslos. Es schien aus blassem Stein gehauen, eine Skulptur der Trauer. Dann stand sie auf, drehte sich um und stieg langsam die paar Stufen zu einem Ausgang des Treppenschachts.

Einmal wandte sie sich noch nach ihm um, und er sah, daß die Tränen immer noch fielen. Er wußte, daß sie nie versiegen würden. Dann öffnete sie das schmiedeeiserne Tor und verschwand in den Ruinen der Stadt der Treppen.

Phinian stapfte über brennende Pflanzen zu Matthias zurück. Er half ihm auf die Füße, und gemeinsam schleppten sie sich durch die leeren Gänge zu anderen Treppen. Überall war die Hitze fast unerträglich. Blythe führte Matthias durch ein wahres Labyrinth von Gassen unter den Ruinen des Lyciastempels, und langsam, über weitere Treppen, näherten sie sich der Oberfläche und dem, was von Smintha übriggeblieben war. Weard war nirgendwo zu sehen. Blythe fragte sich flüchtig, wohin er gelaufen war, doch es war eigentlich nicht mehr wichtig.

Schließlich erreichten sie eine Tür, die in die Eingangshalle eines großen Hauses führte. Sie überquerten den Marmorboden zu einer prunkvolleren Tür und gelangten auf eine der Straßen, die wie Speichen von der Nabe des Lyciastempels ausgingen. Sie hatten die Stadt der Treppen hinter sich gelassen.

Dies war die Stadt Smintha. Obwohl es an der ungeschützten Oberfläche nicht kühler war, empfanden sie doch Erleichterung, die tödliche Stille der Unterwelt hinter sich zu haben. Grelles Licht und endloser Sand.

Sie hatten das Gefühl, wieder wirklich zu leben.

Unweit des Tempels fand Blythe einen Brunnen. Er barg noch frisches Wasser, genug zum Trinken und um den Ruß und Schmutz abzuwaschen.

Von Weard und Edine keine Spur.

Schließlich fragte Blythe: »Warum ist der Ritus mißlungen? Thurstan hat die Entscheidung getroffen ...«

»Ja, ich weiß.« Und dann fuhr Matthias schleppend fort: »Er hat die falsche Entscheidung aufgrund der falschen Voraussetzung getroffen. Seine Liebe beruhte auf einer Illusion, einer Täuschung, einer Lüge. Sie konnte von keiner Bedeutung sein, hatte kein Gewicht. Lily war keine wirkliche Frau, sondern eine Parid. Nicht Liebe, sondern blinde Leidenschaft. Auf dieser Grundlage konnte es nicht funktionieren. Der Ritus war zum Scheitern verurteilt. Imbert und Edine waren dumm.« Matthias schien laut zu denken. »Sie hätten es allein tun können. Ihre Liebe war echt, eine wahre Liebe. Aber nein. *Selbst* wollten sie die Verantwortung nicht übernehmen. Deshalb mißlang es.«

»Und Eleanor – auf ihrem gefiederten Retter. Wird ihr nichts geschehen?« Das war außerordentlich wichtig für ihn.

»Amery wird sie nach Norden bringen, zu Lukas ...« Seine müde Stimme war ausdruckslos.

In der Sonne sah Matthias wieder die Zukunft.

Rauch hing würgend in der Luft. Sie saßen auf den Stufen eines der versiegten Springbrunnens, und Matthias erzählte ihm vom Feuerring um die Wüstenrose.

Seine Stimme war schwer vor Erschöpfung. Aber seine Worte brachten ein wenig Erleichterung und erklärten die Ereignisse, deren Zeugen sie gerade gewesen waren.

»Wie seltsam, wie bizarr, daß die Wüstenrose alles ist, was von dem Hohenpriester Lefevre blieb. Eine ungewöhnliche Metamorphose. Und eine endgültige, hoffentlich.«

»Weißt du es nicht?«

»Nein, das verbirgt die Zukunft.« Er machte eine Pause. »Du hast einmal etwas geschworen, wenn ich mich recht entsinne.«

Blythe hatte geschworen, den Hohenpriester zu töten, um jeden Preis, ohne Rücksicht auf die Folgen. Es war ein anderes Leben, eine andere Zeit gewesen.

Blythe stand auf. »Ich werde nachsehen«, sagte er. Er sollte sich wohl zumindest vergewissern, daß die Rose auch wirklich vernichtet war. Er mußte sicher sein. Er mußte Lefevres Ende mit eigenen Augen sehen.

Er ließ Matthias im Schatten eines Hauseingangs zurück und ging zu dem zerstörten Lyciastempel zurück.

Rauch verdeckte die Sonne. Die Arena, in deren Wasser Lilien geblüht hatten, war nun eine Feuergrube. Stengel und Ranken zitterten am Rand eines tiefen Abgrunds. Was immer von der Rose übrig war, versuchte nach wie vor, sich aus dem Feuer zu ziehen und ihrem Gott entgegenzustreben.

Es war fast unerträglich heiß am Rand, doch Blythe blieb eine Zeitlang stehen und blickte hinunter.

Der große weiße Blütenkopf starrte zu ihm hinauf, als eine Feuersäule anfing, ihn zu verschlingen.

Worte kamen ihm in den Sinn, die Erinnerung an ein anderes Feuer.

»Lefevre, Wüstenrose, Hoherpriester unseres Gottes, grüße deinen Herrn. Vereinige dich mit ihm in Feuer und Glanz, er gewährt dir die höchste Lust.

Ich erinnere mich gut. Du hast zugesehen, wie ich einst in einem Kessel brannte, und hast meine Seele dem Lord Lycias empfohlen. Ich empfehle dich jetzt deinem Herrn. Erschaue deinen Gott, den Meister allen Feuers, aller Glut, aller Leidenschaft. Denn es ist nun eins, das Feuer der Rose und das Feuer der Sonne …«

Seine Worte verstummten. Er war nicht allein. Während die Wüstenrose noch stöhnte in ihrer Qual und vergeblich dem einen Feuer zu entkommen suchte, um sich einem anderen hinzugeben, blickte Blythe über den Abgrund und sah auf der anderen Seite einen zierlichen Mann stehen,

Er war ganz aus Feuer, sein Haar flammte. Grüne Augen blitzten Blythe durch den Rauch entgegen.

Lycias blickte Blythe an und lächelte über den feurigen Abgrund hinweg, der ihre gemeinsame Vergangenheit enthielt.

»Sei gegrüßt, Phinian Blythe.« Kalt wie Eis kamen die Worte aus dem Herzen des Feuers. »Was willst du mir jetzt anbieten? Noch eine Herausforderung? Oder wirst du nun, da du jeden nur denkbaren Preis bezahlt, alles verloren und die Kinder der Nacht ertragen hast, Frieden mit mir schließen?

Die Hand der Freundschaft. Wirst du sie nehmen?«

Der Gott der Sonne. Seine erbitterte Rache hatte so viele Leben vernichtet, so viele Hoffnungen zerstört.

Und was er sagte, entsprach nicht immer der Wahrheit. Wie konnte man so jemandem trauen?

Aber jemand mußte anfangen. Jemand mußte einsehen, daß Vergangenheit Vergangenheit war.

Karis, Marial, Idas. Thurstan, Imbert und tausend andere. Matthias, Eleanor, die so viel durchstanden. Könnte eine solche Vergangenheit überwunden werden?

Blythe blickte in die grünen Augen, in denen Feuer tanzte. »Ja«, antwortete er. »Ich schlage sie nicht aus. Ein neuer Anfang für uns alle.«

Die grünen Augen glänzten wie Smaragd. Die Gestalt schmolz zur Flamme, und Blythe blieb mit der Erinnerung an Licht und Leidenschaft zurück.

Ein Risiko. Aber der Benu war frei, und alles war möglich.

Phin wandte sich von der Feuergrube ab und von der Erinnerung an das Licht.

Er sah nicht mehr, wie die Rose schließlich starb.

Reisen

Das Kind, das vor so kurzer Zeit noch in einem Babykörper gelebt hatte, flog auf dem Rücken eines goldenen Arrarats. Es hatte jetzt die Gestalt eines dunkelhaarigen Jünglings mit bronzefarbener Haut angenommen. Gemeinsam segelten sie durch die warme Luft und nutzten ihre Strömungen.

Coron hatte inzwischen bereits auf den Spuren des Sturmes eine weite Strecke zurückgelegt. Sie waren über die langen Furchen in der Wüste gekommen, wo seine Gewalt den Sand aufgewühlt hatte. Felsbrocken hatten sich durch ihn von den Berghängen gelöst und die tiefen Wunden im Gestein waren nun der brennenden Sonne ausgesetzt. Kummervoll flog Coron über Städte, die Sturm und Blitze verwüstet hatten.

Niemand lebte mehr in diesen Wüstenstädten mit den versiegten Brunnen und ausgetrockneten Flüssen. Wälder, von denen nur verkohlte Stümpfe übriggeblieben waren, standen zwischen den Städten und der Wüste, die nach ihnen greifen wollte. Der Sturmbringer hatte keinen Regen in seiner Begleitung, der diesen ausgedörrten Gebieten ein wenig Linderung bescheren könnte, nur Orkane, Blitze und ohrenbetäubendes Heulen und Donnern.

Als Coron und Adila, Comyns Falkin, sich dem Sturm näherten, verdunkelte der Himmel sich um sie.

Der junge Coron hatte keine Angst, obwohl er die Macht der Schatten aus erster Hand kannte und gesehen hatte, welches Grauen sie brachten. Das Leid in den Augen anderer gab ihm zu denken, und die Bestürzung und Heimsuchung so vieler betrübte ihn.

Aber er war zuversichtlich, daß er alles in Ordnung bringen könnte. Immerhin hatte er drei Raben von Phinian Blythes Schultern genommen. Er hatte mitten in einer glühenden Wüste einen Tummelplatz für Fische geschaffen. Er wußte, daß sein Vater nicht wirklich bösartig, nicht willkürlich grausam war. Jede Handlung trug ihre eigenen Konsequenzen in sich. Das war eben so. Der Sturmbringer mußte Schuld auf sich geladen haben, deshalb hatte er jetzt zu bezahlen ...

Die Wüste, über die sie inzwischen kamen, war von sterbenden Wäldern aufgelockert, von vereinzelten Bauernhöfen und Ortschaften, die sich immer noch unter der übermächtigen Sonne um ihr Auskommen abrackerten. Coron und Adila flogen nordwärts durch das Peraldonische Reich auf den Malithkanal zu.

Wohin sie auch gelangten, sahen sie die Spuren von Feuer und Sturm. Große Gebiete waren vom Unwetter verwüstet. Coron sah eingestürzte Häuser, unter deren Trümmern die Leichen von Alten und Jungen gleichermaßen lagen. Er hörte Menschen weinen, die nach ihren Angehörigen oder Freunden suchten, oder nach etwas zu essen und zu trinken.

Und die Sonne brannte unerbittlich hernieder und verschlimmerte allen Schaden und alles Leid, die der Sturmbringer verursacht hatte. Coron roch Krankheiten und Seuchen in der Luft der heimgesuchten Gebiete.

Manchmal hielt er an und begab sich hinab zu dem ausgedörrten Land. Einmal beobachtete er, wie ein Vater seine Tochter unter den Trümmern hervorzog. Corons Anwesenheit allein genügte schon, dem müden Arm Kraft zu verleihen, der das Grab schaufelte. Wo immer Coron anhielt, sprudelte kühles, frisches Wasser in den Brunnen und Bächen. Obst hing üppig an den Bäumen, die plötzlich geblüht und getragen hatten. Es fing zu regnen an. Auf diese Weise milderte Coron das Leid, das durch den Fluch seines Vaters, mit dem er den Sturmbringer bedacht hatte, entstanden war.

Er hielt sich nirgendwo lange auf, denn jede Stunde, die er den Heimgesuchten widmete, tobte der Sturm weiter durch das Land.

Eine Vielfalt von Gefühlen erfüllte ihn. Mitleid, Bedauern, Angst, Verwirrung. Warum war es so? Warum traf dieses Leid Schuldige und Unschuldige gleichermaßen? Furcht regte sich in ihm, nicht vor seinem Vater, sondern vor dem Wesen dieser Welt, seiner Welt.

Anderswo herrschte Freude. In anderen Welten, anderen Dimensionen gab es Lachen. Menschen und Tiere und die Kräfte der Natur in Harmonie. Ausgeglichen, in vollkommenem Gleichgewicht, war das Leben aufregend und schön, und Sonne und Mond herrschten in Einklang über die Welt.

Die Menschen liebten einander.

Es war die Reinheit im Klang der Geige, die Schönheit im Pinselstrich, die Freude in den Augen.

Hier jedoch, auf seiner Welt, war alles sonnenversengt und sturmverheert.

Als der Himmel sich um ihn verdunkelte, wußte er, daß der Sturmbringer nicht mehr fern sein konnte.

Gewitterwolken hingen tief über Shelt.

Serethrun bemerkte es. Vom Rücken der braunen Stute, die er nach dem Überfall auf den Marstall für sich erwählt hatte, sah er, wie Rosco Felicia in die Arme nahm. Sein Gehirn registrierte, daß die Schlacht zu Ende und der Seedrache, von der seltsamen, wandelbaren Illusion betört, ins Meer zurückgekehrt war. Er erkannte auch, daß die Seelords geschlagen waren. Aber all das bedeutete ihm nichts.

Er hatte sie verloren. Er wußte es mit absoluter Gewißheit. Er hatte Felicias Augen gesehen, als Rosco zu ihr sprach, hatte ihre Stimme gehört, als sie ihm antwortete. Sie liebte ihn. Und Rosco hatte nun vor den Augen von ganz Shelt den Bund bestätigt.

Verzweifelt drückte er seinem Pferd die Fersen in die Weichen und riß am Zügel. Blindlings ritt er durch die Menge zurück zum Westtor. Die lauten Jubelrufe waren zwar verstummt, nicht jedoch das beifällige Murmeln. Natürlich waren da auch noch andere Laute – das Stöhnen der Verwundeten, das Weinen Trauernder –, aber die meisten Shelter seufzten erleichtert. Ihre Gesichter hatten sich entspannt, Bitterkeit und Groll waren momentan vergessen.

Narren sind sie, dachte er, wenn sie hofften, daß alles besser würde durch Rosco. Wer war er denn überhaupt? Was hatte er mit Shelt zu tun und mit Felicia?

Serethrun hatte das Tor fast erreicht, aber auf der Ebene standen Zelte und behelfsmäßige Unterkünfte. Selbst die Prärie war nun durch die Flüchtlinge aus der Stadt besudelt.

Es wäre besser gewesen, Felicia wäre ertrunken. Besser, wenn die See sie genommen, ihre Reinheit und Freiheit bewahrt hätte. Rosco liebte sie nicht, das war sicher. Sie würde in einer Ehe ohne Liebe unendlich leiden. Das war ein Augenblick der Klarheit, der unbezweifelbaren Erkenntnis. Sie wäre ohne sie besser dran …

Von solchen Gedanken gequält stellte er sich selbst in Frage. Er wußte, was ihn heilen würde: Shelt zu verlassen und zu den Eloiern zurückkehren. Zu Irian, seiner Schwester.

Sie hatte am Kampf gegen die Seelords nicht teilgenommen. Das gehörte sich für die Schamanin eines Stammes nicht. Sie hatte den Eloiern geraten, mit den Fischern zu kämpfen, aber da war auch eine Warnung gewesen. Eine Warnung, die nur Serethrun betraf.

Dir wird es nicht helfen, wenn ihr Rosco zum Grafen von Shelt macht, hatte sie gesagt. Dein Glück wird es nicht sein ... Er gab seiner Stute wieder die Fersen und galoppierte zwischen den Zelten und windschiefen Unterkünften hindurch, hinaus auf die Prärie. Der Wind im Gras folgte ihm, als die Sonne unterging. Er ließ die Stadt weit zurück.

Er fand sie. Oder war es ein Traum? Zwei Frauen begleiteten sie auf ihrem Weg durch die weite Wildnis. Sie wandelte mit wallendem Umhang durch das hohe Gras auf ihn zu. Ihr Körper war mit heiliger Farbe bemalt.

Sterne leuchteten in ihren Augen. Sie war tief in Trance und sagte ohne Gruß: »Eine Chance besteht noch. Vielleicht kannst du es noch abwenden. Er liebt eine andere, eine von anderswo her ...«

Ihre Stimme wurde sehr leise, so daß die beiden Frauen, die im Lager geblieben waren, ihre Worte unmöglich hören konnten.

»Reite südwärts«, flüsterte sie, »zum Caraldgebirge. Es sind Flammen um sie, aber sie schreitet barfuß über das Heidekraut. Wenn du sie rechtzeitig nach Shelt bringen kannst, wird es keine Hochzeit geben ...«

Während sein Blick auf ihr ruhte, sah er, wie die Sterne aus ihren Augen schwanden. Sie seufzte, als erwache sie aus tiefem Schlaf. Ihre Frauen kamen herbeigerannt und wickelten ihren Umhang um ihren schwarzbemalten, nackten Körper. Sie fiel schwer gegen sie, und Serethrun wußte, daß sie jetzt bewußtlos war.

Er saß ab und half den Frauen, sie in das kleine Zelt am Rand des Lagers zu tragen. Sie starrten ihn an, warteten darauf, daß er ging, aber er schickte sie weg.

»Ich wache bei ihr – habt keine Angst, es ist nicht das erste Mal ...«

»Warte nicht ...«, sagte Irian unerwartet. Sie hatte die Augen wieder offen und sie waren klar. »Brich gleich auf, Serethrun. Es bleibt nicht viel Zeit ...«

Er nahm Proviant und einen zweiten Umhang mit. Dann ritt er los, durch einen halben Kontinent, um die Fremde aus einer anderen Welt zu finden, die Fremde, die barfuß über Heidekraut schritt und von Flammen umgeben war.

Die Hochzeit

An diesem Tag läuteten die Glocken in Shelt.

Fast ging ihr Ruf im Heulen des Windes unter. Der Wind peitschte die Banner, die aus den vornehmen Häusern hingen, und zerfetzte die Schnüre.

Olwyn Mittelson blickte aus der Burg hinunter auf Shelt und sah, wie sich die Straßen füllten. Trotz des Unwetters würde es sich niemand entgehen lassen, dem kurzen Zug von der Burg zum Tempel und zurück zuzujubeln.

Die Fischer würden natürlich da sein und alle anderen Bürger von Shelt. Fehlen würden die Eloier. Sie hatten ihr Lager wieder in guter Entfernung von der Stadt aufgeschlagen.

Serethrun Maryns Ablehnung beunruhigte ihn. Mittelson hatte gehofft, ihn an sich binden zu können, als Mittler zwischen Stadt und Eloiern. Aber irgendwann, irgendwo hatte er sich verschätzt, und Serethrun war seinem Netz entschlüpft.

Er war nach der Schlacht auf dem Burgplatz verschwunden. Jemand hatte ihn in Richtung des Südtors reiten sehen. Seither waren mehrere Wochen vergangen, und Serethrun hatte nichts von sich hören und sehen lassen und auch die anderen Eloier nicht.

Doch während Mittelson nachdenklich auf die Menschenmenge in Kapuzenumhängen blickte, die sich hinter den Absperrungen sammelte, sah er unverkennbar Kopf und Schultern von Serethruns brauner Stute hoch über der

Menge auftauchen. Langsam und vorsichtig näherte sie sich der Burg. Zwei Reiter saßen auf ihrem Rücken. Serethrun kannte er natürlich, nicht jedoch die rothaarige Frau.

Er brauchte keinen Spiralstab mehr. Behutsam sandte er seinen Geist zu den beiden Reitern, um ihre Stimmung und Absicht zu ergründen.

Doch er kam nicht durch, teils durch die Aufregung der Menge, hauptsächlich jedoch durch etwas in dem Gewitter, das sich über der Stadt zusammenbraute.

Er fröstelte und zog seinen Umhang fester um sich. Die Gewalt des Sturms lenkte ihn ab. Er verließ den Balkon, um sich mit Ferant und Aldrich zu besprechen.

Er würde sich mit Serethruns Rückkehr und dem Erscheinen der Fremden nach der Hochzeit beschäftigen.

Eleanor war kribbelig vor Erwartung. Am liebsten hätte sie sich mit Gewalt einen Weg durch die drängelnde Menge gebahnt, durch die Serethruns Stute so entsetzlich langsam vorankam. Obwohl sie unendlich müde und erschöpft war und sich nach Schlaf und Ruhe sehnte, würde sie weder das eine noch das andere finden, ehe sie Lukas nicht gefunden hatte.

Er befand sich irgendwo hier. Matthias hatte es gesehen. Amery hatte sie den größten Teil des Weges getragen. Serethrun hatte sie gefunden und ihr geholfen. Alles hatte zusammenmgewirkt, sie schnell hierher zu bringen.

Sie würde ihn heute finden.

Serethrun ließ sie mit seiner Stute am Burgtor zurück. Sie hatte mit ihm kommen wollen, aber an diesem Tag wurden keine Fremden in die Burg eingelassen. Wegen der Vermählungsfeierlichkeiten des Grafen waren strenge Sicherheitsmaßnahmen getroffen worden.

Eleanor hatte keine Chance. Mit der übrigen Menge mußte sie im schneidenden Wind warten.

Sie wußte nicht, weshalb die Menge sich versammelte.

Serethrun hatte Lukas nicht bei dem Namen erkannt, den sie ihm nannte, aber er hatte rasch zwei und zwei zusammengefügt, als sie seine Arraratfalkin beschrieb. Er erzählte ihr von dem riesigen Vogel, der über die Klippe geflogen war, und von Rosco, der ihm lachend Felicia in die Arme hatte fallen lassen.

Natürlich hatte Serethrun seine eigenen Gründe, weshalb er die geplante Vermählung von Rosco und Felicia verhindern wollte, auch wenn er sie Eleanor nicht verriet. Ja, er erwähnte die bevorstehende Hochzeit gar nicht. Eine solche Neuigkeit würde sie zu tief verwunden. Aber sie würden ja rechtzeitig in Shelt sein, davon war er überzeugt.

Serethrun hatte sie an einem kahlen Felshang, östlich des Caraldgebirges im tiefen Süden von Stromsall, gefunden. Er war südwärts geritten, wie Irian ihm geraten hatte.

Bei Sonnenuntergang hatte er das Mädchen entdeckt. Flammen umrahmten eine kleine Gestalt, die sich mit den dünnen Schultern gegen den schneidenden Wind stemmte und sich verbissen über karges Gras und Felsbrocken kämpfte.

Er hatte sie eine Zeitlang vom Berg aus beobachtet und bewundert, wie entschlossen sie nordwärts stapfte.

Erst als sie über einen Stein gestolpert war, war ihm bewußt geworden, daß sie keine Schuhe anhatte. Es erschütterte ihn, denn es war immer noch kalt, und die Steine am Boden waren scharfkantig und spitz. So war er rasch den Hang hinuntergeritten und hatte ihr angeboten aufzusitzen, ehe er recht wußte, was geschah.

Die Stute trug sie beide im Galopp nordwärts über die weiten Ebenen durch Eldin und Hoel. Serethrun sorgte unterwegs für Unterkunft und Verpflegung, aber Eleanor drängte, und so ruhten sie nie lange irgendwo aus. Sie bestand auch darauf, daß sie der braunen Stute Oriel das letzte abverlangten. Sie konnte es nicht erwarten, den Mann wiederzufinden, den sie liebte. Es war unnötig, daß er ihr von der bevorstehenden Hochzeit erzählte. Sie würde es noch früh genug erfahren.

Blitze begleiteten ihre Reise, und ihre nächtliche Ruhe

wurde von fernem Donner gestört. Beide waren sie einsam, besorgt und hingen ihren eigenen Gedanken nach, so erkannten sie den Donner nicht als das, was er war.

Sturmbringer.

Eleanor blickte auf das Tor. Jeden Augenblick würde er nun herauskommen. Er würde sie sehen und sie ihn, und dann waren sie wieder vereint. Sie konnte schon fast die Wärme seiner Umarmung spüren.

Sie zitterte und wandte sich kurz vom Tor ab, denn sie ertrug das Warten nicht mehr. Sie wankte vor Aufregung, ihr Magen verkrampfte sich.

Jemand berührte sie an der Schulter.

So zum Zerreißen gespannt waren ihre Nerven, daß sie bei der Berührung heftig zusammenfuhr. Sie drehte sich um. Eine alter Fischersfrau stand in schwarzen windgepeitschten Röcken da.

»Ich weiß einen Weg, wenn du in die Burg hinein möchtest«, sagte sie. Ihre bohrenden Augen waren glänzend schwarz. »Komm mit.«

»Ich bleibe hier.« Serethrun würde ihn durch dieses Tor herausbringen, weil sie hier auf ihn wartete.

»Sie lassen ihn jetzt bestimmt nicht heraus. Er bereitet sich auf die Zeremonie vor ...«

Es kam ihr gar nicht in den Sinn, die Fischersfrau zu fragen, woher sie wußte, auf wen sie wartete.

»Welche Zeremonie?«

»Die Vermählung von Felicia Westray, Erbfolgerin der Grafschaften Shelt und Eldin, mit einem Mann, dessen wahrer Name Lukas Marling ist. Wenn du sie verhindern willst, mußt du mir folgen. Es bleibt nicht mehr viel Zeit.«

»Er wird hierherkommem, um mich zu treffen. Ich kann nicht weg ...«

»Er wird vor der Vermählung keine Botschaft mehr ausgehändigt bekommen. Er wird nicht einmal erfahren, daß du hier bist. Die Trauung wird ihren Lauf nehmen, weil es so geplant ist.«

Eleanor starrte die alte Frau verzweifelt und unentschlossen an.

»Komm!« Die Greisin streckte eine faltige Hand aus, und Eleanor nahm sie wie hypnotisiert.

»Wo ist Rosco?« fragte Serethrun scharf. Mittelson hatte ihn herzlich begrüßt, doch Serethrun hatte brüsk abgewehrt. »Jemand wartet draußen auf ihn. Es ist dringend ...«

»Wer? Wie heißt sie?« Die rothaarige Frau, dachte Mittelson.

»Eleanor Knight. Sie kennt ihn von früher ...«

»Der Mann heiratet gleich. Die Begegnung mit einer alten Gefährtin könnte äußerst peinlich sein. Sie kann ja danach zum Fest kommen«, sagte Mittelson scheinbar gleichmütig, aber er erinnerte sich nur zu gut an den Namen aus Roscos Fieberträumen in der Höhle an der Küste.

Das Unwetter das jetzt südlich der Stadt tobte, lenkte ihn immer wieder ab. Es wurde von einer Kraft getrieben, die er nicht verstand, und war den Unwettern ähnlich, die Stromsall während der Stasis heimgesucht hatten.

Er konnte es sich nicht leisten, sich jetzt ablenken zu lassen, nicht durch Serethruns Rückkehr, nicht durch dieses plötzliche Erscheinen einer Frau aus Roscos mysteriöser Vergangenheit.

Er schenkte Serethrun ein Glas Wein ein. »Also gut, wenn du darauf bestehst, gehe ich zu Rosco und richte es ihm aus.«

Serethrun leerte das Glas und stellte es auf den Tisch zurück. Er wollte dem hageren Magier zur Tür folgen, doch nach wenigen Schritten schwankte der Boden unter seinen Füßen und kam ihm entgegen.

Besinnungslos fiel er auf den Teppich.

Es hatte sich verändert.

Sie schaute sich um. Zwischen dem Moment, als sie die Hand der Greisin genommen hatte, und diesem war nichts.

Nur ein Herzschlag nach einem anderen innerhalb eines einzigen Atemzugs.

Es hatte sich alles verändert.

Das Jubeln war laut um sie, lauter noch als das Donnern des heranziehenden Gewitters. Es war fast dunkel, so tief hingen die prallen Regenwolken. Die alte Frau war verschwunden.

Banner und Wimpel flatterten in Fetzen über ihnen. Eleanor wurde von der Menge gestoßen und zurückgedrängt. Die Leute warfen Blumen.

Irgendwie gelang es Eleanor, bis zur Absperrung vorzudringen. Soldaten in Scharlachrot standen dort Schulter an Schulter.

Eingeklemmt in dem Gedränge konnte sie nur den Blick zu dem prunkvollen Zug heben, der feierlichen Schrittes den Platz entlang kam.

Zuvorderst Reiter in schreiend roten Umhängen. Dann eine Kutsche nach der anderen mit der in Pelz und Samt gewandeten Aristokratie von Shelt.

Als nächstes die Priesterinnen, streng in schmucklosen schwarzen Roben, die der Wind bauschte.

Und zuletzt zwei Personen, hoch zu Roß, mit Blumen bekränzt.

Eleanors Knie gaben nach, ihre Hände lösten sich kraftlos von der hölzernen Schranke vor ihr ...

Lukas sprach zu der blassen Frau an seiner Seite. Er fing eine der Blumen, mit denen sie überschüttet wurden, und reichte sie ihr. Sein merkwürdig helles Haar wehte im Wind. Die blasse Frau lächelte.

Lukas sah Eleanor nicht am Straßenrand, nur wenige Meter entfernt. Seine blauen Augen blickten müßig auf die Menge zu beiden Seiten. Und schon waren sie auf dem Rückweg zur Burg an ihr vorübergeritten.

Eleanor fiel mitten in der Menge in Ohnmacht.

Unbeachtet lag sie zu Füßen der scharlachroten Soldaten. Niemand bemerkte sie, niemand bemerkte das Muster der Rache auf den ausgestreckten Armen, dem stillen Gesicht der Bewußtlosen.

Niemand, außer einem. Olwyn, der dem Zug dichtauf folgte, sah die rothaarige Frau besinnungslos auf dem Pflaster liegen. Darauf bedacht, alle Fäden in der Hand zu behalten und seine Neugier zu befriedigen, winkte er einem der Soldaten, der sich bückte, sie aufhob und in die Burg brachte.

Der neue Graf von Shelt würde sie dort finden.

ENDE

Im Oktober 1993 erscheint von Jenny Jones (Bastei-Lübbe-Taschenbuch 20218)

Die Flammen der Magie

Der Flug über das Feuer, Band 3

Eleanor gibt den Kampf um Lukas, den neuen Grafen von Shelt nicht auf, und auch Lycias, der Sonnengott verfügt noch über genügend Macht, die ganze Welt aus den Angeln zu heben.

BASTEI
LÜBBE
Science Fiction
Bücher mit Zukunft
Die größten Erzähler der SF
holen Ihnen die Sterne vom Himmel
ISAAC ASIMOV
ROBOTER-TRÄUME
und 20 andere SF-Geschichten
ISBN 3-404-24144-4
DM 10,–
IAN McDONALD
REBELLIN DES GLÜCKS
Science Fiction Roman
ISBN 3-404-24147-9
DM 9,80
MARGARET WEIS
☆ DIE STERNENHÜTER ☆
DER LETZTE KÖNIG
Science Fiction Roman
ISBN 3-404-24156-8
DM 12,80
LARRY NIVEN
STEVEN BARNES
DIE WAHL DES ACHILL
Science Fiction Roman
ISBN 3-404-24157-6
DM 8,80
ORSON SCOTT CARD
XENOZID
Der Sprecher für die Toten kämpft um seinen Planeten
ISBN 3-404-24153-3
DM 12,80
ALLEN STEELE
MONDHUNDE
ISBN 3-404-23129-5
DM 9,80